Horst Wilhelm Jung, Gerda von Staehr (Hrsg.)

Historisch-politisches Lehren und Lernen

Didaktik

Band 6

LIT

Horst Wilhelm Jung, Gerda von Staehr (Hrsg.)

Historisch-politisches Lehren und Lernen

Geschichte – Standpunkte – Erfahrungen

LIT

Die Deutsche Bibliothek – CIP-Einheitsaufnahme

Historisch-politisches Lehren und Lernen : Geschichte – Standpunkte – Erfahrungen / Horst Wilhelm Jung, Gerda von Staehr (Hrsg.). – Hamburg : LIT, 1999
(Didaktik ; 6.)
ISBN 3-8258-4474-9

NE: GT

Grindelberg 15a 20144 Hamburg Tel. 040–44 64 46 Fax 040–44 14 22

Inhalt

Vorwort 3

Horst W. Jung
Statt einer Einleitung. Für eine weltgesellschaftliche Orientierung
historisch-politischen Lernens 5

Gerda von Staehr
Geschichtsdidaktik und Geschichtsunterricht im
vereinigten Deutschland 21

Horst W. Jung / Gerda von Staehr
Kann es nach dem Ende des „realexistierenden Sozialismus“
noch eine Geschichtsdidaktik geben, die sich auch auf Marx beruft?
Eine Bekräftigung 39

Gerda von Staehr
Profilbildung und historisch-politisches Lernen 63

Gundula Raabe
Was bedeutet „Praxis“ im Lehramtsstudium?
Subjektwissenschaftliche Überlegungen 103

Horst W. Jung
Zur Entwicklung eines Lehrerselbstbildes
Sieben Anfragen zu einem ungeliebten Thema 125

Holger Müller
Trotzdem lernen 145

Vorwort

In Zeiten neoliberaler Hegemonie, in denen die Prinzipienlosigkeit des 'anything goes' nur am Tabu des Marktfetisch, d.h. aber letztlich an der Kapitallogik im Weltmaßstab ihre Grenze findet, wird die Gemeinwohlperspektive zu einer Restgröße. In Zeiten, in denen – postmoderne – Dekonstruktion nicht selten ihres letzten kritischen Potentials dadurch beraubt wird, daß sie in die neueste Relativismusvariante umgefälscht wird, darf der Verallgemeinerbarkeitsgesichtspunkt nicht auf Konjunktur hoffen.
Wer sich heute Deregulierungs- und (Selbst-)Flexibilisierungsparolen widersetzt und wer die Pseudotheologie des Wettbewerbs aufklärerischer Kritik aussetzt, der darf sich getrost den Ehrentitel des Unzeitgemäßen verleihen.
Das gilt auch für den Bereich der Pädagogik im allgemeinen und den Bereich der historisch-politischen Didaktik im besonderen.
Dem muß widersprochen werden!

Die in diesem Buch vereinten Untersuchungen haben vor allem ihre mangelnde Marktgängigkeit, ihr Nein zum Status quo gemeinsam.
Sie versagen sich jedoch gängigen Formen des Aussteigens: Weder Nostalgie noch als Taktik ausgegebener Rückzug und schon gar nicht elitäre Selbstisolation sind ihre Sache.
Ihr Standpunkt ist: Eingreifen im Namen der „Dritten Sache“.
So plädiert H. W. Jung in der Einleitung für ein konsensuelles historisch-politisches Lernen, das am Ziel der Weltgesellschaft orientiert ist. G. von Staehr stellt die Entwicklung der geschichtsdidaktischen Diskussion in Deutschland von 1989 bis 1997 dar. In Beantwortung der Frage nach der fortbestehenden Relevanz des Marxschen Werkes für die Geschichtsdidaktik bieten H. W. Jung und G. von Staehr zugleich eine Kurzfassung ihrer didaktischen Konzeption, ergänzt durch lerntheoretische Überlegungen der Kritischen Psychologie. G. von Staehr gelangt in kritischer Auseinandersetzung mit verbreiteten Auffassungen von Schulprogrammentwicklung zu einem kritisch-psychologisch angeleiteten, konzeptionellen Vorschlag permanenten gemeinsamen historisch-politischen Lernens von Lehrenden und Lernenden. Ebenfalls mit kritisch-psychologischem Zugriff reflektiert G. Raabe die Problematik des Theorie-Praxis-Verhältnisses im Lehrerstudium. Mit sieben alternativen fiktiven Lehrerselbstbildern liefert H. W. Jung Material für die Reflexion des pädagogischen Selbstverständnisses. Schließlich vermittelt H. Müller in kritisch-psychologischer Auseinandersetzung mit eigenen Lernmöglichkeiten und Lernbehinderungen einen Einblick in die aktuelle Praxis des Referendariats.

Zu danken haben wir Frau G. Raabe und Frau S. Reiners für Sorgfalt und Engagement bei Korrekturlesen und Erstellen der Druckvorlage.

Daxweiler, September 1999 Die Herausgeber

Horst W. Jung

Statt einer Einleitung: Für eine weltgesellschaftliche Orientierung historisch-politischen Lernens

1. Inhalte und Konsens

Ob der aktuelle Globalisierungsschub eher zur Etablierung weltgesellschaftlicher humaner Strukturen beiträgt oder nur der Realisierung von partikularen Zielen Vorschub leistet, ist noch offen. Neuer Nationalismus, Ethnozentrismus und Fundamentalismus, die ja in Teilen auch als Reaktionsbildungen angesichts der Ambivalenz der herrschenden Globalisierungstendenzen begriffen werden können, mäßigen die Erfolgschancen eines humanistischen Universalismus.

Das Bedrohungsszenario hat sich seit dem Ende des Kalten Krieges zwar gewandelt; aber die zentrale Problematik der existentiellen Selbstgefährdung der Gattung besteht unverändert fort.

In dieser Situation ist historisch-politische Didaktik in besonderer Weise aufgerufen, im Sinne weltgesellschaftlicher Orientierung Partei zu ergreifen. Ein wirksames Mittel, der traditionellen Nationalklempnerei einerseits und der unverbindlichen Globalrhetorik andererseits zu entkommen, könnte in der Klärung der *inhaltlichen* Alternative zu herrschender Lehr-/Lernpraxis gefunden werden. Diese Alternative müßte, da sie ja nicht nur für alle gedacht ist, sondern auch von allen akzeptiert sein will, primär nicht theoriegeleitet und positionsorientiert,[1] sondern pragmatisch und konsensorientiert entwickelt werden.

Der folgende Vorschlag versteht sich als ein Beitrag zur Forcierung eines *konsensorientierten* universalistischen didaktischen Diskurses, an dessen Ende ein nunmehr *konsensuelles* thematisches Minimalprogramm stehen sollte, das wiederum in ein historisch-politisches Curriculum für die Schulen der Welt Eingang finden müßte.

Der Vorschlag setzt an bei der aktuellen Bedrohungssituation (2.), fordert dann die Klärung der anthropologischen Elementaria (3.), skizziert die Grundzüge eines zu etablierenden weltweiten Wettbewerbs der Legendenkritik und der Enttabuisierung (4.) und beschreibt schließlich die Perspektive identifikatorischer Traditionsaneignung (5.). Ein letzter

---

[1] Vgl. dazu Kapitel 3 dieses Buches sowie: H. W. Jung, G. v. Staehr: „Endzeit" und historisch-utopisches Lernen. Didaktische Grundlagen, Münster, Hamburg 1993. Ein volles Verständnis des pragmatischen konsensorientierten Vorschlags setzt die Kenntnis bzw. Lektüre des „Endzeit"-Buches voraus. Daher unterbleiben auch im folgenden Einzelverweise auf Gemeinsamkeiten und Abweichungen.

Abschnitt demonstriert an einem aktuellen Beispiel die Möglichkeit weltgesellschaftlicher Orientierung im Unterricht (6.).

2. Der negative Universalismus der Bedrohung

Das erste Problem, dem sich ein epochenadäquater Universalismus stellen muß, ist die aktuelle Bedrohung der Menschheit. Für unseren Zusammenhang folgt daraus:

Wir brauchen in den Schulen der Welt einen nicht nur in unser Zweifächerghetto eingesperrten, sondern als Unterrichtsprinzip verankerten bedrohungsanalytisch aufgeklärten Universalismus. Alle Schüler und Lehrer dieses Planeten, so ist zu wünschen, sollen sich bei jeder sich bietenden Gelegenheit einem *Katalog der aktuellen zentralen Bedrohungspotentiale* der Gattung stellen. Der lange Weg zur Realisierung dieser fürwahr humanistischen Perspektive wird nicht kürzer durch billige, vornehmlich der Selbstentlastung dienende Denunziation dieser Zielstellung als schlecht-utopisch. Der Weg wird schon allein dadurch kürzer, daß man ihn erst einmal betritt; und wenn auch anfänglich der/die nationale/n Rahmen des Bedrohungsdiskurses nur schwer überwindbar erscheinen, so wäre es doch bereits ein Fortschritt, wenn trotz der formalen Beschränkung auf nationalstaatliche Diskursbedingungen in inhaltlicher Hinsicht der Anspruch auf Verallgemeinerbarkeit, der Gesichtspunkt des Gattungsinteresses, das Prinzip des Universalismus eben, durchgehalten würde.

Wir haben in unserer Didaktik einen bedrohungsanalytischen Vorschlag gemacht, der einen bestimmten Theorie-Kontext und also auch einen sehr entschiedenen Standpunkt nicht verleugnen kann. Zwar sind wir nach wie vor davon überzeugt, daß dieser Vorschlag *in der Sache* dem Universalismus-Kriterium genügt; aber dennoch sind wir uns im klaren darüber, daß im Entstehungsprozeß dieses Vorschlags Theorie- oder wenigstens Konzeptionsgesichtspunkte vorherrschend waren - und nicht, worum es hier geht, die höchst vorläufige, aber immer auf den zu erstrebenden weltweiten Konsens hin finalisierte Reflexion über einen - den sich verändernden Verhältnissen gemäß fortzuschreibenden - Kanon der großen Bedrohungen der Menschheit. Für diesen Zweck genügt also weltweite Plausibilität. Diese gilt es zunächst einmal zu testen; und so paradox es klingen mag: Mit diesem Test kann bereits im nationalen Kontext begonnen werden.

Die Bereitschaft zu einer solchen Reflexion scheint durchaus vorhanden. Um ein besonders bekanntes Beispiel zu nennen: Wolfgang Klafkis im Rahmen allgemeindidaktischer Überlegungen entwickelter - von uns in einer frühen Fassung auch kritisierter - Vorschlag der „Schlüsselprobleme“[2] deutet in diese Richtung. Es soll hier daher auch nicht der Eindruck erweckt werden, als werde didaktisches Neuland betreten. Vielmehr geht es um einen Beitrag zur *Forcierung sich hier und da abzeichnender Tendenzen.* Was unter Forcierung u.a. gemeint ist, soll an wenigen Beispielen der m.E. auf den vorderen Rängen anzusiedelnden Bedrohungspotentiale erläutert werden.

Beginnen wir mit der *Ökologieproblematik.* Dabei ist, im Unterschied zum Argumentationsniveau in unserer Didaktik, zunächst die theoriemäßige Durchdringung des Phänomens nicht relevant. So sehr nun einerseits für unsere Zwecke Explikationen des Theoriekontextes entbehrlich sind, so sehr bedarf es andererseits einer gewissen Operationalisierung des Problems über die für die beiden hier vornehmlich zu bedenkenden Fächer typische erweiterte Formulierung: *„Geschichte, Gegenwart und Zukunft der Ökologieproblematik“* hinaus, will man nicht einer entschärfenden Erledigungsstrategie Vorschub leisten. Damit eine solche vermieden wird, sollte nicht nur die auf Weltverhältnisse bezogene Vergleichsperspektive die Ursachenanalyse ergänzen; es sollten vor allem die Akteure und ihre Interessen benannt und die Zumutbarkeit der im Menschheitsinteresse liegenden Alternativen erörtert werden.

Auch was das sich aus dem Verhältnis von *Arm und Reich* ergebende Bedrohungspotential angeht, ist für unseren Zweck die Einbringung des eigenen Theoriebezugs eher hinderlich. Die Relevanz der hier gemeinten Bedrohung anerkennen heißt ja keineswegs, sich im US-amerikanischen Gerechtigkeitsdiskurs auf die eine oder andere Seite zu schlagen; und - glücklicherweise - muß man sich nicht zur marxistischen Tradition bekennen, wenn man - in pragmatischer universalistischer Perspektive - den Standpunkt vertritt, in allen Schulen der Welt müßte im historisch-politischen Unterricht das Thema *„Arm und Reich in Geschichte, Gegenwart und Zukunft“* eine zentrale Rolle spielen. Sinn macht das Unternehmen wiederum nur, wenn u.a. nach den Akteuren und ihren Interessen und nach möglichen Alternativen gefragt wird.

Spätestens nach den Erfahrungen der *Massenmord*praxis in der ersten Hälfte dieses Jahrhunderts war es nicht mehr nachvollziehbar, daß nicht weltweit *„Geschichte und Aktualität des Massenmords“* das große Thema historisch-politischen Lernens geworden ist. Ein Interesse am Verschweigen ist immer illegitim. Aber auch die immer wieder aufkommende Warnung vor dem Vergleich läßt sich nur dann rechtfertigen, wenn sie sich gegen

---

[2] Vgl. W. Klafki, Konturen eines neuen Allgemeinbildungskonzepts, in: Ders.: Neue Studien zur Bildungstheorie und Didaktik. Beiträge zur kritisch-konstruktiven Didaktik, Weinheim, Basel 1985, S. 12-30, bes. S. 20-23. Vgl. dazu: H. W. Jung, G. v. Staehr: „Schlüsselprobleme“ und Epochenbewußtsein. Voraussetzungen pädagogischen Handelns in unserer Zeit, in: K.-H. Braun, D. Wunder (Hrsg.), Neue Bildung - Neue Schule. Wolfgang Klafki zum sechzigsten Geburtstag, Weinheim, Basel 1987, S. 47-65. Vgl. aber jetzt die 4. durchgesehene Auflage von Klafkis Neue Studien, Weinheim, Basel 1994, S. 56-69.

erkennbar drohende Verharmlosung des Verbrechens mit dem Mittel der vergleichenden Methode wendet. Um es für die deutschen Verhältnisse unmißverständlich zu formulieren: Selbst der Holocaust rechtfertigt kein generelles Vergleichstabu. Wer dieses fordert, instrumentalisiert die Toten für seine oft nicht einmal offengelegten Zwecke. (Ein bis vor einiger Zeit scheinbar überzeugendes Argument, der Forschungsstand zum Thema des großen Mordens erlaube keine didaktische Transformation, ist angesichts der neueren Entwicklung entkräftet.)[3]

Der hier begonnene Katalog der Geißeln der Menschheit läßt sich leicht erweitern, etwa um die Themen Waffenproduktion, Militarisierung der Politik, Migration usw. Die Interdependenz der zentralen Bedrohungspotentiale ist augenfällig, und wenn es etwa an Einsicht in die Relevanz eines Bedrohungspotentials fehlen sollte, so kann ja vielleicht auch der Verweis auf seine Verstärkerfunktion in bezug auf andere Potentiale, die als unmittelbarer erfahren werden, die Einsicht fördern.

Eine abschließende Bemerkung zur Vermeidung eines Mißverständnisses: Es sollte in diesem Abschnitt nicht geleugnet werden, daß viele gute Lehrer und Schüler in der weiten Welt sich gelegentlich auch einmal mit den genannten Themen bzw. Aspekten dieser Themen beschäftigen. Es ging vielmehr um die Forderung nach einer *didaktischen Privilegierung eines Thementyps in universalistischer Perspektive.*

3. Anthropologische Elementaria

Eine Menschheit, die sich anschickt zu einer weltgesellschaftlichen Verfassung, muß zunächst einmal mit den Bedrohungen fertig werden, die das große Experiment scheitern lassen könnten. Eine Voraussetzung dafür ist, daß die Bedrohungen möglichst allen hinreichend bewußt werden. Wie aber könnte das Experiment gelingen, wie könnte die Gattung immer mehr Subjektcharakter gewinnen, also zu einem Wesen werden, das über sich verfügt und nicht zum Spielball eines kleinen Teils seiner selbst wird, wenn diese Menschheit sich nicht ihrer anthropologischen Grundlagen versichert. Ein weiteres großes Thema des historisch-politischen Lernens ist daher die *Frage nach dem Schicksal dieser anthropologischen Grundlagen in Vergangenheit, Gegenwart und Zukunft.*

Was ist hier mit „anthropologische Grundlagen" gemeint? Gemeint ist die conditio humana in ihren wesentlichen Dimensionen. Mit „wesentliche Dimensionen" kann, wie schon bei der Nennung der Bedrohungspotentiale, kein - den Konsens belastendes - Theo-

---

[3] Vgl. als erste Hilfe ein leicht zugängliches, Resultate bündelndes Werk, dessen weltanschauliche Prämissen sicherlich umstritten sein dürften: G. Heinsohn, Lexikon der Völkermorde, Reinbek 1998.

riekonzept verbunden werden; vielmehr muß die Dimensionierung mit Plausibilitätserwartungen arbeiten. Auch gilt, wie immer bei unseren Überlegungen, lediglich der Anspruch eines - konsensorientierten, aber den Konsens natürlich nicht vorwegnehmenden - Vorschlags.

Vor diesem Hintergrund sei die These gewagt, daß die Menschheit sich jenseits aller weltanschaulichen besonderen Deutungen ihres Status über die spezifische Art und Weise verständigen muß, wie menschliches Leben sich (bei aller Gemeinsamkeit mit Leben überhaupt) reproduziert. Unsere Antwort darauf lautet: Wie alle Lebewesen reproduzieren sich auch die Menschen durch Aneignung von Natur. Doch im Unterschied zu allen anderen Lebewesen, auch den höchstentwickelten Tieren, realisieren die Menschen diese Naturaneignung zur Aufrechterhaltung ihres Stoffwechsels *produktiv* und unter evolutionär bisher nicht bekannten Bedingungen der *Erfahrungskumulation* und *-tradition* mit der Folge, daß die Menschen - im Unterschied auch zu den höchstentwickelten Affen - *Kultur* und *Geschichte* haben. Die Tätigkeit, welche das hier skizzierte höhere Reproduktionsniveau bestimmt, wird *Arbeit* genannt. Wird *„Geschichte, Gegenwart und Zukunft der Arbeit"* zu einem weiteren zentralen Thema in den Schulen der Welt, dann sind damit nicht unbedingt weltanschauliche Vorentscheidungen etwa in bezug auf die Problematiken Leib - Seele und Körper - Geist gefallen. Allenfalls lassen sich, ist diese Thematik erst hinreichend etabliert, bestimmte weltanschauliche Reduktionismen eher vermeiden. Wie immer bei einer nur mit Hilfe einer Kategorie bezeichneten Thematik werden die eingeschlossenen Schwierigkeiten erst bei entsprechender Operationalisierung deutlich. So werden sich im Falle der Geschichte der Arbeit die Geister wohl schon bei der Behandlung der sozialen Konsequenzen der Arbeits*teilung* scheiden; und der große Konsens wird mit Sicherheit nicht erst über der Behandlung von Kriterien der *Verteilung der Arbeitsprodukte* zerbrechen. So sehr vielleicht der Konsens zu wünschen wäre, so genügte aber doch bereits ein Fortschritt, der darin bestünde, daß in den Schulen der Welt der systematische historische Durchgang zum Thema Arbeit in der Perspektive besserer Lösungen für die Zukunft zum obligatorischen Lehrplanelement erhoben würde.

Eine zweite Reproduktionsebene verdient besondere Aufmerksamkeit: die *der Fortpflanzung*. Da diese in ihrer menschlichen Spezifik nicht „rein biologisch" (was immer das sei!) erfaßt werden kann, sondern in ihrer immer schon gegebenen sozialen Überformung Gegenstand historisch-soziologischer Analyse ist und auch ihres problematischen Charakters wegen bleiben wird, liegt die Ergänzung unseres Themenkatalogs um den Titel *„Geschichte, Gegenwart und Zukunft der menschlichen Fortpflanzung"* nahe. Auch hier fördert jeder Akt der Operationalisierung problematische Aspekte zutage. Das weite Feld der - ja nicht auf die Fortpflanzungsperspektive zu reduzierenden - menschlichen *Sexualität* ist dabei ebenso wenig zu umgehen wie die nicht nur auf letztere nicht reduzierbare Geschlechterproblematik im umfassenderen Sinne; und selbst die Behandlung der Weltgeschichte des *Erbrechts* dürfte nicht als Verfehlung des Themas gewertet werden - um nur zwei dieser möglichen problematischen Aspekte zu nennen.

Doch der Mensch lebt weder von Brot noch von seinen Nachkommen noch gar von „Sex" allein - auch nicht von allen zusammen!

Das menschliche Leben ist offenbar mehr als eine Summe von Mittelzweck-Verhältnissen. Mag man auch noch die Bedeutungszuschreibungen, die Menschen größeren Bereichen ihrer Lebenspraxis gegenüber vornehmen - einer Phase ihres Lebens, ihrer beruflichen oder außerberuflichen Tätigkeit usw. - letztlich in ihrer Qualität nicht von den alltäglichen und weniger weitreichenden Zwecksetzungen unterscheiden können, so läßt sich doch eine ganz andere Qualität von Zweck nicht leugnen: die Qualität des Zwecks der Zwecke, die wir mit der Kategorie *Sinn* bezeichnen. Dabei kann Sinn sich auf die Welt eines menschlichen Individuum beziehen. Ob nun der Sinn der Welt, der Sinn des menschlichen Lebens überhaupt oder nur der Sinn meines Lebens gemeint ist: Der Sinn kann als objektiver außerhalb der Subjekte gesetzter, als von den Subjekten gesetzter bzw. zu setzender - weil objektiv nicht vorhandener - und im äußersten Fall als sowohl in seiner objektiven wie in seiner subjektiven Variante als nicht möglich aufgefaßt werden. Die Weltgeschichte enthält ein riesiges Arsenal von Sinn-Deutungen und Sinn-Produktionen. Es gibt die Großarrangements von Sinn in den sogenannten Weltreligionen, und es gibt die auf nichts als auf die individuelle Welterfahrung gestützte Sinngebung des Einzelnen - wenn es sein muß: gegen den Rest der Welt. Ganz gleich nun, ob einen angesichts der Verwahrlosung auf diesem Gebiet das Grausen packt oder ob man die Buntheit der Sinnpraxen als die große Lösung erfährt: Hier gerät eine gemeinmenschliche Thematik in den Blick, deren Behandlung von großem Einfluß auf den Prozeß der Bildung weltgesellschaftlicher Strukturen war, ist und sein wird. Grund genug, unseren Katalog um das Thema: *„Geschichte, Gegenwart und Zukunft der Sinnproduktion"* zu erweitern.

Mehr als bei vorherigen Themen scheint der Einwand gerechtfertigt, hier werde für die didaktische Ebene etwas gefordert, was selbst auf der wissenschaftlichen Ebene noch nicht befriedigend gelöst sei. Ohne die Schwierigkeiten zu verkennen, muß diesem - bekannten - Argument entgegnet werden, daß vor allem historisch-politisches Lernen nicht immer warten kann, bis in den Fachwissenschaften alle Fragen beantwortet sind.

Besonders bei der Erörterung des Themas „Sinn", aber auch im Zusammenhang der Thematisierung von „Fortpflanzung" und sogar bei der Behandlung von „Arbeit" war immer schon ein wesentlicher Aspekt menschlicher Lebenspraxis mit im Spiel: *das Normative* (im weiteren Sinn). Seine Allgegenwärtigkeit hat offenbar nicht dazu beigetragen, ihm in den Schulen einen angemessenen Ort mit didaktischer Grundausstattung zu sichern. Wenn nicht gerade ein aufgeklärter Philosophieunterricht wider alle Tradition den systematischen Zugriff wagt, bleibt das Normative ein Gegenstandsbereich, aus dem sich einzelne Fächer entsprechend den speziellen unterrichtlichen Voraussetzungen die vermeintlich ihnen zugehörigen Teile herausschneiden. So mag der Schüler, wenn er Glück hat, im - konfessionell gestalteten - Religionsunterricht *„das Heilige"*, im Ethikunterricht (vielleicht zusätzlich zum Religionsunterricht) *„das Gute"*, im Politikunterricht (vielleicht zusätzlich zum Religionsunterricht und zum Ethikunterricht) *„das Gerechte"*, im Deutsch-, Kunst- und Musikunterricht je unterschiedliche Ebenen *„des Schönen"* erörtern lernen; dieser - offensichtlich deutsche - Schüler mag sogar darüber nie die Frage nach *„dem Wahren"* vergessen und sogar durch eine glückliche Fügung *„wahr", „wahrhaftig"* und *„richtig"* zu unterscheiden gelernt haben. Er ist damit aber immer noch nicht bei der in der Tat anspruchsvollen, auch, was die Rezeption des wissenschaftlichen Diskussionsstandes angeht, gewiß nicht einfachen Fragestellung angelangt, die wir aber dennoch in den Schulen der Welt behandelt wissen wollen, weil sie den Blick auf einen wesentlichen Teil des Weges lenkt, den die Gattung von der fast nur biologischen Größe zum wahrhaft menschlichen Niveau der Weltgesellschaft zurückgelegt hat bzw. noch zurücklegen muß. Die Fragestellung lautet: *„Geschichte, Gegenwart und Zukunft der Sphären des Normativen"*.

Wieder scheint der im Zusammenhang der Sinnproblematik erwähnte Einwand gerechtfertigt; und wieder gilt, bei aller Anerkennung der Schwierigkeiten, die gleiche Entgegnung. Im übrigen: Hier wird ein Programmvorschlag gemacht, und es wird nicht behauptet, es bleibe bei der Realisierung des Vorschlags nur die didaktische Routinetätigkeit.

Außerdem: Wer wollte allen Ernstes behaupten, ein Thema wie *„Der Gerechtigkeitsdiskurs in der Geschichte. Exempla aus verschiedenen Kulturen und Epochen im Vergleich"* müsse an fehlenden fachwissenschaftlichen Voraussetzungen scheitern? Wenn es denn scheitern sollte, dann, weil es einen liebgewordenen nationalen Ladenhüter verdrängen müßte.

Bevor wir uns wieder einer Dimension der conditio humana zuwenden, die unbestritten Heimatrecht in den historisch-politischen Fächern genießt, muß noch einem letzten möglichen Einwand begegnet werden, der - sieht man einmal vom Thema „Arbeit" ab - sich mehr oder weniger gegen alle bisherigen Themenvorschläge richten könnte: die Themen seien nicht typisch für die hier immer wieder genannten Fächer; sie seien entweder in anderen Fächern besser aufgehoben oder verlangten zumindest eine Kooperation mit diesen Fächern. Dieser Einwand ist vor dem Hintergrund der aktuellen Schulstrukturen in Deutschland verständlich, sollte aber diejenigen, die wirklich den Provinzialismus einer Nationaldidaktik hinter sich lassen wollen, nicht allzu sehr beeindrucken. Immerhin wird ja selbst unter den gegebenen Bedingungen eine Lösung als möglich erachtet: die der Kooperation mit relevanten Fächern. Um aber kein Mißverständnis aufkommen zu lassen: Daß die Vorschläge im Kontext historisch-politischer Didaktik gemacht werden, ist nicht Willkür: Die Themen werden als *politische* Themen verstanden, weil sie die universalistische Perspektive stützen sollen; und sie werden als *historische* Themen verstanden, weil sich über die res gerendae ohne die res gestae und die historia rerum gestarum nicht sinnvoll handeln läßt.

Wenn jemand aus alledem den Schluß zieht, die hier vorgeschlagene Alternative zu traditionellem Geschichts- und Politikunterricht verlange letztlich, *wenn schon keine inhaltliche Neukonzeption, dann doch mindestens eine Aufwertung des Bereichs der historisch-politischen Fächer*, dann sei ihm nicht widersprochen!

Was nun die angedeuteten eindeutig dem Bereich der Fächer Geschichte/Politik zuzuordnenden Dimensionen der conditio humana betrifft, so handelt es sich mit dem Phänomen *Macht* um ein alle Sphären des Menschlichen durchdringendes Medium, dem sich zu entziehen fast unmöglich ist. Unter den *Formen* der *Macht*, die im Sinne der *Möglichkeit von Zwangsanwendung* verstanden werden soll, sind besonders die mißbräuchlichen Varianten von Interesse, also das, was gemeinhin als *Gewalt* bezeichnet wird. Gewalt liegt vor, wo die Erreichung des eigenen Vorteils mit dem Mittel des Zwangs auf Kosten anderer erfolgt. Dieser Art Zwang darf legitimerweise zum Zwecke der Abwehr wiederum mit Zwang begegnet werden, der dann als *Widerstand* von Gewalt abgegrenzt werden kann. Die Analyse wird auch dadurch erleichtert, daß *Ebenen* oder *„Bühnen"* unterschieden werden, auf denen die Stücke der Macht, der Gewalt, aber auch des Widerstandes aufgeführt werden. Dabei muß die „Bühnen"-Typologie keineswegs auf die drei Klassiker der kleinen „Bühne" der Individuen, der mittleren „Bühne" des Staates und der großen Welt-„Bühne" beschränkt bleiben. Zum kritischen Instrumentarium sollte auch, ohne Vernachlässigung des strukturellen Moments einerseits und ohne vorschnelle Personalisierung andererseits, die Aufrechterhaltung der Kategorie *„Akteur"* gehören; und nur wegen der bekannten Trennschärfe-Schwierigkeiten kann auch auf die Unterscheidung von *Täter und Opfer* im Gewaltverhältnis nicht verzichtet werden.

Die Relevanz solcher Kategorien läßt sich ohne Mühe am Beispiel des aktuellen Globalisierungsdiskurses belegen, indem man Fragen stellt wie: Wer sind die Täter und wer sind die Opfer aktueller Globalisierungstendenzen? Lassen sich Akteure benennen, die aktuelle Globalisierungstendenzen im Sinne der Entwicklung weltgesellschaftlicher Strukturen zu gestalten versuchen? Sind „globalplayers" auch universalistische Akteure? Können nationale Akteure universalistische Perspektiven entwickeln?

Es bedurfte wohl nicht erst dieser Fragen, um unsere neue Großthematik plausibel erscheinen zu lassen, nämlich: *„Geschichte, Gegenwart und Zukunft von Macht, Gewalt und Widerstand"*.

4. Legenden und Tabus des historisch-politischen Lernens

Auf dem langen Weg zur Weltgesellschaft freier Menschen, einer Gesellschaft von Weltbürgern, gibt es zwei sich ergänzende Hindernisse, die, obwohl sie in der Regel als regional, national und für bestimmte Kollektivsubjekte spezifische auftreten, dennoch bei aller Spezifik im einzelnen die Entwicklung weltbürgerlichen Bewußtseins hemmen. In der Form des *Tabus* wird eine für die Akteure unangenehme, weil zu schmerzhaften Taten auffordernde Wahrheit aktiv daran gehindert, ins Bewußtsein zu gelangen. Wenn man eine solche Wahrheit zuließe, müßte man bestehende Verhältnisse - und sei es auch nur in der Bewertung - in Frage stellen. Genau dies aber will man nicht.

Die - historisch-politischen - *Legenden* erteilen kein Wahrheitsverbot wie die Tabus; sie erzählen einfach ihre, manchen durchaus funktional erscheinende Wahrheitsalternative.

Wie kooperativ beide Strategien der Verhinderung verfahren, oder soll man lieber sagen: wie gering die Trennschärfe der Kategorien im konkreten Fall sein können, zeigt das Beispiel „Wehrmacht". Die Legende von der angeblich „sauber" gebliebenen, nichtnationalsozialistischen, einer fairen Kriegsführung verpflichten und sogar mißbrauchten, einzig dem besseren Deutschland treu gebliebenen Ausnahmegröße, diese Legende hat lange das Tabu massenhaften völkerrechtswidrigen kriminellen Verhaltens innerhalb dieser Institution ermöglicht. Wie immer man nun auf der Begriffsebene das Verhältnis von Legende und Tabu beurteilen mag, ob man jeder historisch-politischen Legende Tabuimplikationen zuschreibt oder ob man die Kategorien als stärker zu trennen ansieht, für den hier geforderten pragmatischen Zugriff auf eine komplexe historisch-politische Vermeidungsstrategie dürfte dies ohne größeren Belang sein.

Hingegen ist es wichtig, daß die betroffenen Akteure, also z.B. Weltreligionen, politische Parteien, vor allem aber Nationen in einen *Legenden- und Tabu-Diskurs* eintreten, am besten dadurch, daß sie sich zunächst einmal zu ihren eigenen Legenden und Tabus bekennen und die Bearbeitung den anderen zur Begutachtung vorlegen, vor allem wenn diese Gegenstand/Opfer der Verhinderungsstrategie waren. Nachdem auf diese Weise Vertrauen gewonnen worden ist, dürfte ein zweiter Schritt gewagt werden: Die aus der Sicht der Betroffenen/Opfer noch ausstehende Arbeit der Kritik: Zerstörung der Legenden und Enttabuisierung könnte eingefordert werden. Wer, der in dieser Hinsicht einen Traumwunsch frei hätte, würde nicht gerne den Traum von einem weltweit entfachten Wettbewerb der Legenden- und Tabukritik träumen wollen!

In Wiederaufnahme eines in unserer Didaktik gemachten Exemplifizierungsversuchs sollen abschließend aus einer spezifischen, u.a. deutschen Sicht Beispiele von fälliger enttabuisierender Aufklärungsarbeit skizziert werden:

Beginnen wir mit „typisch deutscher" Tabu-Hausmannkost! Da wäre zunächst an die immer noch ohne Lehrplanrepräsentanz gebliebene *„braune Kontinuität"* nach 1945 zu erinnern. Wieviel Prozent der deutschen Schüler nach dem Kriege ist eine größere Unterrichtseinheit „zugemutet" worden, in der Roß und Reiter, sprich ehemalige Nationalsozialisten in den verschiedenen legislativen, exekutiven und jurisdiktionellen Organen des neuen Staates und in wichtigen Positionen der deutschen Wirtschaft benannt und in ihrer alten und neuen Praxis bewertet worden sind? Wissen deutsche Schüler, ob es je ein durchgängiges - optimal wünschenswertes - Amtstabu für ehemalige Mitglieder der Nazipartei gegeben hat?

Oder riskieren wir die Nennung eines nur scheinbar aktuelleren Tabus, wohl wissend, daß diese Nennung nicht unbedingt so verstanden wird, wie sie verstanden werden will: *die philosemitische Kompensation.* Gemeint ist: Das heimliche schlechte Gewissen wegen Substitution möglichst angstfreier Auseinandersetzung mit dem Grauen durch eine liebedienerische „Bewältigungspraxis" kann zur philosemitischen Ersatzhandlung, schlimmstenfalls unter Einschluß rassistischer Momente führen. Einer solchen Kompensationshaltung muß schon die Frage nach eventuellen rassistischen Erscheinungen in der israelischen Gesellschaft ein willkommener Anlaß zur Rassismus-Denunziation sein. Bis deutsche Lehrer begriffen haben, daß die hier nur angedeuteten Überlegungen in den Kontext der Bekämpfung - nicht nur - des Antisemitismus gehören, dürfte noch eine Weile vergehen!

Da es an dieser Stelle nicht um die Ausbreitung der schier „unendlichen Geschichte" der historisch-politischen Legenden und Tabus gehen kann, seien noch zwei Ebenen mit je einem Beispiel vorgestellt, die in der Systematik der Tabuarbeit nicht fehlen dürfen:
a) *„Die Sünden der anderen"* und b) *„Die verborgenen Götter".*

Ad a): Wer will, daß sich im sich vereinigenden Europa nicht ein ebenso anachronistischer wie lächerlicher neuer Nationalismus nur einen Krisen-Anlaß sucht, um mit einem Sprung auf die europäische Bühne die Regie durcheinanderzubringen, der sollte im politischen Unterricht, vielleicht auch im Englischunterricht, vielleicht auch in beiden Fächern, die nun schon Tradition gewordenen antideutschen Tiraden eines Teils der englischen Presse zum Thema machen - und zwar nicht, um in Deutschland englischen Chauvinismus zu bekämpfen, sondern um in einer aspektreichen - hier leider nicht ausführlich darstellbaren - historisch-politischen Analyse einem eventuellen deutschen Reaktionsprodukt von vornherein jede Praxis zu entziehen.

Ad b): Wer weltgesellschaftliche Verhältnisse will, muß wissen, wer die eigentlichen Akteure in einer Welt sind, in der Globalisierungsrhetorik leicht als Ausdruck universalistischen Bewußtseins mißverstanden werden kann. Statt großer Ausführungen über die Rolle der Nationalstaaten, der übernationalen Institutionen, der NGOs usw. sei zur Veranschaulichung dieses Tabuthemas eine einzige Frage gestattet: Wieviel Prozent der deutschen Abiturienten haben im Laufe ihres schulischen Lebens die Geschichte, Gegenwart und zu erwartende Zukunft eines multinationalen Konzerns und/oder der Weltbank und/oder des Internationalen Währungsfonds[4] in einem ernstzunehmenden Unterrichtsarrangement - und nicht in der Schwundstufe der bloßen Erwähnung kennengelernt?

Die Beispiele müssen fürs erste genügen, um die Art und Weise anzudeuten, in der die Selbstqualifizierung eines deutschen Teilnehmers am anzustehenden Wettbewerb der Kritik erfolgen könnte.

5. Weltbürgerliches Bewußtsein und Traditionsaneignung

Die bisherigen Ausführungen sind getragen von der didaktischen Grundüberzeugung, daß die Förderung weltbürgerlichen Bewußtseins zu den vornehmsten Aufgaben einer jeden Lehre vom historisch-politischen Lernen gehört. Zur Erreichung dieses anspruchsvollen Lern*ziels* bedarf es u.a. des didaktischen Arrangements adäquater Lern*inhalte*. Auch im Sinne dieses Arrangements will die Darstellung verstanden werden. Die Arbeit am Inhaltskatalog soll in einer abschließenden Überlegung auf ein Feld ausgedehnt werden, das m.E. im historisch-politischen Unterricht zu zögerlich, in übertriebener, vielleicht aber auch nur vorgeschobener Furcht vor Ideologie- und Indoktrinationsvorwürfen betreten wird: das schwierige, aber lohnende Feld der *Identifikationsobjekte*. Wenn Lehrende diese wie der Teufel das Weihwasser meiden, können sie keineswegs sicher sein, daß in ihrem Unterricht implizit, also einer aufklärenden Reflexion entgegen, Identifikationsprozesse angestoßen werden, über die sich weder Lehrende noch Lernende freuen können, weil sie das Tageslicht des Bewußtseins nie erblicken.

Für unseren Zusammenhang gehen wir daher davon aus, daß zur Erreichung des erwähnten Lernziels ein didaktisches Angebot den Universalismuskontext repräsentierender Identifikationsobjekte dienlich ist. Was liegt näher, als die Geschichte unserer großen Idee in diesem Sinne zu befragen. Peter Coulmas hat uns mit seiner „Geschichte einer Menschheitssehnsucht“ mit dem schönen Titel „Weltbürger“[5] einen Leitfaden für eine solche Befragung geschenkt. Und vielleicht ist ja selbst Dieter Ruloffs kurz vor der epochalen Zäsur von 1989 erschienene Betrachtung zum Thema „Weltstaat oder Staatenwelt?“[6] noch immer lesenswert. Jedenfalls sehen wir allen Grund, unseren Katalog zu ergänzen um das Thema:

---

[4] Vgl. U. Hoering (Red.), Zum Beispiel IWF & Weltbank, Göttingen 1999. R. Tetzlaff, Weltbank und Weltwährungsfonds - Gestalter der Bretton-Woods-Ära, Opladen 1996.

[5] Vgl. P. Coulmas, Weltbürger. Geschichte einer Menschheitssehnsucht, Reinbek 1990.

[6] Vgl. D. Ruloff, Weltstaat oder Staatenwelt? Über Chancen globaler Zusammenarbeit, München 1988.

„Geschichte, Gegenwart und Zukunft weltbürgerlicher Ideen", womit selbstverständlich keinerlei Vorentscheidung über organisatorische Optionen in bezug auf die Weltgesellschaft freier Menschen verbunden sein kann. Warum sollten sich unsere Schüler nicht von Diogenes Laertius[7] gerne darüber belehren lassen, daß sein Namensvetter aus Sinope auf die Frage nach seiner Heimat geantwortet hat, er sei ein Weltbürger - und das im vierten Jahrhundert vor Christus und umgeben von auf ihr Griechentum so stolzen Griechen!

Warum sollen nicht alle Schüler der Welt Albert Einsteins „Rundfunkansprache über die Radiostation der American Broadcasting Corporation an eine Studentenversammlung in Chicago zur Förderung einer föderativen Weltregierung" vom 24.5.46 kennenlernen, in der er u.a. folgendes ausgeführt hat: „Es muß eine Weltregierung geschaffen werden, welche Konflikte zwischen Nationen durch richterliche Entscheidung zu lösen imstande ist. Diese Entscheidungen müssen auf eine klare Verfassung gegründet werden, welche von den Regierungen und Völkern gebilligt ist, und welche allein über die Angriffswaffen zu verfügen hat. Nur dann kann eine Person oder eine Nation als pazifistisch angesehen werden, wenn sie bereit ist, ihre militärische Macht an die übernationale Behörde abzutreten und auf jeden Versuch und auf die Mittel zu verzichten, ihre Interessen gegenüber dem Ausland durch Anwendung von Gewalt durchzusetzen." Diejenigen aus dem Lager der - selbsternannten - Realisten, sollten, bevor sie mit dem Vorwurf der idealistischen Blauäugigkeit bei der Hand sind, sich noch die folgenden Sätze des großen Pazifisten anhören: „Es ist offenkundig, daß die Entwicklung der politischen Verhältnisse in dem Jahre, das seit Beendigung des zweiten Weltkrieges verflossen ist, uns der Erreichung dieses Zieles keineswegs nähergebracht hat. Die Organisation der Vereinten Nationen, so wie sie heute dasteht, hat weder militärische Macht noch die rechtliche Grundlage, einen Zustand der internationalen Sicherheit herbeizuführen."[8] Aber dennoch, darf angemerkt werden, hat dies Einstein nicht davon abgehalten, die Forderung nach einem Weltstaat zu erheben!

Ideen liefern keineswegs kostenlos die zu ihrer Realisierung erforderlichen Institutionen gleich mit. Aber nur wenn die Idee eines organisierten Weltbürgertums die Bürger dieser Welt ergreift - und nur bei diesem Geschäft ist Didaktik gefragt - besteht die Chance entsprechender Institutionalisierung.

Es wäre ungerecht und auch der Sache schädlich, übersähe man eine bereits etablierte Ebene - auch - didaktischer Bemühung um die Verbreitung universalistischen Bewußtseins.

---

[7] Vgl. D. Laertius, Leben und Meinungen berühmter Philosophen. Aus dem Griechischen übersetzt von O. Apelt. Unter Mitarbeit von H. G. Zekl neu hrsg. sowie mit Vorwort, Einleitung und neuen Anmerkungen zu Text und Übersetzung versehen von K. Reich, 3. Aufl. mit neuem Vorwort von H. G. Zekl, Hamburg 1990, S. 326.

[8] Erschienen unter dem Titel: Die Notwendigkeit einer Weltregierung (1946), in: A. Einstein, Aus meinen späten Jahren, Frankfurt, Berlin, Wien 1984, S. 135-137, Zitate S. 135f.

Gemeint sind die vielfältigen weltweiten Anstrengungen unterrichtlicher *Thematisierung der Menschenrechte* als des wohl spektakulärsten Kapitels in der Geschichte universalistischer Ideen. So sehr gewürdigt werden muß, daß der Kampf um die Menschenrechte „Weltniveau" erreicht hat, so sehr sind vor allem zwei Übel des Umgangs mit diesem einstweilen höchsten Selbstanspruch der Menschheit zu beklagen: die *Funktionalisierung im Sinne einer Stützung außenpolitischer Interessen* und die *interessengeleitete selektive Realisierung*. Es ist leider nicht zu leugnen, daß derjenige Staat, der größte Verdienste um die Verbreitung des Menschenrechtsgedankens vorzuweisen hat, die Vereinigten Staaten, zugleich kontinuierlich abschreckende Beispiele für Funktionalisierung und selektive Realisierung liefert. Aber auch für den deutschen Kontext bleibt genug Stoff für (selbst-)kritisches Engagement.

Wieder ist Albert Einstein - auch nach 45 Jahren - mit seiner Einschätzung aktuell geblieben: „Wenn wir heute von Menschenrechten reden, dann haben wir in erster Linie die folgenden Forderungen im Auge. Sicherung des Individuums gegen willkürliche Eingriffe von seiten anderer Individuen oder des Staates. Das Recht auf Arbeit und adäquaten Arbeitsertrag. Freiheit der Diskussion und Lehre. Adäquate Beteiligung des Individuums an der Formierung der Regierung. *Diese* Menschenrechte sind gegenwärtig theoretisch anerkannt, wenn sie auch unter reichlicher Anwendung formal-juristischer Kunstgriffe in weit höherem Maße verletzt werden als noch eine Generation vorher. Es gibt aber noch ein Menschenrecht, von dem wenig gesprochen wird, das aber dazu bestimmt zu sein scheint, eine wichtige Bedeutung zu erlangen: das Recht (beziehungsweise die Pflicht) des Individuums, sich von der Beteiligung an Unternehmungen auszuschließen, wenn es diese als Unrecht und verderblich empfindet."[9]

6. Umwelt, Arbeit, Grundrechte: Ein Vorschlag für Unterricht

In der Frankfurter Rundschau ist jüngst in Form einer Anzeige ein „offener Brief des Vorstandes der Deutschen Sektion der IPPNW (Internationale Ärzte für die Verhütung des Atomkrieges, Ärzte in sozialer Verantwortung e.V., d. V.) an die Kernkraftbetreiber in Deutschland z. Hd. Herrn Manfred Timm, Vorstandssprecher der Hamburgischen Elektrizitätswerke (HEW) und Sprecher der Kernkraftwerksbetreiber" erschienen. Dieser Brief trägt den Titel: „Ärzte warnen vor der Atomindustrie." Der Untertitel liefert die These: „Das Grundrecht auf Leben und körperliche Unversehrtheit wird mißachtet." Wir verzich-

---

[9] Erschienen unter dem Titel: Botschaft über Menschenrecht (1954). (Es handelt sich um die „Botschaft an die Decalogue Society of Chicago, 20. Februar 1954"), in: A. Einstein, a.a.O., S. 197-199, Zitat S. 198.

ten hier aus Platzgründen auf genaue Wiedergabe der Argumente (u.a. Mehrheitswille der Bevölkerung, Kosten eines möglichen Super-GAUs in der Bundesrepublik vor dem Hintergrund der Erfahrungen von Tschernobyl) und zitieren nur zwei für unseren Zusammenhang wichtige Passagen:

1. „Voller Unverständnis müssen wir zusehen, wie die Atomindustrie in den Konsensgesprächen zum Ausstieg aus der Atomenergie rücksichtslos ihre wirtschaftlichen Interessen vertritt. Sie schürt die Angst der Bevölkerung vor Entschädigungsforderungen nationaler und internationaler Konzerne, vor Arbeitsplatzabbau und juristischen Klagen. Die Industrie könnte in Deutschland vorangehen in eine Zukunft mit intelligenten und sparsamen Energietechniken, regenerativen Energieformen und vielen neuen Arbeitsplätzen. Die Aussichten auf große Gewinne aus abgeschriebenen Atomkraftwerken verstellen den Blick auf die Gefahren, die der Bevölkerung aus dem Weiterbetrieb von Atomanlagen drohen."
2. „Mit welchem Recht stellen Sie die Rendite Ihrer Atomkraftwerke über den Willen der Bevölkerung, die eine menschengerechte Energieversorgung fordert? Auch die Atomindustrie hat zu akzeptieren, daß das Grundrecht auf Leben und körperliche Unversehrtheit (Artikel 2 unseres Grundgesetzes) vorrangig ist vor dem Grundrecht auf Eigentum und Gewerbefreiheit."[10]

Die leider nur partielle Wiedergabe muß genügen, um die Vermutung nachvollziehbar zu machen, daß mit Hilfe dieser Anzeige ein produktiver Umgang mit tatsächlichen oder nur vermeintlichen Problemen des oben entwickelten Ansatzes veranschaulicht werden kann.

Listen wir ganz einfach die mit dem Text verbundenen didaktischen Positiva auf:

1. Eine aktuelle gesellschaftliche Auseinandersetzung wird zum Gegenstand unterrichtlicher reflexiver Bearbeitung.
2. Der Text kann im Sinne eines „Einstiegs" mit entsprechend hohen Anforderungen an die zu entfaltenden Tiefendimensionen des Gegenstandes genutzt werden.
3. Der Text ist unbestreitbar parteilich, erfordert also, obwohl er Argumente der Gegenseite wiedergibt, Einbeziehung der Selbstverständnisdokumentation von Adressaten.
4. In inhaltlicher Hinsicht sind vor allem folgende Aspekte von Vorteil:
   a) Im Sinne unseres Ansatzes werden die Themen Umwelt, Arbeit und Grundrechte in ihrem Zusammenhang deutlich.

---

[10] FR, 6.3.1999, S. 9.

b) Die Zeitmomente Vergangenheit, Gegenwart, Zukunft kommen auf eine Weise ins Spiel, daß die Thematik je nach Bedarf und Möglichkeit im Sinne des oben immer wieder vorgestellten Thementyps „Geschichte, Gegenwart und Zukunft ..." erweitert werden kann.

c) Das Verhältnis national-international wird mindestens ansatzweise berührt (vgl. etwa die von der nationalen Sektion verständlicherweise gewählte Fokussierung der Grund- und nicht der Menschenrechtsebene) und begünstigt daher eine universalistische Akzentuierung.

5. Mit leicht zu beschaffendem Material, dessen Überschaubarkeit gemäß den speziellen Lehr- und Lernvoraussetzungen gestaltet werden kann, wird ein denkbar weiter Lernhorizont eröffnet - der Horizont des Lernens für eine Welt von Weltbürgern.

Diese Welt kann nicht eine Welt des totalen Konsenses sein. Auf dem Weg zu ihr bedarf es aber wenigstens *eines* Konsenses: des Konsenses über die weltweit zu erörternden Probleme.

Gerda von Staehr

Geschichtsdidaktik und Geschichtsunterricht im vereinigten Deutschland*

1. Geschichte als Politikum in Gesellschaft und Schule

Mit dem Anschluß der Deutschen Demokratischen Republik (DDR) an die Bundesrepublik Deutschland (BRD) verband sich im Westen die Auffassung, auch die Geschichte der DDR könne mit der Vereinigung beider Staaten „abgewickelt" werden. Die verbreitete Verwendung des Begriffes „Wiedervereinigung" legt nahe, 40 Jahre DDR-Geschichte nicht anzuerkennen - als könne man dort anknüpfen, wo die Teilung begann. Die Genese der BRD sollte das Modell für die nachzuholenden versäumten Entwicklungen Ostdeutschlands sein. Die Nichtanerkennung der Geschichte der DDR als Teil der gesamtdeutschen Geschichte seit 1945/49 hat zusammen mit den Erfahrungen der politischen und ökonomischen Übermacht der BRD bewirkt, daß sich seit 1994 eine neue Ost-Identität auszubreiten beginnt. Langsam wird erkannt, daß für eine selbstbestimmte Zukunft in Gesamtdeutschland die Rekonstruktion der Geschichte der DDR als Teil der gesamtdeutschen Geschichte eine wesentliche Voraussetzung bildet.[1]

Da es sich hier um gesellschaftliche Rahmenbedingungen des historischen Lernens im vereinigten Deutschland handelt, soll die Politik mit der deutschen Geschichte an wenigen Beispielen illustriert werden:

1. Am 14.6.1994 wurde in Bonn das Museum „Haus der Geschichte der Bundesrepublik Deutschland" eröffnet. Zwar wurde hier die DDR-Geschichte angesichts der Vereinigung stärker berücksichtigt als ursprünglich geplant, jedoch erscheint sie neben der als Erfolgsgeschichte präsentierten BRD als das Kontrastprogramm zum wirtschaftlich starken, demokratischen, freiheitlichen und rechtsstaatlichen Weststaat. Diese Ausstellung fordert deutlich zur Identifikation mit der erfolgreichen BRD auf, gibt aber kaum Hinweise auf Leistungen und Traditionen, auf die sich ostdeutsche Besucher positiv berufen könnten.

---

*Es handelt sich um die leicht überarbeitete, lediglich dem Literaturstand von 1997 berücksichtigende Fassung eines Aufsatzes, der unter dem Titel Didáctica de la Historia y enseñanza de la Historia en la Alemania unificada, in: con-Ciencia Social. Anuario de Didáctica de la Geografia, la Historia y otras Ciencias Sociales - FEDICARIA, Nr. 2, 1998, S. 133-148, erschienen ist. (Die dortige Nennung von H. Jung als Mitautor ist ein Irrtum der Redaktion.)

[1] Vgl. H. J. Misselwitz, Nicht länger mit dem Gesicht nach Westen. Das neue Selbstbewußtsein der Ostdeutschen, 2. überarb. Aufl., Bonn 1996.

Die dominierende Aussage dieser Ausstellung ist, daß der Weg der BRD von ihren Anfängen bis zur Vereinigung beweist, daß alle getroffenen Entscheidungen zu deren Erfolg geführt haben.[2] Dies ist die Fortsetzung des Kalten Krieges auf dem Gebiet der Geschichte.

2. Nach der Vereinigung ist 1992 in Dresden das Hannah-Arendt-Institut gegründet worden. Hier sollen die totalitären Traditionen der DDR und andere Formen von Totalitarismus erforscht werden. Die Wiederbelebung der seit den Zeiten der Entspannungspolitik in den Hintergrund gerückten Totalitarismustheorie weist darauf hin, daß nach dem Sieg des Kapitalismus über den Sozialismus im Weltmaßstab die formalen Kriterien dieser Theorie für die Charakterisierung von Regierungssystemen wieder gebraucht werden. Die totalitarismustheoretisch verengte Sicht auf die Geschichte der DDR legitimiert deren Reduktion auf den Einparteienstaat der SED, den Staatssicherheitsdienst und die Unterwerfung der Menschen unter diese. Soziale Strukturen und ökonomische Prozesse können nach dieser Theorie unberücksichtigt bleiben. Durch die Gegenüberstellung von westlicher Demokratie/Rechtsstaat/sozialer Marktwirtschaft einerseits und Diktatur/Unrechtsstaat/maroder Planwirtschaft andererseits kann die Verweigerung, 40 Jahre DDR-Geschichte anzuerkennen, scheinbar legitimiert werden.

Demgegenüber sind die „Richtlinien für die Behandlung des Totalitarismus im Unterricht" von 1962[3] allerdings schon 1991 als obsolet erklärt worden.[4]

3. Dem Antifaschismus als Legitimationsideologie der DDR entspricht der Antikommunismus in der BRD. Eine intensivere Auseinandersetzung mit dem Nationalsozialismus begann hier erst in den 70er Jahren. Nachdem durch den deutschen Faschismus belastete Bürger zunächst erfolgreich in die junge westdeutsche Gesellschaft integriert worden waren, konnte eine Aufarbeitung der deutschen Geschichte zunächst vermieden werden. In der DDR war die Antifaschismus-Diskussion vor allem auf ökonomische Probleme des Kapitalismus konzentriert. Die Frage der Judenvernichtung war hier kein zentrales Thema. Nach der Vereinigung wird nun darüber debattiert, wer den „besseren" Antifaschismus vertreten habe. Es wird in jüngerer Zeit auch vermehrt darauf hingewiesen, daß sich das Selbstverständnis der BRD auf die Gegnerschaft zur nationalsozialistischen Diktatur grün-

[2]Vgl. G. Schneider, Ein Zeitalter zu besichtigen! Die Nachkriegsgeschichte als Erinnerungswelt im Haus der Geschichte der Bundesrepublik in Bonn, in: Geschichte in Wissenschaft und Unterricht (GWU) 1995, S. 223-234.

[3]Vgl. Richtlinien für die Behandlung des Totalitarismus im Unterricht (Beschluß der Kultusministerkonferenz (KMK) vom 5.7.1962).

de. Die Funktion dieser veröffentlichten Debatte ist: den Antikommunismus und seine zentrale Integrationsfunktion im Kalten Krieg vergessen zu machen. Die Auseinandersetzung über die herrschende Legitimationsideologie im vereinigten Deutschland ist keineswegs abgeschlossen.

4. Das Bestreben, die Geschichte des geteilten Deutschland für politische Ziele einer inneren Vereinigung unter der ideologischen Führung Westdeutschlands zu instrumentalisieren, läßt sich auch an den administrativen neuen Rahmenbedingungen für den Geschichtsunterricht in den Schulen nachweisen. Die Lehrerausbildung wurde grundlegend verändert. Die in der DDR praktizierte einphasige Lehrerausbildung mit einer engen Verknüpfung von Theorie und Praxis wurde dort von den Pädagogischen Hochschulen geleistet. Die Professoren nannten sich Geschichtsmethodiker und verstanden sich primär als Pädagogen. Da in der DDR die Staatsdoktrin des Marxismus-Leninismus keine geschichtswissenschaftlichen Kontroversen zuließ, gab es auch keine kontroversen geschichtsdidaktischen Positionen wie in der BRD. Die Geschichtsmethodiker konzentrierten sich auf unterrichtsmethodische, lern- und entwicklungspsychologische Fragen des Geschichtsunterrichts. Sie standen in engen Kooperationsverhältnissen zu den Lehrern an der Schule, zumal sie auch für deren Fortbildung zuständig waren. Infolgedessen hatte sich in der DDR eine differenzierte geschichtspädagogische Forschung und ein theoriegeleitetes Verständnis von Geschichtsmethodik entwickelt. Diese Stärken der DDR-Geschichtsmethodik wurden im Westen aber bisher ignoriert. Statt dessen wird auf die systemstützende Funktion, die politisch-ideologische Formierung der Schüler zu gewährleisten, verwiesen. Darum wurden alle Lehrstuhlinhaber der Geschichtsmethodik entlassen. Später gelang es einer habilitierten Frau aus dem Mittelbau der Potsdamer Pädagogischen Hochschule, Dagmar Klose, an der Universität Potsdam den Lehrstuhl für Geschichtsdidaktik zu erhalten. Diese Berufung - in einem sozialdemokratisch regierten Land - ist ein Politikum. Sie erfolgte gegen die massive Konkurrenz namhafter westlicher Geschichtsdidaktiker, die z.T. auf umfangreiche Forschungen verweisen konnten. Dagmar Klose ist die einzige Professorin, die die Kontinuität der DDR-Geschichtsmethodik in Forschung und Lehre gewährleisten könnte.

Alle anderen Professuren für die Geschichtslehrerausbildung in Ostdeutschland wurden durch Kollegen aus dem Westen besetzt. Die einphasige Lehrerausbildung wurde abgeschafft und die zweiphasige - wie in Westdeutschland - eingeführt. Damit ist nun auch in Ostdeutschland die Universität für die theoretische und der Staat für die praktische Ausbil-

---

[4]Am 10.9.1991 hat die KMK sechs weitere Empfehlungen für den Geschichts- und Politikunterricht für überholt erklärt, darunter u.a. die Empfehlung zur Ostkunde von 1956 und die Empfehlung zur Behandlung der deutschen Frage im Unterricht von 1978. Vgl. Resolution Nr. 460/91 der KMK, Bonn.

dung der Lehrer im Referendariat zuständig. Diese Aufgabenteilung hat erhebliche Nachteile für die Verbindung von Theorie und Praxis in Forschung und Lehre.

5. Es war selbstverständlich, daß der Staatsbürgerkunde-Unterricht und der Geschichtsunterricht der DDR so schnell und gründlich wie möglich auf die im Westen herrschenden didaktischen Normen umgestellt werden sollten. Schon im Sommer 1990 wurde durch Spenden in Millionenhöhe - u.a. auch eines Hamburger Unternehmers - erreicht, daß alle sächsischen Schulen mit einem westdeutschen Geschichtsbuch ausgestattet wurden. Die verunsicherten Lehrer in der DDR konnten sich umgehend auf westdeutsche Schulbücher und Lehrmaterialien stützen. Allerdings wird in diesen Büchern die Geschichte der DDR aus der westdeutschen Perspektive dargestellt. Inzwischen werden - wie in Westdeutschland üblich - länderspezifische Schulbücher produziert, die die Lehrplanvorgaben sowie die jeweiligen Regionalgeschichten berücksichtigen. Im übrigen entsprechen diese Schulbücher den in Westdeutschland eingeführten Varianten. Neue Schulbücher wurden im Hinblick auf die Vereinigung nicht geschrieben. Die Verlage, denen sich lukrative neue Märkte eröffnet haben, sind lediglich dazu übergegangen, ihren bereits eingeführten Schulbüchern ein zusätzliches Kapital über das Ende der DDR und die Vereinigung beider deutscher Staaten anzufügen.

Nach der Vereinigung setzte bald der Prozeß der „Evaluation“ und „Abwicklung“ derjenigen Geschichtslehrer ein, die aufgrund ihrer engen Bindungen an DDR-Institutionen nicht mehr für tragbar gehalten wurden.[5] Gleichzeitig setzten intensive Fortbildungkurse genannte Umschulungskurse für die Geschichtslehrer ein, für deren Durchführung der Weststaat keine Ausgaben scheute. In diesen Kursen ging es vor allem darum, die Lehrer der DDR mit dem westlichen Geschichtsbild, mit der westlichen Sicht der Geschichte nach 1945, mit den entsprechenden curricularen Konsequenzen für das historische Lernen und mit Methoden eines schülerorientierten Arbeitsunterrichts bekanntzumachen.

Zahlreiche Berater aus dem Westen waren maßgeblich daran beteiligt, in den fünf neuen Bundesländern das Schulsystem umzugestalten und an neuen Lehrplänen mitzuarbeiten, so daß deren Anpassung an die im Westen geltenden Lehrpläne gewährleistet wurde. Der Entwicklungsprozeß des historischen Lernens nach 1989/1990 ist im wesentlichen identisch mit der Transformation und Anpassung der DDR-Methodik an die didaktischen Standards des Westens, die sich ihrerseits nach der Vereinigung nicht verändert haben.

---

[5]Vgl. G. von Staehr, Didáctica de la Historia en Alemania. Historia y situación actual, in: G. v. Staehr, H. W. Jung, C. Guimerà, J. Merchán, C. Forcadell, A. Ansòn, J. Martínez: Aspectos didácticos de Geografia e Historia (Historia). 7, (Ed.): Instituto de Ciencias de la Educacíon, Universidad de Zaragoza, Zaragoza 1993, S. 11-69, bes. Kapitel 1.

6. 1978 hatte die Kultusministerkonferenz eine Empfehlung für die Behandlung der deutschen Frage im Unterricht beschlossen, die für alle Bundesländer galt und - wie alle Beschlüsse dieses Gremiums - Teil der Lehrpläne ist. In dieser Empfehlung wird vorgeschrieben, daß der Vergleich von BRD und DDR letztlich „unter dem Wertmaßstab des Grundgesetzes“[6] zu erfolgen habe. Obwohl die deutschnationalen Untertöne dieser Empfehlung nicht zu überhören sind, blieb diese nur politisch zu verstehende, methodisch unzulässige Anweisung für die Lehrer auch nach der Vereinigung bestehen. 1995 wurde der Entwurf für einen neuen Beschluß über die „Darstellung Deutschlands im Unterricht“[7] vorgelegt. Der Entwurf für diese Empfehlung war in seinen wesentlichen Teilen von den deutschlandpolitischen Vorgaben der Kultusminister von Bayern und Berlin geprägt und stieß auf die entschiedene Ablehnung des Kultusministers von Sachsen-Anhalt, der u.a. Unterstützung durch den niedersächsischen Kultusminister erhielt. Die prinzipielle Kritik lautete, daß die Kultusministerkonferenz keine Festlegung auf ein bestimmtes Geschichtsbild verordnen dürfe. Der Grund für die nicht zustandegekommene Einigung lag in der Nichtberücksichtigung der ostdeutschen Perspektive: DDR-Bürger könnten sich mit ihrer Lebensgeschichte in diesem Geschichtsbild nicht wiederfinden. Von westlicher Seite wurde die fehlende Darstellung des Kalten Krieges sowie u.a. auch der Anti-Atombewegung kritisiert. Die 40 Jahre währende Teilung Deutschlands sollte als Gegenüberstellung der erfolgreichen Westintegration und des innenpolitischen Ausbaus von „parlamentarischer Demokratie, Rechtsstaatlichkeit, sozialer Marktwirtschaft und pluralistischer Gesellschaften auf der Basis der Wertmaßstäbe des Grundgesetzes“ einerseits und der „totalen Vereinnahmung des Individuums, der Familie sowie der gesellschaftlichen, wirtschaftlichen und politischen Institutionen im ‘real-existierenden Sozialismus’ leninistisch-marxistischer Prägung“ andererseits erfolgen. Die Behandlung der doppelten deutschen Geschichte nach 1945 sollte an den Prinzipien und Wertvorstellungen des Grundgesetzes als normativem Orientierungsrahmen gemessen werden, insbesondere deshalb, weil seit der Vereinigung das Grundgesetz auch in den neuen Bundesländern Gültigkeit erlangt hat. Der ökonomischen Enteignung durch die Treuhand war so der Versuch gefolgt, den Ostdeutschen auch ihre Geschichte zu nehmen.

---

[6]Die deutsche Frage im Unterricht (Beschluß der KMK vom 23.11.1978). S. 15.

[7]Vgl. Was Schüler in Ost und West aus der deutschen Geschichte lernen sollen. Aus dem Entwurf „Darstellung Deutschlands im Unterricht“, der unter den Kultusministern Streit auslöste, in: Frankfurter Rundschau (FR), 9.10.1095. Daraus auch die folgenden Zitate.

2. Geschichtsdidaktiker und Geschichtslehrer Ostdeutschlands in der Phase der Transformation

Die Geschichtsmethodiker und -lehrer haben aber ihr Feld nicht ohne jegliche Eigeninitiative aufgegeben.

Schon im Juni 1990, einige Monate vor der Vereinigung, beschlossen die Geschichtsmethodiker auf ihrer letzten Tagung, sich in „Geschichtsdidaktiker" umzubenennen. Damit dokumentierten sie ihre Bereitschaft, sich auf die damals z.T. deutlich idealisierte westdeutsche Geschichtsdidaktik hinzubewegen. U.a. auch mit Hilfe westdeutscher Geschichtsbücher wurden von einigen Gruppen ostdeutscher Geschichtsdidaktiker sehr rasch neue Lehrpläne erarbeitet, die schon 1990 vorgelegt und diskutiert wurden. Diese vier Geschichtslehrpläne liegen in einer Bandbreite von hemmungsloser Anpassung an westdeutsche Vorgaben bis hin zu reflektierten Versuchen, demokratische Orientierung und pluralistische Öffnung mit psychologischer Tätigkeitstheorie für einen schüler-orientierten Unterricht zu verbinden, für den auch Auswahlprinzipien und Kriterien der Binnengliederung von Inhalten, die in der DDR genutzt worden waren, nicht gänzlich aufgegeben wurden.[8] Abhängig von den didaktischen Standpunkten ihrer westlichen Kritiker, wurden diese ersten Versuche einer Neuorientierung und Anpassung höchst kontrovers beurteilt. Bereits 1991 wurde in Sachsen ein überarbeiteter Rahmenlehrplan für alle Schulen eingeführt.

Natürlich wollten die Geschichtsdidaktiker Ostdeutschlands ihren Lehrerkollegen in Zeiten tiefer Existenzängste und individueller Lebenskrisen, die beide Gruppen einigten, behilflich sein und vor allem drohenden Entlassungen durch den Nachweis der Lernbereitschaft und Anpassungsfähigkeit zuvorkommen. In Zeiten zunehmender politischer, ökonomischer und psychischer Verunsicherungen versuchten sich Hochschullehrer und Schullehrer Vorstellungen von dem zu erarbeiten, wie ein demokratischer, pluralistischer, die Individualität stützender Geschichtsunterricht im westlichen Sinne aufzufassen sei und wie er in der Praxis realisiert werden könnte. In der alten BRD begannen nach dem Fall der Mauer intensive Bemühungen, Kontakte zu den Kollegen der DDR aufzunehmen, die ihrerseits auf der Suche nach Westkontakten waren. In Westdeutschland machte sich zu Beginn der 90er Jahre eine teilweise ungebremste Sieger-Stimmung breit, verbunden mit dem missionarischen Wunsch, in Ostdeutschland das westliche Verständnis von Geschichte und historischem Lernen zu verbreiten. Teil dieser ersten Bemühungen war eine Tagung zum Thema „Geschichtsunterricht im vereinten Deutschland. Auf der Suche nach Neuorientie-

[8] Vgl. G. von Staehr, Wende-Lehrpläne - eine vertane Chance? In: H. W. Jung, G. von Staehr, H. Wermes, W. Zschietzmann: Wende-Didaktik und historisch-politisches Lernen. Deutsch-deutsche Reflexionen, Hamburg 1991, S. 99-191.

rung"[9], die wenige Tage nach der Vereinigung stattfand und von westdeutschen Geschichtsdidaktikern dominiert wurde (23:9). Konsequenzen der deutschen Vereinigung für das historische Lernen wurden hier kaum erörtert, jedoch ergriffen die westdeutschen Geschichtsdidaktiker diese Gelegenheit, den letzten Stand ihrer jeweiligen Erkenntnisse zu ihren geschichtsdidaktischen Spezialgebieten vorzustellen. Die ostdeutschen Teilnehmer waren im wesentlichen darum bemüht, sich als zukünftige Kollegen anzubiedern, was westdeutsche, eher politisch links einzuordnende Kollegen damals sehr enttäuscht hat. In diesem Spektrum war das Interesse, „Umschulungskurse" für ostdeutsche Lehrer durchzuführen, geringer als bei den eher politisch konservativen Kollegen. Die Ostkollegen versuchten, ihre Kontakte zu den unumstrittenen, etablierten Geschichtsdidaktikern zu intensivieren.

3. Die Geschichtsdidaktik in der BRD der 80er Jahre

Die 80er Jahre waren durch eine Annäherung der eher progressiven an die eher konservativen Geschichtsdidaktiker gekennzeichnet. Diese Annäherung drückt sich in der allgemeinen Übernahme der Kategorie des „Geschichtsbewußtseins" als zentraler Kategorie der Geschichtsdidaktik aus. Die kurze Diskussion über die Geltung von „Emanzipation" bzw. über die Geltung von „(nationaler) Identität" als leitenden Intentionen des historischen Lernens konnte durch die Akzeptanz der relativ unbestimmten und bloß formalen Kategorie „Geschichtsbewußtsein" ohne heftige Kontroversen beigelegt werden.[10] Innerhalb der Geschichtsdidaktik entstand ein breiter Konsens über ihre Funktion: Erfassen von Morphologie und Genese, von Aufbau und Umbau der in der Gesellschaft vorfindlichen Qualitäten von Geschichtsbewußtsein. Schüler sollen durch Unterricht ein methodisch reflektiertes Geschichtsbewußtsein ausbilden, indem Vergangenheit, Gegenwart und Zukunft so aufeinander bezogen werden, daß daraus eine Gegenwarts- und Zukunftsorientierung gewonnen werden kann. Allerdings wird Geschichtsbewußtsein nicht nur in der Schule gebildet, sondern überall dort, wo in der Gesellschaft historisch gelernt wird. Der Gegenstandsbereich der Geschichtsdidaktik wurde entsprechend ausgedehnt und erfaßte bald zahlreiche Lernorte, wie die Medien, wie Literatur und Film, Museum, Reisen etc. Die Bearbeitung dieser Lernorte wurde aber nicht für die Präzisierung der didaktischen Konzepte genutzt. Dies

---

[9]Vgl. H. Süssmuth (Hrsg.), Geschichtsunterricht im vereinten Deutschland. Aus der Suche nach Neuorientierung (Teil I und II). Erweiterte Dokumentation der Tagung Geschichtsunterricht in Deutschland 22.-25. Oktober 1990, Bonn und Düsseldorf, Baden-Baden 1991.

[10]Vgl. K.-E. Jeismann, „Identität" statt „Emanzipation"? Zum Geschichtsbewußtsein in der Bundesrepublik, in: Aus Politik und Zeitgeschichte B 20-21/86, S. 3-16.

gelang auch nicht durch die Aufarbeitung der Geschichte von benachteiligten Gruppen für den Unterricht, wie die Geschichte der Geschlechterbeziehungen, der Kinder, oder aber auch die Geschichte der Umwelt, die nun Teil des Curriculums werden sollten. Die Erweiterung des Gegenstandsbereichs der Geschichtsdidaktik bewirkte eher, daß die früher deutlichen Konturen der einzelnen Positionen an Trennschärfe verloren. Mit der formalen Integrationsleistung durch die Kategorie Geschichtsbewußtsein rückten die Medien[11], an denen historisch gelernt wird, und die dabei einzusetzenden Methoden in den Mittelpunkt des Interesses. Zunehmend wurden das Fehlen einer Methodik[12] des historischen Lernens und der Mangel an empirischen Untersuchungen über das Geschichtsbewußtsein beklagt.

4. Schwerpunkte der geschichtsdidaktischen Diskussion in den 90er Jahren

Nach der Gründung des vereinigten Deutschland am 3.10.1990 wurde 1. das Nachdenken über die westdeutschen Probleme des historischen Lernens ohne besondere Berücksichtigung der neuen Situation fortgesetzt; 2. widmete sich ein Kreis um die „Konferenz für Geschichtsdidaktik" einer Kooperation von Lehrern und Geschichtsdidaktikern in Ost- und Westdeutschland, um gemeinsam Grundlagen des historischen Lernens im vereinigten Deutschland zu erarbeiten.

4.1. Zur Fortsetzung der westdeutschen Diskussion

Die Kategorie des Geschichtsbewußtseins ist inzwischen dimensioniert und damit für die didaktische Reflexion handhabbarer gemacht worden.[13] Als subjektive Kompetenz des historischen Denkens wie auch auf das Objekt der Erkenntnis - die „Geschichte des gesellschaftlichen Handelns" - bezogen, wird sie lebensgeschichtlich als subjektives „Zeit-, Wirklichkeits- und Veränderungsbewußtsein" begriffen. Es werden Dimensionen des politischen, ökonomischen, sozialen, moralischen und Identitätsbewußtseins unterschieden. Danach muß sich Geschichtsdidaktik mit den „lebensweltlichen und entwicklungspsychologischen Faktoren" beschäftigen, um die individuellen Lernvoraussetzungen genauer zu erfassen und sie bei der Planung von Unterricht zu berücksichtigen. Die Entscheidung für

---

[11] Vgl. H.-J. Pandel, G. Schneider (Hrsg.), Handbuch Medien im Geschichtsunterricht, Düsseldorf 1986.

[12] Daß wir bereits 1985 eine umfassende Methodik (258 Seiten) vorgelegt haben, wird durchgängig ignoriert. Vgl. H. W. Jung, G. von Staehr, Historisches Lernen II. Methodik der Geschichte, Köln 1985.

[13] Vgl. H.-J. Pandel, Geschichtsbewußtsein, in: GWU 1993, S. 725-729.

die Dimensionierung wird nicht begründet. Der formale Charakter der Kategorie bleibt unangetastet.

Die Kategorie „Geschichtskultur“[14] wurde in die didaktische Diskussion eingeführt. Mit dieser Kategorie soll der oben erwähnte erweiterte Gegenstandsbereich der Geschichtsdidaktik zusammenfassend begriffen und auf das „demokratische Geschichtsbewußtsein“ bezogen werden. Für dessen Dimensionierung wird in diesem Zusammenhang aber ein neuer Vorschlag präsentiert: Geschichtsbewußtsein, das nach Rüsen „Sinnbildung in der Zeit“ zu leisten hat, erbringt diese Leistungen in den Dimensionen des „Ästhetischen, des Politischen und des Kognitiven“. Dies seien anthropologische Dimensionen und daher nicht hintergehbar. Auch mit dieser Kategorie soll der Gegenstandsbereich des Geschichtsbewußtseins genauer erfaßt werden können als bisher, ohne daß eine geschichts- oder gesellschaftstheoretische Präzisierung erfolgt. Offenbar geht es darum, Integrationskategorien einzuführen, die der Pluralität von theoretischen Prämissen gerecht werden können. Es muß aber bezweifelt werden, daß ohne eine die Kriterien liefernde materiale Geschichts- und Gesellschaftstheorie der aufrechterhaltene Anspruch auf Herrschafts- und Ideologiekritik überhaupt eingelöst werden kann.

Außer diesen Bemühungen um eine kategoriale Klärung sind empirische Studien mit Untersuchungen des Geschichtsbewußtseins ost- und westdeutscher Schüler sowie von Schülern in ost- und westeuropäischen Ländern vorgelegt worden. Auf die Befunde oder gar auf eine Methodenkritik kann hier nicht im einzelnen eingegangen werden. Überraschend ist das mehrfach bestätigte Ergebnis, daß keine großen Unterschiede der Geschichtsbewußtseine von Schülern in Ost und West festgestellt werden konnten. Es lassen sich aber Unterschiede zwischen den Geschlechtern, zwischen den Altersstufen und den Schülern unterschiedlicher Schulformen in Deutschland feststellen. Hinsichtlich der Strukturen des Geschichtsbewußtseins, das hier wiederum neu dimensioniert wurde (Sachinformation, Kritikfähigkeit, Grundwerteorientierung), ergab sich u.a., daß die Schüler historische Menschen und Ergebnisse mehrheitlich am Maßstab der Gegenwart messen, und daß die Fähigkeit des Fremdverstehens nur sehr schwach entwickelt ist.[15]

Auch die Untersuchung des Geschichtsbewußtseins von mehr als 6000 Schülern in zwei westdeutschen und in fünf ostdeutschen Bundesländern sowie von den Geschichtslehrern dieser Schüler weist ähnliche Befunde nach.[16] Aus diesen Befunden leitet von Borries Konsequenzen für den Geschichtsunterricht ab: 1. Elementarisierung der Lernschritte, 2.

---

[14]Vgl. J. Rüsen, Geschichtskultur, in: GWU 1995, S. 513-521.

[15]Vgl. B. von Borries, Kindlich-jugendliche Geschichtsverarbeitung in West- und Ostdeutschland, Pfaffenweiler 1992.

[16]Vgl. B. von Borries, Das Geschichtsbewußtsein Jugendlicher, Weinheim, München 1995.

Intensivierung der Methoden, 3. Förderung des Fremdverstehens und 4. Stimulierung von Reflexivität.

Auch ist eine detaillierte Auswertung der Ergebnisse einer weiteren empirischen Untersuchung des Geschichtsbewußtseins Jugendlicher in 28 ost- und westeuropäischen Ländern inzwischen vorgelegt worden.[17] Die aufwendigen quantitativen Forschungen enthalten für den praxiserprobten und reflektierten Geschichtslehrer die Bestätigung von zahlreichen alltäglichen Erfahrungen, die durch solche Studien deutlicher bewußt gemacht werden. Da die Fragen und entsprechend auch die Interpretationen der erhobenen Daten immer standpunkt- und interessegeleitet sind, wären kritische Auseinandersetzungen mit diesen Studien hilfreich, besonders wenn die Kritik in weiteren Untersuchungen für spezifizierte Fragestellungen genutzt werden.

Des weiteren wird die Ansicht vertreten, daß die als Strukturgeschichte begriffene Gesellschaftsgeschichte für Schüler zu abstrakt gelehrt worden ist. Schüler sähen keine Möglichkeit, sich mit der Geschichte zu vermitteln. Es wird deshalb empfohlen, die Gesellschaftsgeschichte durch die Geschichte der Mentalitäten und durch die Kulturgeschichte zu ergänzen.[18] Diese Relativierung der sozialökonomischen Dimension der Geschichte durch eine Hinwendung zu den Bewußtseinsphänomenen kann als Hinweis auf derzeitige Trends in der Geschichtsdidaktik gewertet werden. Es ist Bergmann nicht eingefallen, in Zeiten, die von Finanzmärkten in Bewegung gehalten werden, Themen der Wirtschaftsgeschichte einzuklagen, die im Geschichtsunterricht praktisch gar nicht vorkommen, zumal sie auch in der Lehrerbildung an den Universitäten kaum studiert werden.

Schließlich wird das Fehlen qualitativer Untersuchungen über die Mikrostrukturen von Unterricht beklagt. Auch eine lerntheoretisch und/oder entwicklungspsychologisch begründete Methodik für das historische Lernen fehle. Für die Beseitigung dieser Defizite könnte m.E. in Zukunft das geschichtsmethodische Wissen der Lehrer und Didaktiker aus Ostdeutschland genutzt werden.

---

[17] Vgl. M. Angvik, B. von Borries (Eds.), Youth und History. A. comparative European Survey on Historical Consciousness and Political Attitudes among Adolescents, Vol. A: Description, Vol. B: Documentation, Hamburg 1997.

[18] Vgl. K. Bergmann, Einblicke in die frühe Bundesrepublik. Plädoyer für eine Kultur- und Alltagsgeschichte, in: Geschichte lernen, 1993, H. 35, S. 10-17.

4.2. Zur Kooperation zwischen west- und ostdeutschen Geschichtsdidaktikern und Geschichtslehrern

Die „Konferenz für Geschichtsdidaktik", 1990 noch ein informelles Gremium, dem jeder Geschichtsdidaktiker qua Amt zugehörte, und heute ein eingetragener Verein, wurde unter der Leitung von Uwe Uffelmann ab 1990 genutzt, um eine Kooperation mit ostdeutschen Lehrern und den (später entlassenen) Geschichtsdidaktikern der DDR aufzunehmen.[19] Diese Gruppe versuchte, die Kategorie Identität bzw. nationale Identität als zentrale Kategorie des historischen Lernens im vereinigten Deutschland durchzusetzen. Diese Bemühungen blieben aber erfolglos, weil der Begriff der Identität nicht zureichend geklärt wurde und weil eine Klärung von identitätstheoretischen Positionen hinsichtlich ihrer Eignung für das historische Lernen kaum erfolgte.[20] Frühere in Westdeutschland erreichte Reflexionsniveaus zum Begriff der Identität wurden entweder ignoriert oder lediglich erwähnt, ohne sie in die Überlegungen einzubeziehen. Statt dessen wurde auf ein simples Konzept räumlicher Reichweiten zurückgegriffen, indem die „Verflechtung" von regionaler, nationaler, europäischer und globaler Identität herausgefunden werden sollte. Die Balance zwischen sozialer, politischer und historischer Identität[21] wurde in diesem Zusammenhang kaum berücksichtigt. Hier haben sich offensichtlich systemstützende Interessen der westlichen Kollegen mit dem östlichen Interesse an Verhaltenssicherheit und präzisen Vorgaben ergänzt. Daß in pluralistischen Gesellschaften eine Identitäts-Erziehung im Sinne einer Erziehung zu einer homogenen Gemeinschaft nicht akzeptabel ist[22], mußte diese Gruppe hinnehmen, nachdem sie vier Tagungen zu diesem Thema abgehalten[23] hatte.

1991 hat die „Konferenz für Geschichtsdidaktik" eine innovatorische Tagung zum Thema „Emotionalität und historisches Lernen"[24] abgehalten. Nach den Erfahrungen mit

[19]Vgl. U. Uffelmann, Die Disziplin Geschichtsdidaktik 1993-1995, in: Regionale Identität im vereinten Deutschland. Chance und Gefahr, hg. v. B. Mütter und U. Uffelmann, Weinheim 1996, S. 22-31.

[20]Vgl. U. Uffelmann (Hrsg.), Identitätsbildung und Geschichtsbewußtsein nach der Vereinigung Deutschlands, Weinheim 1993; U. Uffelmann in Verbindung mit B. Mütter und D. Klose (Hrsg.), Historisches Lernen im vereinten Deutschland. Nation - Europa - Welt, Weinheim 1994; B. Mütter, U. Uffelmann (Hrsg.), Identität im vereinten Deutschland, Weinheim 1996.

[21]Vgl. zusammenfassend und kritisch: H. W. Jung, G. von Staehr, Historisches Lernen. Didaktik der Geschichte, Köln 1983, S. 94-109.

[22]Vgl. H. W. Jung, „Nationale Identität" oder Gattungsidentifikation? Probleme historisch-politischen Lernens in einer Zeit der Desorientierung. Anmerkungen eines Zeitungslesers, in: Wende-Didaktik, Anm. 8, S. 193-221.

[23]Vgl. dazu die selbstkritischen Ausführungen von B. Mütter, U. Uffelmann: Einführung, in: Diess. (Hrsg.), Regionale Identität im vereinten Deutschland. Chance und Gefahr, Weinheim 1996, S. 11-21.

[24]Vgl. B. Mütter, U. Uffelmann (Hrsg.), Emotionen und historischen Lernen. Forschung - Vermittlung - Rezeption, Frankfurt/M. 1992.

dem Mißbrauch der Emotionen von Lernenden im Geschichtsunterricht während des Nationalsozialismus wurde nach 1945, besonders aber nach 1968 ein auf rationale Entscheidung und analytische Kompetenz abhebender Geschichtsunterricht favorisiert. In der DDR waren Emotionen vorgeschriebene Erziehungs- und Lernziele, die für ein rigides Freund-Feind-Denken mißbraucht wurden, wie z.B. die Erziehung zum Haß gegen den Klassenfeind. Auf der genannten Tagung ging man davon aus, daß die Emotionalität einen wesentlichen Aspekt des menschlichen Psychischen darstellt, der nicht ignoriert werden darf. Zwei Ebenen wurden unterschieden: Emotionalität als Teil der menschlichen Persönlichkeit einerseits und als möglicher historischer Lerngegenstand andererseits.[25] Ohne eine persönlichkeitstheoretische Bestimmung von Emotionalität zu leisten, begab man sich auf die Suche nach einem konsensfähigen Begriff, der - natürlich - nicht gefunden werden konnte. Die größte Beachtung wurde den Ausführungen von von Borries entgegengebracht, der sich für eine „Kultivierung der Affekte“[26] durch historisches Lernen einsetzte. Das Problem, warum sich Erwachsene/Lehrer durch die Gefühle Jugendlicher bedroht fühlen, wurde nicht gestellt, schien es doch allen Beteiligten nur zu leicht nachvollziehbar, daß Emotionen in ihrem reduzierten Verständnis von „Affekten“ beherrschbar gemacht werden müssen, statt z.B. Emotionen mit ihrer erkenntnisleitenden Funktion für die Entwicklung des individuellen Subjekts ernstzunehmen.[27] Eine dritte Ebene wurde in den Diskussionen lediglich angesprochen: die lernbehindernden Emotionen wie z.B. Angst in institutionalisierten Lernprozessen, in denen es vor allem um die Leistungsmessung geht und weniger um die Aneignung von Gegenständen.

5. Erste geschichtsdidaktische Beiträge aus Ostdeutschland

Die offizielle Zeitschrift der DDR „Geschichte und Staatsbürgerkunde“ hat sich in der Wende einen neuen Namen gegeben: „Geschichte - Erziehung - Politik“. In dieser Zeitschrift sind die ostdeutschen Beiträge nachzulesen. Die Leser dieser Zeitschrift sind fast ausschließlich ostdeutsche Lehrer - außer denjenigen Geschichtsdidaktikern, besonders in Ostdeutschland, die sie aus professionellen Gründen lesen. Demgegenüber werden die westdeutschen Zeitschriften in Ostdeutschland intensiver gelesen. Auch hier besteht die

---

[25]Vgl. H.-J. Pandel, Emotionalität - Ein neues Thema der Sozialgeschichte? In: a.a.O., S. 41-66.

[26]Vgl. B. von Borries, Von gesinnungsbildenden Erlebnissen zur Kultivierung der Affekte? Über Ziele und Wirkungen von Geschichtslernen in Deutschland, in: Anm. 24, S. 67-104.

[27]Vgl. dazu das den Emotionen von Lernenden eine zentrale Bedeutung beimessende geschichtsdidaktische Konzept von H. W. Jung, G. von Staehr: „Endzeit“ und historisch-utopisches Lernen. Didaktische Grundlagen, Münster, Hamburg 1993, bes. S. 84 ff zur persönlichkeitstheoretischen Determinante.

mentale Mauer teilweise noch immer. In diesem Aufsatz kann ich nur auf einige zukunftsweisende Aspekte eingehen.
Wichtig erscheint, daß ostdeutsche Didaktiker Probleme der lerntheoretischen und entwicklungspsychologischen Aufschlüsselung des historischen Lernens bearbeiten.[28] Es ist ein glücklicher Umstand, daß sich die ostdeutsche Geschichtsdidaktikerin D. Klose schon in der DDR mit diesen Fragen beschäftigt und dazu auch qualitative Unterrichtsforschung betrieben hatte. Die Universität Potsdam hat ein „Interdisziplinäres Zentrum für Lern- und Lehrforschung" gegründet, an dem Joachim Lompscher[29], der verdienstvolle Spezialist für Lerntheorie in der DDR, einen Arbeitsplatz bekommen hat. Mit ihm arbeitet D. Klose zusammen. Auf ihren gemeinsamen Grundlagen der sowjetischen kulturhistorischen Schule (Wygotski, Leontjew, Lurija) und der tätigkeitstheoretischen Lernpsychologie (Galperin, Dawydow) aufbauend, wird hier - u.a. auch durch Fortsetzung qualitativer Unterrichtsforschung - versucht, Mikrostrukturen des Unterrichtsprozesses genauer zu erfassen. Für die tätigkeitstheoretische Konzeptualisierung einer „Psychologischen Didaktik" (der Geschichte)[30] sollen auch Elemente der Kognitionspsychologie berücksichtigt werden. Leitendes Interesse ist die Erarbeitung einer Unterrichtstheorie, in der die Schüler-Tätigkeit und das „entdeckende Lernen" von Schülern im Mittelpunkt stehen.

Da es in der westdeutschen Geschichtsdidaktik keine kontinuierlichen Forschungen auf dem Feld der psychologisch aufzuschlüsselnden Mikrostrukturen von Geschichtsunterricht gegeben hat, könnte mit den Potsdamer Forschungen ein wesentliches Defizit aufgearbeitet werden. Die westdeutsche Fixierung der Kritik der DDR-Geschichtsmethodik auf deren politisch-ideologische Funktion hat bisher verhindert, daß deren methodische und lerntheoretische Stärken[31] anerkannt wurden. Es ist zu wünschen, daß sich dies in absehbarer Zeit ändert.

Im Gegensatz zu anderen erziehungwissenschaftlichen Teilbereichen haben die westdeutschen Geschichtsdidaktiker die kulturhistorische Schule der Psychologie kaum rezipiert. Wenn sie die Herausforderung der Potsdamer Forscher annehmen, könnten zukunftsweisende Ansätze entwickelt werden. Das Defizit der traditionellen westlichen Psychologie, damit auch der Kognitionspsychologie, beruht auf der Isolierung des individuellen Subjekts von den gesellschaftlichen Bedingungen, unter denen es tätig wird, wenn es

---

[28]Vgl. die entsprechenden Beiträge in: D. Klose, U. Uffelmann (Hrsg.), Vergangenheit, Geschichte, Psyche. Ein interdisziplinäres Gespräch, Idstein 1993.

[29]Vgl. J. Lompscher, Lehrstrategien - Lerntätigkeit - Lernergebnisse, in: a.a.O., S. 151-162.

[30]Vgl. dazu die Diskussion zwischen U. Uffelmann, Identität, Psychologie historischen Lernens, in: Geschichte - Erziehung - Politik (GEP) 1994, Teil I, S. 289-301, Teil II, S. 361-366 und D. Klose, J. Lompscher: Historisches Lernen und Psychologie, in: GEP 1994, S. 505-514.

sich Welt aneignet. Demgegenüber wird in der tätigkeitspsychologischen Theorie das individuelle Subjekt mit der Gesellschaft vermittelt. Vielleicht ist mit der tätigkeitstheoretischen Orientierung der Potsdamer sogar der Weg von bloß schülerorientierten Ansätzen zu einer wirklich subjektwissenschaftlich begründeten Geschichtsdidaktik eingeschlagen worden. Vorerst jedoch treffen die theoretischen Überlegungen der Potsdamer nicht nur auf die verbreitete Unkenntnis westlicher Kollegen, sondern auch auf deren tiefsitzendes Mißtrauen gegenüber materialistischen Positionen.

Auch zu Einzelpositionen des Unterrichtsprozesses sind erste methodische Vorschläge für einen schülerorientierten Unterricht beigesteuert worden. Hier soll exemplarisch nur auf die Schülerfrage im Geschichtsunterricht eingegangen werden. Marion Klewitz untersucht, inwieweit die theoretisch gewünschten Schülerfragen in der westdeutschen Fachliteratur konsequent ernstgenommen werden, und stellt fest, daß deren Behinderungen durch vom Lehrer einzubringende Vorgaben stets dominieren, daß also der reale Fragehorizont von Schülern didaktisch immer schon eingeschränkt wird auf das (im Rahmen des vom Lehrer geplanten Unterrichts) gewünschte Fragen.[32] Diese historisch und systematisch angelegte Analyse wird durch einen unterrichtspraktischen Erfahrungsbericht von B. Dehne ergänzt, mit dem anschaulich dokumentiert wird, daß Schüler selbstgestellte Fragen motivierter und effizienter im Unterricht bearbeiten als vorgegebene Lehrerfragen. Schüler sind dann auch bereit, schwierige Texte und anspruchsvollere Arbeitsaufgaben zu bewältigen.[33]

Die hier vorgestellten Kooperationen zwischen ost- und westdeutschen Kollegen werden in Berlin und Umgebung realisiert, dort also, wo aus persönlichen Kontakten weiterführende Arbeitsinitiativen entstanden sind. Wissen und Erfahrungen ostdeutscher Kollegen können durch Diskussion und Kooperation mit westdeutschen Kollegen zu einer produktiven Weiterentwicklung der Geschichtsdidaktik führen. Leider aber ist das Desinteresse daran auf beiden Seiten gestiegen.

Eine kooperative gründliche Auseinandersetzung mit dem DDR-Geschichtsschulbuch könnte zu einer innovatorischen Entwicklung eines neuen Schulbuches genutzt werden. Aus westlicher Sicht wird festgestellt, daß das DDR-Schulbuch bis einschließlich Klasse 8 durchaus für den Unterricht verwendbar sei, wenn durch zusätzliche Materialien das Spektrum der Perspektiven zeitgenössischer Akteure über die bloße Dichotomie der gesellschaftlichen Klassen hinaus pluralistischer dargestellt würde.[34] Von ostdeutschen Kollegen

---

[31]Vgl. H. Wermes, „Wir müssen unser Licht nicht unter den Scheffel stellen“, in: GEP 1993, S. 518-523; Ders., Geschichte lehren - historisch denken lernen, Leipzig, Eibau 1992-93.

[32]Vgl. M. Klewitz, Fragen im Geschichtsunterricht, in: GEP 1997, S. 100-107.

[33]Vgl. B. Dehne, Schülerfragen als Leitfaden der Unterrichtsgestaltung, in: GEP 1997, S. 108-116.

[34]Vgl. R. Schörken, Didaktische Mechanismen im DDR-Lehrbuchwerk „Geschichte 5-10“, in: GWU 1992, S. 93-110, S. 109.

wird der Klassenbegriff neu reflektiert und vorgeschlagen, ihn durch den Begriff der sozialen Schicht zu ergänzen. Daraus geht hervor, daß der Klassenbegriff nicht überall einfach aufgegeben wird, daß aber alle Überlegungen, die in der DDR-Gesellschaftswissenschaft angestellt wurden, von den Schulbuchautoren aber nicht rezipiert worden waren, nun interessiert aufgegriffen und für den Geschichtsunterricht fruchtbar gemacht werden.[35] Übrigens soll die Nachfrage nach noch vorhandenen DDR-Geschichtsschulbüchern in Ostdeutschland steigen, weil immer mehr Lehrer mit Hilfe diese Buches ihren Unterricht planen.

Was die Tauglichkeit des DDR-Geschichtsschulbuches für die Klassen 9 und 10 angeht, so wird zu diesen beiden Bänden die enge Zentriertheit auf die Geschichte der DDR kritisiert, die einseitige Berücksichtigung der kommunistischen Arbeiterbewegung und die Ausblendung der Sozialdemokratie sowie die Orientierung auf den notwendigen Sieg des Sozialismus im Weltmaßstab bemängelt. Diese Kritik verweist auf das grundsätzliche Problem der Rekonstruktion der deutschen Geschichte von zwei deutschen Staaten und deren Zusammenhang: Diese gemeinsame Geschichte hat eine Vorgeschichte im 19. und 20. Jahrhundert. Die Rekonstruktion der deutschen Geschichte in dieser Zeit, die Revisionen im Geschichtsbild der DDR wie auch in dem der BRD notwendig machen wird, ist eine große Zukunftsaufgabe. Worin die Revisionen jeweils bestehen sollten, ist höchst strittig. Die derzeit kaum in Frage gestellte Hegemonie der westlichen Interpretationsmuster der deutschen Geschichte müßte aber mindestens zur Disposition gestellt werden. Auf zufriedenstellende Schulbücher wird wahrscheinlich noch lange Zeit gewartet werden müssen.

In diesem Zusammenhang ist eine qualitative Untersuchung der Einstellungen von Geschichtsstudenten aus der DDR an der Freien Universität Berlin-West interessant. Es geht in dieser Untersuchung um die Beurteilung des in der DDR - in Schule und Gesellschaft - vermittelten historischen Wissens. Unabhängig davon, wie weit sich die Befragten vom offiziellen Geschichtsbild der DDR distanziert hatten, ergab die Untersuchung Übereinstimmung in drei Aspekten:

1. Die Gliederung der Geschichte als Abfolge von Gesellschaftsformationen mit steigender Komplexität gesellschaftlicher Strukturen besitzt einen bemerkenswerten Grad an „Plausibilität". 2. Die Bewertungen, die das historische Lernen in der DDR leiteten, sprachen Kinder und Jugendliche positiv an. 3. Die „offizielle Geschichtslehre" in der DDR hat für die Lernenden einen hohen Gebrauchswert gehabt, weil sie einen Theorierahmen für die Einordnung sonst unübersehbarer Faktoren bot. Diese Ergebnisse sollten für die curriculare

[35] Vgl. E. Ulm, Die Begriffe „Klasse" und „Schicht" als Mittel der Sozialstrukturanalyse, in: GEP 1996, S. 430-435.

Planung von Geschichtsunterricht nicht unterschätzt werden. Darüber hinaus führt die Autorin den Begriff der „Revisionskompetenz" ein und fragt, welche psychischen, sozialen und politischen Bedingungen gegeben sein müssen, um die auf Lernfähigkeit beruhende Revisionskompetenz entfalten zu können.[36] Dieser Ansatz sollte weiter verfolgt und vor allem auch auf westdeutsche Lernende - Jugendliche und Erwachsene - übertragen werden.

6. Defizite und Chancen der aktuellen geschichtsdidaktischen Diskussion

Zusammenfassend ist festzustellen, daß gegenwärtig, wie in Westdeutschland schon seit beinahe 20 Jahren, keine **gesellschaftstheoretischen** oder **geschichtstheoretischen** Diskurse über kontroverse Prämissen des historischen Lernens mehr geführt werden. Seit der Vereinigung scheint es vor allem darum zu gehen, die Normen und Werte der westdeutschen Gesellschaft als nicht mehr hinterfragbare Lernprämissen durchzusetzen. Gegenwärtig scheint dies weitgehend zu gelingen. Das Nachdenken über bloß formale Kategorien der Geschichtsdidaktik unterstützt diesen Trend. Wenn im Zusammenhang mit dem historischen Lernen über geschichtstheoretische Fragen nachgedacht wird, dann handelt es sich um Fragen der Methoden historischer Erkenntnis, die schon in der Schule vermittelt werden sollen.

Die Reflexionen auf der Ebene von **Persönlichkeitstheorie** werden auf unterschiedliche Lerntheorien und entwicklungspsychologische Ansätze reduziert. Auch die Entdeckung der Bedeutung der Emotionalität für das historische Lernen hat keine Diskussion über den persönlichkeitstheoretischen Zusammenhang dieser Einzelaspekte des Psychischen ausgelöst. Die tätigkeitstheoretische Lerntheorie ist Teil einer umfassenden Persönlichkeitstheorie. Es fällt hingegen auf, daß die Potsdamer Kollegen diese Stärke ihrer Theorieposition nicht deutlich hervorheben.

Die Möglichkeiten der didaktischen und methodischen Reflexion sind durch quantitative und qualitative Untersuchungen bereichert worden. Ausgelöst durch die Kategorie „Geschichtsbewußtsein" scheint das besondere Interesse der didakischen Dimension der **Lernbedingungsanalyse** entgegengebracht zu werden. Man möchte Genaueres über die Lernvoraussetzungen der Schüler kennen, um einen effizienteren Unterricht planen zu können.

Auf dem Gebiet der **Methoden** geht es um Konzepte des entdeckenden Lernens und eines schülerorientierten Geschichtsunterrichts. Hier werden mehr Defizite benannt, als

[36] Vgl. M. Klewitz, Geschichtsbewußtsein im Umbruch - Interviews mit Studierenden aus der DDR im Fach Geschichte an der Freien Universität Berlin, in: Anm. 28, S. 73-100.

Ergebnisse präsentiert wurden. Ich habe aber versucht, deutlich zu machen, daß durch eine ernsthafte ost-west-deutsche Kooperation produktive Ergebnisse möglich sind. Es kann aber auch sein, daß wesentliche Beiträge zu einer Methodik des historischen Lernens nur von ostdeutschen Kollegen erarbeitet werden. Dies hängt allerdings davon ab, wie die westdeutschen Lehrstuhlinhaber an den ostdeutschen Universitäten mit den dortigen Lehrern zusammenarbeiten werden. (In dieser Situation war es für uns äußerst überraschend, daß uns H.-J. Pandel von der Universität Halle fragte, ob Horst W. Jung und ich bereit wären, für das Jahrbuch Geschichtsdidaktik 1996 einen Beitrag zum Thema marxistische Geschichtsdidaktik nach der Wende zu schreiben.[37])

Bedenkt man, daß demographische Umfragen und Jugenduntersuchungen der 90er Jahre immer wieder bestätigen, daß die beiden Probleme - die Arbeitslosigkeit und die ökologische Bedrohung der Biosphäre - den Jugendlichen die größten Sorgen bereiten, dann frage ich mich, wie lange es noch dauern wird, bis sich die geschichtsdidaktischen Diskussionen auf diese Probleme beziehen. Das Ausforschen des Geschichtsbewußtseins Jugendlicher erscheint zynisch, wenn man weiß, daß die Mehrheit der Jugendlichen in Ost- und Westdeutschland ihrer Zukunft mit großer Skepsis entgegenstehen.

Wie ist es zu erklären, daß die Allgemeine Didaktik sowie die Politikdidaktik die gesellschaftlichen Herausforderungen - Arbeitslosigkeit und Ökologieproblematik - längst angenommen haben, daß aber in der Geschichtsdidaktik aus diesen Sorgen der Jugendlichen bislang keine Konsequenzen gezogen worden sind? Liegt es daran, daß sich diese Disziplin hauptsächlich darüber Sorgen macht, wie das Geschichtsbewußtsein von Jugendlichen beschaffen ist und wie dieses als ein demokratisches - was immer dies im einzelnen sei - gesichert werden kann? Liegt es daran, daß der nationale Provinzialismus nach der Vereinigung der beiden deutschen Staaten so dominant geworden ist, daß die globalen Herausforderungen so konsequent übersehen werden?

Wenn wir auch nicht behaupten, den „Stein der Weisen“ gefunden zu haben, so haben wir doch versucht, uns den zentralen Problemen unserer Epoche zu stellen. In einer geschichtsdidaktischen Konzeption von 1993 unter dem Titel „»Endzeit« und historisch-utopisches Lernen“ haben Horst W. Jung [38]und die Verfasserin die Epoche, in der heute historisch gelernt wird, im Anschluß an Günther Anders als letzte, unüberholbare Epoche, als „Endzeit“ begriffen, in der die Menschen die Fähigkeit erworben haben, sich selbst abzuschaffen, ohne diese Fähigkeit der Selbstabschaffung jemals wieder verlieren zu können.

---

[37]Vgl. dazu den in diesem Band enthaltenen Aufsatz von H. W. Jung, G. von Staehr: Kann es nach dem Ende des „realexistierenden Sozialismus“ noch eine Geschichtsdidaktik geben, die sich auch auf Marx beruft? Eine Bekräftigung, S. 39-62.

[38]Vgl. die Kurzfassung dieser geschichtsdidaktischen Konzeption von H. W. Jung, „Tiempo final“ y aprendizaje histórico-politico. Una didáctica entre los frentes, in: Anm. 5, S. 70ff. Vgl. Anm. 27.

Die „Endzeit" hat viele Bedrohungspotentiale. Nach unserer Auffassung ist sie jedoch vor allem durch zwei Bedrohungspotentiale charakterisiert: durch das Problem der ökologischen Zerstörungen und durch das Problem der Ausbeutung bzw. von Armut und Reichtum. Kategorial haben wir das Problem der Ökologie als Produktivkraftambivalenz gefaßt: Die Produktivkraftentwicklung hatte immer auch eine destruktive Wirkung. Wie weit die Destruktivität der in unserer Epoche geschaffenen Produktivkräfte inzwischen reicht, können wir nicht wissen. Wohl aber wissen wir seit Tschernobyl, daß moderne Destruktivkräfte an nationalen Grenzen nicht haltmachen, daß sie die Gattung bedrohende Ausmaße angenommen haben. Mit der Kategorie der Ausbeutung erfassen wir das Bedrohungspotential der ungleichen Verteilung der gesellschaftlichen Ressourcen weltweit. Auch die Arbeitslosigkeit ist Teil des Problems der Ausbeutung.

Diese beiden kategorial gefaßten Bedrohungspotentiale leiten die Anfragen an die Geschichte, deren Rekonstruktion die Konstruktion einer wünschbaren Zukunft ermöglicht. Die Rekonstruktion der Geschichte erfolgt am Leitfaden der Kategorie Arbeit. Wir schliessen uns der Marx'schen These an, daß die Geschichte die Selbstschöpfung des Menschen in der Arbeit ist.

Mit unseren persönlichkeitstheoretischen Grundlagen, die die Lerntheorie und die Entwicklungspsychologie einschließen, stützen wir uns auf die marxistische subjektwissenschaftliche Psychologie Klaus Holzkamps. Er hat von der sowjetischen kulturhistorischen Schule ausgehend eine Theorie der Psychologie erarbeitet, die einem historisch-hermeneutischen Paradigma verpflichtet ist. Diese Persönlichkeitstheorie basiert auf der These, daß „verallgemeinerte Handlungsfähigkeit" und deren Erweiterung das elementare Bedürfnis des individuellen Subjekts ist.

Für die didaktischen Entscheidungen bei der Auswahl von Inhalten und deren Binnenstrukturierung stützen wir uns auf die o.g. Kategorien. Die „verallgemeinerte Handlungsfähigkeit" des individuellen Subjekts wird auf die Fähigkeit und Bereitschaft zur Gattungsidentifkation, also auf die Perspektive der Gattung als werdendes kollektives Subjekt ihrer eigenen Geschichte, bezogen. Nationalen Provinzialismus oder auch das Hineinverlagern von Fähigkeiten in das isolierte (Lern-)Subjekt wollen wir auf diese Weise überwinden.

H. W. Jung, G. v. Staehr

Kann es nach dem Ende des „realexistierenden Sozialismus" noch eine Geschichtsdidaktik geben, die sich auch auf Marx beruft? Eine Bekräftigung

1. Metabasis eis allo genos?

Manchen mag die im Thema gestellte Frage verblüffen. Haben wir, so könnte man ja fragen, im Augenblick wirklich nichts Besseres zu tun, als uns mit etwas zu beschäftigen, das - erstens - noch nie große Relevanz[1] besaß und das - zweitens - mit dem Untergang des Realsozialismus nicht nur seine ohnehin geringe Relevanz verloren hat, sondern mit dieser Gesellschaftsform auch als historisch falsifiziert gelten darf?

Wie die Verhältnisse - nicht nur in der Geschichtsdidaktik (GD) - nun einmal sind, könnte denjenigen gegenüber, die eben Besseres zu tun zu haben glauben, die Thematik dennoch gerechtfertigt werden: Sollen doch diese Marxisten, so wäre dann etwa zu argumentieren, jetzt endlich offen und öffentlich zugeben, daß ihre Sache verloren ist. Zwar haben wir es nie für nötig gehalten, uns mit ihnen auseinanderzusetzen, obwohl sie uns doch ausführlich kritisiert haben; aber das Eingeständnis, daß alles von ihnen Propagierte nicht geht, hätten wir schon gerne von ihnen selbst!

Nein, nur dies nicht! Wird man vielleicht von einer dritten Position aus einwenden. Bisher schon haben wir die Nichtbeachtung für das wirksamste Gegenmittel gehalten. Warum ihnen gerade jetzt, wo doch für sie ohnehin alles aus ist, eine Bühne bieten?

Die Phantasie der Verfasser reicht auch noch aus, sich eine vierte Position vorzustellen. Von dieser aus könnte ja mit einer gewissen intellektuellen Neugier gefragt werden: Was hat denn eine sich von Marx her verstehende GD in den disziplinären Diskurs einzubringen, nachdem der - vereinfacht gesagt - verunklärende Faktor der Systemkonkurrenz in seiner bisherigen Form entfallen ist? Wie stellt sich eine marxistische GD dar, die nicht mehr fürchten muß, in völliger Verkennung der Sachlage SED-Kontexten zugeordnet zu werden?[2] Vor allem: Nachdem ein Großteil der DDR-Geschichtsmethodik[3] spätestens im

---

[1]Vgl. H. Kuss, Geschichtsdidaktik und Geschichtsunterricht in der Bundesrepublik Deutschland (1945/49-1950), Eine Bilanz, Teil I, in: Geschichte in Wissenschaft und Unterricht (GWU), 45 (1994), S. 735-758, hier: S. 753. Was die Rezeption unserer Arbeiten betrifft, ist Kuss über das Jahr 1985 nicht hinausgelangt.

[2]Vgl. H. W. Jung, Projektive Teilidentifikation und aufrechter Gang. Autobiographische Bemerkungen eines Fachdidaktikers zur neuen Qualität der Systemfrage, in: H. W. Jung, G. v. Staehr, H. Wermes, W. Zschietz-

Verlauf der Wende unter Beweis gestellt hat, daß er mit Marx und Didaktik wenig, mit opportunistischer Auftragsarbeit aber viel zu tun hat(te), nachdem also von dieser Seite in Sachen marxistisch orientierte GD wenig zu erhoffen ist, sollte da ein von den Gefahren eines anti-antikommunistischen Eiertanzes befreiter Denkansatz nicht endlich zeigen dürfen, was ihm - trotz allem und allem - nicht nur unverzichtbar, sondern einstweilen noch am ehesten leistbar erscheint?

Bei aller Unterschiedlichkeit ist den genannten Positionen eine keineswegs selbstverständliche Voraussetzung gemeinsam: Sie alle unterstellen einen Zusammenhang zwischen dem Untergang des Realsozialismus und der Situation einer bestimmten Position im Rahmen einer kleinen Fachdisziplin. Bevor wir uns daher an die Beantwortung der eigentlichen Frage begeben, muß die genannte Prämisse erörtert werden, wenn nicht der falsche Eindruck entstehen soll, die Verfasser hielten sie für irrelevant.

Zur Verdeutlichung des hier gemeinten Problems stelle man sich vor, Vertreter eines radikal-laizistischen Staates stellten kurz nach einem entscheidenden politischen Sieg über eine Gruppierung, die für ein Staatswesen „auf christlicher Grundlage" optiert, einigen Mitgliedern dieser Gruppierung die Frage: Die Lehre Jesu nach 2000 Jahren „Kriminalgeschichte des Christentums"[4]? Wir rechnen durchaus mit Entrüstung: Jesus mit Marx vergleichen - ungeheuerlich! Und überhaupt: Dieses dümmliche Analogisieren! Vor allem aber: Heiliger Aristoteles, steh uns bei! Hier liegt doch eine Metabasis eis allo genos vor: Die Ebene einer Idee ist nicht die Ebene (der Geschichte) einer sich auf diese Idee berufenden Institution. So ohne weiteres von einer Ebene auf die andere springen: aus Gründen der (historischen?) Logik verboten! Die hier vorgestellte, z.T. sicherlich nicht unproblematische Analogiekonstruktion sollte lediglich die Einsicht plausibel machen, daß eine seriöse Beantwortung der im Thema formulierten Frage nicht zur weitschweifigen Umschreibung der simplen Formel: Ende des Realsozialismus = Ende marxistischer Geschichtsdidaktik verkommen darf. Um nicht mißverstanden zu werden: Natürlich wollten wir mit den bisherigen Ausführungen nicht den Eindruck erwecken, der Metabasis-Vorwurf richte sich auch gegen Fragen wie: Was bedeutet das Ende des Realsozialismus für den Marxismus? Oder: Bedeutet dieses eine neue Qualität in der ja nicht erst 1989 aufgekommenen, von manchen Marxisten ja durchaus begrüßten „Krise des Marxismus"? Sich dem ideologischen Erwartungsdruck in Richtung Falsifikationsautomatik mit Tabula-rasa-Effekt zu widersetzen,

---

mann: Wende-Didaktik und historisch-politisches Lernen. Deutschdeutsche Reflexionen, Hamburg 1991, S. 63-97, hier: S. 88-92.

[3]Vgl. H. Süssmuth (Hrsg.), Geschichtsunterricht im vereinten Deutschland. Auf der Suche nach Neuorientierung, Teil I und II, Baden-Baden 1991. Außerdem Jung u.a., Wende-Didaktik. Neuerdings H. Wermes, Geschichte lehren - historisch denken lernen, Leipzig, Eibau 1992-93 (Eigenverl.).

[4]So der Titel des mehrbändigen Werkes von K. Deschner, Reinbek bei Hamburg 1986ff.

bedeutet ja nicht, Fragen zu unterdrücken wie: Sind mit dem erwähnten Ende Aussagen der marxistischen Tradition problematisch geworden, die bisher noch weitgehend von der Kritik verschont geblieben waren? Oder aber: Inwieweit hat die drohende antikommunistische Instrumentalisierung westliche Marxisten bisher in der Auseinandersetzung (oder auch unterlassenen Auseinandersetzung) gegen ihre eigenen kritischen Ansprüche verstoßen lassen?

Auf unsere spezielle Problemstellung übertragen bedeutet dies, die oben genannte Falsifikationsautomatik zwar zurückzuweisen, aber ohne Furcht vor dem Metabasis-Vorwurf die Frage nach der Bedeutung der Ereignisse 1989ff für eine marxistisch orientierte GD als legitim zu akzeptieren.

Bevor wir diesen Gesichtspunkt weiter verfolgen, sollten wir jedoch noch einen Blick auf die Szene des ideologisch-politischen Liebhabertheaters werfen, in der, während nebenan auf der Hauptbühne die Neuinszenierung des bewährten Klassikers „Die Marx-Tötung“ noch immer ihr (Abonnement-)Publikum findet, die „Auferstehung eines (immer wieder) Totgesagten“ geprobt wird.

2. „MARX MEGA OUT“, „Marx' Gespenster“ oder die Auferstehung eines „toten Hundes“?

Als wir 1983 gebeten wurden, für die Zeitschrift „Geschichtsdidaktik“ einen Artikel zum 100. Todestag von Karl Marx zu schreiben, haben wir im Titel die Frage gestellt: „Karl Marx - tot oder lebendig?“[5]. Wir meinten schon damals, „einige Topoi der Marx-Tötung“[6] analysieren zu müssen. Aber natürlich haben wir uns nicht träumen lassen, daß nur zehn Jahre später, zum 175. Geburtstag des lebendigen Toten, von der „Ost-West-Zeitung“ „Freitag“ angeregte, von Marxisten und Nichtmarxisten geführte Ost-West-Streitgespräche unter dem warenästhetisch gestylten, aber z.T. auch doppeldeutigen Titel „MARX MEGA OUT?“ erscheinen könnten.[7] Da sind dann schon in der Einleitung Töne zu hören, die auch nur fünf Jahre zuvor kaum jemand für möglich gehalten hätte:

„Die generelle Ost-West-Sicht war nötig, weil die Erinnerung an Marx zur deutschen Vereinigung substantiell beitragen könnte. Schließlich hat Marx schon mit der Spaltung Deutschlands nicht wenig zu tun gehabt. Diese Spaltung hat die Intellektuellen beider deutscher Nachkriegsstaaten geschädigt. Weitgehend waren die ost-

[5] Vgl. H. W. Jung, G. v. Staehr: Karl Marx - tot oder lebendig? Einige nicht nur pädagogische Bemerkungen zum 100. Todestag, in: Geschichtsdidaktik (GD) 8 (1983), S. 273-285.

[6] Vgl. a.a.O., S. 278-280.

[7] Vgl. R. General, M. Jäger (Hrsg.), MARX MEGA OUT? Streitgespräche, Berlin 1994.

deutschen abgeschnitten vom Pluralismus der wissenschaftlichen und politischen Debatten, gerade auch der Debatten im Marxismus, so daß der Spaltung Deutschlands, Europas und der Welt eine Spaltung in 'westlichen Marxismus' (Gramsci, Althusser, Adorno und andere) und 'östlichen Marxismus' (etwa Lukács) entsprach. Die westlichen Marxisten waren abgeschnitten von der Hälfte ihres Gegenstandes: von der Machtfrage. Viele Strömungen der Westlinken sahen in Marx zwar den Ökonomen, Soziologen und Philosophen, kurz den Wissenschaftler, weniger aber den Mann, der die Frage eines epochalen Machtwechsels aufgeworfen hatte. Gerade daraus ergab sich die Bedeutung solcher westlicher Marxisten wie Gramsci und Althusser, die unabhängig von der russischen Staatstradition die Frage einer spezifisch marxistischen Politik zu denken begonnen hatten, aber auch die Bedeutung Adornos, dessen Negative Philosophie dem politischen Eingriff überhaupt keinen denkbaren Ort, außer vielleicht dem apokalyptischen, mehr ließ, weshalb Adorno von dem östlichen Marxisten Georg Lukács im 'Grand Hotel Abgrund' geortet wurde. Sollte eine Wiedervereinigung dieser Probleme für Deutschland nicht nützlich sein?"[8]

Jüngste Erfahrungen bestimmen die Einschätzung:

„Daß Marx abgeschrieben sei, hat kein Gesprächsteilnehmer behauptet. Drei Jahre nach der deutschen Vereinigung lag ein solches Urteil immer weniger nahe, für niemanden. Anders als vor der Wende von 1989, anders auch als während der Wende, wo einen historischen Moment lang **alles** anders zu werden schien, springt heute die Fatalität der kapitalistischen Produktionsweise weithin ins Auge, die Marx' wissenschaftlicher Gegenstand war und hinter die er schon 150 Jahren nicht, wie andere, archaisierend oder romantisch zurückdachte, sondern über die er politisch hinauszudenken begann. Es mußte vielleicht erst zur Wende kommen und damit zu einem Kapitalismus, der weltweit nur noch mit sich selbst beschäftigt ist, damit, was immer man von Marx' **Antworten** hält, Marx' **Frage** erneut in ihrer ganzen Unausweichlichkeit ins Bewußtsein tritt."[9]

Dabei mag sich der unbefangene Leser während der Lektüre der Dikussionstexte mitunter fragen, ob es sich bei diesen Streitgesprächen mehr um eine aktualisierte Form von Marx-Tötung oder doch eher, in einigen Fällen wenigstens, um marxistischen Umgang mit Marx und Marxismus handelt.

Zur Illustration zwei Beispiele: P. Ruben, ein Philosoph in der Ex-DDR, ausgezeichnet mit so fragwürdigen Orden wie „Relegierung, 'Bewährung' in der Produktion ... Revisionismusvorwurf, Parteiausschluß" - ja sogar „Publikations-, Lehr- und Auftrittsverbot", was offenbar „Fortsetzung des Studiums, Abschluß, Arbeit am Zentralinstitut für Philosophie der Akademie der Wissenschaften" und - schon eher verständlich: die Wahl zum „Direktor des Zentralinstituts für Philosophie" 1990, aber auch - verständlich oder nicht - die „Abwicklung" nicht ausschloß[10], erklärt nunmehr rundheraus:

---

[8]A.a.O., S. 7f.

[9]A.a.O., S. 7.

[10]A.a.O., S. 12.

„Marxismus-Leninismus ist, um es ganz deutlich zu sagen, die politische Interpretation einer Führungskaste, die die Arbeiten von Marx und Lenin sozusagen als göttliche Worte annimmt, als Bibelersatz, und sie dann zu interpretieren sucht."[11]

W. F. Haug, der marxistische Philosoph in Berlin-West, meint gar:

„Marx hatte fast ein Black-out, was das Ensemble von Institutionen angeht, in denen wir Differenzen, Konflikte usw. austragen. Auch was die gesellschaftlichen Institutionen angeht, innerhalb derer überhaupt wissenschaftliche Prozesse von der Staatsmacht (oder anderen äußeren Einwirkungen) relativ ungestört ablaufen können. Es gab bei Marx keine Sicherungen gegen die Auslieferung der Theorie an die Macht. Es ist, als glaubte Marx, der Gedanke allein werde die Dinge schon richten. Das Postulat der Einheit von Theorie und Praxis hat das noch gefördert. In der Politik hätte es eines marxistischen Montesquieu bedurft, ebenso wie in Kultur und Wissenschaft: Die Teilung der Gewalten in die wissenschaftliche Gewalt, die mediale Gewalt, die Staatsgewalt, die juristische Gewalt, die ökonomische Gewalt, die wir mit der Institution oder Instanz des Marktes verknüpfen. Diese Differenziertheit des Sozialen hat Marx allenfalls in Ansätzen gedacht."[12]

Während also auf der einen Seite ein ziemlich angstfreier Umgang mit der Marxschen Tradition gepflogen wird, geht auf der anderen Seite die Angst vor „dem Gespenst" wieder um. „Ein Gespenst geht um in Europa ...", hatte bereits das „Manifest"[13] vor fast 150 Jahren behauptet. Kein geringerer als Jaques Derrida hat sich der neuen Gespensterangst analytisch angenommen, und er fragt sich:

„Worin besteht genau der Unterschied des einen Jahrhunderts vom anderen? Ist es der Unterschied zwischen einer vergangenen Welt - als das Gespenst noch eine zukünftige Drohung darstellte - und einer gegenwärtigen Welt, heute, wo das Gespenst eine Drohung darstellt, von der manche gern glauben möchten, daß sie vergangen sei, und deren Rückkehr man immer noch, immer noch in der Zukunft, bannen müßte?"[14]

Das Wort von der „Verschwörung" fällt:

„Sehr neu und doch so alt, erscheint die Verschwörung gleichzeitig machtvoll und, wie immer, ruhelos, fragil, von Ängsten gepeinigt. Der zu beschwörende Feind trägt für die Verschwörer sicherlich den Namen Marxismus. Aber neuerdings hat man Angst, ihn nicht mehr wiederzuerkennen. Man erzittert vor der Hypothese, daß unter dem Schutz einer jener Metamorphosen, von denen Marx so oft gesprochen hat ... ein neuer 'Marxismus' nicht mehr die Gestalt haben könnte, unter der ihn zu identifizieren und in die Flucht zu schlagen man sich gewöhnt hatte. Vielleicht hat man keine Angst mehr vor den Marxisten, wohl aber hat man noch Angst vor gewissen Nicht-Marxisten ... die bereit wären, die Ablösung zu übernehmen, mit Bindestrichen oder in

[11]A.a.O., S. 18.

[12]A.a.O., S. 19f.

[13]MEW 4, S. 459-493, hier: S. 461.

[14]J. Derrida, Marx' Gespenster. Der verschuldete Staat, die Trauerarbeit und die neue Internationale, Frankfurt/M. 1995, S. 69.

Anführungszeichen, die zu demaskieren die verängstigten Experten des Antikommunismus nicht geübt genug wären."[15]

In den Kontext der Gespenster-Debatte gehört auch der Versuch zur Errichtung der „weltweiten Hegemonie" „eine(r) Dogmatik", der Etablierung eines „Diskurses":

„Es gibt heute in der Welt einen **dominierenden** Diskurs - oder vielmehr einen Diskurs, der im Begriff ist, dominierend zu werden - über das Werk und das Denken von Karl Marx, über den Marxismus (der vielleicht nicht dasselbe ist), über all die vergangenen Gesichter der sozialistischen Internationale und der Weltrevolution, über die mehr oder weniger langsam vonstatten gehende Zerstörung des marxistisch inspirierten Revolutionsmodells, über den raschen, überstürzten, jüngst vergangenen Zusammenbruch jener Gesellschaften, die versucht haben, es ins Werk zu setzen, wenigstens in dem Bereich, den wir, noch einmal das **Kommunistische Manifest** zitierend, für den Augenblick das 'alte Europa' nennen wollen. Dieser herrschsüchtige Diskurs nimmt oft die manische, jubilatorische und beschwörende ... Form an, die Freud der sogenannten Phase des Triumphs in der Trauerarbeit zuschrieb. Die Beschwörung ... wiederholt sich und wird ritualisiert, sie hält auf Zauberformeln und hält sich **an** Zauberformeln, wie jede animistische Magie es will. Immer wieder intoniert sie die alte Leier und den Refrain. Im Rhythmus des Gleichschritts ruft sie: Marx ist tot, der Kommunismus ist tot, ganz und gar tot, mit seinen Hoffnungen, seinem Diskurs, seinen Theorien und seinen Praktiken, es lebe der Kapitalismus, es lebe der Markt, es überlebe der ökonomische und politische Liberalismus!"[16]

Noch nie aber stand es um diese so schlecht wie in diesem Augenblick. Ihrem Apologeten, dem neuen Protagonisten der alten These von „Ende der Geschichte", Fukuyama, hält er u.a. entgegen, daß er sich nicht geniere,

„die Idealität dieses liberal-demokratischen Ideals allen Zeugnissen entgegenzusetzen, die unübersehbar zeigen, daß weder die Vereinigten Staaten noch die europäische Gemeinschaft die Vollendung des universalen Staats oder der liberalen Demokratie erreicht haben, ja daß sie sie ... noch nicht einmal von ferne berührt haben."[17]

Die anschließenden, zumindest hinsichtlich ihrer materialen Seite für einen Philosophen ungewöhnlichen Fragen könnten durchaus auch in eine - allerdings noch nicht absehbare - Debatte über neue Inhalte des historischen Lernens eingebracht werden:

„Wie", fragt Derrida, „kann man im übrigen den Wirtschaftskrieg ignorieren, der heute sowohl zwischen diesen beiden Blöcken als auch innerhalb der Europäischen Gemeinschaft tobt? Wie kann man die Gatt-Konflikte verharmlosen und alles, was sich darin konzentriert, die komplexen Strategien des Protektionismus zeigen es jeden Tag, ganz zu schweigen von dem Wirtschaftskrieg mit Japan und allen Widersprüchen, die den Handel dieser reichen Länder mit dem Rest der Welt kennzeichnen, den Phänomenen der Pauperisierung und der Grausamkeit der 'Auslandsverschuldung', den Effekten dessen, was das **Manifest** auch die 'Epide-

---

[15]A.a.O., S. 86f.

[16]A.a.O., S. 88f.

[17]A.a.O., S. 107.

mie der Überproduktion' und den 'Zustand vorübergehender Barbarei' nannte, den diese in den sogenannten zivilisierten Gesellschaften herbeiführen kann usw.?"[18]

Die Folgerung unseres Gespensterspezialisten kann kaum überraschen:
„Um diese Kriege und die Logik ihrer Antagonismen zu analysieren, wird eine Problematisierung Marxscher Tradition noch lange unerläßlich bleiben."[19]

Das Plädoyer für die Übernahme der „Verantwortung ... eines Erben" ist nicht ohne Pathos:
„Ob sie es wollen und wissen oder nicht, alle Menschen auf der ganzen Erde sind heute in gewissem Maß die Erben Marx' und des Marxismus. Das heißt, ... Erben der absoluten Einzigartigkeit eines Projekts - oder eines Versprechens - ... Für ein solches Ereignis gibt es keinen Vorläufer. In der ganzen Geschichte der Menschheit, in der ganzen Geschichte der Welt und der Erde, in allem, dem man den Namen der Geschichte im allgemeinen geben kann, hat sich ein solches Ereignis (... das Ereignis eines Diskurses von philosophisch-wissenschaftlicher Form, der mit dem Mythos, der Religion, der nationalistischen 'Mystik' zu brechen vorgibt) zum erstenmal und untrennbar mit weltweiten Formen sozialer Organisation ... verbunden. All das unter Vorschlag eines neuen Begriffs vom Menschen, von der Gesellschaft, von der Wirtschaft, von der Nation, und mehrerer Begriffe vom Staat und von seinem Verschwinden. Was man auch immer von diesem Ereignis denken mag, vom manchmal erschreckenden Scheitern dessen, was sich so vorgewagt hatte, von den ökonomisch-technischen und ökologischen Desastern und den totalitären Perversionen, denen es stattgegeben hat ..., was immer man auch von dem Trauma denken mag, das im Gedächtnis des Menschen daraus folgen kann, dieses einzigartige seiner Aussage, auch wenn es auf die Gegenwart eines ontologischen Inhalts zugestürzt ist, so wird doch ein messianisches Versprechen neuer Art der Geschichte sein inaugurales und einzigartiges Zeichen eingebrannt haben. Und ob wir es wollen oder nicht, welches Bewußtsein wir auch immer davon haben, wir können nicht nicht die Erben davon sein. Keine Erbschaft ohne Appell an die Verantwortlichkeit."[20]

Wir haben den berühmten Franzosen, dessen Künste der Dekonstruktion die deutschen Ideologen wohl kaum der Abteilung Marxismus zurechnen werden, so ausführlich zu Wort kommen lassen, weil wir der Methode, wie das juste milieu im neuen Deutschland Marx behandeln zu können glaubt, nämlich als „toten Hund", ein unverdächtiges Korrektiv entgegensetzen wollen.

3. Marx und über Marx hinaus

Vielleicht tragen ja die - ungewöhnlich langen - Zitate des letzten Kapitels dazu bei, daß wenigstens ein paar „Gebildete unter ihren Verächtern", des Nachworts zur zweiten Aufla-

[18] A.a.O., S. 107f.
[19] A.a.O., S. 108.
[20] A.a.O., S. 147f.

ge des „Kapital" von 1873[21] gedenkend, Marx diejenige Ehre erweisen, die dieser dem angeblich „toten Hund" Hegel erwiesen hat. Eines scheint uns schon jetzt sicher, daß nämlich der Streit darüber, wie die Fortexistenz des angeblich Toten zu denken ist, weitergeht. Ob Marx als „Gespenst" bzw. „Wiedergänger" nicht "totzukriegen" ist, ob er eine „Aufhebung" oder „Auferstehung" erleben wird, oder ob er noch für eine Weile im akademischen Prominentengrab ruhen muß: darüber muß erst noch befunden werden. Wir jedenfalls sind mit Elmar Altvater der Meinung: „Der Hund ist lebendig und er hat immer noch Biß."[22]

Zum besseren Verständnis der unten darzustellenden geschichtsdidaktischen Position soll nun zunächst, als Ergänzung und Fortschreibung der an anderer Stelle[23] erfolgten und daher ein im Detail nicht zu wiederholenden Kennzeichnung unseres Standpunkts im kaum überschaubaren Chor der Marx-Interpreten - in einem Zwischenschritt - mit Hilfe weniger strategischer Begriffe der Horizont der Theorieprämissen skizziert werden, bevor eine erste Klärung in bezug auf die Bedeutung des Epochenjahres 1989 vorgenommen werden kann.

Materialismus: Im Bewußtsein, daß das mit diesem Begriff bezeichnete Problem nicht ohne profunde philosophische Bildung oder doch wenigstens erhebliches erkenntnistheoretisches Wissen wirklich seriös zu erörtern ist, geben wir an dieser Stelle zunächst einmal der Hoffnung Ausdruck, daß wenigstens folgende zwei aufeinander bezogene Gesichtspunkte bei der Einschätzung der Marxschen Auffassung zur Geltung kommen:

1. der kritisch-materialistische - also gerade nicht metaphysisch-, szientifisch-, vulgär- oder anthropologisch-materialistische[24] - antimetaphysische Gestus gegen den objektiven Idealismus (besonders Hegels), wobei offenbleiben kann, ob der analoge antimetaphysische Gestus Lenins gegenüber dem vermuteten subjektiven Idealismus (besonders Machs) wirklich frei ist von - alternativen - metaphysischen Zügen;
2. die konsequent nichtmetaphysische Position einer erkenntnistheoretischen Option, deren genauer Status allerdings kontrovers ist, weswegen auch offenbleiben muß, ob etwa die neuere Diskussion unter dem Stichwort „interner Realismus"[25] weiterführt.

---

[21]MEW 23, S. 25-28, hier: S. 27.

[22]FR, 27.2.1991, S. 31.

[23]Vgl. H. W. Jung, G. v. Staehr: „Endzeit" und historisch-utopisches Lernen. Didaktische Grundlagen, Münster, Hamburg 1993, S. 28f.

[24]Vgl. Th. W. Adorno, Philosohische Terminologie, Bd. 2, 5. Aufl., Frankfurt 1989, S. 278.

[25]Zur Realismus-Diskussion vgl. etwa H. J. Sandkühler, D. Pätzhold (Hrsg.), Die Wirklichkeit der Wissenschaft. Probleme des Realismus. Dialektik. Enzyklopädische Zeitschrift für Philosophie und Wissenschaften, H. 1, 1991.

Wir für unseren Teil können uns einstweilen mit Adornos Argumentationsfigur in der „Negativen Dialektik" zufriedengeben, „daß kein Subjekt des unmittelbar Gegebenen, kein Ich, dem es gegeben sei, unabhängig von der transsubjektiven Welt möglich ist. Der, dem etwas gegeben wird, gehört a priori derselben Sphäre an wie das ihm Gegebene. Das verurteilt die These vom subjektiven Apriori. Materialismus ist nicht das Dogma, als das seine gewitzigten Gegner ihn verklagen, sondern Auflösung eines seinerseits als dogmatisch Durchschauten; daher sein Recht in kritischer Philosophie."[26] Auch können wir der Einschätzung des Frankfurters im zweiten Band der „Philosophischen Terminologie" zustimmen, daß „jedenfalls ... dieser Marxische Materialismus sicher nicht eine totale Weltanschauung" sei, „sondern ... sich von vornherein auf die Erklärung der Formen des menschlichen Zusammenlebens"[27] beschränke. (Leider ist hier nicht der Ort, an dem auf das Problem des oftmals beklagenswerten Niveaus der Auseinandersetzung zum Materiebegriff eingegangen werden könnte. Daher nur diese Anmerkung: Nicht selten haben auch diejenigen, welche sich auf Marx berufen zu können glaubten, einen reichlich vulgären, genauer: vulgärmetaphysischen Materialismus vertreten, dessen Dogmatismus daher von der Gegenseite auch leicht entlarvt werden konnte, ohne daß diese sich allerdings bemüßigt fühlen mußte, den eigenen oft naiven, bestenfalls kritischen Realismus oder vulgären, bestenfalls anspruchsvollen - metaphysischen - Idealismus einer kritischen Reflexion zu unterziehen.)

Arbeit: „An dem Begriff der produktiven Arbeit kann man den Materialismus von Marx vielleicht doch am drastischsten sehen"[28], meint Adorno. In der Tat scheint die Kategorie Arbeit das Herzstück des Marxschen Materialismus, die These von der Geschichte als des Selbstschöpfungsprozesses des Menschen in der Arbeit die wohl folgenreichste Konkretisierung seines materialistischen Projekts zu sein. Wie immer unser Verhältnis zu Marx beurteilt werden mag: Es ist die spezifische Wertschätzung der Arbeit - als Kategorie und als reales Phänomen -, wodurch wir es als gerechtfertigt ansehen, uns der marxistischen Tradition zuordnen zu dürfen.

Wer in diesem Zusammenhang noch immer den billigen Jakob des Ökonomismusvorwurfs bemüht, muß nicht nur um sein wissenschaftstheoretisches Renommee fürchten; er muß sich auch fragen lassen, ob er über die Produktion von Projektionen nicht die Hausarbeiten vergessen hat, die doch darin bestehen sollten, den wahrlich verbreiteten Trivialökonomismus von Industriegesellschaftskonzepten, vom menschenfeindlichen praktischen

---

[26]Th. W. Adorno, Negative Dialektik, 8. Aufl., Frankfurt/M. 1994, S. 196f.

[27]Adorno, Terminologie, a.a.O., S. 256f.

[28]A.a.o., S. 268. Vgl. auch: H. W. Jung, Materialistische Geschichtsdidaktik, in: K. Bergmann, A. Kuhn, J. Rüsen, G. Schneider (Hrsg.), Handbuch Geschichtsdidaktik, 3. völlig überarb. u. bedeutend erw. Aufl., Düsseldorf 1985, S. 250-253.

Ökonomismus herrschender Verhältnisse gar nicht zu reden, einer ideologiekritischen Analyse zu unterwerfen. Im übrigen scheint es schon wieder an der Zeit, - ausnahmsweise - den alten Engels zu zitieren:

„Nach materialistischer Geschichtsauffassung ist das **in letzter Instanz** bestimmende Moment in der Geschichte die Produktion und Reproduktion des wirklichen Lebens. Mehr hat weder Marx noch ich je behauptet. Wenn nun jemand das dahin verdreht, das ökonomische Moment sei das **einzig** bestimmende, so verwandelt er jenen Satz in eine nichtssagende, absurde Phrase."[29]

Produktivkraftambivalenz: Unter diese Kategorie fassen wir die ökologische Problematik, wohl wissend, daß diese Fragestellung bei Marx erst in Ansätzen vorkommt. Obwohl also der drohende, vielleicht auch schon erfolgte Dominanzwechsel im Verhältnis von Produktivkräften und Destruktivkräften mit gattungsbedrohender Konsequenz von Marx nicht auf dem Niveau unseres - ja auch nicht sehr alten und auch nicht verallgemeinerten - Problembewußtseins gedacht werden konnte, gibt es dennoch Hinweise in seinem Werk, welche die aufgeklärten Nachgeborenen zu verblüffen geeignet sind. Immerhin enthält - um ein bekannteres Beispiel zu nennen - bereits das „Kapital" die Einsicht:

„Wie in der städtischen Industrie wird in der modernen Agrikultur die gesteigerte Produktivkraft und größere Flüssigmachung der Arbeit erkauft durch Verwüstung und Versiechung der Arbeitskraft selbst. Und jeder Fortschritt der kapitalistischen Agrikultur ist nicht nur ein Fortschritt der Kunst, den Arbeiter, sondern zugleich in der Kunst, den Boden zu berauben, jeder Fortschritt in Steigerung seiner Fruchtbarkeit für eine gegebene Zeitfrist zugleich ein Fortschritt im Ruin der dauernden Quellen dieser Fruchtbarkeit. Je mehr ein Land, wie die Vereinigten Staaten von Nordamerika z.B., von der großen Industrie als dem Hintergrund seiner Entwicklung ausgeht, desto rascher dieser Zerstörungsprozeß. Die kapitalistische Produktion entwickelt daher nur die Technik und Kombination des gesellschaftlichen Produktionsprozesses, indem sie zugleich die Springquellen alles Reichtums untergräbt: die Erde und den Arbeiter."[30]

(Unser Hinweis auf diese Textstelle möge aber nicht in dem Sinne mißverstanden werden, daß damit die fragwürdige und von uns abgelehnte These vom reinkapitalistischen Charakter des ökologischen Problems gestützt werden sollte.)

Bildet Arbeit in unserer Konzeption des historischen Lernens die Leitkategorie für den Zugang zum Gegenstandsbereich Geschichte/Gesellschaft überhaupt, so dient die Kategorie Produktivkraftambivalenz der Bildung einer, genauer: der ersten der beiden Hauptanfragen an die Geschichte - weil wir in der Produktivkraftambivalenz eines der beiden wichtigsten gattungsbedrohenden Potentiale sehen. Die Pointe dieser Kategorie dürfte aber

---

[29]MEW 37, S. 463.

[30]MEW 23, S. 529f.

erst vollends verständlich werden, wenn die Kategorie eingeführt wird, in der wir das von uns an die zweite Stelle gerückte gattungsbedrohende Potential zu fassen versuchen, nämlich: Ausbeutung. Damit betreten wir wieder vertrautes marxistisches Terrain, und es wird notwendig, das Verhältnis zu einer der umstrittensten Kategorien überhaupt zu klären:

Klasse: Unterstellt man mit Marx Arbeit selbst, Arbeitsgegenstand und Arbeitsmittel als einfache Momente des - historisch wandelbaren - Arbeitsprozesses, und nimmt man historische Varianten von nichtarbeitenden, aber über einzelne oder alle Momente des Arbeitsprozesses Verfügenden an, so erhält man die einfachen Voraussetzungen für die historisch wandelbaren und meist sehr komplexen Produktionsverhältnisse und damit für die Klassenverhältnisse[31], welche im auch die Individuen durchherrschenden Gegensatz von Arbeit ohne Verfügung und Verfügung ohne Arbeit ihre Grundlage haben. Wir halten also am Klassenbegriff fest, sind allerdings mit Terkessidis der Auffassung: „Klassen sind analytische Kategorien, ihnen entsprechen keine sozialen Gemeinschaften mit zusammenfassenden Organisationsformen. Sie müßten sich als soziale Gemeinschaft in Kämpfen erst konstituieren, um wirksam zu sein“.[32] Wer also entwickeltes, womöglich noch homogenes Klassenbewußtsein als Konstituens von Klasse begreift, sollte sich nicht wundern, daß er außer dem Klassenbewußtsein seiner Vorstellung auch den eigentlichen Gegenstand, die Klasse, nicht findet. Daß übrigens der Weg von der Klasse „an sich“ zur Klasse „für sich“ - zurückhaltend gesagt - so schwierig ist, auch angesichts aktueller nationaler und globaler Verteilungsevidenzen von den Hauptbetroffenen noch immer nicht ernsthaft beschritten wird - dies wird bekanntlich im sinne eines Widerlegungsarguments genutzt. Tatsächlich geht es aber hier nicht um die analytische Schwäche des Marxismus, sondern um die realhistorische Stärke des Kapitalismus.

Die Klassenfrage stellen bedeutet nur, die Ausbeutungsfrage zu konkretisieren. Die Ausbeutungsfrage thematisieren heißt heute: unter den Bedingungen des drohenden Gattungsendes denken. Damit sind wir bei einem Problem angelangt, dem wir uns seit den ersten konzeptionellen Versuchen immer deutlicher und immer entschiedener zu stellen versuchen: dem Problem des Verhältnisses von Klasse und Gattung angesichts der drohenden Selbstabschaffung der Menschheit.[33]

---

[31]Vgl. D. Pasemann, Bemerkungen zur Struktur der Geschichte bei Karl Marx, in: Institut für Marxistische Studien und Forschungen (IMSF) (Hrsg.), Ökonomische Gesellschaftsformationen. Theorie und Geschichte, Frankfurt 1981, S. 133-146, hier: S. 141. Vgl. auch: Jung, v. Staehr: „Endzeit“, a.a.O., S. 36f.

[32]M. Terkessidis, Kulturkampf. Volk, Nation, der Westen und die Neue Rechte, Köln 1995, S. 131.

[33]Vgl. H. W. Jung, G. v. Staehr: Historisches Lernen. Didaktik der Geschichte, Köln 1983, S. 213f, dort das abschließende Kapitel der „teilcurricularen Skizze“ uner der Fragestellung: „Weltgesellschaft oder planetarischer Selbstmord?“. Vgl. auch: H. W. Jung, G. v. Staehr: Statt eines Vorworts: Die neue historische Qualität,

Klasse und Gattung: Im Zentrum unserer Konzeption des historischen Lernens steht eine im Grunde triviale Einsicht: Wir sind in die nie mehr, es sei denn durch das Ende aller menschlichen Zeit, das „Zeitenende", endende Epoche - in die „Endzeit" - eingetreten, in die Epoche der (Selbst-)Abschaffbarkeit der Gattung und der Nichtabschaffbarkeit dieser Abschaffbarkeit. Daß diese triviale Einsicht wirklich eine Einsicht wurde, verdanken wir - natürlich nicht Marx! - sondern Günther Anders.[34] In diesem Zusammenhang haben wir an uns selbst erfahren, wie mühsam der Weg von durch Erwähnungsroutine und schlechtabstrakte Weitschweifigkeit gestützten Verdrängungszusammenhängen zu konsequenzenreichen Einsichten sein kann. Das Hauptproblem bestand für uns darin, die Epochenspezifik des Gattungsprimats mit der andauernden Dramatik der Klassenfrage zu vermitteln.

„Nun braucht eine historisch-materialistische Lösung, das heißt eine nicht durch Analyseresultate abgelebter Zeiten substituierte klassentheoretisch angeleitete Analyse aktueller Verhältnisse keineswegs auf die Identifizierung der Klassen- und Gattungsinteressen zu verzichten. Die Klassenfrage stellt sich angesichts des „Endzeit"-Charakters nur noch entschiedener, als es bisher der Fall war, als Gattungsfrage. Es liegt im Interesse der ausgebeuteten Klassen der Welt, und es liegt im Interesse der bedrohten Menschheit insgesamt, die Grundstruktur des Arbeitsprozesses zu sichern und die Verfügung über die Momente des Arbeitsprozesses einschließlich des Arbeitssubjekts so zu organisieren, daß der drohende Funktionswechsel des Arbeitsprozesses vom Mittel der Reproduktion zum Mittel der Destruktion aufgehalten werden kann. Wer in der aktuellen historischen Situation eine Norm verficht, die nicht zunächst und vor allem auf die globale Sicherung der Reproduktionsfunktion von Arbeit gerichtet ist, erweist sich als ein Vertreter des Klassenkampfs von oben und als Vertreter eines Klasseninteresses, das im Widerspruch zum Gattungsinteresse steht. Widerstand gegen diesen Klassenkampf auf Kosten des Gattungsinteresses ist gegen alle diejenigen geboten, die, in wessen Namen und unter Berufung auf welchen Wert auch immer, Ziele verfolgen und Mittel benutzen, welche die globale Sicherung des das Gattungsleben ermöglichenden Reproduktionsmechanismus arbeitsförmiger Naturaneignung gefährden. Die Perspektive: Rückgewinnung der Verfügung aller über die gegenständlichen Momente des Arbeitsprozesses ist die Perspektive, die aus einem Klasseninteresse entsteht, das im Gattungsinteresse aufgeht."[35]

Diese Sätze sind nicht als Reaktion auf den Untergang des Realsozialismus entstanden; sie stammen aus dem Jahre 1986, und wir sehen keinen Anlaß zur Korrektur. Es hat weder der Wende bedurft, um mit Marx über Marx hinaus die Produktivkraftambivalenz - das ökologische Problem - konzeptionell zu reflektieren, noch mußte erst der Systemkonflikt in seiner klassischen Form beendet sein, um eine epochenadäquate am Primat der Gattungsfrage

---

in: Diess., Historische Friedensforschung und historisches Lernen, Marburg 1986, S. 9-26, hier: S. 17f. Außerdem: Diess., Historische Friedensdidaktik. Konzeption und Modelle, Hamburg 1989, S. 14f.

[34]Vgl. vor allem: G. Anders, Die atomare Drohung. Radikale Überlegungen, 5. durch ein Vorwort erw. Aufl., München 1986.

orientierte Thematisierung des Verhältnisses von Klasse und Gattung in Gang zu setzen.

Wenn wir bei dieser Bewegung „über Marx hinaus" einem Denker verpflichtet sind (ohne ihm deshalb schon in allem zustimmen zu müssen), dann ist es der bereits genannte Günther Anders.

Wenn wir Lernereignisse benennen wollen, ohne die unser Konzept, was die genannte Bewegung betrifft, nicht zu denken ist, so sind es Hiroshima, das Symbol der beginnenden „Endzeit", und Tschernobyl, für viele das Symbol einer neuen Dimension der Gattungsbedrohung.

Angesichts des bedrückenden epochalen Verweisungscharakters dieser katastrophischen Ereignisse[36] erhält ein Wort von Karl Marx neue Relevanz:

> „Selbst eine ganze Gesellschaft, eine Nation, ja alle gleichzeitigen Gesellschaften zusammengenommen, sind nicht Eigentümer der Erde. Sie sind nur ihre Besitzer, ihre Nutznießer, und haben sie als boni patres familias den nachfolgenden Generationen verbessert zu hinterlassen."[37]

Was nun die Zäsur von 1989 angeht, so war sie auf der Ebene der Theorieprämissen ziemlich folgenlos; die grundsätzlichere Fassung eines zentralen Gefahrenpotentials, bisher nur an einer überwältigenden Erscheinungsform, dem Systemkonflikt, festgemacht, durch den Begriff der Ausbeutung betraf nicht die konzeptionelle Substanz. Allerdings hat uns das Scheitern des großen Experiments von 1917 und die damit einhergehende zukunftsfeindliche Stimmung zu einer entscheidenden Erweiterung unserer Auffassung von gesellschaftlichem Lernen geführt: Das historische Lernen, dies wurde uns erst jetzt hinreichend bewußt, verweist auf sein Komplement: das utopische Lernen.

4. Historisch-utopisches Lernen in der „Endzeit"

Eine der Marxschen Tradition verpflichtete, sich den Problemen der Epoche stellende Lehre vom historischen Lernen unterwirft sich Ansprüchen disziplinärer Standards, von denen sie nur hoffen kann, daß sie Gemeingut aller Beteiligten sind. Zur eisernen Ration solcher Ansprüche sollte sowohl die Offenlegung der Theorieprämissen als auch die Thematisierung der wesentlichen didaktischen Analyse- und Planungsebenen gehören. Die Explikation der Prämissen - von uns als Determinanten bezeichnet - erfolgt in unserem Konzept im

---

[35]H. W. Jung, Geschichte, Moral, Lernen. Zur Kritik aktueller wissenschaftsförmiger Ideologie, in: Jung, v. Staehr: Historische Friedensforschung, S. 170-235, hier: S. 234f.

[36]Vgl. auch: H. W. Jung, Katastrophische Lernereignisse, Münster, Hamburg, London 1996.

[37]MEW 25, S. 784.

Rahmen einer ethischen, einer historisch-soziologischen, einer psychologischen und einer didaktischen Reflexion. Wir sind uns des mit diesem Rahmen riskierten pragmatischen Reduktionismus durchaus bewußt. Daß wir in der neusten Version die ethische Determinante erörtert haben, bedeutet noch immer nicht, daß wir das Offenlegungsprogramm als abgegolten ansehen können. Zu wünschen ist eine Fortschreibung nicht nur in erkenntnistheoretischer, sondern vor allem auch - über die unten gegebenen wenigen Hinweise hinaus - in lerntheoretischer Hinsicht. Was schließlich die didaktischen Analyse- und Planungsebenen - von uns Dimensionen genannt - betrifft, folgen wir bewährten Maßstäben und thematisieren Lcrnbedingungen, -inhalte, -ziele, -verfahren und -kontrolle.[38]

4.1. Prämissen

Unter den Bedingungen der „Endzeit“ ist die bisherige metaphysische Frage: Soll die (menschliche) Gattung sein? zu einer empirischen, praktischen und moralischen Frage geworden. Wir gehen nicht davon aus, daß diese Gattungsfrage von allen mit einem problemlosen Ja beantwortet wird; wir unterstellen vielmehr, daß die mit Ja Antwortenden sich in ein Lager des unbedingten Gattungsimperativs und in ein Lager der nur bedingten, einem anderen Höchstwert nachgeordneten Gattungsbejahung aufspalten. Zur schrecklichen Internationale des Gattungsrestrisikos gehörten und gehören z.B. diejenigen, welche in Verteidigung ihres jeweiligen partikularen Höchstwerts bzw. des diesem verpflichteten Systems den Gattungstod zwar nicht wollen, aber doch auch nicht um jeden Preis zu verhindern trachten. Jede Beschränkung der Identifikationsreichweite, wie sie in Rassismus, Nationalismus usw., aber auch im quasi-privatistischen Wunsch nach dem guten Leben der Enkel zum Ausdruck kommt, bedeutet ein Verfehlen des Niveaus der unbedingten Gattungsidentifikation und damit eine Gefährdung der Gattungsexistenz. Eine Brücke zum Lager der Unbedingten bildet die Position der Solidarität mit diesen und der an sich zwar nicht unbedingt gewollten, in ihrer Misere aber bemitleideten Gattung. Der unbedingte Gattungsimperativ kann u.a. verstanden werden als Ausführung eines göttlichen Schöpfungsauftrags, als Ausdruck elementarer Seinsfrömmigkeit, als Ergebnis in der Liebe zum eigenen Leben begründeter überschießender Biophilie, als Ausdruck des Protestes gegen eine durch den absurden Akt der Selbstabschaffung der Gattung nicht noch zu steigernde Absurdität der Welt, als Konsequenz der Weigerung, über das größtmögliche Subjekt im Werden, die Gattung, in einem nicht revidierbaren Akt der Usurpation zu verfügen.

---

[38]Im Folgenden beziehen wir uns vor allem auf die jüngste Fassung unserer Konzeption in Jung, v. Staehr: „Endzeit“, a.a.O. (In Zitaten werden Hervorhebungen nicht übernommen.)

Solange übrigens der Großteil der Menschheit nicht einmal die elementare Reproduktion gesichert sieht und im Luxusteil der Menschheit die Liebe zum eigenen Leben zu wünschen übrigläßt, solange also kein weltgesellschaftliches Leben in Würde garantiert ist, darf die faktische Schwäche der unbedingten Gattungsidentifikation nicht verwundern.

Die Beantwortung der Frage, wie das Gattungsende verhindert werden soll, scheint uns ohne die Antwort auf die Frage nach der **historisch-gesellschaftlichen** Gewordenheit des aktuellen Gattungslebens nicht möglich . Unsere Antwort basiert zunächst auf der einfachen Beobachtung, daß die Menschen die Grundtätigkeit allen Lebens, die Selbstreproduktion mittels Naturaneignung, in der ihnen spezifischen Form der Arbeit realisieren.

„**Gesellschaft** ist demnach eine in letzter Konsequenz durch arbeitsförmige Naturaneignung konstituierte, sich in Arbeitshandlungen, aber auch - auf dieser Grundlage - in anderen der Reproduktion dienenden Handlungen konkretisierende prozessierende Totalität.
Geschichte im engeren Sinne ist als Fortsetzung der Naturgeschichte, aber von dieser qualitativ unterschieden, die Gesamtheit aller Gesellschaften, nichts anderes als die Erzeugung des Menschen durch die menschliche Arbeit, als das Werden der Natur für den Menschen."[39]

Die Rekonstruktion des Gattungslebens erfordert nun ein Fortschreiten von einfachen zu immer komplexeren Kategorien bis zur komplexesten Kategorie Gesellschaftsformation, die als gedankliche Rekonstruktionsform nicht mit der empirischen Realität konkreter Gesellschaften verwechselt werden darf, obwohl sie doch erst eine befriedigende Analyse derselben erlaubt. Da die Rekonstruktion am Leitfaden der Kategorie Arbeit nicht um ihrer selbst willen erfolgt, sondern der Sicherung der Gattungszukunft dient, muß aus ihr ein Entwurf von Zukunft, eine Konstruktion, hervorgehen. Der damit gegebene komplexe historisch-utopische Rekonstruktions-Konstruktions-Zusammenhang erfordert relevante, präzise und ketegorial gesicherte Anfragen an Vergangenheit und Zukunft. So sehr diese als Konstruktions-Rekonstruktions-Prinzipien zu verstehenden Anfragen eines gesicherten Rekonstruktions-Konstruktions-Ortes bedürfen, sosehr bedarf dieser Ort der gesicherten Prinzipien seiner Rekonstruktion und Konstruktion. Wenn etwa angenommen wird, daß der epochale Ort von Rekonstruktion und Konstruktion in seiner Struktur als „Endzeit" nicht ohne die Analyse der zwei genannten Gefahrenpotentiale Produktivkraftambivalenz und Ausbeutung begriffen werden kann, dann folgt daraus die Notwendigkeit sowohl der Rekonstruktion des historischen Werdens als auch der - entwurfhaft-undogmatischen, möglicherweise nur in Alternativen formulierbaren - Konstruktion von Zukunftsperspektiven. Dabei macht es einen erheblichen Unterschied, ob die genannten Potentiale im Sinne

[39] A.a.O., S. 27.

anthropologischer Konstanten oder im Sinne historischer und damit möglicherweise abschaffbarer Größen verstanden werden. Während wir im Falle der Produktivkraftambivalenz immer stärker zu einer anthropologischen Auffassung im Sinne des Menschen als des ökologisch problematischen Wesens neigen, bestehen wir, was die Ausbeutung betrifft, auf deren Historizität und möglichen, wenn auch keineswegs - geschichtsmetaphysisch - gesicherten Abschaffung.

Um dem Schein des Reduktionismus entgegenzuwirken, der durch die hier allein mögliche Skizzierung der zentralen Anfragen entstehen könnte, verweisen wir ausdrücklich auf die Aussagen zur Komplexität historisch-gesellschaftlicher Analyse an anderer Stelle.[40] Auch wiederholen wir die negative Abgrenzung unserer Position: Wir sehen uns weder im Besitz kausalgenetischer Allwissenheit, noch vermögen wir in der Geschichte, die eben kein Subjekt ist, ein Telos, schon gar nicht im Sinne eines - ontologisch gesicherten - Fortschritts zu erkennen. Sowenig wir an das Gesetz der Geschichte glauben können, sowenig überzeugt uns der Markt der „Sinngebung des Sinnlosen". Wollten wir unsere Utopie in eine Formel fassen, sie lautete :fundamental-demokratische, ökologisch-pazifistische Weltgesellschaft.

Bei der persönlichkeitstheoretischen Determinante geht es, anders als bei der geschichts- und gesellschaftstheoretischen Reflexion, nicht um das größtmögliche, erst werdende Subjekt Gattung, sondern um das individuelle Subjekt. Wir folgen dabei dem der Marxschen Tradition verpflichteten kritisch-psychologischen Ansatz[41], in dem das Psychische in seiner menschlichen Spezifik, die Handlungsfähigkeit, als Resultat eines bei der Elementar- und Grundform des Psychischen beginnenden, die Optimierung der Reproduktion von Leben vorantreibenden, widersprüchlichen, evolutionären Prozesses aufgefaßt wird, den die funktional-historische Rekonstruktion nachzeichnet. Als Subjektwissenschaft versteht sich die Kritische Psychologie zugleich als Wissenschaft vom Subjektstandpunkt aus, die im Gegensatz zu kontrollwissenschaftlich orientierter Psychologie dem Subjekt selbst Reflexionsinstrumente an die Hand geben will. Gegenüber dem Bedingtheitsmodell und dem Unmittelbarkeitspostulat traditioneller Psychologie besteht sie auf Begründungsdiskurs und gesamtgesellschaftlicher Vermitteltheit. Subjektivität meint hier Möglichkeit und Notwendigkeit, im Rahmen vorgefundener Bedingungen bestimmendes Moment zu sein bzw. zu werden, also auf diese Bedingungen so einzuwirken, daß über die Teilnahme an der Verfügung über den gesamtgesellschaftlichen Produktions- und Reproduktionsprozeß Verfügung über die eigenen Lebensbedingungen erlangt wird. Dabei ist auf dem menschlichen Niveau der „gesamtgesellschaftlichen Vermitteltheit der individuellen Exi-

---

[40]Vgl. a.a.O., S. 27-47.

[41]Vgl. K. Holzkamp, Grundlegung der Psychologie, Frankfurt, New York 1983.

stenzsicherung" die Systemreproduktion nicht mehr von der arbeitsförmigen Beteiligung des einzelnen Individuums abhängig, womit dessen Existenzsicherung - ist nur die arbeitsförmige Systemreproduktion garantiert - nicht mehr an arbeitsförmige Reproduktionsbeiträge gebunden ist. Somit dürfte auch verständlich werden, warum das erste menschliche Bedürfnis nach kritisch-psychologischer Auffassung nicht Arbeit, sondern Handlungsfähigkeit ist.

Diese weist unter den Bedingungen von Herrschaft zwei Qualitäten auf, die im Sinne kategorialer Richtwertbestimmungen, nicht aber als Aussagen über konkrete Persönlichkeiten zu verstehen sind: Während „restriktive Handlungsfähigkeit" das Arrangement mit dem Bestehenden, den - letztlich Herrschaft stützenden -Versuch, durch Teilhabe an Herrschaft (einen Rest von) Verfügung über die eigenen Lebensverhältnisse zu gewinnen meint, ist „verallgemeinerte Handlungsfähigkeit" charakterisiert durch die Überwindung der Orientierung an der bloßen unmittelbaren Existenzsicherung und der Gewinnung einer Perspektive allgemeiner Erweiterung von Verfügung über die gemeinsamen Lebensbedingungen. Auch auf der Ebene der psychischen Funktionsaspekte von Handlungsfähigkeit finden wir die beiden Qualitäten wieder: Kognition kann in der „restriktiven" Variante des „Deutens" erfolgen und bezeichnet dann das unmittelbaren, praktischen Bedürfnissen dienende, den gesellschaftlichen Vermittlungszusammenhang nicht durchschauende Erfassen von Realität. Hingegen werden in der „verallgemeinerten" Form, dem „Begreifen", Unmittelbarkeitsschein und Privatheit zugunsten der Durchdringung des Vermittlungszusammenhangs überwunden. Emotionalität, zunächst allgemein verstanden als „Bewertung von Umweltgegebenheiten am Maßstab der eigenen Befindlichkeit mit erkenntnisleitender Funktion"[42], erscheint in ihrer „restriktiven" Variante als im Gegensatz zum Verstand stehend und auf bloße Innerlichkeit reduziert, während sie in der „verallgemeinerten Form" als „wahre Emotionalität", als „verallgemeinerte Betroffenheit", als Engagement für eine allgemeine Verfügungserweiterung auftritt. Motivation, zunächst wieder allgemein verstanden als „Antizipation von erhöhter emotionaler Wertigkeit in der Zukunft und von da aus Ausrichtung von Aktivität"[43], kann - in „restriktiver" Form - als „innerer Zwang", „motivationsförmig", aber auch - als „verallgemeinerte" Variante - mit der Perspektive der Verfügungserweiterung vorliegen.

Als Antwort auf die ontogenetische Fragestellung hat die Kritische Psychologie das

---

[42]Projekt Subjektentwicklung in der frühen Kindheit (SUFKI), Theoretische Grundlage und methodische Entwicklung in der Projektarbeit, in: Forum Kritische Psychologie 14, (Argument-Sonderband AS 114), Berlin 1984, S. 56-81, hier: S. 67.

[43]K. Holzkamp, Gesellschaftliche Widersprüche und individuelle Handlungsfähigkeit, in: K.-H. Braun, G. Gekeler (Hrsg.), Objektive und subjektive Widersprüche in Sozialarbeit/Sozialpädagogik, Marburg 1984, S. 89-120, hier: S. 111 (Hervorhebungen übernommen).

Konzept der „entwicklungslogischen Sequenz“ von drei „Entwicklungszügen“ bzw. „Prozeßtypen“ entwickelt, das nicht mit traditionellen Phasen- und Stufenmodellen zu verwechseln ist: Ausgehend vom auf die Erlangung von Handlungsfähigkeit gerichteten Entwicklungsbedürfnis werden die Prozeßtypen der „Bedeutungsverallgemeinerung“ (Erfassen von Brauchbarkeit und Hergestelltheit), „Unmittelbarkeitsüberschreitung“ (Durchbrechung des häuslichen Rahmens und Erfahrung des gesellschaftlichen Vermittlungszusammenhangs) und Reproduktion von Handlungsfähigkeit beim Erwachsenen unterschieden. Von besonderem pädagogischen Interesse ist dabei der Gesichtspunkt der „Kind-Erwachsenen-Koordination“. Auch die Thematisierung der beiden Qualitäten von Handlungsfähigkeit auf der Ebene der interpersonalen Beziehungen ist nicht ohne pädagogische Relevanz: Während sich die „restriktive“ Form als konkurrenzhaftes „Instrumentalverhältnis“ darstellt, in dem sich die Beteiligten in Verfolgung ihrer Partialinteressen wechselseitig instrumentalisieren, ist die „Subjektbeziehung“ als „verallgemeinerte“ Variante gekennzeichnet durch die Vermitteltheit der Beteiligten über das verallgemeinerbare Dritte eines gemeinsamen Ziels der Verfügungserweiterung.

Jüngstes Produkt kritisch-psychologischer Bemühung ist eine subjektwissenschaftlich orientierte **Theorie des Lernens**[44]. Danach wird eine „Lernproblematik“ vom Lernsubjekt nur aus Gründen übernommen. Kann nämlich eine „Handlungsproblematik“ nicht überwunden werden, besteht die Möglichkeit der Ausgliederung einer „Lernproblematik“ und der Bildung einer „Lernschleife“ unter Beibehaltung des ursprünglichen Ziels. Auch ist - gerade im schulischen Kontext - der Fall denkbar, daß eine „Lernproblematik“ zwecks Vermeidung der „Lernschleife“ in eine „Handlungsproblematik“ umdefiniert wird. In lerntheoretischer Fortschreibung der Qualitätenproblematik wird unterschieden zwischen dem außengesteuerten, sachentbundenen, auf Bedrohungsbewältigung und dem an sachlichen Notwendigkeiten orientierten „expansiven“ Lernen. Beim Auftreten von Schwierigkeiten sind die vorübergehende Aufgabe der Zielfixierung und die Einfügung eines reflexiven Moments, „affinitives Lernen“ genannt, erforderlich. Dieses wiederum ermöglicht die Fortsetzung des Prozesses auf höherem Niveau als „definitives Lernen“. Es ist auch vorstellbar, daß in der „affinitiven" Phase bewußt die Entscheidung für „defensives Lernen“ getroffen wird. Damit wäre dann immerhin vor bzw. unbewußtes „widerständiges Lernen“ vermieden - und die vielfältigen Instrumentalverhältnisse zwischen Lernenden, aber auch zwischen Lernenden und Lehrenden einer gewissen rationalen Bearbeitung näher. Mit der Thematisierung der interpersonalen Beziehungen im Rahmen des Konzepts des „Lehrlernens“ unter schulischen Bedingungen kehren wir zum persönlichkeitstheoretischen Ausgangspunkt zurück.

---

[44]Vgl. K. Holzkamp, Lernen. Subjektwissehschaftliche Grundlegung, Frankfurt, New York 1993.

Die uns bei aller **didaktischen** Reflexion leitende Frage: Wie können die Perspektiven von Individuum und Gattung mit der Wirkung von Subjektivitätssteigerung auf beiden Ebenen aufeinander bezogen werden? verweist auf einen Problemzusammenhang, aus dem heraus auch unsere Definition von Curriculumtheorie verstanden werden muß. Es geht dabei um

> „die Theorie der systematischen Organisation von individualgeschichtlichen Prozessen der Aneignung der gesellschaftlich-historischen Gattungserfahrungen und damit: Theorie des Begründungszusammenhangs von gesellschaftlich-historisch notwendigen, d.h. in der aktuellen gesellschaftlichen Situation verallgemeinerungsfähigen Lernzielen, Lerninhalten und Lernverfahren, von Lernbedingungsanalysen und Lernkontrollen in der Perspektive der kollektiven selbstbestimmten Kontrolle menschlicher Lebensverhältnisse einerseits und kooperativer Integration andererseits."[45]
>
> „Die Theorie des historischen Lernens hat unter Voraussetzung der genannten curriculumtheoretischen Rahmenbedingungen nicht die bereichsspezifische Aneignung von gesellschaftlich-historischen Gattungserfahrungsresultaten zum Gegenstand; ihr Thema ist die Aneignung der allgemeinen gesellschaftlich-historischen Gattungserfahrungen in ihrer Genese. Nicht ein Teil des gesellschaftlich-historischen Gattungslebens ist Gegenstand, sondern das gesellschaftlich-historische Gattungsleben als solches in seinem Werden, rekonstruiert aus der Perspektive seiner höchsten Stufe des Werdens"[46]
>
> „Die Theorie des historischen Lernens bedarf ... einer Ergänzung durch ein Konzept von Zukunfts-Lernen. Dessen Gegenstand ist die Aneignung von Gattungserfahrungen als Konstruktionselementen eines Gattungslebens in der Perspektive der Selbstbestimmung - der entwickelten Gattungssubjektivität - bzw. der dritten Stufe des Friedens[47] - bzw. einer radikal-demokratischen und, wie wir jetzt gerne hinzufügen: ökologisch-pazifistischen Weltgesellschaft. Dieses Moment des Lernens, bei dem es um das Erlernen des Konstruierens geht, nennen wir utopisches Lernen."[48]

Die definitorischen Festlegungen mögen in mancherlei Hinsicht Klarheit schaffen; zwei Probleme lösen sie nicht: das Problem des Verhältnisses von kontroverser Struktur des Wissens und konzeptionellem Standpunkt und das Problem der mit lehrender Stellvertretung gegebenen Gefahr der Usurpation. Was ersteres angeht, so teilen wir zwar die - von Politikdidaktikern erarbeitete Position des Beutelsbacher Konsenses, geben jedoch zu bedenken, daß die Auswahlfrage (Welche Kontroversen in Gesellschaft und Wissenschaft sind identifizierbar, welche relevant?) nur standpunktbezogen, also bestenfalls im Anschluß an eine Konzeption gelöst werden kann. Welche Lösung wir anzubieten haben, soll im Rahmen der Präsentation der didaktischen Dimensionen dargestellt werden. Jedenfalls dürfte bereits jetzt feststehen, daß eine Lösung im Sinne einer Warenkorb-Didaktik für uns

---

[45]Jung, v. Staehr: „Endzeit", a.a.O., S. 84.

[46]Ebda.

[47]Vgl. a.a.O., S. 40, Die drei Stufen des Friedens: Abwesenheit von Krieg, Abwesenheit von Ausbeutung/Herrschaft und Abwesenheit von gewaltförmigem Zwang. Zu den Begriffen Macht, Zwang, Gewalt und Herrschaft vgl. a.a.O., S. 37f.

[48]A.a.O., S. 85.

nicht in Frage kommt. Was das Problem der Usurpationsgefahr angeht, das ja von einem Konzept sehr ernstgenommen werden muß, welches die Steigerung von Subjektivität zum Ziel hat, so müssen auch hier die unten folgenden didaktischen Konkretisierungen den Beweis erbringen, daß, entgegen verbreiteter Meinung, aus durchsichtigem Interesse ein relativ hoher Grad der konzeptionellen Explikation Indoktrination nicht nur nicht begünstigt, sondern sogar eher erschwert.

4.2. Ebenen der didaktischen Analyse und Planung

Im (fach)didaktischen Zusammenhang im engeren Sinn thematisieren wir wie oben angekündigt die fünf klassischen - Dimensionen genannten - Ebenen der Lernbedingungen, -inhalte, -ziele, -verfahren und -kontrolle.

Bereits in der Auffassung von Lernbedingungsanalyse dürfte das Verhältnis von Determinanten und Dimensionen deutlich werden:

> „Der Gegenstand der Lernbedingungsanalyse ist ... der Zusammenhang von fördernden und behindernden objektiven Lehr-Lern-Bedingungen und bereits vorhandenen bzw. noch fehlenden subjektiven Lehr-Lern-Voraussetzungen (lernender) Aneignung, letztlich also alle Momente des Lernprozesses: auch (Lern-)Ziele, (Lern-)Inhalte, (Lern-)Verfahren und (Lern-)Kontrolle. Dabei muß gegenüber traditioneller bedingungsanalytischer Betrachtungsweise betont werden, daß mit den Voraussetzungen nicht in erster Linie feststellbare Fähigkeiten, Fertigkeiten, Wissen etc., sondern vor allem die subjektiven Handlungsgründe gemeint sind, die die Lehrenden und Lernenden dazu veranlassen, Handlungs- und Denkmöglichkeiten wahrzunehmen, die entweder eher in Richtung restriktiver oder eher in Richtung verallgemeinerter Lehr-Lern-Handlungsfähigkeit weisen. Wird dieser spezifische Subjektaspekt in die bedingungsanalytischen Überlegungen einbezogen, so können wir von Erweiterter Lernbedingungsanalyse sprechen.“[49]

Die Struktur der Analyse ergibt sich aus dem pragmatischen Kriterium der Reichweite in Verbindung mit der Determinantenfolge. Bezieht man nun die Reichweiten: 1. Epoche, 2. Gesellschaftsformation, 3. Konkrete Gesellschaft, 4. Institutioneller Rahmen des Lehr-Lern-Zusammenhangs und 5. Unmittelbarer Lehr-Lern-Zusammenhang auf die vier Determinanten, so erhält man zwanzig ziemlich genau bestimmbare Segmente von Bedingungen und Voraussetzungen.

Vor allem aus Darstellungsgründen behandeln wir die Ebene der **Lerninhalte** vor der Zieldimension. Als „Lerninhalt im weitesten Sinne“ bezeichnen wir das „Leben der Gattung in Vergangenheit, Gegenwart und Zukunft“. Auf diesen trifft unser (Lern-)Interesse,

---

[49]A.a.O., S. 101.

weil er die Gesamtheit menschlicher Erfahrung, d.h. die Gattungserfahrungen repräsentiert. Da aber in aller Regel das Gattungsleben in seiner Totalität nicht Lerngegenstand ist, müssen im Anschluß an bestimmte Interessen, Problemstellungen, Anfragen usw. Teile des Gegenstandes als einzelne Lerninhalte ausgegliedert werden. Wird ein solcher Lerninhalt in seiner Kontextualität unter verschiedenen Aspekten erschlossen, so sprechen wir von „Erweitertem Lerninhalt". Ohne Anspruch auf Vollzähligkeit können folgende Aspekte unterschieden werden: „Gegenstand im engeren Sinne", „Gegenstand in seiner Gewordenheit und Unabgeschlossenheit" (Betonung des objektiven Moments), „Gegenstand als rekonstruktives-konstruktives Produkt" (Betonung des subjektiven Moments), „Gegenstand im Kontext der (widersprüchlichen) Geschichte des Wissens", „Gegenstand im Kontext der Lernbedingungen usw.", „Gegenstand im Kontext der besonderen lernsubjektbezogenen Akzentuierung".

Uns ist bewußt, daß hier ein anspruchsvolles und keinesfalls aus dem Stand zu erfüllendes Programm beschrieben ist. Wir sind aber auch sicher, daß damit ohne Flucht in die Beliebigkeit oder den Common sense, sondern auf der Basis konzeptionell hergestellter Transparenz ein ganzes Arsenal idelogiekritischer Instrumente zur Verfügung steht. Angesichts solcher Voraussetzungen können die in den Determinanten bereitgestellten kategorialen Potentiale (von Arbeitsprozeßanalyse bis Gesellschaftsformation und „Endzeit" sowie von Handlungsfähigkeit bis Gattungsidentifikation) bei der Lösung der beiden klassischen Probleme auf der Inhaltsebene, der Frage der Auswahl und der Frage der Binnenstrukturierung, ihre volle Wirkung entfalten.

Was nun die Ebene der Lernziele betrifft, so bedarf das erwähnte allgemeine Interesse an der Gesamtheit der Gattungserfahrungen der intentionalen Konkretion. Zur Erledigung dieser Aufgabe können drei Typen von Such- und Ordnungsinstrumenten behilflich sein, wie sie die bisher dargestellte Konzeption nahelegt: 1. die - nicht mit Deduktion zu verwechselnde - „Transformation von Aussagen der Theorieebenen", 2. die „Aspekte des Erweiterten Lerninhalts" und 3. die „Funktionsaspekte der Handlungsfähigkeit" (Kognition, Emotion, Motivation). Wir müssen uns an dieser Stelle auf wenige Bemerkungen zu drei sicherlich besonders internierenden Fragen beschränken: die Frage des obersten Lernziels, die Frage emotionaler Lernziele und die Frage des Verhältnisses von Lehr- und Lernzielen.

Wenn die Abstraktheit und relative Beliebigkeit einer Formel wie „historisch-utopische Kompetenz" vermieden werden und die Spezifik der hier vertretenen Auffassungen zum Ausdruck kommen soll, dürfte die folgende - den Prämissenkontext betonende - Kennzeichnung des obersten Lernziels hilfreich sein:

„Unbedingte Gattungsidentifikation als epochenadäquater Ausdruck von durch lernende, d.h. hier: rekonstruktiv-konstruktive Aneignung von Gattungserfahrungen beförderte verallgemeinerte Handlungsfähigkeit".[50]

Gegenüber verbreiteter, nicht in jedem Fall ehrenwerter Enthaltung in Sachen emotionale Lernziele plädieren wir für - sicherlich nicht risikofreie - Explikation des bisher nur Impliziten und fragen, warum die folgenden Lernziele illegitim sein sollen:

- „Achtung gegenüber solchen Verlierern einer Auseinandersetzung, die in Verfolgung eines verallgemeinerungsfähigen Interesses unterlegen sind, ...
- Bewunderung für Persönlichkeiten, die ihr Leben im Dienste verallgemeinerungsfähiger Ziele eingesetzt haben, ...
- Entrüstung angesichts des bloß rhetorischen Humanismus der Herrschenden."[51]

Wer allerdings in bezug auf den genannten „rhetorischen Humanismus" analytische oder andere Schwierigkeiten hat, sollte diese nicht den emotionalen Lernzielen anlasten.

Aber nicht nur die Legitimierung emotionaler Lernziele ist ein schwieriges Geschäft. Lernziele überhaupt unterliegen einem ständigen Legitimationszwang, vor allem wenn sie als Übernahme von Lehrzielen (der Lehrenden) durch Lernende verstanden werden. Eine Didaktik, die sich in besonderer Weise dem Ziel der Subjektwerdung verpflichtet weiß, scheint an dieser Stelle in ein schwer überwindbares Dilemma zu geraten. Unsere Reaktion heißt - auch hier - nicht Flucht, etwa auf das weite Feld des Lernzielverzichts, sondern systematische Anleitung der Lernenden, ihre Sache - das Lernen samt der Setzung eigener Lernziele - in die eigenen Hände zu nehmen.

Vieles kann in dieser Richtung auf der Ebene der Lernverfahren getan werden. Aus den bekannten Gründen beschränken wir uns hier auf die Erläuterung des für uns sehr wichtigen Aspekts der „Lernprozeßstufen". Dabei ist die gegenstandsbezogene von der verfahrensbezogenen Variante zu unterscheiden.

Im ersten Fall - Ebene A - wird eine Lernprozeßstufung am Leitfaden des weltgeschichtlichen Prozesses bzw. der sich in ihm realisierenden Komplexität vorgenommen. Der zunehmenden realgeschichtlichen Komplexität entspricht dann eine zunehmende Komplexität des analytischen Instrumentariums lernender Aneignung: Es führt ein langer (Lern-)Weg vom einfachen kategorialen Bestand der als „Zelle" fungierenden Arbeitsprozeßanalyse über die immer anspruchsvoller werdenden Instrumentarien zur Analyse der Urgesellschaft und der Ersten Klassengesellschaft bis zum komplexen Repertoire von Kategorien, welche zur Analyse aller folgenden komplexen Formationen erforderlich sind. Eine besondere - fünfte - Stufe, die „Endzeit" betreffend, halten wir nicht für nötig, da in

---

[50]A.a.O., S. 143.

[51]A.a.O., S. 142.

dieser Epoche zwar alle Kategorien unter Anachronismusverdacht[52] gestellt werden müssen, der erreichte kategoriale Bestand aber, würde er nur genutzt, zur Analyse der Weltsituation ausreicht.

Auf den Ebenen B und C liefert nun nicht der (historische) Gegenstand das Kriterium für die Stufenbildung, obwohl diese Ebenen durch den Bezug auf unterschiedliche Gegenstände unterschieden werden können: Die Ebene B bezieht sich auf eine ganze Formation, der Ebene C sind formationsspezifische (z.B. Religion im Kapitalismus) und formationsübergreifende (z.B. Armut von der Antike bis heute) Elemente vorbehalten. Die Stufenbildung erfolgt vielmehr unter dem Gesichtspunkt optimaler Organisation der Bildung und Lösung einer Lernaufgabe. Optimale Nutzung des im folgenden skizzierten Vierstufenkonzepts setzt also nicht nur Problemlösungs-, sondern Problemstellungskompetenz voraus:

„I. Die Stufe der Konstitution (der Lernaufgaben)
Hier blicken die Lernenden auf den bisherigen Lernweg zurück und zugleich nach vorne auf die verbliebene neue Lernaufgabe. Dabei geht es vor allem um die analytische Anbindung der neuen Teilaufgabe an das elementare Instrumentarium der erweiterten Arbeitsprozeßanalyse, wie sie oben vorgestellt worden ist, und um die Herstellung einer reflektierten Übersicht zum Problembestand am Ende des vorherigen Lernabschnitts.
II. Die Stufe der Konstruktion
Hier sind vor allem zwei Aufgaben zu lösen. Es muß ein neuer analytischer Operator entwickelt werden - also eine gegenstandsspezifische Fortschreibung der genannten Arbeitsprozeßanalyse. Weiterhin muß mit Hilfe des neuen Instruments ein Handlungsschema für die noch anstehende genauere Erarbeitung des Gegenstandes entworfen werden.
III. Die Stufe der Ausführung
Was in II kategorial vorbereitet ist, wird hier ausgeführt.
IV. Die Stufe der Einordnung und Kontrolle
Zwar darf in keiner Stufe Reflexivität fehlen. Doch ist diese letzte Stufe als besondere Form institutionalisierter Reflexivität bzw. Selbstkontrolle des Ganzen gedacht. Hier geht es unter anderem um Überprüfung des gerade erworbenen Standpunkts, etwa im Umgang mit Kontroversen, um die Auseinandersetzung mit wissenschaftstheoretischen, -geschichtlichen und -politischen Fragen, mit Erkenntnis- und Lernbedingungen, um Einordnung des Neuen in bereits bestehende gesellschaftliche Horizonte.“[53]

Zwar haben wir mit der Präsentation der Stufe „Einordnung und Kontrolle“ bereits die letzte der didaktischen Ebenen, die der Lernkontrolle, betreten, doch bedarf es noch einiger

---

[52] Vgl. Jung, v. Staehr: Friedensdidaktik, a.a.O., S. 22-25. Vgl. auch: H. W. Jung, G. v. Staehr: „Schlüsselprobleme“ und Epochenbewußtsein. Voraussetzungen pädagogischen Handelns in unserer Zeit, in: K.-H. Braun, D. Wunder (Hrsg.), Neue Bildung - Neue Schule. Wolfgang Klafki zum sechzigsten Geburtstag, Weinheim, Basel 1987, S. 47-65, hier: S. 54f.

[53] A.a.O., S. 79f, übernommen aus: Jung, v. Staehr: „Endzeit“, a.a.O., S. 150. Zum lerntheoretischen Begründungszusammenhang vgl. H. W. Jung, G. v. Staehr: Historisches Lernen II. Methodik der Geschichte, Köln 1985, S. 48-111.

Anmerkungen zu ihrer systematischen Form. Gegenstand der Lernkontrolle mit der Zielperspektive Lernselbstkontrolle ist der Gesamtzusammenhang des Lernens. Kann die „lehrende Anleitung zur Lernkontrolle im Sinne der Selbstkontrolle" als Vorform der angestrebten Praxis verstanden werden, so bilden „Fremdkontrolle des Lehrenden", „Selbstkontrolle des Lehrenden", ja selbst „Kontrolle des Lernens durch den Lehrenden" nur eine flankierende Maßnahme, während Leistungsmessung eher als Schwundstufe angesehen werden muß. Den Gesamtzusammenhang des Lernens zum Gegenstand von Lernkontrolle auf dem Niveau autonomen Lernens, also der Lernselbstkontrolle, machen will gelernt sein. Diese nicht früh genug anzustrebende Höchstform von Lernreflexivität kann dennoch mit relativ einfachen Mittel vorbereitet werden, hält man nur am Prinzip fest, daß Lernbedingungen, -inhalte, -ziele, -verfahren, ja die Lernkontrolle selbst mit fortschreitendem Lernniveau immer mehr und mit immer höherem kritischen Anspruch zum Gegenstand der Selbstkontrolle der Lernenden werden müssen.

Es würde uns nun kaum überraschen, wenn der eine oder andere Teilnehmer des gerade beendeten Parforceritts durch das nicht immer ebene Gelände einer geschichtsdidaktischen Konzeption verwundert den Kopf schüttelt und - Arbeit und Ausbeutung hin, Klasse und Gattung her - sich fragt, wieviel oder sogar: wie wenig „genuin Marxistisches" er eigentlich zu Gesicht bekommen hat, zumal doch die permanente Akzentuierung der Subjektproblematik eher als „bürgerliche" Domäne gegolten hat. Auch in diesem Fall halten wir wenig vom Streit um Anteilsscheine und wenden uns lieber noch einmal den wirklichen Problemen zu. Wenn Subjekt sein bedeutet: über sich und seine Angelegenheiten verfügen, dann gibt es in unserer Welt (nahezu) subjektfreie Räume von kontinentalem Ausmaß. Usurpation und Fremdbestimmung - vornehmlich im Kontext von Ausbeutung - sind Normalität. Aber gerade diese Normalität bedroht das größtmögliche Subjekt im Werden, die Gattung. Subjektwerdung steht daher mehr denn je auf der Tagesordnung - nicht nur des Marxismus! Gibt es überhaupt noch Hoffnung? (Selbst) Derrida sieht eine „neue Internationale" kommen:

> Sie ist u.a. „das, was an die Freundschaft einer Allianz ohne Institution zwischen jenen gemahnt, die, auch wenn sie nicht mehr an die marxistisch-sozialistische Internationale, an die Diktatur des Proletariats, an die messianisch-eschatologische Rolle einer Vereinigung der Proletarier aller Länder glauben oder nie daran geglaubt haben, sich trotzdem weiterhin von wenigstens einem der Geister Marx' oder des Marxismus inspirieren lassen, und zwar um sich konkret, real, in einer neuen Welt zu verbünden, auch wenn diese Allianz nicht mehr die Gestalt der Partei oder der Arbeiterinternationale annimmt, sondern die einer Art Gegen-Verschwörung in der (theoretischen und praktischen) Kritik des Zustands des internationalen Rechts, der Begriffe von Staat und Nation usw.: um diese Kritik zu erneuern und um sie vor allem zu radikalisieren."[54]

---

[54]Derrida, Gespenster, a.a.O., S. 140.

Gerda von Staehr

Profilbildung und historisch-politisches Lernen*

Vorbemerkung

Im Zusammenhang mit dem gesamtgesellschaftlichen Prozeß von Deregulierung und Flexibilisierung ist den Schulen von den vorgesetzten Behörden mehr Autonomie eingeräumt worden, verbunden mit der Auflage, nunmehr für administrative, pädagogische, didaktische und methodische Aufgaben selbstverantwortete Entscheidungen zu treffen. In Hamburg hat eine jahrelange Debatte über Möglichkeiten und Grenzen, über Chancen und Gefahren der Deregulation bzw. der erweiterten Autonomie der Schulen mit dem Hamburger Schulgesetz (HmbSG) von 1997 ihren vorläufigen Abschluß gefunden. Mit diesem Gesetz wird den Schulen der Auftrag erteilt, ein Schulprogramm zu entwickeln, welches durch ein jeweils spezifisches Profil der Unterrichtsgestaltung, des Erziehungskonzepts und der Organisation der inneren Angelegenheiten der Schule gekennzeichnet sein soll.[1]

Angesichts der schwierigen ökonomischen und personalen Bedingungen der Schulprogrammentwicklung jeder einzelnen Schule drohen die gesellschaftlichen und administrativen wie auch die pädagogischen, didaktischen und methodischen Begründungszusammenhänge - wenigstens teilweise - aus dem Blickfeld zu geraten. Bis zum Jahr 2000 soll jede Hamburger Schule der Schulbehörde ein als Profil spezifiziertes Schulprogramm zur Genehmigung vorlegen. Die Schulen stehen unter Handlungsdruck. Für eine reflektierte Bestandsaufnahme und Analyse der Lehr-/Lernsituation in der jeweiligen Schule als Ausgangsbasis für die konstruktive Arbeit bleibt wenig Zeit.

Das Fehlen jüngerer Lehrer mit einer wissenschaftlichen Ausbildung auf neuerem Stand erschwert den Planungsprozeß zusätzlich. Geraten aber die gesamtgesellschaftlich vorgegebenen Begründungszusammenhänge für die Schulprogrammentwicklung, geraten also die ihr entsprechenden herrschenden Diskurse „in Vergessenheit", liegt es nahe, daß sie sich um so ungebremster, unreflektierter und ungebrochener durchsetzen werden. Zeit für reflexive oder auch kleinschrittige Reformversuche und deren jeweilige Korrektur ist nicht vorgesehen. Im Interesse an einer verantwortbaren, humanen, den Beteiligten insgesamt gerecht werdenden pädagogischen, didaktischen und methodischen Lösung der Pro-

---

* Der Aufsatz ist die erweiterte Fassung eines Vortrages, der in einem Hamburger Gymnasium zu offenen Fragen einer Schulprogramm-Entwicklung gehalten wurde.

[1] Vgl. Hamburgisches Schulgesetz (HmbSG) vom 16. April 1997, § 51. Vgl. auch: Das Hamburgische Schulgesetz im Überblick. Hinweise und Erläuterungen zu gesetzlichen Neuregelungen, Hamburg 1997, S. 9.

bleme dürfen aber die administrativen und gesellschaftlichen Begründungszusammenhänge nicht aus dem Blick verloren werden, wenn ein Agieren im undurchschauten, vorauseilenden Gehorsam, das dem Zeitgeist angepaßt ist, vermieden werden soll. Deshalb ist im folgenden 1. auf die gesamtgesellschaftlichen Begründungszusammenhänge für die pädagogische und didaktische Planungsperspektive einzugehen. Eine Konkretisierung erfahren diese Begründungszusammenhänge 2. durch die u.a. auch von der Handelskammer eingeklagten Schlüsselqualifikationen. Sie sollen pädagogisch qualifiziert werden, so daß 3. vor diesem Hintergrund auf die verbreitete Tabuisierung von epochenadäquaten Lerninhalten reagiert werden kann. Es werden Vorschläge vorgetragen, mit denen diese unglaublichen Leerstellen in der pädagogischen und didaktischen Diskussion gefüllt werden können - nicht zuletzt auch, um überhaupt erst einmal ein zunehmend ignoriertes Diskursniveau einzuklagen. Schließlich werden 4. Probleme der Lernverfahren zu diskutieren sein, weil auch die aktuelle Methoden-Diskussion den Aspekt der Gegenstandsadäquatheit gegenüber den Aspekten des sogenannten 'sozialen Lernens', des Eigenwerts von Medien sowie eines gewissen Aktivismus in unzulässiger Weise ignoriert. Zur Konkretisierung wird vornehmlich auf das historisch-politische Lernen eingegangen werden.

1. Zu den gesellschaftlichen Rahmenbedingungen der Entwicklung von Schulprogrammen

1.1. Zum Widerspruch zwischen gesellschaftlichen Anforderungen und pädagogisch verantwortetem Handeln

Bildung und Erziehung sind historisch-gesellschaftliche Prozesse. Sie reagieren auf gesellschaftliche Anforderungsstrukturen und sollen gleichzeitig dem Lern- und Entwicklungsbedürfnis von Kindern und Heranwachsenden gerecht werden. Der Widerspruch zwischen beiden - den gesellschaftlichen Forderungen und der pädagogisch begründeten Stellvertreterschaft von Erwachsenen für die Kinder und Heranwachsenden - ist ein struktureller, dem sich Pädagogen und Lehrer nicht entziehen können. Dieser Widerspruch ist somit der gesellschaftlichen Funktion der Lehrerrolle inhärent. Bei der Bewältigung der professionellen Arbeit jedes Lehrers, jeder Lehrerin muß dieser Widerspruch durch fortwährende soziale Selbstverständigung und in zahllosen Entscheidungssituationen immer wieder neu gelöst werden. Es muß geradezu davon ausgegangen werden, daß die Fähigkeit, diesen Widerspruch individuell zu bewältigen, zu den zentralen professionellen Qualifikationen von Lehrern überhaupt zu zählen ist. Dieser facettenreiche Widerspruch jedoch wird weitgehend tabuisiert, ist kaum Gegenstand von Lehrerbildung und wird - individualisiert - den

Kompetenzen des je einzelnen überlassen. In Zeiten des beschleunigten Wandels gesellschaftlicher Rahmenbedingungen, mit diesen sich verändernden Mentalitäten, sachlichen und sozialen Interessen und Bedürfnissen von Jugendlichen bei knapper werdenden ökonomischen Ressourcen spitzen sich unter dem Diktat von „Modernisierung", Effektivierung, Deregulierung und (Selbst-)Flexibilisierung die Gegensätze und Widersprüche zu, während die Lehrer den sich daraus ergebenden Problemen unmittelbarer ausgesetzt sind, so daß die der individuellen Leistung überantwortete Lösung der Widersprüche immer belastender wird.[2]

Die Schulprogrammentwicklung erfolgt im Rahmen dieses Widerspruchs zwischen gesellschaftlichen und administrativen Anforderungsstrukturen und Prozessen der Deregulierung einerseits und dem pädagogischen Ethos andererseits. Selbst wenn die Chance auf mehr Selbstbestimmung engagiert und kreativ für die Schulprogrammentwicklung ergriffen wird, muß die Anwendung pädagogischer List doch immer im Bewußtsein der vorgegebenen Rahmenbedingungen erfolgen!

1.2. Der administrative Begründungszusammenhang

Ohne eine Erinnerung an die Diskussionen, die der Erarbeitung des HmbSG vorausgegangen sind, wird dessen Intentionalität kaum verständlich. Der dem Gesetz nicht zu entnehmende administrative Begründungszusammenhang ist vor allem dem Interesse an Ökonomisierung, Rationalisierung und Effektivierung des Verwaltungssystems Schule geschuldet. Das „Neue Steuerungsmodell" für das Bildungssystem fand eine erste Ausformulierung in einem Gutachten der Kommunalen Gemeinschaftsstelle (KGSt)[3], welches sich auf zwei Diskussionslinien stützt: Danach soll die pädagogische Entwicklung der Schule - verstanden als Entwicklung eines pädagogischen Profils der einzelnen Schule bei Autonomie und stärkerer Eigenverantwortung derselben - mit dem Neuen Steuerungsmodell verbunden werden. Letzteres zielt ab auf eine dezentrale Fach- und Ressourcenverantwortung sowie auf eine „outputorientierte Steuerung mit Hilfe eines produktbezogenen Ziel-, Controlling- und Berichtsystems."[4] Die einzelnen Schulen sollen sich auf ein „kundenfreundliches"

[2] Im Rahmen der zweiten Ausbildungsphase von Lehramtskandidaten in Hamburg hat man auf das Problem des Burn-out durch die Aufnahme eines Verhaltenstrainings für überlastete Lehrer reagiert. Es werden Techniken wie autogenes Training, Meditation etc. gelehrt, die der gestreßte Lehrer, je nach individueller Belastung, zu seiner Entspannung einsetzen soll. Gründe, Ursachen oder gar Zusammenhänge dieser Formen der Überlastung werden in diesem Training allerdings nicht thematisiert.

[3] Vgl. Neue Steuerung im Schulbereich. Auszug aus dem Gutachten der Kommunalen Gemeinschaftsstelle (KGSt), Köln, Nr. 9/1996.

[4] A.a.O., S. 8.

Denken und Handeln einstellen, weil sie den „unmittelbaren Kundenkontakt“[5] pflegen. Die KGSt bezeichnet Schule als einen „Dienstleister“ für die Bürger, an deren Erwartungen sie sich ebenso zu orientieren habe wie an „politisch-strategischen Gesichtspunkten“ der vorgesetzten Behörden, welche „in günstigen Fällen deckungsgleich oder zumindest vereinbar“[6] seien. Das Dienstleistungsangebot einer Schule soll in einem Produktplan nach bestimmten Kriterien aufgeschlüsselt werden. Das pädagogische Profil soll danach in einzelne Leistungsformen operationalisiert und damit einer kriteriengeleiteten Evaluation seines ‘outputs’ zugänglich gemacht werden.

Zusammenfassend heißt dies, daß die KGSt Schule als einen Dienstleistungsbetrieb auffaßt, in dessen Rahmen Lehrer Produkte anbieten, mit denen sie ihre Kunden, u.a. die Eltern und Schüler, zufriedenzustellen haben. Das pädagogische Profil einer Schule muß durch die Gesamtarbeit der dienstleistenden Lehrer evaluier- und kontrollierbar sein. Es muß sich der Konkurrenz der Profile anderer Schulen stellen, weil Wettbewerb zur Qualitätssteigerung führe. Die erbrachten Dienstleistungen, der ‘output’ also, sollen vergleichbar, meßbar, damit quantifizierbar gemacht werden, so daß die Produkte einer Schule numerisch faßbar werden.[7]

Wenn diese Vorgaben der KGSt auch noch nicht unmittelbar Teil der Vorschriften der Dienstaufsicht der Schulen sind, so ist doch nicht gänzlich auszuschließen, daß Schulen, deren Kollegien engagiert pädagogische Profile entwickeln und diese ihrer Schulentwick-

---

[5] A.a.O., S. 12. Vgl. dazu R. Hedtke, Kundenorientierung. Eine betriebswirtschaftliche Lösung sucht ihr (politik-)didaktisches Problem, in: Politisches Lernen, H. 3-4, 1998, S. 7-28. Hedtke erblickt in der „Neuorientierung auf Kunden (statt Teilnehmer oder Schüler)“ (S. 8) durchaus eine sinnvolle Lösung für mehrere Probleme der Effizienz von politischer Bildungsproduktion. Der Ansatz der Kundenorientierung wird systematisch auf seine begriffliche Logik durchdacht mit dem Ergebnis, daß u.a. „Kunde der Schulen“ „der Staat (oder die Gesellschaft)“ ist. „Der Auftraggeber-Kunde erwartet von der Organisation Schule z.B. die Dienstleistung, daß aus Schülerinnen und Schülern mündige Bürgerinnen und Bürger werden.“ Die „Teilnehmer-Kunden“ ihrerseits werden in „Zwangs-Kunden“ (Schulpflicht z.B.) und „Wahl-Kunden“ (freiwillige Teilnahme an Bildungsangeboten) unterschieden, wobei bei Teilnahmezwang der Begriff „Kunde“ für sinnlos erklärt wird (S. 19). Im Ergebnis stellt Hedtke fest, daß das Konzept „Kundenorientierung“ aus strukturellen Gründen letztlich auf eine Privatisierung der politischen Bildung hinauslaufe - was auf das Bildungssystem insgesamt verallgemeinerbar wäre. Die außerhalb der (politischen) Bildung zu findenden Gründe liegen - so Hedtke - im „allgemein verbreiteten ökonomischen Imperialismus unserer Zeit, der sich anschickt, alle Lebensbereiche zu kolonisieren“ (S. 23). „Kundenorientierung werde aus politischen und ideologischen Gründen von außen an den Bildungsbereich herangetragen, dem die Lösung seiner Probleme anhand externer sachfremder Kriterien abverlangt werde. Statt für eine solche Ökonomisierung des Bildungswesens plädiert der Autor für eine „gründliche Selbstreflexion“ und für die Gestaltung von Schule als „lernende Organisation“, die - mit Hilfe soziologischer Organisationstheorie und Managementwissenschaft - eine „organisierte Wissensarbeit“ (S. 24) sichert. Worin die wesentliche Alternative liegt, wenn statt ökonomischer nun soziologische Kriterien für die Effektivierung des Bildungssystems eingeklagt werden, ist nicht erkennbar, da beide Kriterien gleichermaßen externe Kriterien sind.

[6] Neue Steuerung im Schulbereich, a.a.O., S. 31.

[7] Die ‘output’-orientierte Steuerung für den Schulbereich wird wie folgt kommentiert: „Das neue Steuerungsmodell verdrängt nicht die Pädagogik, sondern es soll der Pädagogik im Schulbereich zu einer professionellen Umsetzung verhelfen“; a.a.O., S. 23.

lungsplanung zugrundelegen, später an einer quantifizierbaren Operationalisierung ihres Schulprofils und dessen Überprüfung gemessen werden.

Wenn an dieser Stelle auch nicht verhehlt werden soll, daß es möglich sein mag, bestimmte Lehrertätigkeiten so zu rationalisieren, daß Kräfte für die i.e.S. pädagogische, didaktische und methodische Arbeit freigesetzt werden, so läßt die Ambivalenz der folgenden Erklärung der KGSt doch aufhorchen: „Abitur und andere Abschlüsse können aus systematischen Gründen nicht als Leistungen/Produkte verstanden werden. Schließlich haben jene Schüler/innen, die ohne eine Prüfung abschließen, das Dienstleistungsangebot der Schule wahrgenommen. Abschlüsse sind somit Ergebnisse bzw. Wirkungen des Leistungsangebots der Schule, aber nicht deren Leistungen/Produkte selbst. Diese Unterscheidung lenkt den Blick z.B. auf die wichtige Frage, ob die Qualität des Dienstleistungsangebots einer Schule ursächlich für eine relativ hohe Abbruchquote ist und deshalb verbessert werden muß."[8]

Während in den Schulen an Schulprogrammen und pädagogischen Profilen gearbeitet wird, drohen betriebswirtschaftliche Kriterien - häufig zunächst noch unbemerkt - immer größere Bedeutung zu gewinnen. Wer sich also nur auf die pädagogische Debatte konzentriert, könnte die Auswirkungen der administrativen Denk- und Planungszusammenhänge erst im Nachhinein zu spüren bekommen. 1997 wurde im Hamburger Landeshaushalt der Bildungsetat erstmals als „Produktbeschreibung" ausgewiesen. Das Hamburger Beispiel zeigt, wie wichtig es ist, den auf Sparen, Leistungssteigerung bei geringerem Personalbestand und Fremdevaluation unter fremdgesetzten Kriterien abhebenden Prozeß, den die Verwaltung anstrebt, mitzudenken, wenn über Schulreformen nachgedacht und diese in die Realität umgesetzt werden. Zunächst einmal strebt die Landesregierung einen erfolgreichen Sparprozeß an, an dem sich alle Mitarbeiter beteiligen sollen und der das Ergebnis der Mobilisierung aller deregulierten Kräfte sein soll.

1.3. Der gesellschaftliche Begründungszusammenhang

Bei der Arbeit an neuen Schulprogrammen ist es notwendig, den zweiten Begründungszusammenhang für ein öffentlich gefordertes neues pädagogisches Denken und Handeln zu berücksichtigen: Es handelt sich um den Einfluß der Wirtschaft als - vermittelte - Rahmenbedingung einerseits wie auch als versuchte unmittelbare Einflußnahme auf Erziehung und Unterricht andererseits.

Seit dem Ende des „Realen Sozialismus" hat sich mit der „Marktgesellschaft" und dem allgemein anzutreffenden Marktfetisch die entsprechende Denkform des Neoliberalismus so weitgehend durchgesetzt, daß ihr nur noch vereinzelt Widerstand entgegengesetzt wird. Vertreten wird die Auffassung, man solle getrost dem - mystifizierten - Subjekt „Markt" die Lösung aller Probleme überlassen, weil dieser effizientere Regelungen bereitstelle als die Politik. Ein Beispiel für die unmittelbare Einflußnahme der Wirtschaft ist die Formulierung der sogenannten Schlüsselqualifikationen als Erziehungs- und Lernziele, die Schule anzustreben habe, durch die Handelskammer.

Nun soll nicht verkannt werden, daß Erziehung und Unterricht auf gesellschaftliche Anforderungsstrukturen reagieren müssen - und dies auch stets getan haben. Erschreckend aber ist, daß die geforderten Schlüsselqualifikationen mittlerweile die pädagogische Debatte weithin dominieren und als abstrakte Sekundärtugenden in den Rang von anerkannten und auch von Eltern eingeklagten Erziehungszielen erhoben worden sind.

Zur Erinnerung: Mehr Autonomie für die Schule, eine reformpädagogische Forderung, wandte sich gegen einen zu stark reglementierenden Staat, der pädagogischen und didaktischen wie methodischen Intentionen zu wenig Raum ließ. Gleichwohl hat der reformpädagogische Diskurs die Funktion des Staates, Schule und damit auch die Kinder und Heranwachsenden vor unmittelbaren Forderungen gesellschaftlicher Interessengruppen zu schützen, nie in Frage gestellt - ja, nur mit Hilfe der Schutzfunktion des Staates überhaupt konnten sich reformpädagogisch angeleitete Initiativen entfalten!

Zu erinnern ist in diesem Zusammenhang außerdem an den Versuch des damaligen Bundesverteidigungsministers Apel, der 1980 das Konzept „Erziehung zum Dienen" sowie ein Curriculum über die Rolle der Bundeswehr (als Friedensbewegung) über die Kultusministerkonferenz (KMK) in den Schulen verbindlich einzuführen versucht hat. Folgende militärische Erziehungsziele wurden als Erwartung der Streitkräfte für die Erziehung durch die Schule formuliert: Der „staatsbejahende Bürger", die „zur Treue erzogenen jungen Menschen", der „zum Gehorsam erzogene junge Mann", „junge Männer, die Mut haben" und „der zur Kameradschaft fähige Mann".[9] Die damals entbrannte Diskussion über die Alternative „Friedenserziehung in der Schule" contra „Bundeswehr und Friedenssicherung im Unterricht" bezog sich zwar vor allem auf die jeweils gemeinten Lerninhalte. Jedoch ist deutlich kritisiert worden, daß Begriffe wie Treue, Mut, Gehorsam und Kameradschaft nicht historisch unreflektiert in den Unterricht übernommen werden könnten, und mit Verweis auf das Grundgesetz lehnte es der damalige Hamburger Senator Prof. Grolle ab, die Schule für ein in der Gesellschaft strittiges Erziehungsziel instrumentalisieren zu las-

---

[8] A.a.O., S. 32.

[9] Oberst i.G. Zimmer, Bundesministerium der Verteidigung, FüS I6, „Erziehung zum Dienen; Verbesserung der Voraussetzungen zum soldatischen Dienen" (Anlage 3 zu Ziff. II/2. In: D. S. Lutz (Hg.): Weder Wehrkunde noch Friedenserziehung? Der Streit in der Kultusministerkonferenz 1980/83 - Arbeitsmaterialien zum Thema Frieden in Unterricht und politischer Bildung, Baden-Baden 1984, S. 83-91.

sen.[10] Heute dagegen bedauert der Landesschulrat der Freien und Hansestadt Hamburg in einer Werbebroschüre der Stadt, daß sich die Handelskammer leider von der Mitgestaltung der Schulreform zurückgezogen habe!

Wir haben es also heute mit dem Umstand zu tun, daß korporatistische Restelemente wie die Industrie- und Handelskammern in der parlamentarischen Demokratie mit ihrer Vorgabe gewünschter Schlüsselqualifikationen der Pädagogik die Stichworte geben! Es findet auch kaum eine kritische Debatte darüber statt. Ganz im Gegenteil: Der gerade abgelöste Bundespräsident hat mit seinen beiden Berliner Reden den gesellschaftlichen Prozeß abgebildet, zu dessen Stabilisierung auch eine neoliberale Formierung des Bildungswesens gefordert wird, welches den Standortzwängen Deutschlands angepaßt werden soll. Unterstützt wird diese Tendenz durch die Betonung eines statischen Verständnisses von „Leistung", von „Begabung" und „Eignung", mit denen naturalisierende Denkformen von Mensch und Gesellschaft nahegelegt sind.[11]

Angesichts der skizzierten Situation wird von der Schule die Lösung eines grundlegenden Widerspruchs erwartet. Sie soll einerseits einen Modernisierungsrückstand beheben, andererseits soll sie aber gleichzeitig die bereits überall sichtbaren Folgen der Ökonomisierung von Politik und Gesellschaft heilen, Folgen, die sich aus dem alle Lebensbereiche durchdringenden Wettkampf, der Konkurrenz sowie einer umfassenden Komparatistik ergeben. Schule soll der Gefahr von Anomie und Anarchie entgegenwirken. Allenthalben wird 'Gemeinschaft' beschworen. Nicht nur von Völkergemeinschaft und Staatengemeinschaft ist die Rede, auch die Schulgemeinschaft soll gepflegt werden. Dies geht mit einem Appell an Gemeinschaftswerte einher, zu denen erzogen werden soll. Das in der Wirtschaft seit Jahren propagierte Programm der 'Corporate Identity' wird auch auf die Schulen übertragen. Schulen entwickeln Logos und gemeinsame T-Shirts etc.

Die Schlüsselqualifikation 'Teamfähigkeit' soll Formen des sozialen Lernens fördern. In dieser Diskussion wird allerdings darüber hinweggesehen, daß Teams in Wirtschaft und Sport, die Vorbilder für das genannte Erziehungsziel, ja ihrerseits härteste Konkurrenz untereinander bestehen müssen. Teamfähigkeit heißt also eigentlich, Konkurrenzverhältnisse durch den Zusammenschluß in Gruppen effizienter bewältigen zu können und aushaltbar zu machen. Demgegenüber müßte sich Pädagogik darauf besinnen, welche Bedeutung und

---

[10] Vgl. Presseerklärung von Senator Prof. Grolle (Hamburg) zum Thema Friedenserziehung, 26. November 1982, in: Grundsätze zur Friedenserziehung für Hamburger Schulen, hg.v. der Freien und Hansestadt Hamburg, Behörde für Schule und Berufsbildung. Amt für Schule, Hamburg 1983, S. 19/20. Im Verlauf der von 1980-1983 heftig geführten öffentlichen Debatte äußerte Senator Grolle u.a. auch: „Es ist ein neuer Ton in der deutschen Bildungspolitik, daß der Bundesverteidigungsminister sich massiv in die Belange der Schulen einmischt... Noch ist der Bundesverteidigungsminister nicht oberster Befehlshaber unserer Schulen...", zit. nach D. S. Lutz, a.a.O., S. 47.

[11] Vgl. dazu die kritische Auseinandersetzung mit diesen Reden von einer Gruppe Marburger Studenten: Bildungszeit als gestohlene Lebenszeit? Die Studenten, ihr Protest und das Erkennen von Mißständen. Reflexionen zur Hochschulpolitik. Ein Diskussionspapier, in: FR vom 12.2.1998, Nr. 36, S. 8.

Funktion Team und Kooperation für kooperative Lern- und Entwicklungsprozesse - im Unterschied zu Wirtschaft und Sport - eigentlich zugeschrieben werden müßten. Während sich der hegemoniale Diskurs der Ökonomie gegenüber einem bislang relativ autonomen Bildungs- und Erziehungsdiskurs durchzusetzen vermag, nimmt die Politik unter Bedingungen der Deregulierung ihre traditionelle Aufgabe, Schule vor den unmittelbaren und vermittelten Zugriffen von gesellschaftlichen Interessengruppen zu schützen, immer weniger wahr. Da Deregulierung immer auch Privatisierung und/oder Individualisierung der Risiken meint, sind Lehrer und Lehrerinnen, die mit der Formulierung eines Schulprogramms beschäftigt sind, in verstärktem Maße belastet. Sie übernehmen diese zusätzliche Aufgabe, deren Folgen sie sich häufig nicht ansatzweise klar gemacht haben.

1.4. Der erziehungswissenschaftliche Begründungszusammenhang

Daß die Zielvorgabe der Ökonomie an die Pädagogik in den vergangenen Jahren so erfolgreich werden konnte, hängt u.a. mit dem Zustand der Erziehungswissenschaft selbst zusammen. Überzeugende Konzepte für ein zeitgemäßes Erziehungs- und Bildungssystem sind nicht in die Diskussion eingebracht worden. Zwar sind in speziellen allgemein- und fachdidaktischen Diskursen einige auf Zukunft orientierte Ansätze vorgelegt worden, jedoch gibt es keinen verallgemeinerten Diskurs, der auf Vorstellungen von nachhaltiger Erziehung und entsprechender Bildung als Gesamtkonzepte zurückgreift.[12] Statt dessen beherrschen einige dominierende Einzelthemen die Diskussion, unter denen besonders die Probleme der 'Medien' und der 'Gewalt' hervorzuheben sind. Außerdem wird über das Problem der Methoden des Lernens nachgedacht, deren Aneignung für die Vorbereitung auf eine 'Informations- und Wissensgesellschaft' für notwendig erachtet werden. Eine kritische, pädagogischen Kriterien folgende Auseinandersetzung mit den sogenannten Schlüsselqualifikationen, die von der Handelskammer vorgegeben wurden, ist - anders als noch 1980ff über die Forderung einer „Erziehung zum Dienen" - bislang kaum erfolgt. Statt dessen ist der Gedanke von Erziehungszielen, die aktuell anzustreben seien, vielfach aufge-

[12] Vgl. die Ansätze zu einer „Zukunftsdidaktik", zusammengestellt von W. Gagel, Geschichte der politischen Bildung in der Bundesrepublik Deutschland 1945-1989, Opladen 1994, S. 305-309. Dort weiterführende Literatur. Vgl. in jüngerer Zeit: P. Weinbrenner, Zukunftsorientierung, in: W. Sander, Handbuch politische Bildung, Bad Schwalbach 1997, S. 128-140 und zu den entsprechenden Makromethoden, die P. Weinbrenner vorschlägt: Szenario-Technik sowie Zukunftswerkstatt, in: W. W. Mickel (Hg.), Handbuch zur politischen Bildung, Schriftenreihe Band 358 der Bundeszentrale für politische Bildung, Bonn 1999, S. 373-383. Für die historisch-politische Didaktik vgl. H. W. Jung/G. von Staehr, „Endzeit" und historisch-utopisches Lernen. Didaktische Grundlagen, Münster/Hamburg 1993 sowie diess., Kann es nach dem Ende des „realexistierenden Sozialismus" noch eine Geschichtsdidaktik geben, die sich auch auf Marx beruft? Eine Bekräftigung, in diesem Band, S. 39-62 und H. W. Jung, Statt einer Einleitung: Für eine weltgesellschaftliche Orientierung historisch-politischen Lernens, in diesem Band, S. 5-19.

griffen, ergänzt und erweitert worden. Allen diesen Tugend-Katalogen ist gemeinsam, daß sie nicht auf der Basis von theoretischen oder empirisch fundierten Konzepten vorgetragen wurden. Gemeinsam ist solchen Katalogen aber auch, daß sie in ihren Funktionszusammenhängen zwar ungeklärte bzw. nicht transparent gemachte Wahrnehmungen von Defiziten von personalen Kompetenzen widerspiegeln, die für das Funktionieren einer bestimmten Gesellschaft gewünscht werden. Ein Blick auf die im Laufe der Zeit immer länger gewordenen Kataloge gewünschter bzw. eingeklagter Qualifikationen zeigt, daß sie in personale Kompetenzen einerseits und soziale Tugenden andererseits unterteilt werden können. Zur erstgenannten Gruppe können u.a. gezählt werden: Innovationsfähigkeit, Kreativität, Flexibilität, Leistungsfähigkeit, Handlungskompetenz, Risikobereitschaft, Zielstrebigkeit, Verantwortungsbereitschaft, Mobilität, Selbständigkeit, Urteilskraft, Durchsetzungsvermögen, sicheres Auftreten, Konfliktfähigkeit, Aushalten von Unsicherheiten, Belastbarkeit, Organisationstalent, Konkurrenzfähigkeit, kritisches Denken und Problemlösefähigkeit etc.

Als soziale Tugenden werden immer wieder vorgetragen: Teamfähigkeit, Kommunikationsfähigkeit, Gemeinschaftssinn, Kooperationsbereitschaft, Verläßlichkeit, Wahrnehmungsfähigkeit, Toleranz, gelassene Auseinandersetzung mit Problemen und anderen Menschen etc.[13]

Hier und da wird sogar darauf hingewiesen, daß neben den Schlüsselqualifikationen auch Fachkenntnisse gefragt sind, daß fächerübergreifendes Lernen und das Denken in Zusammenhängen für die Problemlösefähigkeit wichtig seien, jedoch scheint hinsichtlich dieser Problemebene ein dubioser Konsens zu herrschen, nach dem die methodische Qualität des Lernen wichtiger sei als das Wissen bzw. die Lerninhalte, mit deren Hilfe die formale Methodenkompetenz erworben wird.

Das die aufgeführten personalen Kompetenzen und sozialen Tugenden bündelnde Leitbild einer selbstbewußten und eigenverantwortlichen, durchsetzungsfähigen Persönlichkeit wird neuerdings auch mit dem des Unternehmers identifiziert. In einer Empfehlung zum Thema „Jugend, Bildung und Zivilgesellschaft“ der den Gewerkschaften nahestehenden Hans-Böckler-Stiftung wird in diesem Zusammenhang auf die internationale Diskussion verwiesen, in der oft von ‘entrepreneurship’ gesprochen werde: „gemeint ist die Fähigkeit, das eigene Leben in die Hand zu nehmen, mit der Lebenszeit sorgfältig umzugehen

[13] Diese Kataloge geforderter Kompetenzen ergeben sich aus nur zwei - exemplarisch ausgewählten - Zeitungsartikeln, in denen der Versuch unternommen wird, einen Überblick über die aktuelle Diskussion zu geben. Vgl.: K. Reumann, Kritik erspart das Lernen nicht. In Schwerin fragt man sich, wie die Bildung der Zukunft auszusehen hat, in: FAZ vom 17.6.98, Nr. 137, S. 16 und I. Schefer, Stets gefordert, nie definiert und kaum gelehrt. „Schlüsselqualifikationen“: In einer Berliner Schule stehen sie auf dem Stundenplan, in: FR vom 28.8.97, Nr. 199, S. 6.

und entsprechende Handlungsstrategien zu entwickeln."[14] Wenn sich Erziehung und Bildung dem Leitbild des Unternehmers verpflichten sollen, wird die Funktion der oben zusammengestellten Schlüsselqualifikationen nun doch deutlicher. Die personalen Kompetenzen sind als Aspekte einer Unternehmerpersönlichkeit zu verstehen, die sowohl ihre eigenen Lebensverhältnisse selbstverantwortlich organisiert als auch unter Bedingungen zunehmender Deregulierung das Risiko für die individuelle Existenzsicherung zunehmend individuell trägt und die gleichzeitig durch die Identifikation mit dem Unternehmer bei der Realisierung der professionellen Position dessen Interessen - als seien es die eigenen - optimal wahrnimmt.

Als oberste Erziehungsziele sind die Schlüsselqualifikationen vornehmlich als ein von der Schule zu leistendes Verhaltenstraining zu verstehen, in dem die personalen Kompetenzen einerseits mit dem Training der sozialen Tugenden i.S. eines sozialen Wohlverhaltens von Schülerindividuen andererseits miteinander vereinbart werden müssen. Schüler scheinen mittlerweile aber immer deutlicher zu spüren, daß diese Erziehungsziele unvereinbar sind, und leisten Widerstand dagegen. Die Funktion des genannten Verhaltenstrainings liegt auf der Hand: Es soll gewährleisten, daß die zukünftigen Erwachsenen in Wirtschaft und Gesellschaft flexibel einsetzbar sind. Die Bedeutung des Begriffs 'Effizienzsteigerung' des Bildungswesens unter Bedingungen von Globalisierung, Standortzwängen und härter werdender Konkurrenz erlaubt zwar Kritik. Jedoch ist damit nur eine solche Kritik gefragt, die sich *im* Rahmen der gewünschten Vorgaben vollzieht, die also an der Reproduktion des status-quo orientiert ist. Eine Kritik *an* den gesellschaftlichen Rahmenbedingungen selbst ist nicht gefragt. Zu den restriktiven, an den bestehenden Rahmenbedingungen festhaltenden pseudokritischen Auseinandersetzungen mit Schlüsselqualifikationen müssen auch solche Vorschläge gerechnet werden, die zwar die Thematisierung des Ökologieproblems für eine lebenswerte Zukunft - im Gegensatz zu einer mittlerweile bloß marktwirtschaftlich ausgerichteten Diskussion - weiterhin für ein Bildungskonzept einklagen, die aber die marktwirtschaftlichen Rahmenbedingungen strikt unangetastet lassen[15] -

---

[14] Was sollen Jugendliche künftig lernen und leisten? Der Sachverständigenrat Bildung schlägt eine Veränderung der Aufgaben der Schule vor, in: FR vom 9.3.1999, Nr. 57, S. 7. Vgl. dazu auch UNESCO-Welterklärung über Hochschulbildung für das 21. Jahrhundert: Ausblick und Handlungsperspektiven angenommen von der Welthochschulkonferenz „Hochschulbildung im 21. Jahrhundert: Ausblick und Handlungsperspektiven", 9.10.1998, in: UNESCO heute, Nr. 1/1999, S. 74-81. In Artikel 7, Abschnitt d) wird dort gefordert: „Die Entwicklung der Fähigkeit zu unternehmerischem Denken und Handeln sollte zum *Hauptanliegen* (Hervorhebung v. St.) der Hochschulbildung werden,...". Daß dem in Artikel 6, Abschnitt d) vorangestellt wurde: „Die Hochschulbildung *sollte letztlich* (Hervorhebung von St.) auf die Schaffung einer neuen Gesellschaft - frei von Gewalt und Ausbeutung - abzielen...", macht die Prioritäten deutlich. Wie allerdings der Widerspruch zwischen dem Hauptanliegen - der verallgemeinerte Unternehmer - und einer Gesellschaft frei von Gewalt und Ausbeutung aufgelöst werden könnte, wird folgerichtig mit dem Wörtchen „letztlich" in die weite Ferne verlagert.

[15] Vgl. z.B. R. Schulz/L. Ständel, Zukunftsfähiges Deutschland. Eine Herausforderung für die Schule, in: Pädagogik 6/97, S. 26-30.

obwohl allgemein bekannt sein müßte, daß das mit der Marktwirtschaft gesetzte Problem der permanenten Externalisierung der Kosten der Produktionstätigkeit der Menschen und damit u.a. auch das Problem der fortschreitenden Zerstörung der biologischen Basis für menschliches Leben unmittelbar miteinander verknüpft sind.[16]

Die Abwehr einer Kritik an den gesellschaftlichen Rahmenbedingungen selbst trägt zu deren Naturalisierung bei mit der Folge, daß diese zweite Bedeutung von Kritik als irrational immer mehr tabuisiert wird.[17] Dies kommt in der verbreiteten Schlüsselqualifikation der Problemlösungskompetenz zum Ausdruck. Gefragt ist die Produktion möglichst perfekter Problemlöser, die fremdgestellte Probleme effizienten Lösungen zuführen. Nur selten begegnet man der Forderung, daß eine nachhaltige, zukunftsfähige Pädagogik die Fähigkeit fördern sollte, Probleme zu erkennen , zu definieren, sie *selber zu stellen.* Denn für eine lebenswerte Zukunft wird es darum gehen, das Stellen von solchen Problemen zu unterstützen, die angebliche Effizienz vorgegebener Rahmenbedingungen zukunftsorientiert und gegenstandsorientiert in Frage stellen und diese dann in kooperativer Integration mit anderen zu überwinden versuchen.

Die Forderung eines Trainings von angepaßten Verhaltensweisen kommt als unmittelbarkeitsverhaftete Wunscherfüllung partikularer Interessen im Kontext herrschender Diskurse ohne jede Angabe von Inhalten aus. Es ist alarmierend, wie wenig über gesellschaftlich lernnotwendige Inhalte eines zukunftsfähigen Curriculums debattiert wird. Zwar wissen wir, daß das Schulwissen schnell überholt sein wird. Aber um welches Wissen handelt es sich dabei? Welches Wissen ist geeignet, Ordnung in die Welt zu bringen; ist geeignet als Basis für Weltaneignung im eigenen Lebensinteresse auch nach der Schule? Viel wird über die sogenannte Wissensgesellschaft geredet, wenig hingegen wird betont, wie wichtig das Begreifen von Zusammenhängen ist - eine Erfahrung, die die bloße Summierung von Wissenselementen noch nicht notwendig einschließt. Die Ansammlung von Wissensbeständen ohne die Erfahrung, was es heißt, sich einen Gegenstand in seiner *Tiefe* und mit seinen vielfältigen Bezügen angeeignet zu haben, ist so lange wertlos, wie eine solche Ansammlung von isolierten Wissensbeständen das Begreifen und damit das Denken in komplexen Vermittlungszusammenhängen eher verhindert als einschließt.[18]

---

[16] Vgl. E. Altvater, Die Zukunft des Marktes. Ein Essay über die Regulation von Geld und Natur nach dem Scheitern des „real existierenden Sozialismus“, 2. Aufl., Münster 1997, bes. S. 237-298.

[17] Vgl. M. Markard, Werkstattpapier (für Forum Kritische Psychologie): „Lose your dreams and you will lose your mind“ oder: Was ist kritisch an der Kritischen Psychologie? Noch unveröff. Ms., Berlin 1999, 27 S., bes. S. 3-8.

[18] Vgl. zu „Flachheit“ und „Tiefe“ von Lerngegenständen: K. Holzkamp, Lernen. Subjektwissenschaftliche Grundlegung, Frankfurt/New York 1993, S. 218-226. Die subjektwissenschaftlichen Kategorien werden durch Kursivdruck verdeutlicht.

2. Ein zukunftsfähiges Konzept von Schlüsselqualifikationen

In die Richtung eines zukunftsfähigen Lernens weisen die gesellschaftlichen Schlüsselqualifikationen, die O. Negt vorschlägt. Ihre inhaltliche Qualität weist über die bloß auf Individuen bezogenen personalen Kompetenzen hinaus, die durch die oben aufgezählten Schlüsselqualifikationen umschrieben wurden. Insofern ist Negts Vorschlag als eine ernstzunehmende Alternative aufzufassen. In dem Band „Kindheit und Schule in einer Welt der Umbrüche“[19] werden sechs gesellschaftliche Schlüsselqualifikationen vorgetragen, mit denen diejenigen „Kompetenzen des gegenständlichen Lernens“ umschrieben werden, über „die Menschen verfügen müssen, damit sie den Problemen einer hochindustrialisierten Zivilisation und der Erosionskrise gewachsen sind.“[20]

Schlüsselqualifikation versteht Negt als einen gesellschaftlichen Begriff, womit er sich gegen eine bloß technische Instrumentalisierung mit dem Scheinversprechen wendet, daß die gekonnte Handhabung des Schlüssels alle Probleme zu lösen vermag und beim Funktionieren in vorgefundenen Anforderungsverhältnissen zum - individuellen - Erfolg führe. Als „Grundlagenkompetenz“ hebt Negt die Fähigkeit, „Zusammenhänge herstellen“[21] besonders hervor. Die weiteren fünf Qualifikationen müssen also stets im Zusammenhang mit dieser Grundlagenkompetenz begriffen werden.

Angesichts der Fülle von Informationen, die parzelliert und zusammenhangslos alltäglich auf uns einwirken, hält Negt ein „situationsunabhängiges Wissen, das begrifflicher Vorarbeit entspringt“[22], für notwendig. Lernende müssen befähigt werden, ihre eigene individuelle Lebensgeschichte mit den historischen und gesellschaftlichen Zusammenhängen zu vermitteln. Nur auf der Basis der Erkenntnis von Zusammenhängen können Lernende ein Selbst- und Weltverständnis entwickeln, das Orientierungssicherheiten bietet. Negt zufolge geht es dabei einerseits um die Durchdringung der bloßen Erscheinungen hin zur begrifflich angeleiteten Erklärung des Wesens der Dinge, der Strukturen und der Prozesse und damit andererseits um die „bewußte Herstellung eines Zusammenhangs zwischen den Interessen und Bedürfnissen der Lernenden mit den vorgefundenen objektiven Gegebenheiten der Welt.“ Die Sachzusammenhänge der anzueignenden Gegenstände selbst geben Aufschluß über die Regeln der Kompetenz „Zusammenhang herstellen“, die letztlich nur kommunikativ erfolgen könne. „Geht in Lernprozessen die theoretische Sensibilität für Zusammenhänge vollständig verloren, sind alle übrigen Schlüsselqualifikationen unver-

---

[19] Vgl. O. Negt, Kindheit und Schule in einer Welt der Umbrüche, Göttingen 1997. Vgl. auch ders., Lernen in einer Welt gesellschaftlicher Umbrüche, in: H. Dieckmann/B. Schachtsiek (Hg.), Lernkonzepte im Wandel. Die Zukunft der Bildung, Stuttgart 1998, S. 21-44.

[20] O. Negt, Kindheit und Schule, a.a.O., S. 210.

[21] A.a.O., S. 217.

[22] A.a.O., S. 215.

meidlich auf instrumentelle Abstraktionen reduziert, also in Herrschaftszwecken bereits integriert und aufbewahrt."[23] „Zusammenhang herstellen" erfordert also zweierlei: 1. Es muß umfassendes Wissen über die Gegenstände und deren Sachzusammenhänge angeeignet werden, so daß 2. ein Subjekt-Objekt-Zusammenhang hergestellt werden kann. Wie dies realisiert werden könnte, wird nicht ausgeführt. Im letzten Teil dieses Aufsatzes wird auf dieses Problem einzugehen sein.

„Zusammenhang herstellen" ist eine Kompetenz, die nicht an die Systematiken einzelner Disziplinen gebunden ist, sondern gerade das transdisziplinäre bzw. das interdisziplinäre Lernen - ausgehend von den alltäglichen Fragen und Problemen - zu ihrem Gelingen voraussetzt. Auf der Basis der so skizzierten Grundkompetenz werden fünf gesellschaftliche Schlüsselqualifikationen vorgetragen:

1. „Den Umgang mit bedrohter und gebrochener Identität lernen (Identitätskompetenz)"[24]
Mit den Prozessen zunehmender Arbeitslosigkeit, Obdachlosigkeit, Armut und Ausgrenzung ist auch für von diesen Entwicklungen nicht unmittelbar Betroffene die „traditionelle Identität der Menschen, die in den Grundinstitutionen von Eigentum und Arbeit" entwikkelt wurde, nunmehr brüchig geworden. Alte Wertorientierungen verlieren ihre Gültigkeit. „Vertreibung ist ein konstitutives Element unserer Gesellschaft, Vertreibung aus Erwerbssystem, aus Heimat und Wohnmilieu." Der Umgang mit gebrochener Identität wird damit „zur Lebensfrage". Festzuhalten ist, daß Negt darauf besteht, im Gegensatz zu Schlüsselqualifikationen wie Flexibilität, Anpassungsfähigkeit etc. die Identitätskompetenz hervorzuheben, weil individuelle Persönlichkeiten die schwieriger werdenden Probleme der individuellen und gesellschaftlichen Reproduktion nur meistern werden, wenn sie über genügend Ich-Stärke verfügen.

Anzumerken ist hierzu allerdings, daß die von Negt beschriebene Identitätskompetenz auf einem Balanceakt beruht, in dem die bedrohte und gebrochene Identität aufrechterhalten werden soll. Kinder und Heranwachsende müssen aber eine Identität erst ausbilden, um diese aufrechterhalten zu können. Wir wissen aber wenig darüber, wie typische Identitäten aussehen, die unter den nicht-traditionellen gesellschaftlich-historischen Bedingungen unserer Zeit entstehen. Welche Identifikationsangebote sind geeignet, um an ihnen - in Kommunikation mit anderen - ein soziales Selbstverständnis auszubilden? Welchen speziellen Beitrag könnte das historisch-politische Lernen hierzu leisten? In der Auseinandersetzung mit welchen Lerninhalten könnten Identifikationsprozesse möglich werden?
Wenn Identität als Ergebnis von Identifikationsprozessen begriffen wird, dann besitzen Werte und deren Übernahme für den Aufbau von Identität eine entscheidende Bedeutung.

---

[23] A.a.O., S. 220.
[24] A.a.O., S. 227. Für das Folgende vgl. S. 227/228.

Eine Auseinandersetzung mit Werten und deren Funktionskritik müßte dann als Konkretisierung für die Bildung von Identitätskompetenz vorausgesetzt werden. Ohne die Ausbildung einer hierarchisierten Ordnung von Werten ist Identität nicht denkbar, weil erst sie eine prinzipiengeleitete Orientierung des Denkens und Handelns in der Welt ermöglicht.

2. „Gesellschaftliche Wirkungen von Technik begreifen und Unterscheidungsvermögen entwickeln (technologische Kompetenz)“[25]

Zu unterscheiden ist erstens zwischen Technologien, die abgeschafft werden müssen, weil sie die Gattung auf unübersehbare Zeit bedrohen, und zweitens solchen Technologien, die die Reproduktion der Menschen auf höherem Niveau ermöglichen. Ein entsprechend differenziertes Verhältnis zur Technik ist auszubilden. Negt kennzeichnet diese Kompetenz als „Unterscheidungsvermögen“. Technologische Kompetenz meint nicht die Fertigkeit, bestimmte Technologien zu bedienen, sondern sie bezieht sich auf das Wissen über deren gesellschaftliche Wirkungen und ist damit wertbezogen. Eine wertfreie Betrachtung der Technik, die Negt als ein gesellschaftliches Projekt verstanden wissen will, verschleiert in der Regel deren unerkannte Herrschaftsfunktionen, was wiederum ihre Nutzung als Mittel der Befreiung und entsprechende Handlungen verhindert.

Zu den sogenannten „hermetischen Technologien“[26], die geächtet werden müssen, zählt Negt den gesamten Bereich der Atomindustrie sowie die Gentechnologie, erstens weil sie unüberschaubare Risiken bergen und zweitens weil sie nicht der gesellschaftlichen Kontrolle unterstellt sind und somit demokratische Strukturen aushöhlen. Zur technologischen Kompetenz gehört daher, Technologien nach ihren realen ökonomischen und gesellschaftlichen Kosten zu bewerten. Durch die Rekonstruktion ihrer Genese ist zudem ihre Funktion als Kriegsforschung erkennbar zu machen.

3. „Sensibilität für Enteignungserfahrungen, für Recht und Unrecht, für Gleichheit und Ungleichheit entwickeln (Gerechtigkeitskompetenz)“[27]

Ist die Kenntnis von Rechten als Ziel emanzipatorischer Bildungsarbeit unbestritten, so gewinnt das „Bewußtsein von den alltäglichen Enteignungserfahrungen“[28] sowie seine Stärkung und Umsetzung in politisches Handeln immer größere Bedeutung. Die Entwicklung einer Sensibilität für Gerechtigkeit ist deshalb so wichtig, weil die alltäglichen Enteignungserfahrungen häufig unterhalb der Ebene einklagbarer Rechte erfolgen. Enteignung heute vollzieht sich in der Form eines Vertreibungsprozesses aus angestammten Stadtteilen durch Sanierung oder aus beruflichen Tätigkeiten durch Rationalisierung. Darum muß eine

---

[25] A.a.O., S. 228.
[26] A.a.O., S. 231.
[27] A.a.O., S. 232.

Wahrnehmungskompetenz für Enteignungserfahrungen anhand geeigneter Lerninhalte ausgebildet werden, welche sowohl an die Erinnerungsfähigkeit der Menschen wie auch an verlorene Fähigkeiten der Menschen, mit Dingen umzugehen (Enteignung der Sinne und des Denkens z.B. durch Technologien) anknüpft. Der Begründungszusammenhang für diese gesellschaftliche Schlüsselqualifikation bezieht sich wiederum auf die Bedrohung von Demokratie und Rechtsstaatlichkeit, die dann gegeben ist, wenn die Menschen aufgrund ihrer Existenzängste immer weniger bereit sind, sich für ihre Rechte einzusetzen.

Anzumerken ist dazu, daß der Prozeß der Deregulierung immer mehr dazu genutzt wird, sich durch das Umgehen von Verfahrens- oder Rechtsvorschriften persönliche Vorteile auf Kosten Dritter zu verschaffen. Die Vernutzung von institutionellen Regelungen, welche auch für Transparenz durch Verhandlung und Entscheidung gesorgt haben, wird dann gerne als „kreative" und „flexible" Handhabung im Interesse des besseren Funktionierens ausgegeben. Schon allein solche modernistischen Begründungen bewirken häufig den widerstandslosen Rückzug der Betroffenen, die auf diese Weise ihre Sensibilität für Enteigungserfahrungen sukzessive aufgeben.

4. „Der pflegliche Umgang mit Menschen, mit der Natur und den Dingen (ökologische Kompetenz)"[29]

Zwei große Zusammenhänge sind im Anschluß an die Grundlagenkompetenz zu berücksichtigen: 1. Die gesellschaftlichen Folgen der kapitalistischen bzw. industriellen Produktion sowie 2. deren psychosoziale Folgen. Nicht nur die Umweltproblematik im engeren Sinne ist gemeint, sondern das geschichtlich Neue, das mit der Zerstörung der Natur und damit der menschlichen Lebenswelt hervorzuheben ist. Dieser Zusammenhang gehört Negt zufolge zu den tabuisierten Bereichen von Wirklichkeit und muß bewußt gemacht werden. Zum ersten Mal in der Geschichte sind die Menschen fähig, ihre Lebensgrundlagen, alles Leben überhaupt, selber zu zerstören. Diese neue Qualität der Technologie ist u.a. eine Folge des Denkens der Menschen in Kategorien von Herrschaft über die Natur, welche aber das Denken in Kategorien der Herrschaft über den Menschen einschließt. Dieses gesellschafts- und lebenszerstörende Denken soll durch ökologische Kompetenz überwunden werden, das sich als Fähigkeit und Bereitschaft zu einem pfleglichen und gewaltlosen Umgang mit Menschen und Dingen erweist. Für Negt schließt ökologische Kompetenz das psychologische Wissen über die Menschen als Voraussetzung dafür ein, die menschlichen und gesellschaftlichen Beziehungen zu humanisieren.

---

[28] Ebda.

[29] A.a.O., S. 235.

5. „Erinnerungs- und Utopiefähigkeit (historische Kompetenz)“[30]

In Zeiten der „Entwertung und Umwertung der Dinge“ wird die historische Kompetenz immer wichtiger. Es geht Negt um die Nutzung der Freizeit als „gesellschaftliche Emanzipationszeit“, um „zukünftige Konstruktionen“ für eine „politische Gegenwartsbewältigung“.[31] Entsprechend gehört zur historischen Kompetenz zweierlei: 1. Die Fähigkeit, die individuelle Lebenszeit nicht nur als Arbeitszeit und Freizeit zu organisieren, sondern eine produktive Form von „Mußefähigkeit“ zu entwickeln, die dem Sog kapitalistischer Verwertungszwecke nicht erliegt, und 2. den höchst bedrohlichen „chronischen Gedächtnisverlust“[32] der Menschen zu beheben: „Die historische Kompetenz besteht im Wissen von der Geschichte einer Gesellschaftsformation, ihren Klassenstrukturen, ihren politischen Entwicklungsgesetzen und der eigenen Lebensgeschichte.“[33] Auf der Grundlage einer historisch fundierten begrifflichen Beziehung zwischen Individuum und der Geschichte kann die Fähigkeit des Erinnerns gegen die herrschende Ideologie der „Verabschiedungen“ und der Diskriminierung traditioneller Denkweisen[34] auch der Fähigkeit zur Utopie neue Impulse verleihen. Es geht Negt darum, ein geschichtlich fundiertes allgemeines Wissen von den objektiven Verhältnissen in ein praktisches Handlungswissen zu transformieren. Utopiefähigkeit ist hierfür eine Grundlage.

Negt sieht Schwierigkeiten bei der Umsetzung dieser Schlüsselqualifikationen in didaktische Lernkonzepte. Dabei ist die historische Kompetenz in Verbindung mit der Utopiefähigkeit eine Bedingung der Möglichkeit, den eigenen Lebensverhältnissen eine emanzipatorische Zukunftsperspektive zu verleihen. Im Hinblick auf die herrschenden Diskurse über Schlüsselqualifikationen stellt Negt kritisch fest: „Wer das Bildungssystem im Hinblick auf den Arbeitsmarkt reformiert, auf die Qualifikationen, die heute erforderlich sind, wird scheitern, da sich das Erwerbssystem, wenn diese Qualifikationen ihre schöpferische Kraft entfalten, geändert haben wird. Sie liegen dann brach. Deshalb müssen wir Entwurfphantasien verbinden mit einem realitätsgesättigten Begriff von gesellschaftlichen Lernprozessen. Es geht um Qualifizierung von Generationen. Es geht um die Realisierung eines Generationenvertrags mit der kommenden Generation.“[35]

Negts gesellschaftliche Schlüsselqualifikationen zeichnen sich durch ihren theoriegeleiteten dezidiert inhaltlichen Anteil aus. Die gewählte Begrifflichkeit z.B. im Zusammenhang mit der historischen Kompetenz verweist auf eine materialistische historische Theorie. Eine Anschlußfähigkeit der historischen Kompetenz mit unserem geschichts- und poli-

[30] A.a.O., S. 236.
[31] A.a.O., S. 228.
[32] A.a.O., S. 237.
[33] Ebda.
[34] Vgl. ebda.
[35] A.a.O., S. 238.

tikdidaktischen Konzept ist naheliegend. Ebenso bestehen inhaltliche Verbindungen zwischen der technologischen, der ökologischen und der Gerechtigkeits-Kompetenz und dem genannten fachdidaktischen Konzept. Was die Identitätskompetenz betrifft, so ist diese am wenigsten geklärt, weil ein Identitätsbegriff nicht vorgestellt wird. Daß ein didaktisches Konzept für den Bereich des historisch-politischen Lernens[36] eine so weitgehende Verträglichkeit mit dem Konzept der Schlüsselqualifikationen von Negt aufweist, zeigt, daß didaktische Konzeptionen auch für andere Lernbereiche denkbar sind, die den Forderungen von Negt entsprechen. Negts Konzept der gesellschaftlichen Schlüsselqualifikationen erfüllt eine Brückenfunktion zwischen den bloß formalen, personalen Schlüsselqualifikationen und Ansätzen, mit denen spezifische Lerninhalte eingeklagt werden.

3. Gesellschaftlich-historisch lernnotwendige Inhalte

Es sind bislang der Öffentlichkeit nur sehr wenige Vorschläge zu konkreten Inhalten präsentiert worden, die geeignet wären, Kinder und Heranwachsende in unserer Epoche auf das Erwachsenenleben so vorzubereiten, daß sie in unbekannter Zukunft ihr Leben selbstverantwortet in Kooperation mit anderen meistern können. W. Klafki hat einen solchen Vorschlag präsentiert: Es handelt sich dabei um allgemeindidaktisch begründete Schlüsselprobleme, mit denen sich Lernende in unserer Epoche auseinandersetzen sollten.

Für die Fachdidaktik des historisch-politischen Lernens hat H. W. Jung - ausgehend von einem „bedrohungsanalytisch aufgeklärten Universalismus"[37] Inhalte hervorgehoben, die sich auf die Bedrohungspotentiale unserer Epoche beziehen. Deren historisch und systematisch angeleitete Analyse und Rekonstruktion haben die Funktion, Lernenden eine bewußtere Orientierung auf eine humane Zukunft zu ermöglichen. Während für die i.e.S. fachdidaktischen Lerninhalte auf die Beiträge dazu in diesem Band verwiesen wird, sollen die allgemeindidaktisch konzipierten Schlüsselprobleme von W. Klafki hier skizziert werden, weil sie im geschichts- und politikdidaktischen Diskussionszusammenhang bisher wenig beachtet worden sind.[38]

---

[36] Vgl. dazu den Beitrag von H. W. Jung/G. von Staehr, Anm. 12.

[37] Vgl. dazu den Beitrag von H. W. Jung, Statt einer Einleitung, Anm. 12.

[38] Vgl. jedoch für die politische Bildung u.a. die Arbeiten von P. Weinbrenner, a.a.O., Anm. 12. Für die Geschichtsdidaktik vgl. D. von Reeken, Wer hat Angst vor Wolfgang Klafki? Der Geschichtsunterricht und die Schlüsselprobleme, in: GWU, Jg. 50, H. 5/6 1999, S. 292-304, bes. S. 294, wo der Autor merkwürdigerweise behauptet, daß Jung/von Staehr trotz einer kritischen Auseinandersetzung mit Klafki - vgl. H. W. Jung/G. von Staehr, „Schlüsselprobleme" und Epochenbewußtsein. Voraussetzungen pädagogischen Handelns in unserer Zeit, in: K.-H. Braun/D. Wunder (Hg.), Neue Bildung - Neue Schule. Wolfgang Klafki zum sechzigsten Geburtstag, Weinheim/Basel 1987, S. 47-65 - keine weitere fachdidaktische Bearbeitung des Problems vorgenommen hätten. Ganz anders als dies in Teilen der politikdidaktischen Diskussion längst erfolgt sei, sucht von Reeken nach ihm anschlußfähig erscheinenden vorliegenden Ansätzen, die seiner Meinung nach das Problem

Bereits 1985 hat W. Klafki einen Katalog von Schlüsselproblemen erarbeitet, die er im Rahmen der Neuformulierung eines Konzepts Allgemeiner Bildung als unübergehbare Lernprobleme hervorhob.[39] 1994 wurde dieser umfangreiche Katalog kriteriengeleitet auf fünf Problembereiche konzentriert.[40] Als Auswahlkriterium bezeichnet Klafki „epochaltypische Strukturprobleme von gesellschaftlicher, meistens sogar übernationaler bzw. weltumspannender Bedeutung."[41] Folgende Schlüsselprobleme werden seit 1994 als lernnotwendige Gegenstände akzentuiert:

1. Die „Friedensfrage": Zwei Gesichtspunkte werden als besonders lernrelevant hervorgehoben: 1. „Makrosoziologische und makropolitische Ursachen der Friedensgefährdung bzw. von Kriegen" sollen erkennbar gemacht werden und 2. soll die Frage nach der „moralischen Rechtfertigung für Kriege" als „ultima ratio in bestimmten Konfliktfällen" reflektiert werden.[42] Friedenserziehung bleibt für Klafki weiterhin eine wesentliche pädagogische Aufgabe.

2. Die „Umweltfrage": Hierzu wird u.a. die Begrenztheit der natürlichen Ressourcen und die Umweltzerstörung durch die Folgen unkontrollierter technologischer und ökonomischer Entwicklung gezählt. Es wird auf die Notwendigkeit hingewiesen, umweltverträgliche Produkte und Produktionstechniken zu entwickeln. Schließlich soll die Notwendigkeit der demokratischen Kontrolle die Umweltfragen betreffender Entscheidungen in das Bewußtsein von Lernenden gehoben werden.[43]

---

von Gegenwart und Zukunft im Zusammenhang mit speziellen Schlüsselproblemen ernstgenommen hätten, um sich anschließend eher allgemeine Gedanken über die Schwierigkeiten bei der Einigung auf ein Curriculum des historischen Lernens zu machen, das inhaltliche Prioritäten begründet festlegt. Der Autor entfernt sich im Gang seiner Argumentation zusehends von den eigentlichen inhaltlichen Problemen, die Wolfgang Klafki für ein epochenadäquates Lernen vorgeschlagen hat, um sich schließlich darauf zu konzentrieren, wie eine durchdachte Verklammerung von Vergangenheit, Gegenwart und Zukunft für die Lernenden zu konstruieren sei. Damit erweist sich dieser Beitrag als ein Beispiel dafür, wie die Gedankenführung von brennenden inhaltlichen Problemen weg- und zu einem bloß formal aufgefaßten Problem hingeleitet werden und damit die eigentliche Brisanz des Themas der Schlüsselprobleme wegdiskutiert werden kann. So lange sich die Fachdidaktik auf eine - mystifizierte - Konsensfähigkeit fixiert, muß sie sich das konsequente Nachdenken über Werte und Inhalte, denen Priorität eingeräumt werden sollte, selber verbieten!

[39] Vgl. W. Klafki, Konturen eines neuen Allgemeinbildungskonzepts, in: Ders., Neue Studien zur Bildungstheorie und Didaktik. Beiträge zur kritisch-konstruktiven Didaktik, Weinheim/Basel 1985, S. 12-30, bes. 20-23.

[40] Vgl. W. Klafki, Grundzüge eines neuen Allgemeinbildungskonzepts, in: Ders., Neue Studien zur Bildungstheorie und Didaktik: zeitgemäße Allgemeinbildung und kritisch-konstruktive Didaktik. 4. durchges. Aufl., Weinheim/Basel 1994, S. 43-81, bes. S. 56-69. Die Überarbeitung des Kanons der „Schlüsselprobleme" erfolgte möglicherweise im Anschluß an die kritische Auseinandersetzung mit dessen erster Fassung durch Jung/von Staehr, vgl. dazu a.a.O., Anm. 38.

[41] Klafki, Grundzüge, a.a.O., S. 60.

[42] A.a.O., S. 57.

[43] Vgl. a.a.O., S. 58/59.

3. Die „gesellschaftlich produzierte Ungleichheit“: Es ist hierbei auf die Ungleichheiten innerhalb unserer und anderer Gesellschaften einzugehen: Klassen und Schichten sind ebenso zu thematisieren wie Probleme von Männern/Frauen, Behinderten/Nicht-Behinderten, Arbeitenden/Arbeitslosen und Ausländern etc. Es sollen aber auch internationale Probleme erörtert werden, die aus „Macht- und Wohlstandsungleichheiten“[44] resultieren.

4. Die „Gefahren und Möglichkeiten der neuen technischen Steuerungs-, Informations- und Kommunikationsmedien“[45] hinsichtlich der Entwicklung des „Produktionssystems“, der Arbeitsteilung, der Arbeitsplätze und der Rationalisierung sowie hinsichtlich der Freizeit sollen thematisiert werden. Dabei soll gleichermaßen auf die erforderlichen Qualifikationen wie auch auf Kritikfähigkeit abgehoben werden. Es geht Klafki nicht um die bloße Beherrschung von Fertigkeiten, sondern - ähnlich wie dies auch O. Negt betont - um die Problematisierung der gesellschaftlichen Folgen, die durch den Einsatz dieser Technologien im positiven wie im negativen Sinne zu gewärtigen sind.

5. Die „Subjektivität des einzelnen“, die „Ich-Du-Beziehung“: Dieses Problem beschreibend zählt Klafki einige Gesichtspunkte auf wie Liebe, Sexualität, Glücksanspruch, zwischenmenschliche Verantwortung und Anerkennung. Anschließend resümiert Klafki seine Intention mit der Forderung, daß anhand der Auseinandersetzung mit den fünf Schlüsselproblemen vier Qualifikationen angestrebt werden sollten: Fähigkeit und Bereitschaft zur Kritik, zur Argumentation, zur Empathie und zu vernetzendem Denken.[46]

Es ist festzustellen, daß die fünf Schlüsselprobleme, die W. Klafki als Grundlagen eines Allgemeinbildungs-Konzepts hervorhebt, mit den gesellschaftlichen Schlüsselqualifikationen von O. Negt weitgehend übereinstimmen. Lediglich die die personale Kompetenzentwicklung betreffenden Aussagen weichen voneinander ab. Bei beiden fällt die Vagheit auf, mit der diese Aspekte jeweils umschrieben werden, die mit den dezidierten Positionen zu den gesellschaftlichen Problemen auffallend kontrastieren. Letztere werden bei Negt - auch theoretisch - stärker pointiert, während Klafki eher allgemein bleibt, damit möglicherweise auch als konsensfähiger erscheinen mag. Bedauerlich ist, daß Klafki den Subjektbegriff nicht klärt und damit auch die Vorstellung der „Ich-Du-Beziehung“ unscharf bleibt. Nicht ohne Bedeutung ist die Nennung der individuellen Kompetenz an erster Stelle bei Negt, während Klafki sie an letzter Stelle anführt. Negt versteht unter Lernen die Vermittlung der individuellen Erfahrungen mit dem Wissen von den Qualitäten der objektiven

[44] A.a.O., S. 59.
[45] Ebda.
[46] Vgl. a.a.O., S. 63.

Bedingungen. Angesichts der „epochalen Strukturkrise der industriellen Zivilisation“[47] muß - so Negt - ein neuer „Begriff des kulturellen Lernens“ erarbeitet werden, der der „veränderten Subjektausstattung der Menschen“[48] gerecht wird. Die Intentionen des Lernens, „Orientierung und Kompetenz“, sind nur als Subjekt-Objekt-Vermittlung einzulösen. Das Begreifen der in Zukunft zu erwartenden Probleme und ihnen adäquater Lösungsmöglichkeiten ist Teil des neuen Lernbegriffs, der nur als lebenslanges - berufsbegleitendes institutionalisiertes - Lernen realisierbar sein wird. Neben der deutlicher gewichteten Zukunftsorientierung ist es aber gleichzeitig notwendig, so Negt, dem an Wachstum orientierten „Raubbau an der inneren und äußeren Natur der Industriegesellschaft Widerstand entgegenzusetzen.“[49] Die Identitätskompetenz schließt damit vermutlich auch Konfliktfähigkeit, die Fähigkeit, mit Widersprüchen zu leben, ein. Auf welche Weise Lernende ihre unmittelbaren Lebensinteressen mit den gesellschaftlichen Bedingungen vermitteln könnten, wird nicht ausgeführt.

Ein zweiter Unterschied zwischen Klafki und Negt besteht in der Betonung der Friedensfrage, die Klafki an erster Stelle aufführt. Dieses Problem taucht in den Schlüsselqualifikationen von Negt nicht auf. Dafür legt dieser großen Wert auf die historische Kompetenz, die Klafki nicht berücksichtigt. Ohne historische Kompetenz ist ein aktives Eingreifen der Menschen in den ungebremsten Modernisierungstrend i.w.S. nicht möglich. Hier nun ergibt sich allerdings die Frage nach der *subjektiven Funktionalität* eines enthistorisierten Denkens. Funktional muß ein solches Denken den individuellen Subjekten erscheinen, weil es sie für eine schrankenlose (Selbst-)Flexibilisierung freigibt und sie durch Erinnerungen, Trauer um verlorene Werte, Hoffnungen auf konkrete Zukünfte humaner Vergesellschaftung nicht behindert werden. Für Herrschende ist ein enthistorisiertes Denken funktional, weil sie nicht damit rechnen müssen, daß die Menschen sich an bestimmten Werten orientieren, die der sogenannten Modernisierung und dem, was unter diesem Begriff jeweils nützlich erscheinen mag, entgegenstehen. Ein enthistorisiertes Denken ist auch nicht durch traditionelle Werte behindert, die allein das Material für utopisches Denken bilden können.

Es muß angesichts der Realisierung von Klafkis und Negts Vorschlägen mit Lernwiderständen gerechnet werden, sofern sich Lernen an der Erweiterung des Denkens durch begriffene Zusammenhänge orientiert, zu denen immer auch gehört, daß Genese, Struktur und Funktion sowie Vergangenheit, Gegenwart und Zukunft von Werten, Zuständen und Prozessen in kritischer Auseinandersetzung angeeignet werden. Ein solches Ansinnen kann nämlich durchaus als subjektiv dysfunktional erfahren werden. Es ist also notwendig, ange-

---

[47] Vgl. Negt, in Dieckmann/Schachtsiek, a.a.O., Anm. 19, S. 23.
[48] A.a.O., S. 22.
[49] A.a.O., S. 25.

sichts solcher zu erwartender Lernwiderstände Wege zu finden, auf denen diese in einer neuen Qualität von Lernen aufgehoben werden können. Hierüber haben wir kaum Kenntnisse. Es sind qualitative Unterrichtsforschungen notwendig, die - von Lehrenden und Lernenden gemeinsam durchgeführt - Erkenntnisse darüber ermöglichen, welche Art von Lernprozessen und Lerngegenständen geeignet sind, Lernenden die Funktionalität emanzipatorischer Lernprozesse im eigenen Lebensinteresse einsichtig werden zu lassen.

Nachdem ausgewählte Vorschläge für epochal notwendige Schlüsselqualifikationen und Schlüsselprobleme vorgestellt worden sind, weise ich auf die mögliche Fortsetzung dieses Nachdenkens im fachdidaktischen Kontext hin, indem ich mich auf das mit Horst W. Jung erarbeitete Konzept einer historisch-politischen Didaktik beziehe, für die neben der Rekonstruktion das utopische Denken konstitutiv ist.[50]

4. Schulprogrammentwicklung als kollektiver Lernprozeß: Eine Utopie?

4.1. Zu den lerntheoretischen Voraussetzungen

Die folgenden Ausführungen über ausgewählte Kategorien der subjektwissenschaftlichen Lerntheorie von Klaus Holzkamp sind als Vorbereitung für das Verständnis des „Lernverfahrens der *Unmittelbarkeitsüberschreitung*" notwendig. Dieses Verfahren stellt auch ein wesentliches Element einer möglichen prozessierenden Schulprogrammentwicklung dar, an der alle Beteiligten - Lernende, Lehrende und Eltern - teilhaben könnten.

Mit K. Holzkamp gehe ich davon aus, daß die Planung von Unterricht, sei sie auch noch so perfekt, immer weniger zum Erfolg führt,[51] daß deshalb die Beteiligung der Lernenden an der Planung der Weg ist, auf dem in Kooperation von Lehrenden und Lernenden Lernprozesse konstruiert und realisiert werden sollten. Auf diese Weise können Lernende ihre Mitsprachemöglichkeiten und das verantwortliche Mittragen der Lernprozesse selber kontinuierlich erweitern. Ziel dieses Vorgehens ist es, Lernende zu befähigen, eigene Lernprobleme zu erarbeiten, die notwendigen Lösungswege zu planen und auf dieser Basis schließlich auch autonome Lernkontrollen über den je eigenen Lernprozeß durchführen zu können. Eine Voraussetzung dafür ist, daß Lernende auch ihre eigenen Interessen, ihr Vorwissen etc., die sie für die Lösung eines gemeinsam erarbeiteten Lernproblems mitbringen, klären. Außer dem Interesse und dem Vorwissen gehören hierzu ebenfalls die Einstellun-

[50] Vgl. Jung/von Staehr, „Endzeit", a.a.O., Anm. 12.

[51] Vgl. K. Holzkamp, Die Fiktion administrativer Planbarkeit schulischer Lernprozesse. In: K.-H. Braun/K. Wetzel (Red.), Lernwidersprüche und pädagogisches Handeln, Marburg 1992, S. 91-113.

gen zum Gegenstand, die Arbeitstechniken, der Grad der Vertrautheit mit bestimmten Medien und Materialien, die für den Lösungsweg gebraucht werden.

Wenn wir - ebenfalls mit Holzkamp - die Entwicklung individueller Subjekte als Erweiterung ihrer Weltbeziehungen definieren,[52] dann muß Lernen als eine Voraussetzung für Entwicklung die bewußte Aneignung von Welt ermöglichen. Aneignung von Welt beginnt mit der Erarbeitung von *Lernproblematiken*, aus denen präzisierte Lerngegenstände ausgegliedert werden. Dabei ist wichtig, daß sich die Lernenden durch ein bestimmtes Lebensinteresse in Beziehung zum Lerngegenstand stehend erfahren können. Dies wiederum macht erforderlich, daß mit der Entfaltung der *Lernproblematik* der Bezug zwischen Lernenden, ihren Lebensinteressen und ihren emotional-motivationalen Befindlichkeiten dem Problem gegenüber bewußt werden können.

Demgegenüber beruht das schulische Weltbild aber auf der Annahme, daß Lernen im Nachvollzug bereits gelöster Probleme besteht.[53] Die derzeit vertretenen lerntheoretisch begründete Position lautet, daß Unterricht dann gelungen ist, wenn seitens der Lernenden Problemlösung erfolgt ist. Das Lösen von Dritten gestellter Probleme jedoch ist auf die Dauer unbefriedigend. Lernen beginnt in der Regel nicht mit einer fremdgesetzten Anforderung, sondern mit einer *Lernproblematik*, deren Lösung in je meinem Interesse liegt. Ohne Probleme findet auch kein Lernen statt. Auf keinen Fall erfolgt die Einübung in die Planung von Lernen, wenn dem die Erarbeitung eines selbstgestellten Problems nicht vorangegangen ist. Lernen, begriffen als Problemlösung, ist als ein halbiertes Lernen zu bezeichnen, da es keiner *Lernproblematik* verpflichtet ist.

Es geht also darum, die bloße *Bewältigung* von Bedrohungen beim Lernen fremdgesetzter Aufgaben zu überwinden. Ein solches, an Anforderungen von Dritten ausgerichtetes Lernen, ist situationsorientiert, an Bedrohungsüberwindung interessiert und wird als *defensives Lernen* darauf ausgerichtet, der Situation durch Nicht-Lernen oder durch das Lernen eines Minimums, das für den Erhalt der *Handlungsfähigkeit* notwendig ist, zu entkommen. Demgegenüber ist anzustreben, daß Lernende von dieser selbstbehindernden Lernhaltung aus einen Weg zum *expansiven Lernen* finden, das primär gegenstandsorientiert ist, das der Lösung wirklicher Probleme der Lernenden entspricht, das also motiviert in dem Sinne ist, daß die Lernenden erfahren, hier etwas für die Erhöhung der eigenen Lebensqualität lernen zu können. Dies ist nur unter der Bedingung möglich, daß ein Lernproblem kooperativ erarbeitet, formuliert und ausdifferenziert worden ist, so daß auf dieser Basis ein Lerngegenstand ausgegliedert werden kann, der so weitgehend präzisiert ist, daß dann auch der Weg

---

[52] Vgl. K. Holzkamp, Grundlegung der Psychologie, Frankfurt/New York 1983, bes. zum „ontogenetischen Entwicklungszug" der „Unmittelbarkeitsüberschreitung", S. 473-495.

[53] Vgl. K. Holzkamp, Lernen, S. 466. Die folgenden Ausführungen stützen sich auf die Persönlichkeitstheorie von K. Holzkamp, vgl. dazu a.a.O., Anm. 52, sowie auf dessen einzeltheoretische Arbeit: Lernen, a.a.O., Anm. 18. Vgl. im übrigen die ausführlichen Sachverzeichnisse in den beiden genannten Grundlagenwerken.

der Aneignung des Gegenstandes planbar wird. Lehrende und Lernende gewinnen damit gleichzeitig Kriterien für die Kontrolle bzw. für die Kritik des Lernprozesses. Ohne *Lernproblematik* kein Rückbezug auf die eigenen Lernvoraussetzungen, keine Kriterien für die Beurteilung der Qualität des Lernprozesses und damit auch keine Lernvoraussetzungen, keine Kriterien für die Beurteilung der Qualität des Lernprozesses und damit auch keine Lern(selbst)-Kontrolle.

Lernen wird hier also nicht als ein Prozeß verstanden, der möglichst effiziente Rezeption von Informationen meint, die als meßbare Ergebnisse reproduzierbar sind - wenigsten für die Zeit, die bis zur nächsten Prüfung das Behalten notwendig erscheinen läßt. Hier wird auf die „Planungssubjektivität“ der Lernenden orientiert, wobei Subjektivität verstanden wird als Fähigkeit, angesichts vorgefundener bestimmender Bedingungen immer mehr bestimmendes Moment zu werden, so daß in Kooperation mit anderen die Lebensqualität erhöhende Lernerfahrungen gemacht werden können.

Lernen und Entwicklung brauchen Ruhe und Zeit - Prozesse erstrecken sich über längere Zeitspannen hinweg. Für solche Prozesse bedarf es der Ruhe, damit Konzentration auf das Lernproblem und seine Bearbeitung möglich werden. Ruhe ist also eine grundlegende Bedingung für ein entspanntes Sich-Einlassen auf die Fragen, die die Welt uns Lernenden stellt. Holzkamp unterscheidet zwei Qualitäten von Lernphasen, die sich ergänzen. Um den Prozeß der Definition der *Lernproblematik* kooperativ und mit genügend Raum für interpersonale Verständigung über das jeweils als problematisch Erfaßte vollziehen zu können, sind *affinitive Lernphasen* notwendig. Dies sind Phasen, in denen gesucht, gedanklich ausprobiert, von der unmittelbaren Zielfixierung abgerückt und auf Alternativen, neue Aspekte etc. geblickt werden kann. *Affinitive Lernphasen* sind auch immer dann vonnöten, wenn der Lernprozeß selbst nicht mehr vorangeht. Es ist dann herauszufinden, woran dies liegt: an der gewählten Methode, an einer unpräzisen Fragestellung, an wenig weiterführenden Materialien oder gar an einer zunächst noch sehr vordergründig formulierten *Lernproblematik*, deren Zusammenhänge vorher nicht zureichend erfaßbar waren. Hier wird es dann notwendig, auf einer Meta-Ebene die aufgetauchten Schwierigkeiten zu bearbeiten und weitere Lösungswege zu entwickeln. Sind diese gefunden, kann in den sogenannten *definitiven Lernphasen* zielorientiert das bearbeitet werden, was vorher als Plan vorbereitet worden ist. Wenn das Lernen-lernen wirklich ernst genommen wird, müssen in *affinitiven Lernphasen* die Lernschwierigkeiten auf den Punkt gebracht werden, damit sie mit neuen Ansätzen überwunden werden können. Dann können die *definitiven Lernphasen* entspannt und im Bewußtsein der aufzuklärenden Frage angstfrei und bewußt durchgeführt werden.

Es dürfte schon deutlich geworden sein, daß die *affinitiven Lernphasen* - das Betreten der Meta-Ebene - nicht vorwiegend auf die sozialen Beziehungen konzentriert sein sollen, sondern daß die Überlegungen am Gegenstand orientiert, also sachbezogen sein sollten und daß von daher bestimmbar wird, welche der Sache angemessenen kooperativen Lernformen sinnvoll erscheinen. Damit würden die interpersonalen Beziehungen eine Entlastung erfahren, weil die Gegenstandsorientierung, ausgehend vom inhaltlich allen bekannten Lernproblem, immer wieder auf das sachliche gemeinsame Interesse verweist, so daß sich eine Verselbständigung der sozialen Beziehungen nicht durchzusetzen vermag. Aber: Auch dies muß gelernt, erfahren werden. Es müssen bei allen Beteiligten neue emotionale Sicherheiten in solchen gelingenden Prozessen erst erprobt und dann zur eigenen Sache gemacht werden können. Sachorientierte Kooperationsverhältnisse werden von den an ihnen Beteiligten aber in der Regel als gelingende, mehr oder weniger schwierige oder gar behindernde interpersonale Beziehungen erfahren. Holzkamp bezeichnet diese Qualität der - kooperativen, an einer Sache, also an einem außerhalb der Beteiligten liegenden Dritten ausgerichteten - interpersonalen Beziehungen als *Subjektbeziehungen*. Ihnen werden die *Instrumentalverhältnisse* gegenübergestellt. Sie sind durch die gegenseitige Instrumentalisierung in Interesse einer partikularen Zielerreichung mit Hilfe von Dritten gekennzeichnet. Unter Bedingungen von sich verschärfenden Konkurrenzverhältnissen scheint sich den individuellen Subjekten die Funktionalität von *Instrumentalverhältnissen* immer gebieterischer aufzudrängen, um so eine erfolgreiche Bedrohungsüberwindung im Kontext der schulischen „Bewertungstotalität" zu erreichen. Mit sachorientierten *Subjektbeziehungen* in kooperativer Integration mit anderen müssen Lernende daher zunächst angstreduzierende Erfahrungen gemacht haben, bevor sie es wagen, die von Konkurrenz geprägten *Instrumentalverhältnisse* mit anderen so zu verändern, daß die erhöhte Lebensqualität in *Subjektbeziehungen* für die Lernenden erfahrbar wird.

Da Gegenstände für uns stets eine sachliche und eine soziale Bedeutung haben, mußte in *affinitiven Lernphasen* u.a. auch geklärt werden, wie diese *objektiven Bedeutungen* für je mich beschaffen sind. Die Erarbeitung einer *Lernproblematik* durch eine Lerngruppe ist voraussichtlich immer mehr oder weniger kontrovers. Jeder Lernende hat eine eigene Perspektive, in der er, ausgehend von seinen subjektiven Lebensinteressen, auf den Gegenstand blickt. Die Auseinandersetzung mit kontroversen Standpunkten ist aber eine Voraussetzung für die Klärung des je eigenen Interesses, des je eigenen Standpunkts. Kontroversen müssen also ausgetragen werden. Hierfür ist Konfliktfähigkeit vonnöten. Ohne Sachorientierung ist aber Konfliktfähigkeit nicht auszubilden. *Affinitive Lernphasen* können also auch dazu dienen, die sachlichen und die sozialen Gegenstandsbedeutungen zu klären, damit die interessierenden Aspekte eines Lernproblems deutlicher zu bestimmen und auf diese Weise die unmittelbaren, 'bloß' sozialen Beziehungen durch eine bewußtere Gegenstandsklärung zu entspannen. Lernende müssen die Erfahrung machen können, daß eine heftige Auseinandersetzung über Sachen eine Anerkennung der Vertreter der kontroversen Standpunkte ist: Die Lernenden lernen, sich mit ihren Perspektiven, Problematiken und

Fragestellungen gegenseitig ernstzunehmen und können versuchen, diese in eine strukturierte Ordnung zu bringen. Beliebigkeit, das gleichgültige Nebeneinander von sich z.T. vielleicht sogar ausschließenden Standpunkten ist keine Lösung. *Lernproblematiken* können in der Regel nicht im Konsens ausgearbeitet werden. Ein die Lernerfahrungen bereicherndes Ergebnis wäre, wenn das Bewußtsein von unterschiedlichen Problemebenen entsteht, die - als Strukturzusammenhang identifiziert - systematisch bearbeitet werden können. Die täuschende Ruhe, die dadurch entsteht, daß Lernen als Speicherung von „klaren" Informationen mißverstanden wird, die in der nächsten Klausur weniger sach- als vielmehr lehrerzentriert reproduziert werden können, führt letztlich zu einer Be- wenn nicht gar Verhinderung von Lernen als Aneignung von Welt.

Um das Denken in Zusammenhängen zu befördern, müssen die Gegenstände des Lernens eine bestimmte Qualität haben: Partikularisierte und *flache,* bloß phänomenal verstandene Lerninhalte sind rasch aufgearbeitet. Gegenstände, die eine *Tiefendimension* besitzen, welche es erforderlich macht, ihre Genese zu erarbeiten, um ihre entwickelte gegenwärtige Struktur begreifen und diese auf ihre Funktion hin befragen und gegebenenfalls auch kritisieren zu können, sind in der Regel solche Gegenstände, die auch die *gesamtgesellschaftliche Vermitteltheit* des individuellen Lernsubjekts mit seinen unmittelbar erfahrenen Problemen begreifbar machen. Das *begreifende Denken* ist ein Denken in gesellschaftlich vermittelten Zusammenhängen unter dem Aspekt der ja individuellen Betroffenheit durch den begriffenen Gegenstand. Das bloß an den Oberflächenphänomenen orientierte *deutende Denken* sollte durch Lernprozesse anhand von Gegenständen mit entsprechender *Tiefe* hin zum *begreifenden Denken* von Vermittlungszusammenhängen durchdrungen werden. Denken von Zusammenhängen meint in diesem Kontext stets das Mitdenken von je unmittelbar erfahrener Lebenspraxis in ihrer gesamtgesellschaftlichen Vermitteltheit.

Um zu klären, wie das lernende Subjekt seine Welt-Beziehung erweitern kann, wie es sich, ausgehend von seiner unmittelbaren Lebenspraxis mit den gesellschaftlichen Lebensbedingungen in ein bewußtes Verhältnis setzen und so Orientierung für das eigene Handeln in der Gesellschaft gewinnen kann, beziehe ich mich auf die Kategorie *Handlungsfähigkeit* von Klaus Holzkamp. *Handlungsfähigkeit* meint, daß das Individuum nur dann Verfügung über seine eigenen Lebensbedingungen erreichen kann, wenn es an der Verfügung über den Gesamtprozeß der gesellschaftlichen Produktion und Reproduktion teilhat. Ist die *personale Handlungsfähigkeit* auf der Subjektseite u.a. von den psychischen Funktionen der Kognition, Emotion/Bewertung und Motivation als Antizipation möglicher Handlungsziele abhängig, so bilden die gesellschaftlichen *Bedeutungen* auf der Objektseite die dem Individuum gegebenen Handlungs- und Denkmöglichkeiten. Sie sind der individuell handlungsrelevante Aspekt der objektiven gesellschaftlichen Lebensbedingungen gemäß ihrer jeweiligen historischen Entwicklung. Um handlungsfähig zu werden, den Grad der bereits erworbenen *Handlungsfähigkeit* zu erhalten oder gar zu erweitern, ist erkenntnisgestützte Orientierung in der vorgefundenen Welt notwendig. *Handlungsfähigkeit* setzt voraus, daß sich das Subjekt bewußt zu sich, der Welt und den Anderen verhalten kann, daß es seine Handlungsziele bewußt aus den Handlungs- und Denkmöglichkeiten auswählen lernt und dabei seine eigenen Befindlichkeiten und Lebensinteressen mit den genannten gesamtgesellschaftlichen Möglichkeiten zu vermitteln lernt.

Holzkamp unterscheidet zwei Vermittlungsebenen, über die sich das individuelle Subjekt befähigen kann, seine Orientierung in der Welt bewußt vorzunehmen. Die erste Vermittlungsebenen zwischen den gesellschaftlichen Lebensbedingungen und dem individuellen Handeln sind die gesellschaftlichen - objektiven - *Bedeutungen.* Als dem Individuum zugekehrte Handlungs- und Denkmöglichkeiten werden sie zu *Prämissen* für die *subjektiven Handlungsgründe* des Individuums. Diese sind die zweite Vermittlungsebene zwischen Individuum und Gesellschaft. Indem sich das Subjekt in einer gegebenen Situation seine Handlungsgründe bewußt macht, kann es den Zusammenhang zwischen den vom Subjekt vorgefundenen Lebensbedingungen und seinen Lebensinteressen klarer fassen. Das Subjekt kann damit auch abwägen, ob es sein zentrales Lebensbedürfnis, seine *Handlungsfähigkeit* zu erweitern, erfüllen kann oder zurückstellen muß. Die Erweiterung der *Handlungsfähigkeit* ist im Verständnis der Kritischen Psychologie keine normative Vorgabe. Gesellschaftliche *Bedeutungen,* Handlungs- und Denkmöglichkeiten als *Prämissen* für je eigene *Handlungsgründe* stellen ein analytisches Instrumentarium dar, mit dessen Hilfe der Mensch-Welt-Zusammenhang bewußt gemacht werden kann.

Nun wird aber in Abhängigkeitsverhältnissen die Entwicklung/Erweiterung von *Handlungsfähigkeit* nicht nur gefördert, sondern auch behindert. Die Individuen haben daher in jeder Entscheidungssituation eine alle Handlungsmöglichkeiten umfassende, widersprüchlich-konflikthafte Handlungsalternative: die Möglichkeit, innerhalb der unmittelbaren Lebenswelt, damit kurzschlüssig-unmittelbar, die Absicherung/Bedürfnisbefriedigung im Rahmen des von den Herrschenden zugestandenen zu suchen, sich den vorgefundenen Bedingungen anzupassen, oder aber: die Erweiterung der Verfügungs- und Lebensmöglichkeiten in Überschreitung der Unmittelbarkeit anzustreben und damit das Risiko des Konflikts mit den herrschenden Instanzen auf sich zu nehmen. Die erste Alternative ist als *restriktive Handlungsfähigkeit* definiert. Durch ihren subjektiv-aktiven Anteil wirkt sie sich sowohl als Verfestigung der herrschenden Partialinteressen als auch als Bestätigung der eigenen Abhängigkeit von diesen aus. Demgegenüber ist die zweite Alternative, definiert als *verallgemeinerte Handlungsfähigkeit,* nur durch die Durchbrechung der *Unmittelbarkeitsverhaftetheit* zu realisieren, indem die Orientierung am unmittelbar privaten Interesse in Richtung auf die Orientierung am Interesse an einer verallgemeinerten Erweiterung der Verfügung über die objektiven Bedingungen der Lebenssicherung überschritten wird. Im Anschluß an diese kategoriale Fassung der Subjekt-Objekt-Vermittlung kann die These formuliert werden: Im historisch-politischen Lernen wird über das Verfahren der *Unmittelbarkeitsüberschreitung* das Verhältnis zwischen Unmittelbarkeit und gesamtgesellschaftlicher Vermitteltheit der subjektiven Welt- und Selbsterfahrung in der Perspektive einer klareren Orientierung und einer bewußt getroffenen Entscheidung für die im eigenen Lebensinteresse stehenden Handlungsoptionen zum Thema gemacht.[54]

Nach dieser für das Verständnis des Verfahrens der Unmittelbarkeitsdurchdringung notwendigen (aber auch vereinfachenden) Einführung wesentlicher Kategorien des subjektwissenschaftlichen Ansatzes von Klaus Holzkamp kann, auf einen inhaltlichen Vorschlag[55] eingehend, zugleich eine Konkretisierung - auch für die Schulprogramm-Entwicklung - versucht werden.

4.2. Zu möglichen Verfahren einer Schulprogramm-Entwicklung

4.2.1. Zum Problem einer gegenstandsadäquaten Methodik

Ein demokratisches Schulprogramm sollte u.a. von *Lernproblematiken* ausgehend entwikkelt werden, die von allen Beteiligten getragen werden. Solche *Lernproblematiken* können Aufschluß über Erwartungen der Lernenden hinsichtlich der für sie lernrelevanten Gegenstände geben.

Sowohl O. Negt wie auch W. Klafki gehen ebenso wie wir oder auch z.B. P. Weinbrenner[56] für das politische Lernen von epochalen Veränderungsprozessen aus, auf die Kinder und Heranwachsende vorbereitet werden müssen. Die gesamtgesellschaftlichen Herausforderungen unserer Epoche zwingen uns, grundsätzliche Überlegungen hinsichtlich der lernrelevanten Inhalte anzustellen. Während der herrschende Diskurs in Erziehungswissenschaft, Allgemeiner und Fachdidaktik schon seit einigen Jahren darauf konzentriert ist, über die Methoden nachzudenken, die im Unterricht zwecks besserer Motivierung angesichts wachsender Lernwiderstände Verwendung finden sollen, fehlt eine Debatte über die Lernrelevanz von Inhalten fast vollständig. Der weit verbreitete Glaube, daß Methoden-Lernen das Problem der adäquaten Vorbereitung von Kindern und Heranwachsenden auf

[54] Vgl. G. von Staehr, Was heißt historisch-politisches Lernen vom Standpunkt des Subjekts aus? In: U. Arnold/P. Meyers/U. C. Schmidt (Hg.), Stationen einer Hochschullaufbahn. Festschrift für Annette Kuhn zum 65. Geburtstag, Dortmund 1999, S. 62-74, S. 72.

[55] Vgl. K. Holzkamp, Antirassistische Erziehung als Änderung rassistischer 'Einstellungen'? - Funktionskritik und subjektwissenschaftliche Alternative, in: Anti-rassistische Praxen, hg.v. S. Jäger, Duisburg 1994, S. 8-29.

[56] Vgl. Jung/von Staehr, „Endzeit", a.a.O., Anm. 12 und P. Weinbrenner, a.a.O., Anm. 12.

die neuen gesamtgesellschaftlichen Herausforderungen lösen könnte, erweist sich bei näherem Hinsehen als eine Vermeidungsstrategie. Denn es ist eine alte Debatte der 70er Jahre, in der erkannt worden war, daß es nicht beliebig ist, an welchen Inhalten das Lernen gelernt, das Lernen von Methoden erfolgen soll. Wesentlich sind die Gegenstände und die Fragestellungen, unter denen diese angeeignet werden. Der Mystifizierung der Bedeutung des Methoden-Lernens ohne Inhalte entspricht der Hervorhebung von formalen und bloß personalen Schlüsselqualifikationen, die eingangs kritisiert worden sind. Unter diesen Umständen ist die vehemente Kritik, die K.-J. Pandel an der aktuellen Methoden-Diskussion der Geschichtsdidaktiker übt, ein Lichtblick. U.a. kritisiert Pandel die Beliebigkeit der auf Unterhaltungswert und bloßes Machen ausgerichteten Methoden-Vorschläge und klagt eine am Gegenstand Geschichte orientierte Methodik ein.[57]

Daß sich die jeweilige Auffassung auf eine gegenstandsadäquate Methodik und auf die entsprechende Wahl von Einzelmethoden auswirkt, daß Gegenstandsauffassung/Didaktik und Methodik/Methoden in einem Begründungszusammenhang zu erörtern sind, wird hier als selbstverständlich vorausgesetzt. Wenngleich das Verständnis des epochal Neuen jeweils unterschiedlich bestimmt wird, sind sich Autoren wie Negt, Klafki, Weinbrenner und Jung/von Staehr darin einig, daß die gesamtgesellschaftliche Entwicklung - verstanden als weltgesellschaftliche Entwicklung - eine derart neue Qualität angenommen hat, daß auch das Lernen - u.a. auch, weil sich die individuellen Subjekte mit diesen epochalen Neuerungen zu verändern scheinen - grundlegend verändert werden muß. Diesbezüglich werden alle Beteiligten - Lernende wie Lehrende - neue und unerprobte Pfade gehen müssen. Als ein Beitrag zu einem solchen unerprobten Pfad ist die folgende Konkretisierung zu verstehen.

[57] H.-J. Pandel, Postmoderne Beliebigkeit? Über den sorglosen Umgang mit Inhalten und Methoden, in: GWU, a.a.O., Anm. 38, S. 282-291. Einleitend stellt Pandel fest: „Wir besitzen zwar keine zeitgemäße >Methodik historischen Lernens<“ (S. 282), woraus der unkundige Leser schließen muß, daß es eine Methodik zu einem nachcurricularen Didaktik-Konzept des historischen Lernens nicht gibt. Verschwiegen wird, daß die Methodik von H. W. Jung/G. von Staehr, Historisches Lernen II. Methodik der Geschichte. Mit einem Unterrichtsmodell. Köln 1985 die einzige mit einem fachdidaktischen Konzept vermittelte Methodik ist, die nach der curricularen Wende überhaupt vorgelegt worden ist. Richtig gewesen wäre, wenn Pandel darauf hingewiesen hätte, daß die erwähnte Methodik von einem fachdidaktischen Selbstverständnis ausgeht, das Pandel nicht teilt; daß eine seinem fachdidaktischen Denken gerecht werdende Methodik noch nicht vorgelegt worden ist. Denn angesichts der häufig äußerst leichtfertig daherkommenden Methoden-Diskussion, die auch Pandel kritisiert, muß deutlich gemacht werden, daß eine Methodik ohne ein ausgewiesenes didaktisches Konzept, ohne eine präzise Definition von Gegenstand und Intentionen des historischen Lernens nur zu leicht der Beliebigkeit anheimfällt. Wenn Pandel eine Methodik einklagt, so unterscheidet er sich von den hier diskutierten Positionen u.a. dadurch, daß für ihn die Dimension der Zukunft kein zentraler Bestandteil des Geschichtsbegriffs und damit einer Theorie des „historisch-utopischen Lernens“ sein könnte. Vgl. Jung/von Staehr, a.a.O., Anm. 12, S. 84/85. Die Unterdrückung einer kontroversen Diskussion über Fragen einer Me-

4.2.2. Ein Projekt zur Frage: „In welcher Epoche leben wir?“

In einem gut vorbereiteten Projekt könnten sich alle Lernenden - ihren unterschiedlichen Lernaltern entsprechend - die Frage stellen: „In welcher Epoche leben wir?“ Diese Fragestellung hätte den großen Vorteil, daß sie von Lehrenden und Lernenden gemeinsam erarbeitet werden könnte, ohne daß die Lehrenden einen allzu großen Vorsprung in der Klärung dieser Frage für sich selbst aufzuweisen hätten. Dieses Projekt wäre also u.a. dadurch geprägt, daß viel eher „wissenssuchende“ Fragen gestellt werden würden als jene typischen vorauswissenden Lehrer-Fragen, die Schüler in Antizipation der Erwartungen des Lehrenden zu beantworten suchen.[58]

Die genannte Fragestellung soll darauf abzielen, daß mit einer vorläufigen Klärung der je individuellen Positionen lernnotwendige Probleme und aus ihnen auszudifferenzierende Lerngegenstände erarbeitet werden können, die Lernende und Lehrende im Hinblick auf die zu bewältigenden Probleme in der Zukunft als wesentlich erkannt haben.

In diesem Projekt soll ebenfalls angestrebt werden, daß die Klärung der Epochenqualität nicht ein abstrakter, die Schüler nicht betreffender Prozeß bleibt, sondern daß der Standpunkt der lernenden Subjekte mit den objektiven gesellschaftlichen *Bedeutungen* vermittelt wird und daß daraus folgend die Gründe für das Handeln der Lernenden bewußt werden können. Das Lernen als eine Form von Handeln begriffen meint hier, daß die Klärung des je eigenen Epochenbegriffs Positionen für das Lernnotwendige nahelegen wird, aus denen bestimmte *Lernproblematiken* und entsprechende Lerngegenstände ausgewählt werden können, an denen möglichst viele aus der jeweiligen Lerngruppe ein Lerninteresse herausgefunden haben.

Im folgenden soll exemplarisch dargestellt werden, wie mit Hilfe des „Verfahrens der *Unmittelbarkeitsdurchbrechung*“ die Vermittlung von unmittelbarer Lebenspraxis mit den gesamtgesellschaftlichen Gegebenheiten unter der Fragestellung nach der Qualität der Epoche, in der wir leben, erfolgen kann, wie auf dieser Basis eine *Lernproblematik* und mögliche Lerngegenstände erarbeitet werden können, die im Interesse einer Orientierung für die je eigene Lebensperspektive liegen, und wie also das *Begreifen* der *gesamtgesellschaftlichen Vermitteltheit der je individuellen Existenzsicherung* gelingen kann. Die einzelnen Schritte des Verfahrens der *Unmittelbarkeitsdurchbrechung* ordne ich dem Artikulationsschema zu, das hier lediglich in seiner verfahrensbezogenen Variante entsprechend der historisch-politischen Didaktik von Jung/v. Staehr Verwendung finden soll.[59]

---

thodik - nicht einer additiven Sammlung möglicher Einzelmethoden, die im Geschichtsunterricht eingesetzt werden könnten - ist leider mit einer Lern- und Forschungsbehinderung gleichzusetzen.

[58] Vgl. Holzkamp, Lernen, a.a.O., Anm. 18, S. 463 ff.

[59] Vgl. Jung/ von Staehr, „Endzeit“, a.a.O., Anm. 12, S. 147-153.

Der Stufe der „Konstitution“ des Lernproblems schließt sich die Stufe der „Konstruktion“ des Lerngegenstandes und dessen geplanter Erarbeitung mit Hilfe von Lernfragen und der Formalisierung und Visualisierung von Fragestellungen durch einen Operator an. Die Stufe der „Ausführung“ des Geplanten könnte im Gegensatz zu den beiden ersten - eher *affinitiven* - Lernphasen als *definitive* Lernphase erfolgen, in der der ausgearbeitete Lernplan realisiert wird. In der vierten Stufe der „Einordnung und Kontrolle“ geht es 1. um die Reflexion des gerade vollzogenen Lernprozesses, die eventuelle Kritik und nachholende Korrektur einbezieht, und es geht 2. um die Einordnung des Gelernten in den Gesamtzusammenhang des vorher Gelernten/Erfahrenen sowie um die Antizipation von neuen *Lernproblematiken*, die nun wichtig erscheinen. Hiermit wäre ein Übergang zu einer neuen Stufe der „Konstitution“ eingeleitet. Den Artikulationsstufen werden die einzelnen Schritte der *Unmittelbarkeitsdurchbrechung* zugeordnet:

1. Die Stufe der Konstitution[60]

1.1. Subjektive Standpunkte zum Epochenproblem

Je nach Lernalter kann die schwierige Frage nach dem Wesen der Epoche, in der wir leben, auch etwas erleichtert werden durch die Frage „In welcher Gesellschaft leben wir?“ Die letztere Frage wäre eine Ausdifferenzierung der ersteren, nunmehr aber deutlicher auf die vorfindlichen gesellschaftlichen Bedingungen bezogen.[61] Um eine gründliche auf Wissen basierende und mit genügend Zeit zur je individuellen Auseinandersetzung durchzuführende Reflexion zu ermöglichen, können, ausgehend von spontanen Vorstellungen über die Vergangenheit unserer Gegenwart, die qualifizierte Gegenwart selbst und die sich daraus ergebenden Antizipationen für mögliche Zukünfte, erste Vorklärungen der je individuellen Position hierzu erfolgen. Kontroverse Diskussionen über die Positionen sind unbedingt notwendig, weil sich in ihnen über die interpersonale Verständigung die je eigenen Vorstellungen weiter klären. Auch Wissenslücken und Einstellungen, Ängste und Verunsicherungen oder Hoffnungen können dabei erkannt werden.

---

[60] Vgl. zu den Lernprozeßstufen auch H. W. Jung, Katastrophische Lernereignisse, Münster 1996, S. 42-28.

[61] Vgl. zur Einführung: A. Pongs, In welcher Gesellschaft leben wir eigentlich? Gesellschaftskonzepte im Vergleich. Bd. 1, München 1999. Der Autor unterscheidet in diesem Band nicht zwischen Epochen- und Gesellschaftsbegriff. Vgl. zum möglichen Verfahren S. Thurn, Der bescheidene Traum vom kleinen Glück im globalisierten Schrecken. 13jährige und ihre Zukunftsvorstellungen. In: Stationen einer Hochschullaufbahn, a.a.O., Anm. 54, S. 197-212. Die Intensität der Zukunftsvorstellungen von Bedrohungen einerseits und von privaten Fluchtreaktionen in das unmittelbare Glück andererseits läßt vermuten, wie motiviert diese Schüler/Schülerinnen möglicherweise in Fortsetzung ihrer Selbstreflexion gemeinsam *Lernproblematiken* formuliert haben könnten, die schließlich eine bewußtere, an verallgemeinerbaren Zielen orientierte Beziehung zur Welt eröffnen könnten. Die Chance, die Selbstreflexion zur Generierung von *Lernproblematiken* und zur Ausgliederung von Lerngegenständen zu nutzen, wurde von Thurn offenbar nicht ergriffen.

Methodisch kann diese erste Vorklärung nach entsprechend nachdenklicher - nicht leistungsbezogener - Hinführung zum Problem je nach Fähigkeiten von Lernenden die Form des Bildermalens, der Essays oder der zu sammelnden Stichworte für einen ordnenden und klärenden Überblick über die geäußerten Vorstellungen annehmen. Nach dieser Klärung von Vorwissen, Dispositionen, Hoffnungen und Ängsten, damit auch der *unmittelbarkeitsverhafteten* Handlungs- und Denkmöglichkeiten der Lernenden kann nun nach den gesellschaftlichen Bedingungen unserer Epoche gefragt werden.

1.2. Erarbeitung der *gesellschaftlichen Bedingungen*

Gegenstand sind die gesellschaftlich-strukturellen Bedingungen unserer Epoche, so wie diese - mehr oder weniger verdeckt - in öffentlichen Diskursen anzutreffen sind. Diese öffentlichen Diskurse ziehen jeweils bestimmte Praktiken nach sich. Hilfreich hierfür ist das Sammeln entsprechender Sprachformeln von Politikern und Journalisten sowie von kritischen Rede- und Denkweisen, die diesen widersprechen. Begriffe wie Globalisierung, Deregulierung, Neoliberalismus, Kapitalismus, Industriegesellschaft, selbstreflexive Risikogesellschaft, Erlebnisgesellschaft, Spaßgesellschaft, Postmoderne und Beliebigkeit, Wissensgesellschaft, Informationsgesellschaft etc. müssen in dieser Phase ebenso geklärt werden wie der „Endzeit"-Begriff von G. Anders.[62]

Nicht zu vergessen ist in diesem Zusammenhang, auf die jeweiligen Praktiken hinzuweisen, die die Qualifizierungen unserer Epoche nach sich ziehen. Ebenfalls wäre schon an dieser Stelle sinnvoll, eine Differenzierung und Hierarchisierung von Epochenbestimmungen (Kapitalismus, Neoliberalismus, „Endzeit" etc.) und Bestimmungen von Formen von Gesellschaft vorzunehmen. Hier könnte das pragmatische Kriterium der Reichweite Verwendung finden, so daß Versuche einer umfassenderen Qualifizierung wie z.B. selbstreflexive Risikogesellschaft Qualifizierungen wie Spaßgesellschaft vorgeordnet werden. Epochenbestimmungen mit den größten Reichweiten sollten den Gesellschaftsbestimmungen vorgeordnet werden.

Diese Phase der Konstitution des Lernproblems erweist sich also als eine Phase, in der bereits intensiv gelernt wird, weil die derzeit vorgetragenen Epochen- und Gesellschaftsqualifikationen so weit bekannt sein müssen, daß ihre jeweilige Problematik überhaupt erfaßbar wird. Für diese wie auch zur folgenden dritten Phase der ersten Artikulationsstufe kann der Überblick, den A. Pongs zur Fragestellung bietet, hilfreich sein.

[62] Vgl. auch Jung/von Staehr, „Endzeit", a.a.O., Anm. 12, S. 17-26. Zum „Lernverfahren der *Unmittelbarkeitsüberschreitung*" vgl. von Staehr, a.a.O., Anm. 54.

1.3. *Gesellschaftliche Bedeutungen* der gesellschaftlichen und epochalen Bestimmungen

Die in 1.2 erhobenen *gesellschaftlichen Bedingungen* sollen nunmehr hinsichtlich ihrer *gesellschaftlichen Bedeutungsstrukturen* analysiert und reflektiert werden. Die *gesellschaftlichen Bedeutungsstrukturen* sind die dem Individuum zugekehrte Seite der strukturell-gesellschaftlichen Diskursformen. Sie stellen für die Individuen, hier die Lernenden, von deren subjektiven Standpunkt aus, jeweils bestimmte Handlungs- und Denkmöglichkeiten, aber auch deren mögliche Beschränkungen dar. Diese Handlungs- und Denkmöglichkeiten bzw. -beschränkungen werden zu *Prämissen* für die Lebensäußerungen der Individuen/Lernenden,- unabhängig davon, ob sie diese Handlungs- und Denkmöglichkeiten übernehmen, ob sie sie in bewußtem Verhalten reflektieren oder ob sie sie sogar verändern wollen.

In dieser Phase wird es notwendig, die in 1.1 gewonnenen Einsichten über die subjektiven Standpunkte mit dem öffentlichen, d.h. zumeist herrschenden Diskurs in Beziehung zu setzen. Um aber die sich aus den Epochen-/Gesellschaftsbestimmungen ergebenden individuellen Handlungs- und Denkmöglichkeiten zu klären, müssen Genese, Struktur und Funktion dieser Bestimmungen untersucht werden. Ohne Klärung der gesellschaftlichen Funktion der Bestimmungen der Epoche und/oder der Gesellschaft können die Lernenden die jeweilige „gesellschaftliche Bedeutung" dieser Bestimmungen nicht bewerten. Wichtig ist dieser Schritt deshalb, weil durch diese Reflexionen die „Prämissen" für die eigenen Lebensäußerungen erkennbar werden. Es geht also um die Rückbeziehung der *gesellschaftlichen Bedeutungen* der Gegenstände - hier der Epochen-/Gesellschaftsbestimmungen - auf die Handlungs- und Denkmöglichkeiten, die sich für jedes einzelne Individuum aus ihnen ergeben.

1.4 Reflexion der *Prämissen*

Nun erfolgt die Analyse und Reflexion der für je mich relevanten Handlungs- und Denkmöglichkeiten als aufgefundene *Prämissen*, nämlich je meiner begründeten Handlungsvoraussetzungen. Zu fragen wäre also: Wird der strukturell-gesellschaftliche Diskurs mit seinen Denk- und Frageverboten für mein Handeln leitend oder: ist er für mich Anlaß ihrer Problematisierung? Z.B. kann gefragt werden: Halte ich die gesellschaftlichen Anforderungsstrukturen einschließlich der Tabuisierungen ihrer für mich gefährlichen Aspekte aus, indem ich mich ihnen anpasse oder indem ich ihnen aus dem Wege zu gehen versuche? Welche Fluchtwege[63] habe ich schon beschritten? Habe ich die strukturell-

[63] Im Zusammenhang mit einer historischen Friedenserziehung unter Bedingungen des noch bestehenden Ost-West-Konflikts haben wir mögliche Fluchtreaktionen reflektiert, zu denen Lernende angesichts einer nicht

gesellschaftlichen Diskurse bereits problematisiert oder gar in der Perspektive ihrer Veränderungsmögllichkeiten kritisiert? Die *Prämissenreflexion* setzt also ausreichendes Wissen über die Bestimmungen von Epoche/Gesellschaft und ihre jeweiligen *objektiven Bedeutungen* voraus. Diese Phase ist wesentlich für die nächste, in der die *subjektiven Handlungsgründe* bestimmt werden sollen.

1.5. Bestimmung der *subjektiven Handlungs-/Lerngründe*

Diese Bestimmung erfolgt hinsichtlich je meines lebensweltlichen Kontextes. Es sollen mögliche gesellschaftliche Denkweisen und Lebensäußerungen erarbeitet werden, angefangen beim bloß ablehnenden Gefühl bis hin zur Anpassung, der unreflektierten Akzeptanz bis zur Verweigerung. Es müßte eine Problematisierung der selbstschädigenden Wirkungen solcher gesellschaftlich vorgegebener *subjektiver Handlungsgründe* erfolgen, indem sie als Auswirkung von *unmittelbarkeitsverhafteten* Bedrohungserfahrungen erfaßt werden. Solche *unmittelbarkeitsverhafteten* Bedrohungserfahrungen können von Sich-Einlassen durch intensives erfolgskontrolliertes Arbeiten bis hin zur Flucht in den Spaß/das Erlebnis, ja sogar bis zur Selbstzerstörung durch Suchtverhalten reichen.

1.6. Vor diesem Hintergrund ist folgendes Problem zu stellen und mit den Lernenden zu erörtern: Gibt es einen für die eben festgestellten Befindlichkeiten der Lernenden bedeutsamen Lerngegenstand, welcher eine Auseinandersetzung mit den *unmittelbarkeitsverhafteten*, partikularen Handlungsgründen in Richtung auf *verallgemeinerbare Handlungsgründe* ermöglicht? Mit diesem Abschluß der Stufe der Konstitution wäre also eine *Lernproblematik* zu eruieren, die einen Weg von der *unmittelbarkeitsverhafteten* Bedrohungsüberwindung des sich isoliert erfahrenden einzelnen Lernenden hin zum *Begreifen* der *gesamtgesellschaftlichen Vermitteltheit* aufweist: Können die eben erkannten *partikularen Handlungsgründe* in Richtung auf *verallgemeinerbare Handlungsgründe* erweitert werden? Hier ist entscheidend, welcher Epochen- bzw. Gesellschaftsbegriff die Lernenden besonders interessiert und welche *Lernproblematik* sich für sie daraus ergeben wird. Sind es Probleme wie die

- Arbeit in Vergangenheit, Gegenwart und Zukunft

ertragbaren Bedrohungssituation neigen könnten. Vgl. H. W. Jung/G. von Staehr, Historische Friedensdidaktik. Konzeption und Modelle, Hamburg 1989, S. 25-29, sowie S. 29-48 zu Fragen möglichen Lernens aus den überwältigenden Bedrohungsvorstellungen. Bezogen auf die Qualität der Epoche/Gesellschaft, in der wir leben, können mögliche Fluchtreaktionen, Formen von Widerstand etc. von den Lernenden aufgrund ihrer eigenen Lebenspraxis selber reflektiert werden.

- Die Produktivkraftambivalenz in Vergangenheit, Gegenwart und Zukunft und/oder ein die Produktivkraftentwicklung betreffendes spezielles Problem (z.B. die Energie-Frage, Gentechnologie etc.)
- die Marktgesetze des Neoliberalismus in Vergangenheit, Gegenwart und Zukunft
- Zusammenhänge zwischen wachstums- und profitorientierter Wirtschaft und den externalisierten ökologischen Kosten
- die gesellschaftlichen Möglichkeiten bezogen auf Armut, Bildung, Gesundheit, Wohnen etc. in Vergangenheit, Gegenwart und Zukunft
- die Orientierung auf den Konsum, die u.a. in den gesellschaftlichen Qualifikationen der Spaß- und Erlebnisgesellschaft problematisiert werden, in Vergangenheit, Gegenwart und Zukunft
- die Zerstörung interpersonaler Beziehungen durch komparatistisches Konkurrenzverhalten und die Möglichkeit von kooperativer Integration auf der Basis von *Subjektbeziehungen* in Vergangenheit, Gegenwart und Zukunft[64]

Wurde also z.B. das Problem der Arbeitsplätze nur als überwindbar betrachtet, indem je ich konkurrenzhaft versuche, Mitbewerber aus dem Felde zu schlagen, so wäre ausgehend von dieser Orientierung darüber nachzudenken, ob es in Zukunft gesamtgesellschaftliche Lösungen für das Problem der Arbeit/Arbeitslosigkeit geben kann, die allen mehr Sicherheit, mehr Lebensqualität, Selbstwertgefühl und mehr Humanität versprechen würden. Der herauszufindende Lerngegenstand wäre eine Konkretisierung eines Problems, das in den Epochen-/Gesellschaftsbestimmungen einen bestimmten Stellenwert hat, und trägt unter diesem Aspekt schließlich auch dazu bei, daß diese Bestimmungen in ihrer gesellschaftlichen Funktion genauer durchdrungen werden. Die gefundene *Lernproblematik* wäre im folgenden weiter zu spezifizieren, indem das „Verfahren der *Unmittelbarkeitsüberschreitung*“ fortgesetzt wird.

2. Die Stufe der Konstruktion

2.1. Ausgliederung eines Lerngegenstandes

Um die Verflochtenheit der eigenen *Handlungsgründe* mit den herrschenden strukturell-gesellschaftlichen Diskursen durchschauen zu können, muß der vorher gefundene Lerngegenstand erweitert werden. Die genannten herrschenden Diskurse über die Qualifizierung unserer Epoche/Gesellschaft müßten - hier am Beispiel der gesellschaftlichen Funktion von

[64] Der unabgeschlossene Kanon möglicher lernrelevanter Gegenstände findet eine Erweiterung durch die Vorschläge von H. W. Jung in diesem Band (vgl. H. W. Jung, Statt einer Einleitung, S. 5-19).

Arbeit als ein spezieller Fall von Mehrheits-Minderheits-Diskursen in der aktuellen gesellschaftlich-historischen Situation kontextualisiert und konkretisiert werden. Es wäre zu fragen, wer an der Knappheit von Arbeitsplätzen aus welchen Gründen interessiert ist, welche gesellschaftliche Funktion die Arbeitslosigkeit hat, wer von ihr in welcher Weise betroffen ist, wer die Nutznießenden von Arbeitslosigkeit sind, wie Arbeitslosigkeit begründet wird, für welche Arbeiten ökonomische Mittel vorhanden sind, für welche wenig ausgegeben wird etc.

2.2. Erarbeitung der herrschaftsstabilisierenden Funktion

Die Analyse von Mehrheits-Minderheits-Diskursen wäre nun zuzuspitzen auf die Frage nach ihrer herrschaftsstabilisierenden Funktion. Wird der Standpunkt der betroffenen Minderheiten eingenommen, ergeben sich weitere inhaltliche Fragen.
1. Die historische Dimension betreffend: Fragen zur Geschichte der Arbeit und deren Wandlungen im gesellschaftlichen Kontext, zur Geschichte der Arbeitslosigkeit und deren entsprechenden Wandlungen etc.
2. Die systematische Dimension betreffend: Fragen nach dem Arbeits-Begriff, dessen jeweiliger Funktion, nach dem Begriff der Arbeitslosigkeit und dessen Funktion, Fragen nach den anthropologischen, politischen, sozialen und ökonomischen Zusammenhängen von Arbeit etc.

2.3. Reflexion möglicher Erweiterungen von Handlungs- und Denkmöglichkeiten

Das „Verfahren der *Unmittelbarkeitsdurchbrechung*" zielt darauf ab, die mögliche Erweiterung von Handlungen in Richtung auf deren Verallgemeinerbarkeit im Interesse aller zu reflektieren. Wichtig daran ist, daß sich Lernende selber als potentielle Subjekte, aber auch als potentielle Opfer von entwürdigenden und entrechtenden Ausgrenzungserfahrungen erkennen können. Wird in dieser Weise das Problem der Epoche/Gesellschaft an *Lernproblematiken* und entsprechenden, aus ihnen ausgegliederten Lerngegenständen etwa gemäß dem hier verwendeten Beispiel der Arbeit konkretisiert und vom Standpunkt der Lernenden aus kontextualisiert, können Lernende schließlich selber bewußt, damit aber auch verantwortlich entscheiden, welche Alternative möglicher *Handlungsfähigkeit* sie für sich beanspruchen wollen - die eher *restriktive* oder die eher *verallgemeinerbare* Alternative.

3. Die Stufe der Ausführung

Die oben spezifizierten Fragestellungen werden anhand der vorgesehenen Materialien unter Anwendung gemeinsam geplanter methodischer Grundformen und Kooperationsformen aufgearbeitet, schrittweise angeeignet und reflektiert. Über das Gelingen und auch die bei der Ausführung auftauchenden Schwierigkeiten kann erst nach der Ausführung des geplanten Lernprozesses etwas ausgesagt werden.

4. Die Stufe der Einordnung und Kontrolle

Die Arbeitsergebnisse werden den Epochen-/Gesellschaftsbestimmungen zugeordnet. Deren Bewertbarkeit durch die Lernenden wird damit vertieft möglich. Es kann gefragt werden, welche der erkannten *Bedeutungen* und Funktionen von Arbeit in welcher epochalen bzw. gesellschaftlichen Qualifizierung in welcher Funktion vorkommt. Es ist zu überprüfen, ob je ich als Lernender einen neuen Standpunkt gewonnen habe, wie dieser sich vom ursprünglich eingenommenen Standpunkt unterscheidet und warum der neugewonnene Standpunkt für mich *subjektiv funktional* ist.

Wenn das „Verfahren der *Unmittelbarkeitsdurchbrechung*" von den Lernenden anhand eines für sie lebenswichtigen Gegenstandes vollzogen wurde, sind Lernziele denkbar wie[65]

- *Begreifen* des verallgemeinerbaren Kerns von strukturell-gesellschaftlichen Diskursen, der darin besteht, die gesellschaftliche Ungleichheit der Chancen von Menschen zu begründen, um über sie verfügen zu können
- *Begreifen*, daß potentiell jeder Opfer des Ausgrenzungs-Diskurses werden kann, z.B. indem er aus der Arbeitswelt ausgeschlossen wird
- Einsicht, daß, wenn ich mir nicht selbst schaden will, ich nicht zulassen oder mich daran beteiligen darf, Menschen gemäß herrschenden Diskursen tendenziell auszugrenzen, d.h. ihre Arbeitslosigkeit als in meinem Interesse liegend hinzunehmen oder gar aktiv zu betreiben

Lernende werden solche Lehr-/Lernziele nur dann übernehmen, wenn sie sie als in ihren eigenen Interessen liegend erkannt oder in bewußtem Verhalten als den eigenen Interessen widersprechend verworfen haben Im letzteren Falle ist aber die Übernahme der herrschen-

[65] An dieser Stelle kann leider nicht auf das Problem eingegangen werden, an welcher Stelle des Lernverfahrens/Lernprozesses wer, für wen, welche Lernziele wie artikuliert. Jedenfalls ist die ideale Lösung weder in der alleinigen Antizipation des Lehrenden noch in einem vollkommenen Verzicht desselben auf jede Reflexion von Lernzielen zu suchen. Die hier nicht angegebenen Lernziele sollen die selbstreflexiven Einsichten verdeutlichen, die als Ergebnis des „Lernverfahrens der *Unmittelbarkeitsüberschreitung*" anhand der gegenständlichen Konkretisierung und Kontextualisierung erreichbar werden können.

den epochen-/gesellschaftsbestimmenden Qualifizierungen als *Prämissen* für die je *subjektiven Handlungsgründe* doch wenigstens bewußt, in der Entscheidung für eine bestimmte Alternative und damit selbstverantwortet übernommen worden. Es handelte sich dann nicht mehr um das unbewußte Verfolgen von durch herrschende Diskurse nahegelegten *Handlungsgründen* und entsprechenden Handlungsoptionen, sondern um bewußte und verantwortbare *Handlungsgründe.* Daraus ergibt sich schließlich das folgende Lernziel:
Einsicht, daß die Aneignung solcher Zusammenhänge zwischen epochen- bzw. gesellschaftlich-strukturellen Diskursen und meinen eigenen Lebensperspektiven in meinem eigenen Interesse liegt, so daß ich die hier gestellten Lernanforderungen als meine *subjektive Lernproblematik* übernehmen kann, um mir auf diesem Wege meinen eigenen Standpunkt bewußt zu machen.

Denkbar ist, daß die Qualifizierung der Epoche/Gesellschaft, in der wir leben, und die Vermittlung des Gelernten mit meinen eigenen Lebensinteressen durch den zunächst gewählten Aspekt - Arbeit - Anlaß gibt, weitere Qualifizierungen der Epoche bzw. Gesellschaft zu erarbeiten, so daß ein neues Lernproblem als klärungsbedürftig formuliert wird und ein neuer - in meinem Interesse liegender - Lerngegenstand als lernrelevant ausgegliedert wird.

Das „Verfahren der *Unmittelbarkeitsüberschreitung*" im Sinne der Subjekt-Objekt-Vermittlung in Lernprozessen bewahrt Lernende vor der abstrakt bleibenden Lernerfahrung, in der die eigene Subjektivität, die eigenen Interessen verleugnet werden müssen. Die *Unmittelbarkeitsüberschreitung* ist das Verfahren, das das *Begreifen* der *gesamtgesellschaftlichen Vermitteltheit der individuellen Existenzsicherung* nahelegt und das gleichzeitig das Bedürfnis weckt, in Zusammenhängen zu denken, die auch die Lebenssituation der individuellen Subjekte einschließen. Die erarbeiteten Epochen- bzw. Gesellschaftsbestimmungen wurden am Beispiel Arbeit konkretisiert und damit genauer qualifizierbar. Eine Bewertung - im Zusammenhang mit der eigenen Standpunktbildung - wird möglich. Der Zukunftsaspekt von Arbeit wird als gewünschter, anzustrebender oder gefürchteter Aspekt in die Bewertung aufgenommen und für die konkretisierte Kontextualisierung gesamtgesellschaftlicher Utopien nutzbar. Die Lernenden werden unterschiedliche bis kontroverse Zukünfte durchdenken. Das Denken in Alternativen, in wünschbaren Möglichkeiten eröffnet neue Handlungsmöglichkeiten, die in Auseinandersetzung mit vorliegenden Zukunftsvisionen geklärt werden. Soziale Phantasie kann entwickelt werden. Die interpersonale Auseinandersetzung der Lernenden über mögliche Zukünfte gesellschaftlicher Organisation von Arbeit verdeutlicht dem einzelnen Lernenden, daß die Visionen von Zukunft auch von anderen geteilt werden, daß auch gemeinsames Handeln und damit *die Instrumentalverhältnisse* durchbrechende intersubjektive Beziehungen antizipiert werden können.

Orientierung in und für diese Welt ist davon abhängig, daß die *unmittelbarkeitsverhaftete* Bedrohung durch Lernen überwunden werden kann. Dafür muß Lernen zwei Voraussetzungen erfüllen: 1. Es muß ausgehend von einer *Lernproblematik* ein Lerngegenstand ausgegliedert werden, dessen *Tiefe* das *Begreifen* von vielfältigen Zusammenhängen, Abhängigkeiten und die entsprechenden Folgen für so oder anders handelnde Subjekte erschließbar macht. Die *Tiefe* des Gegenstandes in seinen vielfältigen Zusammenhängen, seine Genese, seine Wandlungen bis in mögliche Zukünfte hinein muß mit Bezug zu den gesamtgesellschaftlichen Entwicklungsprozessen rekonstruiert werden. 2. Der Gegenstand in seinen jeweiligen systematischen Bezügen, den unterschiedlichen *Bedeutungen* und damit den *Prämissen* für die je individuellen Handlungs- und Denkmöglichkeiten muß in seiner gesellschaftlichen Funktion durchdrungen und in ein Verhältnis zur *subjektiven Funktionalität* gesetzt werden.

Wenn Lernende die Erfahrung machen konnten, daß Lernen mit ihnen selbst, ihrer Lebenspraxis und ihren Lebensinteressen in Verbindung gebracht wird, wenn sie auf diese Weise ernst genommen als Lernende in den Lernprozessen selber vorkommen, steht zu erwarten, daß die Bereitschaft, sich mit komplexen Gegenständen zu befassen, sich die Welt anzueignen, gesteigert wird. Ziel ist, Planungssubjektivität auf der Basis von Reflexivität der Lernenden zu fördern, was eine neue Lehrqualität seitens der Lehrenden - in Kooperation mit den Lernenden - entwickelbar macht. Warum kann eine Schulprogrammentwicklung sich nicht auf einen solchen Pfad begeben? Einen Pfad, der erst neu gebahnt werden muß, auf dem es Hindernisse geben wird, die wir noch nicht vorhersehen können.

Effizienz, 'output'-orientierte und produkt- bzw. resultatorientierte straff geplante Lernprozesse mögen für viele die Lösung heutiger Anforderungen sein. Wir machen aber auch die Erfahrung von dem sich stetig verschärfenden Chaos unserer heruntergekommenen Lernkultur, in der hinter der Fixierung auf die Resultate der eigentliche Prozeß des Lernens keine Beachtung mehr erfährt. Könnte eine Schule nicht damit beginnen, ihr zu erarbeitendes Profil dadurch zu charakterisieren, daß sich die Schulgemeinschaft auf die angesprochenen neuen Pfade wagt und das zu entwickelnde Schulprogramm der reflektierten Planungssubjektivität *aller* Beteiligten überantwortet, so daß gemeinsam aus den reflektierten Lernerfahrungen Schlüsse für weitere Planungsschritte gezogen werden? Didaktische Lerntagebücher, in denen die Schwierigkeiten, Mißerfolge und gelungenen Prozesse dokumentiert und deren Reflexion als ausgewertete Lehr-/Lernerfahrungen für die weiteren Planungen genutzt werden können, wären das zentrale Mittel für die Besinnung auf die Meta-Ebenen des Lernens in *affinitiven Lernphasen.* So wäre die Entwicklung eines Schulprogramms als rollende Reform des eigenen Lehrens und Lernens zu vollziehen. Gesteigerte Planungssubjektivität und Lehr-/Lernreflexivität wären damit Bestandteil von forschendem Lernen, in dem die an den Lernprozessen Beteiligten kooperativ immer mehr über ihre eigenen Lehr-/Lernerfahrungen wissen und aus diesen bewußt gemachten Erfahrungen immer wieder ihre korrigierenden, weiterführenden Planungsschritte entwickeln.

Gundula Raabe

Was bedeutet „Praxis" im Lehramtsstudium? Subjektwissenschaftliche Überlegungen

Die Forderungen nach mehr „Praxis" in der Lehrerbildung sind unüberhörbar.[1] Vielerorts beeinflussen sie die Diskussion um eine Reform der Lehrerbildung, wenn sie nicht bereits auf deren Inhalte und Organisation durchschlagen. Statt jedoch eine einphasige Lehrerbildung[2] als konkrete Alternative zur bestehenden zweiphasigen zu diskutieren, wird angestrebt, den vorgeblichen Bedarf von mehr „Praxis" in der Lehrerbildung in deren universitären Teil einzulösen.[3] Was aber ist unter „Praxis" im Lehramtsstudium zu verstehen? Welche Bedeutung sollte „Praxis" im Lehramtsstudium zukommen, wenn ihre Funktion für die Studierenden unter anderem darin bestehen soll, ihre „individuelle Studienmotivation" zu überprüfen und - nach Bestätigung derselben - sich die für den Beruf notwendigen Kompetenzen durch „echtes Erfahrungslernen"[4] frühzeitig anzueignen?

Für eine erste Annäherung an diese Frage ist festzuhalten, daß die mit einem Lehramtsstudium angestrebte „Praxis" - im Unterschied zu anderen Studienzielen - nicht allein darin bestehen kann, mit vorfindlichen Realitätsaspekten des antizipierten Berufs „irgendwie" klarzukommen, sondern sich vielmehr dadurch auszeichnet, „Praxis" für andere, konkretisiert als „Unterrichtspraxis", erst herzustellen. Die Berufspraxis des Lehrers bedeutet also nicht allein, bezogen auf andere beziehungsweise mit anderen gemeinsam Handlungsziele zu realisieren, sondern sie ist in ihrem Kern dadurch charakterisiert, so zu handeln, daß andere eine spezifische Handlung auszuführen vermögen und/oder bei dieser unterstützt werden: das Lernen. Lehrer-„Praxis" impliziert somit immer auch eine (subjektive) Einschätzung der Möglichkeiten und Behinderungen von Lernen im Unterricht. Der wissenschaftliche Anspruch der universitären Phase der Lehrerbildung erfordert eine theoretische Anleitung und Reflexion der in ihr für die Studierenden vorgesehenen „Praxis"-Anteile.

---

[1] Vgl. stellvertretend. „Lehrer lernen das Falsche", in: „Die Zeit", Nr. 7, 7.2.1997, S. 33.
[2] Vgl. W. Boldt, Einphasige Lehrerausbildung, in: K. Bergmann/A. Kuhn/J. Rüsen/G. Schneider (Hg.), Handbuch der Geschichtsdidaktik, Düsseldorf 1985, S. 697-699.
[3] Ein Beispiel für eine (möglichst frühe) Konfrontation von Lehramtsstudierenden mit „Praxis" sind die in einigen Bundesländern (Hessen, Nordrhein-Westfalen, Baden-Württemberg) bereits eingeführten oder in Modellversuchen eingerichteten „Praxissemester", anhand derer Studium und Referendariat stärker verzahnt werden sollen. Vgl. Reform des Lehrerstudiums statt Praxisschock, in: Erziehung und Wissenschaft 12/1997; Vgl. E. Terhart, Erziehungswissenschaft in der Lehrerausbildung. Die Empfehlungen der NRW-Kommission zur Neuordnung des erziehungswissenschaftlichen Studiums in der 1. Phase der Lehrerausbildung, in: Pädagogik 5/98, S. 38-40.
[4] Vgl. Theorie-Praxis-Vermittlung in der Lehrerbildung unter besonderer Berücksichtigung der ersten Phase. Bilanz und Perspektiven für Hamburg. Unveröffentlichter Abschlußbericht, Hamburg 1999.

Eine kategoriale Reflexion von „Praxis" im Lehramtsstudium wird darüber hinaus unabdingbar, soll die Funktion von (mehr) „Praxis"-Anteilen für das Lehramtsstudium - nicht zuletzt für die Studierenden - durchschaubar werden. Nur durch eine theoretisch begründete Annäherung an „Praxis" im Lehramtsstudium wird vermeidbar, daß der „praxisorientierte" Lehramtsstudierende sich zwar unentwegt in Lehrer-„Praxis"-Zusammenhängen bewegt, deren Bedeutung für sein Studienziel und seine Berufsperspektive jedoch kaum (noch) hinterfragt - wodurch nicht zuletzt die Analyse von Lernmöglichkeiten und -behinderungen von Schülern im Unterricht verkürzt werden muß auf die Reproduktion pragmatischer Handlungsformen.

Träger von „Praxis" sind die individuellen Subjekte, in diesem Fall die Lehramtsstudierenden. Diese recht triviale Aussage rechtfertigt es hinreichend, für erste Überlegungen zu „Praxis" im Lehramtsstudium eine (psychologische) Theorie heranzuziehen, die Kategorien für die Analyse individueller Subjektivität unter gesamtgesellschaftlichen Bedingungen entwickelt hat: die Kritische Psychologie/Subjektwissenschaft.[5] Die Subjektwissenschaft hat nicht allein den Zusammenhang von Individuum und Gesellschaft entfaltet, sondern auch einzeltheoretische Kategorien für das „Lernen" entwickelt. Darüber hinaus hat sie die Bedeutung von „Praxis" im Zusammenhang von Psychologie und Psychologiestudium analysiert.[6] Durch den kategorialen Zugang zu individualwissenschaftlichen Problemstellungen, der für die Subjektwissenschaft konstitutiv ist, können mögliche einseitige Bedeutungszuschreibungen von „Praxis" im Lehramtsstudium zumindest ein Stück weit aufgebrochen werden. Hierzu erfolgt in einem ersten Schritt eine Annäherung an die Bedeutung von „Praxis" im Studium im allgemeinen. Noch vor jeder Bezugnahme auf eine bestimmte (Berufs-)„Praxis" ist dann die Bedeutung von „Praxis"-Anteilen des Studiums gegenüber „Theorie"-Anteilen des Studiums hinsichtlich der ihnen zugeschriebenen Funktion zu reflektieren (I.). Erst im Anschluß daran wird in diesem (begrifflichen) Rahmen die Spezifik der Lehrer-„Praxis" entfaltet (II.).[7] Abschließend werden Perspektiven eines grundlegenden „Praxis"-Bezugs im Lehramtsstudium der historisch-politischen Fächer entwickelt (III.). Die Einführung der für die Analyse zentralen subjektwissenschaftlichen Kategorien erfolgt nicht gesondert, sondern im Verlauf der Problementfaltung.

---

[5] Zur paradigmatischen Stoßrichtung der Subjektwissenschaft vgl. einschlägig K. Holzkamp, Die Entwicklung der Kritischen Psychologie zur Subjektwissenschaft, in: G. Rexilius (Hg.), Psychologie als Gesellschaftswissenschaft: Geschichte, Theorie und Praxis kritischer Psychologie, Opladen 1988, S. 298-317.

[6] Vgl. K. Holzkamp, Theorie und Praxis im Psychologiestudium, in: Ders., Schriften I. Normierung, Ausgrenzung, Widerstand. Hamburg 1997. S. 345-354 sowie K. Holzkamp, Praxis: Funktionskritik eines Begriffs, in: Ders., Schriften I, S. 355-384.

[7] Die begriffsgeschichtliche Dimension von „Praxis" im allgemeinen wird also allenfalls am Rande anzusprechen sein (vgl. hierzu J. Barata-Moura, Praxis, in: Europäische Enzyklopädie zu Philosophie und Wissenschaften. Herausgegeben von H.-J. Sandkühler, Hamburg 1990, Band 3: L-Q, S. 847-878).

1. Die Bedeutung von „Praxis“ im Studium

Verschiedene erziehungswissenschaftliche Lexika zeigen, daß ein eigenes Lemma „Praxis“ oftmals fehlt[8] oder aber „Praxis“ auf einer recht allgemeinen Ebene abgehandelt wird.[9] Allein in der ‘Enzyklopädie Erziehungswissenschaft’ finden sich Ausführungen, die „Praxis“-Anteile im Studium hinsichtlich ihrer Funktion für studentisches Lernen einschätzen. Wolf Rieck und Ulrich Peter Ritter widmen in dem Artikel „Lernsituationen in der Hochschulausbildung“ „praxisorientierten Lernsituationen“ ein eigenes Kapitel.[10] Sie charakterisieren die Bedeutung von „praxisorientierten Lernsituationen“ im Studium - jenseits eines bestimmten Studienganges - wie folgt:

> „Praxisorientierte Lernsituationen unterscheiden sich von allen anderen universitären Lernsituationen dadurch, daß sie den *unvermittelten* Zugang zu den Gegenständen, Ereignissen oder Abläufen der Praxis ermöglichen, auf die sich die wissenschaftlichen Disziplinen und Studiengänge beziehen. Zwar finden Elemente konkreter, nicht abstrahierter Praxis durchaus ihren Niederschlag in anderen universitären Lernsituationen. Ein Unterrichtsfilm oder ein Erfahrungsbericht in der Vorlesung etwa geben durchaus die Möglichkeit, die Probleme, Gegenstände und Arbeitsweisen, die Objekt der jeweiligen Disziplinen sind, in ihren realen Kontexten und Konstellationen wahrzunehmen. Bedeutsam ist aber, daß hier Praxis durch fremde Anschauung vermittelt wird. Ebenso lassen sich in Simulationen reale Abläufe darstellen oder antizipieren, aber eben in einer künstlichen Welt. *Gegenstand praxisorientierter Lernsituationen* sind also *die praktischen Grundlagen und Zusammenhänge, auf die sich die Wissenschaften beziehen, und die Arbeitsfelder, auf die sich die Studenten vorbereiten.*
>
> Erfahrungsbereich und Ziel praxisorientierter Lernsituationen können die unmittelbare Anschauung, der Erwerb praktischer Fertigkeiten, die tätige Teilnahme an der Praxis, ihre Kritik und Veränderung sowie Interventionen in Praxisabläufe sein. Praxisorientierte Lernsituationen weisen eine *durch den Praxisbezug erzeugte eigene didaktische Struktur* auf; die *zentralen Lehrfunktionen* in ihnen werden *durch die Praxis übernommen*, die *gleichzeitig Lerngegenstand und Erfahrungsbereich* ist, obwohl daneben Mentoren, Bücher, vorbereitende oder begleitende Seminare eine Rolle spielen.“[11]

---

[8] Vgl. z.B. Wörterbuch der Erziehung. Herausgegeben von C.Wulf. 7. Aufl. München, Zürich 1989; W. Böhm, Wörterbuch der Pädagogik, Stuttgart 1994; H. Schaub/K. G. Zenke, Wörterbuch Pädagogik, München 1995; Kritisches Lexikon der Erziehungswissenschaft und Bildungspolitik, Frankfurt/M. 1975; Wörterbuch der Schulpädagogik - Pädagogik für die Praxis, Freiburg 1973; R. W. Keck/U. Sandfuchs (Hg.), Wörterbuch Schulpädagogik, Bad Heilbrunn 1994.

[9] Vgl. Pädagogik-Lexikon. Herausgegeben von G. Reinhold, G. Pollak, H. Heim, München, Wien 1999. Nach einer kurzen begriffsgeschichtlichen Klärung von „Praxis“ schließt der insgesamt knappe Artikel mit der pädagogischen Spezifik von „Praxis“ in allgemeinster Form: „Der in der pädagogischen P(raxis) Tätige ist in jeder Situation erneut zu eigenverantwortlicher Entscheidung gegenüber der Sache und der Person des zu Erziehenden verpflichtet, wobei die Entscheidungskompetenz auf der Fähigkeit zum Durchdenken der P(raxis) unter (bildungs-)theoretischen Maßgaben beruht“ (S. 421).

[10] W. Rieck/U. P. Ritter, Lernsituationen in der Hochschulausbildung, in: Enzyklopädie Erziehungswissenschaft. Band 10: Ausbildung und Sozialisation in der Hochschule. Herausgegeben von L. Huber, Stuttgart/Dresden 1983, S. 367-400.

[11] A.a.O., S. 383 (Hervorhebung von mir, G.R.). Auf die Klassifikation von Lernsituationen in der Hochschulausbildung, die Rieck/Ritter entwickeln, kann an dieser Stelle nicht eingegangen werden.

Unabhängig von der Spezifik von „Praxis“ im Lehramtsstudium werden in dem zitierten Abschnitt zwei Aspekte angesprochen, die für die weitere Problementfaltung grundlegend sind:

1. Das Spezifische an „praxisorientierten Lernsituationen“ gegenüber anderen universitären Lernsituationen besteht Rieck und Ritter zufolge in einem „unvermittelten Zugang zu den Gegenständen, Ereignissen oder Abläufen der Praxis (...), auf die sich wissenschaftliche Disziplinen und Studiengänge beziehen“ beziehungsweise der „Arbeitsfelder, auf die sich die Studenten vorbereiten“.
2. Der Praxisbezug der Lernsituation stellt nach Rieck und Ritter eine „eigene didaktische Struktur“ her: Zentrale „Lehrfunktionen (...) werden durch die Praxis übernommen“ (sie sollten allerdings vor- beziehungsweise nachbereitend „strukturiert und aufgearbeitet werden“, was ein kritisches Herangehen an „Praxis“ einschließen muß)[12].

Ad 1: Die Subjektwissenschaft[13] unterscheidet zwischen der real nicht hintergehbaren *gesamtgesellschaftlichen Vermitteltheit* menschlicher Handlungen und einer unmittelbaren Einsicht des individuellen Subjekts in dieselbe. Was bedeutet dies genau? Und inwiefern kann diese Unterscheidung zu einer Klärung der Bedeutung von „Praxis“ im Studium beitragen?

In einer funktional-historischen Kategorialanalyse des Psychischen auf menschlichem Niveau hat Klaus Holzkamp herausgearbeitet, daß sich durch den Wechsel zur Gesellschaftsgeschichte der - aus der Anthropogenese hervorgegangene - gesellschaftliche Lebenserhaltungsprozeß so verselbständigen konnte, daß der einzelne Mensch nicht mehr auf bestimmte, für die Reproduktion der Gesellschaft notwendige Arbeitshandlungen festgelegt ist, um seine individuelle Existenz abzusichern (*Dominanzwechsel*). Er ist von einer unmittelbaren Teilhabe am gesellschaftlichen Lebensgewinnungsprozeß entlastet, da durch die innergesellschaftliche Ausdifferenzierung der in der Anthropogenese entwickelten arbeitsteiligen Naturaneignung ein Reproduktionszusammenhang entstehen konnte, der nur noch auf eine bestimmte Anzahl von Arbeitshandlungen angewiesen ist und sich somit quasi selbst trägt. Gesellschaftliche Handlungsnotwendigkeiten sind nunmehr für das Individuum Handlungsmöglichkeiten. Das Individuum hat immer Handlungsalternativen. Es steht zur (gesellschaftlichen) Wirklichkeit in einer *doppelten Möglichkeitsbeziehung*. Es kann so, aber auch anders handeln. Es ist *handlungsfähig*. Die Qualität individueller *Handlungsfähigkeit* ist jedoch weiterhin an die Verfügung über den gesamtgesellschaftlichen Prozeß der Lebenserhaltung gebunden. Denn die individuellen Handlungsräume sind - obgleich vielfältig vermittelt - letztlich von der materialen Absicherung individueller Exi-

---

[12] Vgl. a.a.O., S. 384.
[13] Die im folgenden verwendeten subjektwissenschaftlichen Kategorien sind kursiv gesetzt.

stenz abhängig, also von der individuellen Partizipation an der kooperativen Reproduktion der Gesellschaft auf ihrem jeweiligen historischen Niveau. Individuelle Subjektivität ist gebunden an die Teilhabe an gesellschaftlicher Subjektivität.

In der bürgerlichen Gesellschaft sind die Möglichkeiten der Verfügung über die gesellschaftlichen Lebensbedingungen durch die Partialinteressen der Herrschenden eingeschränkt. Das *doppelte Möglichkeitsverhältnis* ist von Holzkamp kategorial expliziert worden in dem Begriffspaar: *restriktive - verallgemeinerte Handlungsfähigkeit.* Die *verallgemeinerte Handlungsfähigkeit* ist durch die Realisierung von (zwangsläufig langfristigen) Möglichkeiten einer verallgemeinerbaren Verfügungserweiterung, das heißt einer Verfügung *aller* über den gesamtgesellschaftlichen Prozeß charakterisiert. Die *restriktive Handlungsfähigkeit* kennzeichnet hingegen das individuelle Sich-Arrangieren mit herrschenden Partialinteressen, um bestehende individuelle Handlungsräume abzusichern beziehungsweise diese in Anpassung an vorfindliche Bedingungen kurzfristig zu erweitern.

Mit der objektiven *gesamtgesellschaftlichen Vermitteltheit individueller Existenzsicherung* hat sich auf seiten des individuellen Subjekts jedoch gleichursprünglich eine „gnostische Erkenntnisdistanz" gegenüber den gesellschaftlichen Bedingungen seiner Lebenserhaltung entwickelt. Das individuelle Subjekt vermittelt sich mit den gesellschaftlichen Bedingungen seiner Lebenssicherung immer schon in dem Medium der vorfindlichen objektiven Bedeutungen von gesellschaftlichen Handlungs- und Denkmöglichkeiten. Insofern steht

„jedes Individuum in einer Art von *unmittelbarer Realität* (...), in der (der) *gesamtgesellschaftliche Zusammenhang* zunächst einmal nicht sichtbar wird, d.h. wir alle stehen zunächst einmal in einer Art von unmittelbar personalisierender Umwelt, unserer Alltagspraxis, in der wir uns irgendwo bewegen müssen (...), und die Denkweise, die dazu paßt, nämlich die Denkweise der Alltagspraxis, (...) die nennen wir Deuten. D.h. Zusammenhänge stiften zwischen jeweils oberflächlichen Bedingungen, so daß sie unseren praktischen Erfordernissen genügen."[14]

In der bürgerlichen Gesellschaft wird das *deutende Denken* von alltagspraktischen Zusammenhängen, der kognitive Funktionsaspekt *restriktiver Handlungsfähigkeit*, besonders nahegelegt. Für das individuelle Subjekt wird es in der zunehmend stärker vermittelten Gesellschaft immer schwieriger, sich verallgemeinerbare Denk- und Handlungsmöglichkeiten durch das *Begreifen* gesamtgesellschaftlicher Vermittlungszusammenhänge zu eröffnen. Das *deutende Denken* von Wirklichkeit, das Holzkamp auch als *Unmittelbarkeitsverhaftetheit* charakterisiert, ist - genauso wenig wie ein objektives Wirklichkeitsmoment - kein

[14] K. Holzkamp, Der Mensch als Subjekt wissenschaftlicher Methodik, in: K.-H. Braun/W. Hollitscher/K. Holzkamp/K. Wetzel, Karl Marx und die Wissenschaft vom Individuum. Bericht von der 1. internationalen

Charaktermerkmal des Subjekts, sondern ein situationsspezifisches Bewußtseinsphänomen: Für das Individuum ist es von *je seinem*[15] Einsichtsstand in vorfindliche objektive Bedeutungen einer konkreten Situation aus *subjektiv funktional*, sich Aspekte von „Welt" so und nicht anders anzueignen.

Mit Hilfe der Kategorien *restriktive* und *verallgemeinerte Handlungsfähigkeit* kann das individuelle Subjekt die Widersprüchlichkeiten seiner Lebenspraxis auf objektive gesellschaftliche Widersprüche hin analysieren, statt sie als subjektiv-individuelle zu verdrängen oder zu kompensieren. Um Möglichkeiten der gemeinsamen Verfügungserweiterung über die gesellschaftlichen Lebensbedingungen realisieren, also verallgemeinert handeln zu können, muß (und kann) das individuelle Subjekt seine individuelle Vermitteltheit mit dem gesamtgesellschaftlichen Reproduktionsprozeß als eine mögliche Realisationsform individueller *Handlungsfähigkeit* begreifen. Dazu muß es die in den objektiven Bedeutungen nahegelegten gesellschaftlichen Handlungs- und Denkmöglichkeiten als historisch gewordene und damit als - gemeinsam mit anderen - veränderbare kognizieren. Es muß also zu den „hinter" den unmittelbar anschaulich gegebenen Realitätsaspekten liegenden objektiven Bedeutungsstrukturen, die auf den gesellschaftlichen Kooperationsprozeß und seine (veränderbaren) Bedingungen verweisen, vorstoßen und das rein *deutende Denken* von Oberflächenphänomenen der Wirklichkeit überwinden. Eine zentrale Möglichkeit, die in den objektiven Bedeutungen der bürgerlichen Gesellschaft nahegelegten Prämissen *restriktiver Handlungsfähigkeit/Unmittelbarkeitsverhaftetheit* zu durchbrechen, ist das Lernen. (Ich komme darauf im Kontext des Lehramtsstudiums zurück.)

Zu der Bedeutung von „Praxis" im Studium: Der Erkenntniswert eines von Rieck/Ritter proklamierten „unvermittelten" Zugangs zu den im Studium interessierenden Wirklichkeitsbereichen kann so gesehen nur darin bestehen, die in einer konkreten „Praxis"-Situation unmittelbar nahegelegten Bedeutungen zur alleinigen Handlungsrealität zu überhöhen. Wobei ein als „Unvermitteltheit" verschleiertes 'Unmittelbarkeits-Postulat'[16] von „praxisorientierten" Lernsituationen letztlich auch einen kritischen Zugriff auf „Praxis" - unabhängig davon, ob er der „Praxis"-Erfahrung nachfolgt oder von Beginn an hergestellt ist - im *deutenden Denken* belassen muß. Denn die (institutionalisierte) „Praxis"-Situation des Studiums wird durch die vorausgesetzte „unvermittelte" Lernsituation von der realen, gesamtgesellschaftlich vermittelten Praxis abstrahiert. Die „Praxis" von Subjekten ist jedoch nicht von außen auf bestimmte Situationsmomente festlegbar, sondern ein

---

Ferienuniversität Kritische Psychologie vom 7.-12. März 1983 in Graz. Marburg 1983, S. 120-166, S. 148 (Hervorhebungen von Holzkamp).

[15] *Je sein, je mein* etc. kennzeichnen den unhintergehbaren Subjektstandpunkt des Individuums, der jedoch durch die materiale Grundlage individueller Lebensführung metasubjektiv verallgemeinerbar ist (vgl. K. Holzkamp, Grundlegung der Psychologie, Frankfurt/New York 1985, S. 540-545).

genuiner Vermittlungszusammenhang zwischen dem individuellen Subjekt und den objektiven gesellschaftlichen Bedeutungen, der allein von diesem auf die verschiedenen Vermittlungsebenen zu seiner unmittelbaren Lebenslage hin konkretisiert werden kann. „Praxis"-Anteile des Studiums als „unvermittelte" Zugänge des Studierenden zur (Berufs-) „Wirklichkeit" hervorzuheben käme also nicht allein einer Hypostasierung von bestimmten, in der bürgerlichen Gesellschaft nahegelegten Bedeutungsaspekten von „Berufspraxis" gleich, sondern löste gleichermaßen die Bedeutung von „Praxis" von deren bestimmendem Realisationsmoment, dem individuellen Subjekt.

Ad 2: Nicht die als „unvermittelter" Zugang charakterisierte „praxisorientierte Lernsituation" selbst weist - quasi automatisch durch ihre Existenz - eine „eigene didaktische Struktur" auf und übernimmt damit „zentrale Lehrfunktionen". Vielmehr realisiert der Studierende diejenigen Bedeutungseinheiten der jeweilig zu absolvierenden „Praxis"-Situation, welche für *je seine* unhintergehbare Lebenspraxis *subjektiv funktional* sind. Dies schließt ein, daß die lebens-praktischen Prämissen des Studierenden den vom Studien- beziehungsweise Seminarplan vorgegebenen Zielen diametral entgegenstehen können. Von außen zugeschriebene Bedeutungen/Funktionen von „praxisorientierten Lernsituationen" im Studium können immer nur mögliche Handlungs- und Denkformen der unmittelbaren Lebenspraxis des Studierenden darstellen. So können beispielsweise universitäre „Theorie"-Veranstaltungen dem Studierenden mehr Aufschluß über seine (zukünftige) „Berufspraxis" vermitteln als dafür vorgesehene „Praxis"-Erfahrungen - wie auch umgekehrt erfahrene „Praxis"-Widersprüche ihn veranlassen können, konkretere Anfragen an verschiedene Theoriepositionen zu richten. Die Verbindung von „Theorie" und „Praxis" im Studium wird von dem Studierenden hergestellt.[17] Die (theoretische) Reflexion von „Praxis"-Anteilen des Lehramtsstudiums ist davon geleitet, wie *je ich* meine (lebenspraktischen) Interessen auf sie beziehe.

Statt mit dieser Feststellung nun jeglichen „Praxis"-Anteilen im Studium, vielleicht sogar institutionalisierten Bildungsprozessen insgesamt eine Absage zu erteilen, sollte vielmehr bedacht werden, ob es nicht *vor* jeden, in der bürgerlichen Gesellschaft zumindest der Tendenz nach *unmittelbarkeitsverhafteten*, „praxisorientierten" Lernsituationen im Studium sinnvoll wäre, eine Analyse sowohl der in ihnen nahegelegten Bedeutungen als auch der jeweiligen „lebenspraktischen" Prämissen der Studierenden für die Aneignung

[16] Vgl. K. Holzkamp, Gesellschaftliche Widersprüche und individuelle Handlungsfähigkeit am Beispiel der Sozialarbeit, in: Ders., Schriften I. S. 385-403.

[17] Auf die unterschiedliche *subjektive Funktionalität* der Aneignung von „Praxis" im Lehramtsstudium, welche die (subjektive) Reproduktion von *Unmittelbarkeitsverhaftetheit* einschließt, kann an dieser Stelle nicht eingegangen werden (vgl. G. Raabe, Universitäres Lernen und studentische Lebensführung aus subjektwissenschaftlicher Sicht - erscheint demnächst).

von (antizipierter) Berufs-„Praxis" vorzunehmen. Eine solche Analyse dürfte allerdings nicht beliebig sein, sondern wäre kategorial anzuleiten durch die Frage, ob *je meine* Sichtweise auf „Praxis" eher in die Richtung *restriktive* oder in die Richtung *verallgemeinerte Handlungsfähigkeit* weist. Um diesen Vorschlag weiter verfolgen zu können, ist allerdings erforderlich, die im Studiengang angesprochenen Vermittlungsebenen von „Praxis" zu konkretisieren.

2. Die Bedeutung von „Praxis" im Lehramtsstudium

Wie eingangs erwähnt liegt die Bedeutung von „Praxis" im Lehramtsstudium - im Gegensatz zu den meisten anderen Studienfächern - nicht allein darin, vorfindliche Handlungssituationen „praktisch" verwirklichen, durchdringen und verändern zu lernen. Der Lehrerberuf ist vielmehr dadurch bestimmt, die „Praxis" von anderen, nämlich das Lernen von Schülern, in systematischer Weise zu initiieren, anzuleiten und zu unterstützen. Der Ort dieser spezifischen „Praxis" ist der Unterricht, der erst durch das „praktische" Zusammenwirken von Lehrer und Schülern konstitutiert wird, im interpersonalen Verhältnis von Schülern und Lehrer sind die Vermittlungsebenen der „Unterrichtspraxis" konkretisiert.

Für den (angehenden) Lehrer beziehungsweise den „praxisorientierten" Lehramtsstudierenden sind prinzipiell zwei Dimensionen, an Unterricht(spraxis) heranzutreten, zu berücksichtigen: „Unterrichtspraxis" wird einerseits anhand einer (oder verschiedener) Theorie(n) vorbereitet, geplant und gestaltet und/oder die in der Unterrichtspraxis gemachten konkreten Erfahrungen werden andererseits mit Hilfe eines Theorieinstrumentariums analysiert, um zukünftige „Unterrichtspraxis" zu verbessern. Während es auf der einen Ebene primär um die kontrollierte Planung von Unterricht anhand einer bestimmten Theorie beziehungsweise anhand von bestimmten Theorieanteilen geht (Unterrichtsvorbereitung), werden auf der anderen Ebene die Analysekategorien selbst durch die „Dignität" erfahrener „Praxis" modifiziert.[18] Zwar sind beide Möglichkeiten - die Anwendung von pädagogisch-didaktischer Theorie auf „Unterrichtspraxis" sowie die „Anwendung" von „Praxis"-Erfahrungen im Unterricht auf Theorie - nicht deutlich voneinander abgrenzbar, sondern beeinflussen sich wechselseitig.[19] Auffällig ist jedoch, daß bis in die allgemeindidaktische

---

[18] Angedeutet in dieser Einteilung sind zwei wesentliche wissenschaftstheoretische Positionen der Pädagogik beziehungsweise Erziehungswissenschaft: die empirisch-analytische Erziehungswissenschaft, die an „Praxis" als Anwendungsfeld von „Theorie" interessiert ist, um „Praxis" kontrollierbar und korrigierbar zu machen und die geisteswissenschaftliche Pädagogik, welche im Anschluß an die hermeneutische Lebensphilosophie „Theorie" als „Praxis"-abhängige Größe versteht.

[19] Vgl. besonders die im „Berliner Modell" explizit so angelegte Konzeption der Analyse und Planung von Unterricht (W. Schulz, Unterricht - Analyse und Planung, in: P. Heimann/G. Otto/W. Schulz, Unterricht - Analyse und Planung. 10. unveränderte Aufl., Hannover 1979, S.13-47).

Diskussion hinein der „Wert“ von didaktischen Konzeptionen an deren Praktikabilität für eine unmittelbar planbare Unterrichtspraxis gemessen wird - was auch bedeuten kann, daß theoretische Reflexionen von „Unterricht“ für die „eigentliche“ Unterrichtspraxis keine Rolle mehr spielen.[20]

Wirft man einen Blick auf verschiedene Konzeptionen von „Praxis“-Anteilen des Lehramtsstudiums sowie auf Ausführungen zu „Lehrer-Professionalität“, so wird deutlich, daß es in ihnen nicht um eine theoretisch angeleitete Reflexion von „Unterricht“ geht, die auf Möglichkeiten einer (langfristigen) Verfügungserweiterung zielt, sondern um eine möglichst frühzeitige „praktische“ Anpassung an bestehende Lehr-Lernverhältnisse.[21] Den „Praxis“-Erfahrungen im Lehramtsstudium soll, so scheint es, vorrangig die Funktion zukommen, Studierende auf die Realisierung des Machbaren vorzubereiten, auf das individuelle Sich-Arrangieren mit einem in seinen wesentlichen Zügen scheinbar unveränderbaren institutionellen Zusammenhang „Unterricht“. Erst durch „Praxis“-(Selbst)Erfahrungen im „Unterricht“ werde für den Lehramtsstudierenden einschätzbar, ob er sich für das Studienziel „Lehrer“ eignet beziehungsweise sich in der Lage sieht, Unterricht zu bewältigen. Erst im Anschluß an (erfolgreiche) „Praxis“-Erfahrungen würden schließlich auch Theorien der Unterrichtsplanung bewertbar.

„Praxis“-Erfahrungen, die vorrangig einer schnellen „Einpassung“ in vorfindliche Unterrichtsbedingungen dienen sollen, bergen jedoch nicht allein die Gefahr in sich, den Studierenden von einer systematischen Reflexion der Vermittlungsebenen seiner Unterrichtserfahrung kurzfristig abzuschneiden, sondern können auch langfristig die Aneignung eines der Unterrichtssituation angemessenen Analyseinstrumentariums behindern. Unter dem unmittelbaren Druck, der „Praxis“ zu genügen, wird es für den Studierenden eher *subjektiv*

---

[20] Vgl. G. Heursen, Gebrochenes Herz. Didaktik zwischen Marginalität und Impulsivität, in: Neue Sammlung 3/1994. S. 499-516. Die von H. L. Meyer vorgebrachte Kritik an sogenannten „Feiertagsdidaktiken“ (H. L. Meyer, Leitfaden zur Unterrichtsvorbereitung. 12. Aufl., Frankfurt/M. 1993) bezieht sich nur oberflächlich gesehen auf die Unzulänglichkeit allgemeindidaktischer Modelle für die spätere Berufspraxis (vgl. S. 180-181). Sie richtet sich im wesentlichen auf die „feiertagsdidaktische“ Verschleierung einer strukturell bedingten Überforderung von Lehrern (vgl. S. 183). Insofern verstehen sich die nachfolgenden Ausführungen als einen Vorschlag, Meyers Forderung nach einer „empirisch gehaltvolle(n) Theorie der Unterrichtsvorbereitung“, die „bei einer Analyse der Arbeitsplatzstruktur des Lehrers einsetzen und diese auf die Handlungsspielräume des Lehrers“ (S. 187) auslegen muß, nachzukommen.

[21] Vgl. Theorie-Praxis-Vermittlung in der Lehrerbildung; vgl. auch Thema: Praxissemester der 1. Phase der Lehrerbildung: Pro und Contra, in: Pädagogik 9/98, S. 52-53: Beide Positionen gehen nicht auf die Bedeutung beziehungsweise Funktion von „Praxissemestern“ für die Lehrerbildung ein, sondern plädieren für ein frühes Kennenlernen der Arbeitssituation von Lehrerinnen und Lehrern, um die eigene „Eignung“ zum Lehrerberuf einzuschätzen („Pro“) oder setzen auf einen „selbstgesteuerten Prozeß“ studentischer Praxiserfahrungen (im Berufsleben außerhalb der Lehrerprofession), der - theoretisch unterstützt - weitere „Praxis“-Anteile kompensiert („Contra“). Zu „Lehrer-Professionalität“ vgl. K.-O. Bauer, Pädagogische Professionalität und Lehrerarbeit, in: Pädagogik 4/1997, S. 22-26. Vgl. auch (exemplarisch) H. Brabeck, Ausbildung der Lehrer in Nordrhein-Westfalen, in: PädForum, Februar 1998, S. 29-32; Vgl. H. Brabeck/J. Bennack/J. Golenia/B. Hecker, Kölner Kooperationsmodell Lehrerausbildung, in: PädForum, a.a.O., S. 33-34; Vgl. dies.,

funktional sein, sich Techniken und Methoden anzueignen, die einer Kontrolle von bestehender Unterrichtspraxis dienen, als den gesellschaftlichen Vermittlungszusammenhang von Gesellschaft, Schule und unterrichtlichem Lernen aufzuschlüsseln, um seine „praktischen" Möglichkeiten des Lehrens und Lernens im Unterricht erweitern zu können. Werden die in der unmittelbaren Unterrichtspraxis erfahrenen Widersprüche jedoch als systemimmanente interpretiert, müssen sie letztlich auf persönliche Defizite zurückgeführt werden und können nicht als objektive Widersprüche von Lehrerpraxis in der bürgerlichen Gesellschaft durchdrungen werden.

Der zentrale objektive Widerspruch des Lehrerberufs besteht in der Unvereinbarkeit seiner pädagogischen Intention mit der ihm zugewiesenen gesellschaftlichen Funktion. In der Person des Lehrers laufen die sich widersprechenden Bedeutungen vom Lernen unter schulischen Lehr-Lernbedingungen zusammen: Zum einen muß der Lehrer die Selektionsfunktion von Schule reproduzieren, ist also „Funktionär" der gesellschaftlich geforderten und administrativ legitimierten verteilungsorientierten Zuweisung von Lebenschancen. Zum anderen sollte seine pädagogische Intention darin bestehen, die Schüler bei der lernenden Verfügungserweiterung über die gesellschaftlichen Bedingungen zu unterstützen. Dieser zentrale Widerspruch von Lehrerpraxis kann von Lehramtsstudierenden auf vielfältige Weise verdrängt, kompensiert oder ganz geleugnet werden (wobei eine Verleugnung auch darin bestünde, die Selektionsfunktion von Schule so in den Vordergrund zu stellen, daß subjektiv-intendiertes Lernen im Unterricht als per se unmöglich angesehen wird). Aufgehoben werden kann er in „unvermittelten" Praxis-Situationen nicht. Bevor Vorschläge unterbreitet werden können, wie mögliche *unmittelbarkeitsverhaftete* Sichtweisen auf „Lehrerpraxis" im Studium durchdringbar werden, ist jedoch näher auf das Lernen der Schüler im Unterricht, deren (angestrebte) „Praxis", einzugehen. Perspektiven von „praktischer" Verfügungserweiterung im Lehrerberuf zu entwickeln, setzt nämlich nicht nur ein Mindestmaß an Reflexionsfähigkeit der objektiven unterrichtlichen Bedingungen voraus. Möglichkeiten und Behinderungen von Unterrichtspraxis zu analysieren, sollte für Lehramtsstudierende immer auch die Reflexion von Möglichkeiten und Behinderungen des subjektiven Lernens der zu unterrichtenden Schüler einschließen. Der angehende Lehrer sollte also in seine Reflexion miteinbeziehen, welche Vermittlungsebenen schulischen Lernens im Medium seiner Person für die Schüler zusammenlaufen (können).

Holzkamp hat in seiner Lernstudie zwei für den Schulunterricht wesentliche Vermittlungsebenen subjektiv-intendierten Lernens herausgearbeitet, die es für eine Unter-

„Bildungsqualität braucht professionelle Lehrerbildung" - Bericht vom 31. Seminartag des Bundesarbeitskreises der Seminar- und Fachleiterinnen e.V., Bonn im Dezember 1997, in: PädForum, a.a.O., S. 35-37.

richtspraxis jenseits von *Unmittelbarkeitsverhaftetheit* zu berücksichtigen gilt:[22] die Ebene der historisch-gesellschaftlichen Bedeutungskonstellation „Schule" und die Ebene der objektiven Bedeutungsstruktur von Lerngegenständen. Er hat analysiert, daß die dominante Funktion der Schule in der bürgerlichen Gesellschaft - die Auswahl von Individuen im Anschluß an den Bedarf der konkreten gesellschaftlichen Arbeitsteilung zu gewährleisten und damit gleichsam Lebenschancen zuzuweisen - auf die subjektive Lernhaltung von Schülern im Unterricht so durchschlägt, daß sich die Qualität menschlichen Lernens auf situationsspezifische Anpassungsleistungen an die Lernanforderungen des Unterrichts reduziert. Individuell-subjektive Lernhandlungen sind im Unterricht primär bewältigungs- statt sachorientiert. Sie werden vorrangig ausgeführt, um die bei Nicht-Lernen drohenden Sanktionen abzuwehren. Nicht die menschliche Qualität des Lernens, die darin besteht, in historisch-gesellschaftliche Vermittlungszusammenhänge einzudringen, um *je meine* Verfügung zu erweitern (*lernender Weltaufschluß*) ist leitend für das schulische Lernen, sondern zumeist die Demonstration von geforderten Lernergebnissen. Die Begründungsstruktur des bewältigungsorientierten, sachentbundenen Lernens charakterisiert Holzkamp als *defensiv*. Demgegenüber ist Lernen für den Schüler *expansiv* begründet, wenn er antizipiert, die Unmittelbarkeit seiner Lebenspraxis durch Lernhandlungen durchdringen zu können und sich dadurch Handlungsmöglichkeiten in Richtung einer (verallgemeinerbaren) Verfügungserweiterung zu erschließen. Anstrengende und mitunter risikoreiche Lernhandlungen werden im *expansiven* Lernen übernommen, um Handlungsproblematiken, die von dem derzeitigen individuellen Einsichtsstand in die gesellschaftlichen Vermittlungszusammenhänge nicht unmittelbar zu bewältigen sind, überwinden zu können. Nur im *expansiven* Lernen kann sich der Schüler verallgemeinerbare Handlungs- und Denkmöglichkeiten eröffnen. Notwendige Voraussetzung *expansiven* Lernens sind die Bedeutungsdimensionen von Lerngegenständen. Sie müssen eine gewisse *Tiefe*, das heißt Verweisungsstrukturen auf die gesamtgesellschaftliche Vermitteltheit *je meiner* individuellen *Handlungsfähigkeit*, aufweisen. Um die im Unterricht auf *Defensivität* hin normalisierten Lernhandlungen[23] durchbrechen zu können, ist jedoch vor allem anderen die (dominante) Prämissenkonstellation „Schule" selbst als historisch gewordene, gesellschaftliche Bedeutungsstruktur zu analysieren. Welche „Praxisorientierung" der Lehrerbildung folgt aus diesen Überlegungen?

Vor jeder überstürzten Unterrichts-„Praxis"-Erfahrung von Lehramtsstudierenden wäre es wünschenswert, daß diese ihr *je eigenes* schulisches, außerschulisches und universitäres Lernen reflektieren und im Hinblick auf ihre Prämissen künftigen Lehrens prüfen. Eine weitere Spezifik von Lehrer-„Praxis" gegenüber anderer Berufspraxis besteht schließlich

[22] K. Holzkamp, Lernen. Subjektwissenschaftliche Grundlegung. Frankfurt/New York 1993. Auf die einzeltheoretische Explikation subjektwissenschaftlicher Kategorien kann an dieser Stelle nicht eingegangen werden.

darin, daß sie von den Studierenden bereits als Schüler erfahren wurde, also über die *je eigene* Schülererfahrung vermittelt ist. Die (unterschiedlichen) Realisationsformen von unterrichtlichen Lehr-Lernprozessen in „praxisorientierten" Lernsituationen des Studiums haben also immer schon eine biographische Dimension, die es von der Reflexion von Lehrer-„Praxis" nicht abzuschneiden gilt, sondern welche als deren Prämissenstruktur grundlegend einzubeziehen ist. Anhand der subjektwissenschaftlichen Kategorien könnten nun Möglichkeiten und Behinderungen subjektiven Lernens und Lehrens unter den gesellschaftlich-institutionellen Bedingungen von Schule bewußt gemacht werden und somit Perspektiven ihrer „praktischen" Veränderbarkeit in den Blick rücken. Für die Analyse einer (antizipierten) Lehrer-„Praxis" müßten *unmittelbarkeitsverhaftete* Sichtweisen auf vergangene „Praxis"-Erfahrungen als Schüler, aber auch auf solche im Lehramtsstudium selbst überwunden werden. In einem *Bewußten-Verhalten-zu* den in den gesellschaftlich-institutionellen Bedeutungsstrukturen nahegelegten Prämissen schulischen Lernens und Lehrens wäre *je mein* individuelles Handeln in (zukünftiger) Unterrichtspraxis dann nicht mehr auf persönliche Fähigkeiten oder Defizite zurückgeworfen, also individualisiert, sondern als eine mögliche Realisationsform individueller *Handlungsfähigkeit* im Lehrerberuf begreifbar, die verändert werden kann, statt diffus und unspezifisch zu bleiben.

Der universitäre Diskurs über subjektiv-intendiertes Lernen und (antizipiertes) Lehren erfordert vor allem eine Analyse der historisch-gesellschaftlichen Bedeutungsanordnung „Schule". Diese sollte nicht abstrakt erfolgen, sondern anhand von zeit-räumlich relevanten Schulgesetzen, Richtlinien und Lehrplänen, (fach)didaktischen Konzeptionen etc. auf konkrete Prämissen für „Unterrichtspraxis" hin konkretisiert werden.[24] Wirft man einen Blick in das Hamburger Schulgesetz von 1997, so wird deutlich, daß viele der darin formulierten Anforderungen einer weiteren Interpretation bedürfen. Was verstehe *je ich* zum Beispiel unter dem Bildungsziel: „(G)rundlegende Kenntnisse über die Struktur der Berufs- und Arbeitswelt und die Bedingungen ihres Wandels"[25]? Erst die Analyse der administrativen Prämissen schulischen Lernens unter Einbeziehung der gesellschaftlichen Funktionen von Schule ermöglicht eine bewußte Bewertung von Möglichkeiten und Behinderungen unterrichtlicher „Praxis". Der Lehramtsstudierende kann durch sie aus der Unmittelbarkeit des Klassenraums hinaustreten, statt *unmittelbarkeitsverhaftete* Sichtweisen auf Unterrichts-„Praxis" an die Schüler weiterzugeben.[26] Er kann bewußt einschätzen, ob er die - aus dem oben erläuterten Widerspruch resultierende - „Unmöglichkeit" des Lehrerberufs[27] auf sich nehmen und verändern will, statt zu fragen, ob seine individuelle „Motivation" bezie-

---

[23] Vgl. a.a.O., S. 453.
[24] Vgl. a.a.O., Kapitel 4.
[25] Hamburgisches Schulgesetz vom 16. April 1997, §2 (3).
[26] Vgl. dafür K. Holzkamp, Lehren als Lernbehinderung? In: Ders., Schriften I, S. 196-214.
[27] Vgl. Holzkamp, Lernen, a.a. O., S. 448.

hungsweise Eignung zum Unterrichten unter vorfindlichen Bedingungen „ausreicht".[28] Erst durch eine subjektwissenschaftlich angeleitete Bedeutungs-/Begründungsanalyse *je meines* Lernens und Lehrens wird überhaupt konkretisierbar, „Praxis"-Möglichkeiten ich als Lehrer vorfinde, nutzen und erweitern kann. Zu fragen wäre in einem institutionalisierten universitären Diskurs zum Beispiel: Welche (Lern-)Behinderungen habe ich als SchülerIn in meiner „Unterrichtspraxis" erfahren? Wie kann ich sie als zukünftiger Lehrer - zumindest ein Stück weit - aufheben? Was unterscheidet die Behinderungen (und Möglichkeiten) unterrichtlichen Lernens von denen unterrichtlichen Lehrens? An welchem „Ort" (in der Klasse, Schule, Schulbehörde, in der konkreten Gesellschaft oder der Gesellschaftsformation) sind die Behinderungen *je meiner* Praxis überwindbar?[29]

Wesentlich für die Reflexion *je meiner* zukünftigen unterrichtspraktischen Möglichkeiten ist jedoch nicht allein die Analyse der Bedeutungskonstellation „Schule", sondern zudem die Reflexion der bisher angeeigneten Bedeutungsdimensionen des jeweiligen Unterrichtsfachs auf ihre Qualität für *expansives* Lernen hin. Zwar muß für die Aneignung der *Tiefendimensionen* von Lerngegenständen die von den schulischen Lehr-Lernbedingungen nahegelegte *defensive* Lernhaltung (auch und gerade die *je eigene*) überwunden werden. Zu einer bedeutungsanalytischen Problematisierung vergangenen (schulischen) Lernens sowie antizipierten schulischen Lehrens gehört aber gleichermaßen die Explikation derjenigen Bedeutungsdimensionen von Lerngegenständen, mit deren Aneignung *je ich* verallgemeinerte Verfügungserweiterung verbinde. Dies erfordert, mögliche Unterrichtsthemen auf subjektive *Lernproblematiken* hin zu durchdenken, die aus *typischen Handlungsproblematiken* der bürgerlichen Gesellschaft ausgliederbar sind. Im universitären Seminar wäre also auch zu diskutieren, welche Bedeutungsdimensionen *je ich* für *expansives* Lernen als wesentlich erachte. Die Qualität der Seminardiskussion über die objektiven Bedeutungsstrukturen eines Unterrichtsfaches beziehungsweise eines bestimmten Unterrichtsthemas ist abhängig von der bis dahin im Studium angeeigneten fachwissenschaftlichen Ausdifferenzierung unterrichtlicher Lerngegenstände. Sie kann diese aber auch erst motivieren. Eine dem Gegenstand des Lehramtsstudiums angemessene kontroverse Diskussion von fachspezifischen *Lernproblematiken* im Studium könnte die „Praxis" angehender Lehrer erheblich mehr befördern als das Einüben (weiterer) formaler Tips, Tricks und Rezepte für eine unmittelbare Bewältigung von Unterricht.[30] Notwendig für eine „Praxis"-Orientierung

---

[28] Vgl. U. Rauin/B. Kohler/G. Becker, Drum prüfe, wer sich ewig bindet. Ein Berufseignungstest für das Lehramtsstudium, in: Pädagogik 11/94, S.34-39.

[29] Vgl. K. Holzkamp, Vorbereitende Überlegungen zum methodischen Vorgehen im Projekt Subjektwissenschaftliche Lernforschung (PSL). Nachgedanken zum Projekttag vom 28. Februar 1993, in: Forum Kritische Psychologie 36. Hamburg 1996. S. 132-165, bes. 160-163.

[30] Diese Position impliziert gleichsam die Stärkung einer fachdidaktischen Reflexion von „Unterrichtspraxis" gegenüber einer rein allgemeindidaktischen, erziehungswissenschaftlichen oder gar sozialpädagogischen - vorausgesetzt, grundsätzliche fachdidaktische Fragen sind nicht zu Fragen nach Lehrmethoden des Unter-

im Lehramtsstudium ist also eine Konkretisierung anhand bestimmter unterrichtlicher Lerngegenstandsbereiche, in diesem Fall der historisch-politischen Fächer.

3. Die Reflexion von „Praxis“ im Lehramtsstudium der historisch-politischen Fächer

Für eine professionelle „Praxisorientierung“ im Lehramtsstudium der historisch-politischen Fächer liegt eine subjektwissenschaftlich angeleitete Reflexion von (antizipierter) Lehrer-„Praxis“ besonders nahe. Denn den Unterrichtsfächern „Geschichte“ und „Politik“ ist die Dimension individuellen Handelns und Lernens unter historisch-gesellschaftlichen Bedingungen im allgemeinen, unter den gesellschaftlich-institutionellen Bedingungen von Schule im besonderen unmittelbar inhärent. Eine „praktische“ Aneignung beziehungsweise Vermittlung von „Geschichte“ beziehungsweise „Politik“, die *expansives* Lernen befördert, ist aber erst dann möglich, wenn eine vorgeblich „formale“ Struktur tradierter Unterrichtsgegenstände anhand der Kategorien *restriktive* beziehungsweise *verallgemeinerte Handlungsfähigkeit* inhaltlich konkretisierbar wird. Vor einer möglichen Verengung auf „praktikable“ Unterrichtsinhalte müßte also die Bedeutungsstruktur von „Geschichte“ und „Politik“ im Hinblick auf deren Dimensionen verallgemeinerbarer Verfügungserweiterung ausdifferenziert werden.[31]

Bevor allerdings übergangslos auf historisch-politische Lerngegenstände hinsichtlich ihrer Bedeutung für *expansives* Lernen im Unterricht eingegangen werden kann, sollen die historisch-politischen Unterrichtsfächer auf einer dem Unterricht vorgelagerten Bedeutungsebene spezifiziert werden. Denn die „Wertigkeit“ der einzelnen Unterrichtsfächer für die dominante gesellschaftliche Funktion von Schule, für die selektiv-verteilungsorientierte Zuweisung von individuellen Lebenschancen, nimmt Einfluß auf deren Prämissenstruktur subjektiven Lernens. Um als künftig Lehrender bestehende Handlungsräume des Fachunterrichts „praktisch“ nutzen und/oder erweitern zu können, ist in einem ersten Schritt die gesellschaftliche Funktion von Schule für die studierten Unterrichtsfächer weiter auszudifferenzieren. Noch jenseits konkreter Unterrichtsinhalte ist zu fragen, welche spezifische

---

richts mutiert. A. Kasten zufolge würde dies - für die Geschichtsdidaktik - „einer Kapitulation der Fachdidaktik vor den Schwierigkeiten einer ihr wesentlichen Aufgabe gleichkommen: auch die Frage zu beantworten, *warum* denn Geschichte mit solchen Methoden vermittelt werden soll. Das Fach Geschichte muß sich im Fächerkanon der Schule legitimieren wie jedes andere Fach auch; es muß nachweisen, worin seine besondere Relevanz besteht, und diese Relevanz kann nur - im weiten Sinn - >lebenspraktisch< sein.“ (A. Kasten, Der Didaktiker lehrt nicht nur das Lehren, in: GWU 2/1996, S. 96-97, S. 96. Hervorhebungen übernommen); Vgl. auch H. Gies, Fachdidaktik in der Lehrerbildung, in: Ders., Geschichte, Geschichtslehrer, Geschichtsunterricht. Studien zum historischen Lehren und Lernen in der Schule. Weinheim 1998, S. 129-148.

[31] Diese Ebene betritt der grundlegende Aufsatz von H. Gies nicht (vgl. H. Gies, Der Geschichtslehrer im Spannungsfeld zwischen Anforderungen der Praxis und Ansprüchen der Theorie, in: Ders., Geschichte, Geschichtslehrer, Geschichtsunterricht, a.a.O., S. 109-128).

Funktion und Bedeutung den historisch-politischen Unterrichtsfächern für schulisches Lernen unter je konkreten historisch-gesellschaftlichen Bedingungen zukommt. Denn so kann die dem Lehramtsstudierenden unmittelbar nahegelegte Bedeutungskonstellation „Schule", die beinhaltet, subjektives Lernen in der Unterrichtspraxis so „in den Griff zu bekommen", daß eine verteilungsorientierte Bewertung(stotalität) legitimierbar wird, ein Stück weit „aufgeweicht" werden, statt sie unvermittelt in den Fachunterricht zu transportieren. Bevor die *Tiefenstruktur* historisch-politischer Lerngegenstände, die *expansives* Lernen ermöglichen, in den Blick rückt, sollten also die der allgemeinen Selektionsfunktion von Schule subsumierten „binnenfunktionalen" Bedeutungsmuster der historisch-politischen Unterrichtsfächer analysiert werden.[32]

Wolfgang Klafki unterscheidet eine „Ausbildungs- und Qualifizierungsfunktion", eine „Selektions- und Allokationsfunktion", eine „Integrations- und Legitimationsfunktion" sowie „die Funktion der Kulturüberlieferung".[33] Die von Holzkamp herausgearbeitete grundlegende Ebene der schuldisziplinären Bedeutungskonstellation, die subjektives Lernen im Unterricht auf *Defensivität* hin normalisiert, soll von uns mit Klafkis Unterteilung in „vier Hauptfunktionen" nun keineswegs zurückgenommen werden. Für die (Antizipation von) Unterrichts-„Praxis" der historisch-politischen Fächer kann jedoch im Anschluß an Klafkis Differenzierung geprüft werden, ob und - wenn ja - welche „praktischen" Handlungsräume durch eine funktionsspezifische(re) Annäherung an die Bedeutungsstruktur der historisch-politischen Fächer zu gewinnen sind.

Betrachtet man die (gegenwärtige) Arbeitsteilung der bürgerlichen Gesellschaft, so wird deutlich, daß die historisch-politische Qualifizierung im schulischen Unterricht für die Positionsrealisierung, das heißt die Realisierung einer an die Schulbildung anschließenden Berufsausbildung, gegenüber einer naturwissenschaftlichen, aber auch einer fremdsprachlichen, in jüngster Zeit wohl primär einer informationstechnischen Qualifizierung, zurücktritt (sieht man von den Berufszielen Historiker, Politiker o.ä. einmal ab; wobei an dieser Stelle offen gelassen werden muß, ob der bestehende Geschichts- beziehungsweise Poli-

[32] Holzkamp selbst hat sich in seiner Lernstudie nicht näher mit einer Ausdifferenzierung der gesellschaftlichen Funktion von Schule auf die verschiedenen Unterrichtsfächer hin beschäftigt. Ihm geht es vielmehr darum, die objektiven gesellschaftlichen Funktionsanforderungen, welche schulische Bewertungstotalität und Lehr-Lernkurzschlüsse im allgemeinen legitimieren, als umfassende 'schuldisziplinäre' Zurichtung subjektiven Lernens herauszustellen sowie als *typische Bedeutungs-/Begründungsmuster* vom Standpunkt der Schülersubjekte aus aufzuschlüsseln. Für eine Differenzierung der objektiven gesellschaftlichen Funktion von Schule verweist Holzkamp jedoch auf W. Klafki (vgl. Holzkamp, Lernen, a.a.O., S. 383-384).

[33] Vgl. W. Klafki, Gesellschaftliche Funktionen und pädagogischer Auftrag der Schule in einer demokratischen Gesellschaft, in: K.-H. Braun/K. Müller/R. Odey (Hg.), Subjektivität - Vernunft - Demokratie. Analyse und Alternativen zur konservativen Schulpolitik. Weinheim 1989, S. 4-33. Die Funktion der Kulturüberlieferung ordnet Klafki nicht den historisch-politischen Fächern zu. Sie ist zwar nach Klafki ebenso wie die anderen Funktionen untereinander mit ihr „verquickt"; mit ihr ist jedoch primär eine allen Fächern übergeordnete Funktion des „kulturellen Lebens" angesprochen, die im schulischen Lernen die musischen und ästhetischen Fächer erfüllen (vgl. S. 24-25).

tikunterricht eine angemessene Qualifizierung für diese Berufe überhaupt übernehmen kann beziehungsweise sollte).[34] Nun kann es in keinem schulischen Unterrichtsfach, auch unter Einbeziehung der unterschiedlichen Schulformen, um eine direkte Berufsqualifizierung gehen. Allerdings gibt es sogenannte Hauptfächer und sogenannte Nebenfächer, insgesamt also eine Hierarchie von Schulfächern, die die Selektions- beziehungsweise Allokationsfunktion von Schule in mehr versetzungsrelevante (Haupt-)Fächer und weniger versetzungsrelevante (Neben-)Fächer konkretisiert. Für den Schüler bedeutet dies, daß es nicht allein subjektiv funktional ist, in möglichst vielen Fächern eine möglichst gute Bewertung anzustreben beziehungsweise - umgekehrt - in möglichst wenigen Fächern eine schlechte Bewertung zu vermeiden, sondern daß er die einzelnen Fächer immer auch nach ihrem unterschiedlichen Stellenwert für die Selektions- und Allokationsfunktion von Schule bewertet. Den Schülern sind bestimmte „fachfunktionale“ Bedeutungsaspekte der Unterrichtsfächer noch jenseits ihrer eigentlichen Lerninhalte nahegelegt. Während die Qualifizierungs- und Ausbildungsfunktion von Schule, die mit der Selektions- und Allokationsfunktion einhergeht, durch den Nebenfachcharakter der historisch-politischen Fächer ein Stück weit zurückgenommen ist, kommt ihnen für die Integrations- und Legitimationsfunktion von Schule eine vorrangige Bedeutung zu. Letztere beinhaltet nach Klafki die „Eingliederung der jungen Generation in die jeweilige Gesellschaft, ihre politisch-gesellschaftlichen Normen und Ordnungen und zugleich die Funktion der Rechtfertigung“[35].

Ohne an dieser Stelle eine „unterrichtsfachfunktionale“ Differenzierung *typischer Bedeutungs-/Begründungsmuster* schulischen Lernens in den historisch-politischen Fächern vornehmen zu können, bleibt für die Reflexion von Lehrer-„Praxis“ nun erstens zu prüfen, wie *je ich* als angehender Lehrer der historisch-politischen Fächer mit der von Klafki angesprochenen Integrations- und Legitimationsfunktion der historisch-politischen Fächer umgehen will beziehungsweise wie ich sie - gegenüber einer *unmittelbarkeitsverhafteten* Reproduktion der dominanten Selektions- und Allokationsfunktion von Schule - zur zentralen „Praxisorientierung“ meines Studiums machen kann. Zweitens ist zu klären, welche „praktischen“ Möglichkeiten sich für *je mich* als zukünftigen Lehrer daraus ergeben, daß der historisch-politische Unterricht als Nebenfach für die selektionsorientierte Gesamtbewertung der Schüler (erst einmal) auch nur eine nebensächliche Bedeutung hat. Beide Vermittlungsebenen von Lehrer-„Praxis“ schlagen - wie zu zeigen sein wird - die Brücke zu den historisch-politischen Unterrichtsinhalten.

---

[34] Dies ist keinesfalls eine Erscheinung der letzten Jahre/Jahrzehnte, sondern für den Geschichtsunterricht seit Gründung der BRD der Fall (vgl. z.B. F. Klausmeier, Zur Methodik des Geschichtsunterrichts, in: GWU 1952, S. 548-557, S. 549).

Ad 1: Gegenüber den „offiziösen“, das heißt nicht in der offiziellen Planbarkeit von Unterricht vorgesehenen, *defensiven* Begründungsmustern historisch-politischen Lernens sind mit der Integrations- beziehungsweise Legitimationsfunktion der historisch-politischen Fächer ganz explizit „Praxis“-Leistungen des Lehrenden angesprochen, mit deren Realisierbarkeit sich schon der Lehramtsstudierende auseinandersetzen sollte. Die Integrations- und Legitimationsfunktion von Schule ist dabei zum einen auf der Ebene von Lehrplänen, Richtlinien und Curricula angesprochen, zum anderen, indirekt, in Schulordnungen, Schulklima, Unterrichtsritualen etc. vermittelt. Für die Analyse der Bedeutung von „Praxis“ im Lehramtsstudium der historisch-politischen Fächer ist jedoch besonders die Verbindungslinie von der Integrations- und Legitimationsfunktion zur Selektions- und Allokationsfunktion von Schule wesentlich: das „sog. >Chancengleichheitsprinzip<“[36]. Dieses sieht Klafki primär über die Person des Lehrenden vermittelt. Er führt aus:

> „Es ist (...) nicht nur denkbar, sondern offenbar sehr häufig tatsächlich der Fall, daß Lehrer in der Überzeugung handeln, es gäbe in der Schule tatsächlich Chancengleichheit für jedermann, und in der Überzeugung, ihre Bewertung der Schülerleistungen sei - am Maßstab der Chancengleichheit gemessen - gerecht. Schüler übernehmen diese Auffassung vermutlich oft, und sie schreiben ihre höheren oder geringeren Schulleistungen dann ausschließlich ihrer vermeintlich naturgegebenen Befähigung oder ihrem Fleiß und ihrer Anstrengungsbereitschaft zu. Sie können dann auch die unter diesem Vorzeichen vollzogene *Selektion und Allokation* und die auf dieser Basis erfolgende Verteilung von Berufs-, Lebens- und Sozialchancen als gerecht ansehen und sich damit abfinden.
>
> Wo das schulische Leistungsprinzip nun in diesem unreflektierten Sinne praktiziert und verinnerlicht wird, wird es zugleich zu einem unkritischen, ideologischen *Integrations- und Legitimationsmittel* der jungen Generation in die gegebene Gesellschaft; die tatsächliche Ungleichheit der faktischen Gesellschaft kann dann verschleiert werden, Integration wird zur kritiklosen Einpassung und Anpassung an eine unaufgeklärte Realität, und Chancengleichheit wird zur Ideologie, d.h. zum gesellschaftlich falschen Bewußtsein, statt zu einem Maßstab, an dem man die gesellschaftliche Realität kritisch messen könnte.“[37]

Ohne den zitierten Ausführungen Klafkis im ganzen gerecht werden zu können, ist eine Forderung an eine „praxisorientierte“ Lehrerbildung im Lehramtsstudium der historisch-politischen Fächer aus ihnen ableitbar: Um die Integrations- und Legitimationsfunktion von Schule als in ihr Lehrender beurteilen zu können, das heißt sich bewußt zu ihr verhalten zu können, sollte der Lehramtsstudierende reflektiert haben, „welche *Qualität* das gesellschaftlich-politische System hat, in das u.a. auch die Schule einführt und integriert und das sie rechtfertigt, und welche Qualität die diesem System zugrundeliegenden Normen haben.“[38] Die von Klafki geforderte explizite Thematisierung des funktionalen Zusammen-

---

[35] Klafki, Gesellschaftliche Funktionen, a.a.O., S. 7.
[36] A.a.O., S. 18.
[37] A.a.O., S. 18-19 (Hervorhebungen von mir, G.R.).
[38] A.a.O., S. 17.

hangs von Gesellschaft, Schule im allgemeinen und den historisch-politischen Unterrichtsfächern im besonderen ist selbst ein - universitär anzueignender - historisch-politischer Lerngegenstand, der *je mich* an der „Praxis" des historisch-politischen Unterrichts orientiert. Ein so gesehen „praxisorientierter" Lehramtsstudierender der historisch-politischen Fächer wäre durch die Integrations- und Legitimationsfunktion seiner Fächer jedoch nicht allein auf deren Lerngegenstandsbereich verwiesen. Um auch den Schülern subjektive Lernmöglichkeiten im Unterricht „praktisch" eröffnen zu können, müßte der (künftig) Lehrende die Integrations- und Legitimationsfunktion der historisch-politischen Fächer selbst als Lehrgegenstand analysieren, um sie im besten Fall zum (historisch-politischen) Lerngegenstand des Unterrichts machen zu können.[39]

Ad 2: Die „praktischen" Handlungsräume des Unterrichts in den historisch-politischen Fächern, die mit deren Nebenfachcharakter verbunden sind, weisen nicht in eine eindeutige Richtung. Zwar sind die Bedeutungsstrukturen der historisch-politischen (Neben-)Fächer als Prämissen für *defensives* Lernen nicht so zwingend wie die der Hauptfächer, deren Bewertung primär über die schulinterne Versetzung sowie über die mit dem Schulabschluß antizipierte Positionsrealisierung entscheidet.[40] Die (verteilungsorientierte) Bewertung von „Lern"-Leistungen der historisch-politischen Fächer ist für die Schüler weniger bedrohlich als die von anderen Fächern.[41] Die schuldisziplinär normalisierte *Defensivität* subjektiven Lernens könnte also in den insofern „randständigen" historisch-politischen Fächern eher aufgebrochen werden als in den (gegenwärtig) zentralen Qualifikations- und Selektionsfächern. Da die historisch-politischen Fächer in die schulische Bewertungstotalität eingebunden bleiben, kann diese „nachgeordnete" Bedeutung den Schülern aber auch nahelegen, Lernaktivitäten in den historisch-politischen Fächern nur zu unternehmen, um mit deren guter Bewertung schlechte beziehungsweise mangelnde Leistungen der Hauptfächer zu kompensieren.[42] Wird der geschilderte Bedeutungsaspekt zur tragenden Prämisse subjektiv-intendierten Lernens in den historisch-politischen Fächern, so wäre die *defensive* Lernhaltung zu historisch-politischen Lerngegenständen aber nicht aufgehoben, sondern - im

[39] Dies fordert auch Klafki: „Demokratisch ist (oder wäre) eine Schule, die sich selbst und ihren Unterricht immer wieder mit den Schülern zum Thema, zum Gegenstand der Analyse, der Kritik, der Planung und Erprobung von Verbesserungsmöglichkeiten machte. Es wäre eine Schule permanenter Reform und zugleich eine selbstreflexive Schule" (a.a.O., S. 31).

[40] Aus Kurt Pohls empirischen Erhebungen zu Wirkungen der Bildungsreform im Geschichtsunterricht geht hervor, daß Lehrer die Bedeutung der Unterrichtsfächer Religion, Geschichte und Gesellschaftslehre für die Elterninteressen als relativ gering einschätzen (vgl. K. Pohl, Bildungsreform und Geschichtsbewußtsein. Empirische Befunde zu Wirkungen der Bildungsreform im Bereich des Geschichtsunterrichts. Pfaffenweiler 1996, S. 119-120).

[41] Dafür spricht ein weiteres Ergebnis der empirischen Untersuchung von Pohl (vgl. Anmerkung 40): Viele Schülerinnen und Schüler können sich kaum an ihre letzte Geschichtsnote erinnern (a.a.O., S. 202).

[42] Vgl. Holzkamp, Lernen, a.a.O., S. 543-544. Der Stellenwert der historisch-politischen Fächer für die schulische Bewertung ist dabei vom jeweiligen Bundesland, der jeweiligen Schulform und dem jeweiligen Fä-

Gegenteil - um eine weitere Ebene vermittelt: Die Demonstration von Ergebnissen historisch-politischen Lernens wäre dann nicht vorrangig als unmittelbar-kurzfristige Bedrohungsabwehr *subjektiv funktional*, sondern würde eine - demgegenüber - langfristige Anpassung subjektiv-intendierter Lernaktivitäten an vorgeblich leichter zu bewältigende Lernansprüche befördern (jeder kennt den Ruf der historisch-politischen Fächer, leichte „Laberfächer" zu sein). Um also die auf den ersten Blick für *expansives* Lernen vorteilhaftere Bedeutungskonstellation der historisch-politischen Fächer im Unterricht nutzen zu können, müßte der Lehrende besonders eingehend reflektieren, ob die objektiv größeren Handlungsräume der historisch-politischen Fächer nicht von den (Lern-)Subjekten selbst wieder zurückgenommen werden. Dazu wären die interpersonalen Lehr-Lernverhältnisse der Unterrichtspraxis auf ihre Sachorientierung hin zu analysieren, was wiederum voraussetzt, daß der Studierende eine solche für seine Unterrichtspraxis überhaupt intendiert. Auch hier ist also eine Analyse der Bedeutungsstruktur historisch-politischer Lerngegenstände für den „praxisorientierten" Lehramtsstudierenden unabdingbar.

Wenden wir uns also der konkretesten Vermittlungsebene von „Praxis" im Lehramtsstudium der historisch-politischen Fächer zu: den historisch-politischen Lerngegenständen. Folgende Konsequenzen sind im Anschluß an die vorangegangenen Überlegungen für eine der Lehrerbildung und -professionalisierung angemessene „Praxisorientierung" im Studium zu ziehen: Bevor die für den Lehrenden zumeist noch fremden Schüler mit historischen beziehungsweise politischen Lerninhalten in Unterrichts-„Praxis" traktiert werden, müßte in einem institutionalisierten universitären Diskurs von Lehramtsstudierenden geklärt werden, welche Bedeutung das Lernen von „Geschichte" beziehungsweise „Politik" für *je meine* Lebensqualität hatte und hat:[43] Welche *subjektive Funktionalität* hat(te) die Beschäftigung mit historisch-politischen Lerngegenständen für mich? Welche Denk- und Handlungsmöglichkeiten eröffnet(e) mir die lernende Aneignung von „Geschichte" und „Politik"? In welchen problemorientierten Lernerfahrungen war/ist mein Lernen *expansiv* begründet? Waren/sind meine *expansiven* Lernerfahrungen eher selten? Habe ich mich dem Studium der Unterrichtsfächer bisher primär *defensiv* angenähert? Woran liegt das? Wodurch ist mein Wunsch, Lehrer zu werden[44], beziehungsweise mein Wunsch, Lehrer der gewählten Fächer zu werden, begründet?

Berühren die vorangegangenen Fragen noch nicht die Spezifik historisch-politischen Lernens selbst, sondern betreffen auch andere Unterrichtsfächer, so müßten nach ihrer Be-

---

cherprofil für Abschlußleistungen abhängig. Diese drei Ebenen müßten die Bedeutungsanalyse der historisch-politischen Unterrichtsfächer also konkretisieren.

[43] Diese Frage erachtete U. Kröll schon 1981 als zentral für die Lehrerbildung und kritisierte die Vernachlässigung der Interessen des Lehrersubjekts in der Geschichtsdidaktik (vgl. U. Kröll, Geschichtsdidaktik und Geschichtslehrerfortbildung, in: Geschichtsdidaktik 4/1981, S. 345-359).

antwortung vielfältige Bedeutungsstrukturen historisch-politischen Lernens reflektierbar werden, die grob nach drei Aspekten unterteilt werden können:[45] 1. *je mein* historisch-politisches Lernen; 2. historisch-politisches Lernen unter schulischen Lehr-Lernbedingungen; 3. *je meine* „praktischen" Möglichkeiten historisch-politischen Lehrens unter schulischen Lehr-Lernbedingungen. Folgende exemplarische Fragen könnten sich Lehramtsstudierende stellen:

1. Welches sind für *je mich* die zentralen historisch-politischen Kategorien für die Analyse gesellschaftlicher Handlungs- und Denkmöglichkeiten? Welche implizit oder explizit in den historisch-politischen Diskurs eingebrachten Begriffe, Theoriepositionen, Weltanschauungen erachte ich für die Durchdringung beziehungsweise Befestigung von *Unmittelbarkeitsverhaftetheit* als besonders wesentlich? Auf welcher geschichts-/politikwissenschaftlichen Position beruht (implizit oder explizit) *je meine* Aneignung historisch-politischer Lerngegenstände? Welche geschichts-/politiktheoretische Grundhaltung liegt ihr zugrunde? Befördert diese eher eine *unmittelbarkeitsverhaftete* Sichtweise auf historisch-politische Phänomene, also das *deutende Denken* von historisch-gesellschaftlicher Wirklichkeit, oder das *Begreifen* von gesamtgesellschaftlichen Vermittlungszusammenhängen?
2. Wie hat sich die gesamtgesellschaftliche Vermitteltheit individueller Existenzsicherung historisch ausdifferenziert? Welche Bedeutungsaspekte hat *die gesamtgesellschaftliche Vermitteltheit individueller Existenzsicherung*, also das Verhältnis von gesellschaftlicher Arbeit und individueller *Handlungsfähigkeit*,[46] für (gegenwärtiges) individuell-subjektives Lernen im allgemeinen? Welche für (gegenwärtiges) schulisches Lehren und Lernen im besonderen? Wie bewerte ich die Qualifikations- und Allokationsfunktion von Schule in der (bürgerlichen) Gesellschaft im allgemeinen? Wie bewerte ich die den historisch-politischen Unterrichtsfächern zugeschriebene Integrations- und Legitimationsfunktion im besonderen? Wie haben sich die gesellschaftlichen Funktionen von Schule und (historisch-politischem) Unterricht historisch entwickelt? Wie und warum haben sie sich ausdifferenziert, verändert? Welche politischen Konsequenzen im allgemeinen, welche bildungspolitischen im besonderen können aus der historischen Analyse

---

[44] Vgl. die Präsentationsvorlagen von H. W. Jung in diesem Band (H. W. Jung, Zur Entwicklung eines Lehrerselbstbildes. Sieben Anfragen zu einem ungeliebten Thema, S. 125-143.

[45] Vgl. auch den nicht kategorial angeleiteten Vorschlag für eine Reflexion des eigenen Lernprozesses im Studium der historischen Fächer für die Lehrerbildung von H. Wunder (H. Wunder, Studium der Geschichte, in: Bergmann/Kuhn/Rüsen/Schneider (Hg.), Handbuch der Geschichtsdidaktik, a.a.O., S. 671-676, S. 675). Interessant ist, daß in der neuesten Auflage des Handbuchs der Geschichtsdidaktik das Kapitel „Geschichtslehrerausbildung" (kommentarlos) entfallen ist (vgl. K. Bergmann/K. Fröhlich/A. Kuhn/J. Rüsen/G. Schneider (Hg.), Handbuch der Geschichtsdidaktik, 5. überarbeitete Aufl. 1997).

[46] Durch diese Fragen könnte auch das erwähnte Bildungsziel im Hamburger Schulgesetz erste Konturen gewinnen.

der gegenwärtigen gesellschaftlich-institutionellen Lehr-Lernverhältnisse gezogen werden? Welche (utopischen) Perspektiven für eine Schulreform gewinne ich aus ihr? Welche der rekonstruierten historisch-gesellschaftlichen Gattungserfahrungen können für eine Schulreform im verallgemeinerbaren Sinne herangezogen werden?

3. Welche konkreten Handlungsräume kann ich mir in der Unterrichtspraxis der historisch-politischen Fächer eröffnen? Welche historisch-politischen Lerngegenstände erachte ich für den historisch-politischen Unterricht unter vorfindlichen gesellschaftlich-institutionellen Bedingungen als notwendige Voraussetzung für *expansives* Lernen? Welche historisch-politischen Lerngegenstände erachte ich für die gemeinsam mit Schülern zu antizipierenden und zu realisierenden Perspektiven einer Schulreform als wesentlich?

Diese und andere Anfragen an *je mein* historisch-politisches Lernen und Lehren unter schulischen Lehr-Lernbedingungen sollten noch vor jeder - als Schüler hinreichend erfahrener - Unterrichts-„Praxis“ den konstitutiven „Praxis“-Bezug des Lehramtsstudiums, also *je meine* unmittelbare Lebens- und Lernpraxis als Lehramtsstudierender durchdringen. Die Bewußtmachung *je meiner subjektiven Funktionalität*, Lehrer historisch-politischer Fächer zu werden, kann also mehr zu einer „Praxis“-Orientierung des Lehramtsstudiums beitragen als manch unvermittelt-unmittelbarer Zugriff auf Lehrer-„Praxis“-Situationen. Dem vielerorts geforderten schnellen Wechsel von der Schüler-„Rolle“ zur Lehrer-„Rolle“ träte der Vorschlag einer ausführlichen kategorialen Reflexion der *je eigenen* Vermittlungsebenen von Lehrer-„Praxis“ bewußt ein Stück weit entgegen. Er impliziert jedoch keineswegs, reale Veränderungen von Positionen und Lebenslagen zu verschleiern, sondern er soll eine mögliche, aus der Schulzeit „mitgeschleppte“, *Unmittelbarkeitsverhaftetheit* beziehungsweise *Defensivität* von Lehramtsstudierenden gegenüber der *je eigenen* Lernpraxis bewußt machen helfen, statt vergangene Schülerstrategien zur Bewältigung schulischer Lernanforderungen gegen Lehrerstrategien zur Bewältigung der subjektiven Lernwiderstände heutiger Schüler unreflektiert auszutauschen. Lehrer-Professionalität wäre somit im Fortgang des Studiums dadurch zu entwickeln, Perspektiven auf künftige „Praxis“ anhand konkreter Anfragen an deren Vermittlungsebenen, also den Zusammenhang von *je meiner* Lern- und Studienpraxis und einer künftigen Lehrpraxis, kontinuierlich zu problematisieren, statt die Flucht in die (nahegelegte) „Kontrollpraxis“ des Lehrerberufs anzutreten, welche eine Kontrolle der Professionalisierungspraxis selbst in Ermangelung eines „transzendenten“ Maßstabs unmöglich macht.

Man könnte die geforderte Implementierung einer subjektwissenschaftlich angeleiteten Reflexion als zentrale Praxisdimension des Lehramtsstudiums verwerfen, indem man behauptete, diese sei in jedem gut vorbereiteten Schulpraktikum oder „Praxissemester“ immer schon beinhaltet, sie sei aber durch die immer noch zu geringen Zeitanteile von „praxisbezogenen“ Lernsituationen im Studium behindert. Eine rein quantitative Steigerung von „Praxis“-Anteilen im Studium kann die geschilderte Reflexion des „praktischen“ Zusammenhangs *je meines* Lernens und Lehrens allerdings nicht konstitutiv verankern und begleiten, sondern birgt vielmehr die Gefahr in sich, die zentrale Aufgabe der wissenschaftlichen Lehrerbildung zu negieren: „Die Herausarbeitung von Zusammenhängen, wo nur isolierte Einzelteile gesehen wurden, den Aufweis von Widersprüchen, wo man nur eine glatte Fläche wahrnahm, (...) die permanente Problematisierung und Revolutionierung der eigenen wissenschaftlichen Prämissen“[47]. Angesichts der vorfindlichen und sich kontinuierlich verschärfenden Bedingungen von Unterricht ist zu vermuten, daß es für angehende Lehrer eher *subjektiv funktional* ist, sich (weitere) Lehrstrategien und -techniken anzueignen, um in „Unterrichtspraxis“-Situationen irgendwie (individuell) klarzukommen, als deren Funktion für Lehrer-„Praxis“ insgesamt systematisch-theoretisch zu reflektieren.[48] Im Anschluß an eine (subjektwissenschaftliche) Bedeutungs-/Begründungsanalyse *je meines* vergangenen schulischen Lernens sowie antizipierten Lehrens könnten demgegenüber aktuelle Begründungsmuster künftiger Unterrichtspraxis bewußt gemacht, in Frage gestellt und verändert werden. Die Reflexion *je meiner* lebenspraktischen Vermittlungsebenen im Hinblick auf eine „praktische“ Lehrerbildung ist dafür eine unabdingbare Voraussetzung.

---

[47] K. Holzkamp, Theorie und Praxis im Psychologiestudium, a.a.O., S. 349.

[48] Vgl. z.B. Bauer, Pädagogische Professionalität und Lehrerarbeit, a.a.O. Bauer sieht die zentrale Funktion der Erziehungswissenschaft als „Berufswissenschaft“ für Lehrer darin, „neue( ), wirksamere( ) Methoden und Techniken, die bisher nicht zum kulturellen Bestand einer Berufsgruppe gehörten“ (S. 26) zu liefern. Bauer selbst hat für die Professionalisierung von Lehrerarbeit ein „Trainingsprogramm“ entwickelt, welches verschiedene „Handlungsrepertoires“ („Interagieren“, „Kommunizieren“, „Gestalten“, „soziale Strukturen bilden“, „Planen“ und „Entwickeln“) umfaßt (vgl. S. 26).

Horst W. Jung

Zur Entwicklung eines Lehrerselbstbildes
Sieben Anfragen zu einem ungeliebten Thema

Das im folgenden vorzustellende Lernarrangement will als bescheidenes und leicht anzueignendes Instrument zur Herstellung größerer Reflexivität im Lehrerstudium verstanden sein. Genauer: Es handelt sich um den Versuch, durch Konfrontation mit fiktionalen autobiographischen Lehrerselbstbild-Skizzen die systematische kontinuierliche Entwicklung eines eigenen Bildes von der angestrebten Profession bei Lehrerstudenten zu fördern.

Dieser Versuch geht von mehreren Voraussetzungen aus, die einer kurzen Erläuterung bedürfen:

These 1: Lehrerprofessionalität im allgemeinen und Fachlehrerprofessionalität im besonderen erfordern eine spezifische subjektive Legitimation.

Wie bekannt, ist das Spektrum der Gründe, warum einer sich für den Lehrerberuf entscheidet, sehr umfangreich. Da mag es gute und schlechte, wirkliche und nur vorgeschobene, bewußte und unbewußte, vorzeigbare und eher zu verheimlichende Gründe geben. Jedenfalls kann nicht davon ausgegangen werden, daß subjektive Gründe immer auch schon subjektive Legitimationsmomente abgeben. Ich kann ja äußersten Falles mich mit - von mir selbst so eingeschätzten - sehr schlechten Gründen für den Lehrberuf entschieden haben, ohne bisher auch nur die geringste Lust zu verspüren, mir eine subjektive Legitimation zu beschaffen. Dazu würde übrigens nicht schlecht passen, daß ich - unter Legitimationsdruck geraten - mich auf die objektive, etwa von staatlicher Seite gelieferte Legitimation herausrede. Als Lehrerstudent mit den erwähnten sehr schlechten und also auch zu verheimlichenden Gründen, aber ohne jede subjektive Legitimationsbasis wäre ich freilich nicht zu beneiden. Nun wird das subjektive Legitimationsgeschäft noch erschwert durch das weitgehende Fehlen eines konsensuellen Bewertungsmaßstabs in bezug auf Gründe einerseits und Legitimation andererseits. Es heißt aber aus der Not (der fehlenden Maßstäbe) nur eine (schlechte) Tugend zu machen, wenn man Motivations- und Legitimationsproblematik, etwa noch mit dem Hinweis auf ihren subjektiven Charakter, im individuellen Subjekt entsorgt. Solange das so allein gelassene Subjekt die Motivations- und die Legitimationsfrage nicht geklärt hat, ist an ein geklärtes Lehrerselbstbild nicht zu denken. In dieses gehen zwar eine ganze Reihe bisher nicht genannter Faktoren ein, etwa die Auseinandersetzung mit der eigenen Schulvergangenheit oder die Beurteilung der zukünftigen professionellen Handlungsmöglichkeiten; aber die Klärung der Motivations- und Legitimationsfrage bleibt dennoch eine notwendige, wenn auch nicht hinreichende Bedingung für eine erfolgversprechende Selbstbildreflexion.

Was die erwähnte Entsorgung der Probleme in den Individuen betrifft, so kann oft genug hinter dem anonymen Akteur „man" die Universität ausgemacht werden. Wir kommen daher zu einer weiteren Voraussetzung des Lernvorschlags:

These 2: In der universitären Phase der Lehrer(aus)bildung wird die Relevanz systematischer Anleitung zur Entwicklung eines reflektierten Lehrerselbstbildes unterschätzt.

Es ist hier nicht der Ort, der Frage nachzugehen, inwieweit in der Geschichte der Lehrerbildung überhaupt der skizzierte Zusammenhang von Motivation, subjektive Legitimation und Lehrerselbstbild jemals in überzeugender Weise Gegenstand reflektierter Lehr-/ Lernverhältnisse gewesen ist. Zeitgeistkonforme Urteile in dieser Hinsicht reichen vom „anything goes" bis zur „Verletzung der Privatsphäre". Jedenfalls sind Beliebigkeitsmentalität, Selbstflexibilisierungsbereitschaft und neoliberales Geplapper keine günstigen Bedingungen für die akademische Etablierung eines anspruchsvollen pädagogischen Selbstverständnisdiskurses. Solange die im Rahmen des Ersten Staatsexamens gestellte Frage, warum der Prüfling partout Geschichts- und/oder Politiklehrer werden wolle, nicht von jedem Peinlichkeitsaspekt - und zwar für Prüfling und Prüfer - frei ist; solange der Prüfling, auf die Frage unvorbereitet, wie er ist, auf die Schnelle eine vermeintlich gern gehörte Antwort zurechtzimmert; solange die Prüfer fürchten müssen, daß diese doch selbstverständlichste aller Fragen den Prüfling überrascht, überfordert und vielleicht sogar zu erkennbar unehrlichen Behauptungen veranlaßt, so lange hat auch die Universität - wieder einmal - versagt.

Dagegen hilft nur ein - im Lehrangebot deutlich erkennbares, für Lehramtsstudenten obligatorisches - Sich-dem-Problem-stellen. Das heißt abe, auch die Auseinandersetzung mit den oben genannten Zeitgeistphänomenen mit all ihren Verwahrlosungsfolgen aufzunehmen. Damit daraus aber kein - bei Pädagogen nicht selten eintretender - mittlerer Selbstüberschätzungsskandal mit entsprechenden Resignationsfolgen wird, muß mit einer gewissen methodischen Vorsicht begonnen werden. Womit wir bei dem hier propagierten Lernverfahren - und der Formulierung einer weiteren Voraussetzung wären:

These 3: Fehlende konsensuelle historisch-philosophische Grundbildung, zunehmende weltanschauliche Verwahrlosung und Warenförmigkeit des Theorie-Bezugs erschweren die theoriegeleitete systematische Reflexion des Lehrerselbstbildes und lassen daher eine „weichere", pragmatische, die Infotainmentbedürfnisse bis zu einem gewissen Grade ernstnehmende Zugriffsweise geraten erscheinen.
Soll heißen: Ehe sich die Beteiligten bei dieser ohnehin oft mit Ängsten und verschiedensten Formen der Abwehr belasteten Thematik auch noch die aus anderen Zusammenhängen bekannten universitären Defizit-Lasten aufladen, können sie ja - in leichter intellektueller Entspannungshaltung - die fiktionalen kleinen Selbstbildskizzen zum Anlaß nehmen ... ja wofür?

Die Antwort ist ebenso einfach wie für das vorgeschlagene Lernarrangement entlarvend: Diese sieben Texte schreiben so gut wie gar nichts vor; aber sie lassen viel, sehr viel sogar, zu - wenn auch kaum Beliebigkeit!

Wer sich im Anschluß an die Lektüre einen ausführlichen systematischen Katalog von „Fragen an mich selbst" erstellt, wird mit Sicherheit nicht naiver als bisher sein Lehrerstudium betreiben; und wer etwa wütend über so viel (angebliche) wilde Phantasie (eines offensichtlich älteren professoralen Verfassers?) die Texte zum Altpapier legt, der möge sich nicht schonen und anschließend so genau wie möglich - am besten schriftlich - sein alternatives Lehrerselbstbild formulieren, dabei jedoch keines der in den sieben Skizzen aufgeworfenen Probleme unkommentiert lassen. (Ein möglicherweise gravierender Mangel der Texte läßt sich durch den Verfasser leider nicht beheben: Alle sieben Lehrpersonen sind Männer! Doch auch das könnte noch sein Gutes haben, wenn die Leserinnen darin eine zusätzliche Aufforderung zum **alternativen** Entwurf erblicken könnten.)

1.

Seit 15 Jahren bin ich nun Lehrer, und obwohl ich mitunter stöhne - weniger über die Schüler, wohl aber über die Kollegen, die Eltern und die Schulbürokraten, auch über das viele dumme Zeug, das von Leuten geschrieben wird, die ihr Expertentum aus ihrem Schülerdasein von vor 20 oder 30 Jahren herleiten: Ich habe meine Berufsentscheidung nie bereut.

Dabei wollte ich eigentlich gar nicht Lehrer werden. Nicht weil ich als Schüler besonders unter der Schule gelitten hätte. Ich war eher ein durchschnittlicher und ziemlich angepaßter Schüler. Wirklich gefordert hat mich die Schule eigentlich nie. Die Lehrer waren in ihrer großen Mehrheit uninteressant. Zwei Ausnahmen fallen mir ein: der Englischlehrer auf der Mittelstufe und „mein" Geschichtslehrer auf der Oberstufe.

Der Englischlehrer hat uns ganz deutlich zu verstehen gegeben, daß er nur Lehrer geworden war, weil er viel Freizeit haben wollte. Englisch hat er - wahrscheinlich mit geringem Aufwand - im Anschluß an einen mehrjährigen USA-Aufenthalt studiert. Sein zweites Fach, Sport, hatte er - das erzählte er uns immer wieder voller Stolz - aus, wie er sagte, „Ersparnisgründen" gewählt. Wozu er seine Freizeit verwendete, haben wir nie herausbekommen. Er wohnte in einer benachbarten Kleinstadt und hielt sich auch dort wohl ziemlich bedeckt. Jedenfalls machte er damals auf uns Eindruck, nicht nur weil er seine Schwächen vor uns ausbreitete, sondern auch, weil er offenbar genau so wenig von der Schule hielt wie wir.

Ganz anders „mein" Geschichtslehrer! Die meisten Mitschüler in der elften Klasse hielten ihn für einen Sonderling, einen sympathischen Sonderling allerdings. Seine Stunden verliefen immer nach dem gleichen Schema: Nach ein paar Minuten „Zahlen und Fakten" im Juxton folgte der arbeitsintensive Teil: die wissenschaftliche Kontroverse zum gerade behandelten, in häuslicher Vorbereitung grob erarbeiteten Thema. Der Schlußteil war dem Erzählen vorbehalten. Und wie dieser Lehrer erzählte! Und was er alles erzählte! Seine Spezialität war die in keinem Geschichtsbuch zu findende Geheimgeschichte der Päpste. Ob gläubig oder nicht, ob Protestant oder Katholik - wir konnten nie genug davon bekommen.

Dieser Lehrer war es wohl, der mich für die Geschichte gewonnen hat. Ich wollte um jeden Preis Geschichte studieren. An die Schule habe ich dabei zunächst noch nicht gedacht, obwohl ich doch durch die Schule zur Geschichte gekommen war. Als ich den Berufswunsch meinen Eltern mitteilte, haben sie mich natürlich sofort gefragt, wie ich denn mal mein Geld verdienen wolle. Weil mir keine bessere Ausrede einfiel, habe ich geantwortet: „Vielleicht werde ich ja Professor!" Natürlich haben meine Eltern die Frivolität dieser Antwort sofort durchschaut. So habe ich also nach dem Abitur Geschichte studiert. Wenn man mich damals gefragt hätte, was genau ich denn von diesem Studium erwartete, ich hätte es wohl kaum genau beschreiben können. Hinzu kam, daß mich viele Veranstaltungen an der Universität maßlos enttäuscht haben. Dann hat es mich aber doch noch gepackt, in einem Seminar zur Renaissance, etwa in der Mitte des Studiums. Da war denn auch wieder das Gefühl, von dem ich manchmal im Geschichtsunterricht ergriffen worden war, wenn der Lehrer besonders „gut" war. Ich erinnere es noch sehr genau: Der Dozent, ein junger Mann noch, geriet ins Erzählen, und ich merkte sofort, daß da mehr war als genaue Kenntnis der Literatur. Da hatte einer eine Affäre mit einem Zeitalter. In die war er während eines Semesters in Rom hineingeraten. Und wieder tauchten die Päpste meines Geschichtslehrers auf.

Ich will es kurz machen: Die Renaissance ließ mich nicht mehr los, nicht im Staatsexamen, nicht in der Promotion und nicht später in der Schule. Ich wurde nämlich Lehrer, weil ich sonst keine Möglichkeit sah, ein Leben lang Renaissance usw. zu „treiben“. Das Referendariat habe ich, wie man leicht schließen kann, heil überstanden, u.a. auch deshalb, weil der Fachleiter in Geschichte mich durchschaut hat und mir keinen Stein in den Weg legte. Aus einer Andeutung nach der Prüfung schließe ich, daß er ein ähnliches Schicksal hatte.

In meinem Unterricht lande ich nun keineswegs immer gleich in der Renaissance, und die Dreiteilung in Zahlen und Fakten, Kontroversen und Erzählen habe ich auch nicht so einfach übernommen. Aber an Konkretion mangelt es meinem Unterricht gewiß nicht. Anschauung ist für mich kein Privileg der Mittelstufe. Wenn ich „gut“ bin, dann erzähle ich plastisch - und manchmal auch drastisch! Ein Thema von einiger Relevanz ohne Kontroversen ist für mich nicht vorstellbar.

Meine großen Ferien verbringe ich seit 15 Jahren mit schöner Regelmäßigkeit in Rom. Ich habe immer die gleiche Pension in der Nähe des Campo dei Fiori. Mit Giordano Bruno stehe ich auf du und du. Übrigens: Klassenreisen nach Rom lehne ich ab. Dafür habe ich keine Zeit. Die vielen stillen Stunden in römischen Archiven sind gut dokumentiert in drei prächtigen Bänden. Mit den Rezensionen bin ich zufrieden. Daneben gibt es meine ungedruckten römischen Tagebücher, voll mit historischen Anekdoten - schließlich bin ich ja Lehrer!

2.

Nicht einen Augenblick würde ich zögern, wenn man mir eine Lebenszeitstelle anbieten würde. Selbst eine Teilzeitstelle würde ich dieser Schinderei vorziehen. Nun fahre ich erst zwei Monate dieses verdammte Taxi, und schon macht der Magen Probleme. Ich habe wieder angefangen zu rauchen, obwohl ich mir das aus mehreren Gründen gar nicht leisten kann. Aber ich muß diesen Job machen, zumindest bis zum Ende des Jahres. Meine Frau hat nämlich diesmal keinen Lehrauftrag ergattern können, und die Arbeit in der privaten Sprachschule beginnt erst im Januar. So eng wie im Augenblick war es bei uns wirklich noch nie. Ich frage mich immer öfter, ob ich nicht alles falsch gemacht habe.

Mit der Drei im Zweiten Staatsexamen habe ich mir natürlich die letzte Chance verbaut - wenn nicht die ganz große Wende in der Einstellungspolitik kommt. Dabei wollte ich überhaupt nicht Lehrer werden. Mein Traum war die Politik. Ich gehörte zu den wenigen meines Jahrgangs, die allen Ernstes daran glaubten, in den Parteien können man etwas bewegen. Ich wollte es besonders gut machen und entschied mich für ein Jurastudium. Ein Jurist ist ein Fachmann für alles, dachte ich damals; und alles, das war eben Politik. Noch vor dem Abitur hatte ich mich bei SPD und Grünen umgesehen, ohne mich entscheiden zu können.

Die erste Enttäuschung ereilte mich gleich im ersten Semester. Ich merkte schnell, daß ich vielleicht für Staatsrecht, vielleicht auch noch für Völkerrecht Interesse entwickeln konnte.

Ich war mir aber ganz sicher, daß mir immer vor dem Verwaltungsrecht grauen würde und daß der gewaltige Bau des BGB bei mir nie etwas anderes als Angst hervorrufen würde. Kommilitonen aus höheren Semestern gaben zu bedenken, daß es wenig Sinn mache, nach so kurzer Zeit ein endgültiges Urteil über die eigenen Möglichkeiten zu fällen. Aber ich hatte mich eifrig umgesehen, hatte mir mehrere längere Gespräche mit Dozenten erkämpft. Danach gab es kein Schwanken mehr: Jura, das war es nicht.

Doch noch blieb ich formal im juristischen Fachbereich eingeschrieben. Das zweite Semester aber verbrachte ich, nachdem ich Mitglied bei ... geworden war, schon nicht mehr an der Uni. Parteiarbeit hieß nunmehr die Devise. Ich eilte von der Geschäftsstelle zu den Wahlveranstaltungen und von den Arbeitskreisen in die Mitgliederversammlungen. Ganz schnell bekam ich das Gefühl, daß man mich daraufhin beobachtete, ob ich etwa irgendeine Position anstrebte. Süffisante Bemerkungen über meinen Studienwunsch vermochte ich nicht einzuordnen. Von Sachorientierung und Kooperation habe ich wenig feststellen können. Statt dessen begegneten mir überall kleinkarierte Konkurrenz und Wichtigtuerei. Kurz: Auch hier hatte ich schnell die Nase voll.
Mir drohte das dritte Semester. Nur mit großer Mühe konnten die bürokratischen Hürden für einen Studienwechsel genommen werden. Die inhaltliche Alternative hatte ich mir in einem dreitägigen existentiellen Crashkurs verschafft: An einem Freitag hatte ich mich in der Parteigeschäftsstelle eingeschlossen, und als am Montag morgen der Postbote klingelte, nahm ich die Post entgegen, legte sie auf den Schreibtisch, daneben einen Zettel, auf dem stand: „Hiermit beende ich meine Parteikarriere. Danke schön für eine wichtige Erfahrung".

Ich verließ das Gebäude mit einem guten Gefühl. Schließlich hatte ich mir übers Wochenende eine neue Perspektive ausgedacht. Englisch und Französisch wollte ich studieren, viel Zeit im Ausland verbringen. Keinesfalls wollte ich mir noch einmal eine Enttäuschung im Umgang mit Menschen einheimsen. Das bedeutete auch, daß ich die Sprachen nicht in einem Lehrerstudiengang studieren wollte.

Die Semester gingen ins Land. Der Magister in Romanistik war bald geschafft. Das „sehr gut" auf dem Zeugnis gab mir Selbstbewußtsein. Scheitern war also doch nicht die Normalität. Doch wie weiter? Drei Dutzend negativ beschiedener Bewerbungen zeigten mir, was ein Magister in Zeiten der Krise wert ist. Also blieb nur die Promotion. Und tatsächlich: Ich fand nicht nur einen Doktorvater, sondern - mit dessen Hilfe - sogar eine

Geldquelle in Form eines Stipendiums. Damals hatte ich meine besten Jahre. Zwei Jahre trieb ich mich mit dem größten Vergnügen in Frankreich herum, untersuchte das Deutschlandbild französischer Frauenzeitschriften nach der Wende - und lernte meine Frau kennen. In einem Jahr war die Dissertation geschrieben, und fünf Monate später war ich ein richtiger Dr. phil. - magna cum laude.

Merkwürdigerweise habe ich mich danach nicht um eine Stelle bemüht . Ich redete mir ein, daß ich mir die Wiederholung der Erfahrungen nach der Magisterprüfung nicht zumuten müßte. Außerdem hatte ich eine Idee: Da ich mir doch bewiesen hatte, daß ich, entgegen einem vorübergehenden Anschein, keineswegs ein Versager war, sondern offenbar eher ein Typ, der vieles erreichen konnte, wenn er nur wollte, beschloß ich, nun auch noch das Lehrerexamen zu machen. Die bürokratischen Probleme kehrten wieder. Aber ich schaffte es auch diesmal. Mit relativ geringem Aufwand erwarb ich innerhalb von drei Jahren die fehlenden Scheine, die Dissertation wurde als Hausarbeit anerkannt, und bald lag auch die dritte Prüfung hinter mir. Zwei Monate später machte man mich in einem benachbarten Bundesland zum Referendar. Ich war also auf dem besten Wege, Lehrer zu werden.

Doch da ereilte mich die dritte große Enttäuschung. Daß die Mitreferendare den einzigen Promovierten nicht gerade mit Solidarität überhäuften, war noch zu verkraften. Auch Bemerkungen des Seminarleiters hinsichtlich meiner - angeblichen - Verkopftheit nahm ich gelassen. Zu denken gab mir allerdings die fast durchgängige Kühle, mit der mir die Schüler zu begegnen schienen. Meine Stundenentwürfe waren zwar in Ordnung. Aber selten gelang mir eine Durchführung nach Plan. Ich wurde immer gereizter, legte mich gegen Ende der Referendarzeit noch auf fachwissenschaftlicher Ebene mit dem Fachleiter in Französisch an, erreichte bei den entscheidenden Lehrproben nie eine bessere Note als „befriedigend" und beendete meine Ausbildung nur, weil meine Frau mir jeden Tag neu gut zuredete. Schließlich hatte ich sogar das vierte Examen geschafft. Aber mit der Gesamtnote „befriedigend" reicht es eben nur zum Taxifahren - zumindest im Augenblick. Man sage mir jetzt nur nicht, das sei die gerechte Strafe dafür, daß ich eigentlich nie ernsthaft habe Lehrer werden wollen!

3.

Meine Kollegen nennen mich mit einer Mischung aus Anerkennung und Kritik den Runderneuerer. Und zweifellos sehen sie da etwas Richtiges. Es gibt nämlich nichts an den Jungen, was meinem Pädagogenblick entgeht - und das, wenn es denn sein muß, 24 Stunden lang! Natürlich bedeutet das nicht, daß ich immer gleich eingreife. Oft - glücklicherweise - stelle ich auch nur fest, daß „es gut läuft", oder besser, daß „es ohne mich gut läuft". Jedenfalls bin ich eigentlich immer im Dienst. Meine Frau - wir haben keine Kinder - spielt die Kopilotin - ohne Bezahlung natürlich!

Dafür machen wir einmal im Jahr totalen Urlaub. Da lassen wir uns dann vier Wochen lang rund um die Uhr verwöhnen. Über Pädagogisches darf nicht gesprochen werden. Wir sind auch ganz stolz, wenn wir längere Zeit nicht als Pädagogen enttarnt werden. (Dennoch finden sich immer wieder geschulte pädagogische Durchblicker, die mit der größten Selbstverständlichkeit erklären: „ Ihr seid doch sicherlich Pauker!")

Wenn uns die Schule dann wiederhat - ich muß wirklich von mir sprechen - reichen selten 60 Stunden in der Woche. Ich will das nicht allein meinen beiden Fächern Politik und Sport anlasten. Aber immerhin geht von ihnen ein gewisser pädagogisch-didaktischer Expansionismus aus. Nichts schiene mir absurder, als nach Erfüllung meines Stundendeputats die pädagogisch-didaktische Tür hinter mir zu schließen oder gar - frustriert - zuzuschlagen.

Meine größten Erfolge in politischer Bildung - ich bin sicher, es gibt sie! - habe ich außerhalb des eigentlichen Unterrichts erreicht. Wir haben nicht nur Atomkraftwerke und Kommunalverwaltungen, Arbeitsgerichtsverhandlungen und Parteiveranstaltungen besucht. Wir haben auch Demos „teilnehmend beobachtet", und wenn wir gemeinsam zum FC St. Pauli pilgern, geht es uns nie nur um Freistoßvarianten und Manndeckung. Selbst meine Schülerinnen sind voll ausgebildete Sportsoziologinnen.

Nun darf man nicht meinen, daß ich jede Tätigkeit, die im weitesten Sinne etwas mit Sport zu tun hat, mit einem oder gar meinem Netz politischer Bildung überziehe. Mir ist nämlich seit langem klar, daß, wenn Sport „gut gemacht" wird, die positiven Nebenfolgen auch die Elementaria politischer Bildung betreffen. Also verbringe ich einen erheblichen Teil meiner sogenannten Freizeit auf dem sportlichen Feld. Das wiederum ist oft genug identisch mit dem Fußballfeld. Die beiden Schulmannschaften - Damen und Herren - müssen organisiert und trainiert werden. Die von mir initiierte Schulliga braucht ab und zu Impulse. Auch unsere Sponsoren müssen immer wieder von der Sinnhaftigkeit ihrer Zahlungen überzeugt werden. Im Verein unseres Stadtteils wollte man mir auch noch ein Amt anhängen. Aber schließlich hat man eingesehen, daß ich auch schon ohne Amt mein Geld wert bin. Was würden die ohne meine indirekte Werbung beim Nachwuchs machen! Sie haben außerdem „geschnallt", daß ich kein Vereinsmeier bin, sondern vor allem bei ihnen auftauche, um nicht an Verengung des pädagogischen Blicks zu erkranken.

Allerdings muß ich zugeben, daß ich mich manchmal schon frage, warum ich mit meinen 50 Jahren das alles ohne Murren und Klagen auf mich nehme.

Da ist natürlich zunächst einmal die trotz mancher Enttäuschung im Laufe der Jahre eher zunehmende Anerkennung. Anerkennung meint hier nicht die alte Weise vom tollen Lehrer, vorgetragen von einem möglichst großen Schülerchor, auch nicht die gesammelten

Dankschreiben von glücklichen Eltern und erst recht nicht die Höherstufung durch die Behörde. Eine große Anerkennung für mich ist, wenn Mustafa, der zeitweise in extremistisch-fundamentalistische Milieus abzutriften drohte, mit mir wochenlang über soziale Hintergründe taktischer Defizite in der Damenmannschaft streitet.

Die Anerkennung allein reicht aber zur Erklärung nicht aus. Merkwürdigerweise hat die Tatsache, daß meine Lehrer mich ausnahmslos enttäuscht haben, zu keiner negativen Besetzung des pädagogischen Geschäfts geführt. Die Lehrer sind mir als ein Konzentrat an Mediokrität in Erinnerung geblieben, und dennoch bin ich Lehrer geworden. Ich erkläre mir das damit, daß es eine ganz altmodische Konstellation war, die mich zu dem gemacht hat, was ich beruflich - und übrigens auch privat - bin: das Doppelvorbild meiner Eltern. Sie waren beide keine Pädagogen von Beruf. Meinen Vater, einen engagierten Gewerkschafter und Betriebsrat, erinnere ich als eine späte Figur der Arbeiterbewegung - eher ein Überbleibsel aus dem 19. Jahrhundert. Meine Mutter hatte es mit der Kirche, was bei ihr nicht bedeutete: mit dem Kirchgang. Es gab keine soziale Aktivität in der Gemeinde, bei der sie nicht mitmischte. Da stritt sie sich dann mit Pfarrern und Betschwestern herum, und am Ende mußten sie alle einsehen, daß ohne ihre zupackende Art die Sache doch nicht richtig gelaufen wäre. Nie haben meine Eltern von mir verlangt, es ihnen gleichzutun. Um so problemloser ist offenbar ein Anspruch in mich eingedrungen, der mir selten bewußt ist - den ich jedoch um keinen Preis missen möchte.

4.

Daß ich Lehrer geworden bin, verdanke ich letztlich meinem Vater. Der hatte nämlich, als sich bei mir die Frage der Berufswahl stellte - eigentlich aber auch schon vorher - immer nur ein Vorbild parat: seinen Bruder Wolfgang. Während sich nämlich mein Erzeuger als Einzelhändler mindestens zehn Stunden am Tag redlich mühte, den mühselig errungenen Status der Familie in unserer Kleinstadt aufrechtzuerhalten, schien Onkel Wolfgang in eben dieser Kleinstadt nur damit beschäftigt, etwas Abwechslung in sein wenig anstrengendes Beamtenleben zu bringen. Er hatte in der nahen Universitätsstadt zügig Mathematik und Physik für das Höhere Lehramt studiert und war dann nach einem kleinen Umweg schließlich wieder in seine Heimatstadt zurückgekehrt, wo er nun seit vielen Jahren an der Schule unterrichtete, an der er einst als Schüler die Grundlagen für seine bescheidene Karriere gelegt hatte. Er hatte nicht geheiratet, und so konnte er ohne Furcht vor häuslichen Sanktionen mehrere Abende der Woche auf Vereins- und das hieß in der Regel auch: auf Gasthausebene verbringen. Er wurde nie auffällig, auch nicht in der Schule. Er brachte es zu einem der am meisten geachteten Bürger unserer Stadt. Die Achtung vor ihm stieg noch, als er Angebote mehrerer Parteien ebenso höflich wie entschieden zurückwies.

Das alles machte auf meinen nichtakademischen Vater großen Eindruck. Wenn ich also der Plackerei des Einzelhändlertums entkommen wollte, so mußte ich es, das war die feste Überzeugung des Einzelhändlers, dem verbeamteten Bruder gleichtun. Ich erinnere mich, daß ich nur kurze Zeit so etwas wie Kränkung verspürte, weil man mich so mir nichts dir nichts auf das Geleis verwandtschaftlicher Nachahmung zu schieben versuchte. Stärker wog aber schon damals die Einsicht in die nicht zu leugnenden Bequemlichkeiten des Onkels, d.h. eines deutschen Beamtenlebens. (Das Schicksal hat uns übrigens nie als Lehrer und Schüler zusammengeführt, wobei ich nie herausbekommen habe, ob nicht etwa der Onkel selbst hier zu meinem, vor allem aber seinem Schutze Schicksal gespielt hat.) Er war offenbar auch in Schülerkreisen kein Gegenstand besonderer Aufmerksamkeit. Onkel Wolfgang war halt ein unauffälliger Lehrer, so wie ich ein unauffälliger Schüler war - mit einem ganz unauffälligen Abitur am Ende.

Lehrer sollte und wollte ich werden. Mir fehlte damals auch jedes Quäntchen Phantasie, mit deren Hilfe ich mir eine berufliche Alternative hätte ausmalen können.

Nun konnte Lehrer vieles heißen. Zunächst sortierte ich mir die Fächer zurecht. Die Kultur war noch nie meine Stärke. Also blieben nur Mathematik, Naturwissenschaften und Sport. Ich war zwar nie ein fanatischer Sportler. Aber unter ein „Gut“ bin ich, soweit ich mich erinnern kann, nie gerutscht. Ein Fach war damit klar. „Keine Vorbereitung, keine Korrekturen!“ kommentierte Onkel Wolfgang. Physik solle ich auf keinen Fall studieren, riet mir der erfahrene Pädagoge. Da verbringe man später als Lehrer ganze Nachmittage in der Schule, um die Versuchsanordnungen hinzukriegen. Hingegen sei die Mathematik ein in jeder Hinsicht ernstzunehmendes Fach. Sie habe nicht nur ein hohes Prestige; mit dem Schulfach Mathematik lasse sich zudem „viel Zeit für sich selbst“ gewinnen, meinte mein Vorbild. Das war genau das, was ich suchte. So war ich schnell überzeugt, gab jedoch zu bedenken, daß ich als Schüler - im Gegensatz zu manch anderem Fach - mit der Mathematik nie ernste Probleme gehabt hatte, daß aber ein Mathematik-Studium mich vielleicht überfordern könnte. Der Onkel konnte mich schnell beruhigen, denn er wußte, daß - damals - in unserem Land auch das kleinere Fahrzeug noch verkehrstüchtig war: Die Mittelstufe würde mir doch sicherlich auch genügen, so seine Vermutung. Sie genügte mir!

Das Studium war dennoch alles andere als ein Vergnügen. Aber ich sagte nur: Durch diesen akademischen Wehrdienst mußt du durch! Genau besehen, handelte es sich ja nur um die Grundausbildung. Danach kam bekanntlich noch das Referendariat. Für mich überhaupt keine Problem! Ich habe mich eben voll auf die Schüler eingestellt - vor allem aber auf die Ausbilder! Schon damals habe ich mir mit einem sehr einfachen Mittel das Leben erleichtert: Ein alter erfahrener Fachleiter hatte in einer der ersten Seminarsitzungen eine

Bemerkung gemacht, die bei mir auf sehr fruchtbaren Boden gefallen ist. Er meinte nämlich, eine Stunde, in der nicht wenigstens einmal gelacht werde, sei keine gute Stunde. Ich habe mir die Sache nun so zurechtgelegt: Wenn man andere zum Lachen bringen will, muß man mit den Mitteln arbeiten, die einem zu Gebot stehen. Mein Mittel, zugegeben kein besonders geniales, war immer schon das Witzeerzählen. Witze sammele ich zudem seit meiner frühesten Jugend. Was liegt näher, als daß ich recht häufig von meiner Sammlung Gebrauch mache. Bis heute rangiert daher das Witzeerzählen unter meinen pädagogisch-didaktischen Möglichkeiten an vorderster Stelle. Ich bin dafür bei Schülern und Kollegen bekannt, - wie man sich leicht vorstellen kann. Ich habe im Laufe der Zeit auch immer besser gelernt, die richtige Situation für den Einsatz von Witzen herauszufinden.

Probleme mit Schülern kenne ich eigentlich gar nicht. Zwar ist mir klar, daß ein gutes Drittel irgendwohin, nur nicht an ein traditionelles Gymnasium wie unsere Schule gehört. Aber soll ich etwa gegen den Rest der Welt anrennen? Das erwähnte Drittel ziehe ich einfach mit durch! Wichtig ist nur, daß ich im Unterricht nie einen Zweifel darüber aufkommen lasse, wer das Sagen hat. Über das Urteil der Schüler kann ich mich wirklich nicht beklagen: „Streng, aber gerecht, man lernt etwas bei ihm - und er macht gute Witze!" Jedenfalls scheinen meine Witze die Schüler der Mittelstufe nicht zu überfordern. Im Sport auf der Oberstufe lasse ich mir hie und da schon mal was Intellektuelleres einfallen. Schließlich gibt es ja auch noch den Büchmann. Mein Unterricht funktioniert einfach. Niemand bestreitet das. Dabei schlage ich Onkel Wolfgang um Längen: Nie hat man mich, außer bei Konferenzen, nachmittags in der Schule gesehen. Die Prophezeiung mit dem „Zeit für sich gewinnen" ist also in Erfüllung gegangen. Kein Wunder, denn ich habe ja auch im Gegensatz zu Onkel Wolfgang nicht Physik studiert. An unserer Schule gibt es übrigens einen Kollegen mit der gleichen Fächerkombination wie ich. Der hat nie Zeit. Ich verstehe den nicht.

Ich jedenfalls brauche viel Zeit für mich - und meine Frau. Wir reisen viel. Wir spielen Tennis. Daß meine Frau so gut kocht, hat auch Nachteile. Allzu häufig macht unser Freundeskreis von Einladungsangeboten Gebrauch. Wenn das mit dem Tennis nicht mehr so laufen sollte, finden wir ohne Mühe Ersatz. Vor kurzem haben wir nämlich in unserer Stadt einen Golfplatz bekommen. Der Schwiegervater macht den Vorsitz, nachdem er die kleine Fabrik dem Ältesten übergeben hat. Kein Problem also mit der Aufnahme in den Club! Meine Frau hat mir versprochen, für diesen Fall noch mal das Golfen zu lernen. Was will ich mehr! Bis zur Pensionierung sind es noch ein paar Jährchen. Wenn alles gutgeht, lasse ich sowieso mit 63 Pädagogik Pädagogik sein. Ich komme mir bei alledem ganz und gar nicht als schlechter Lehrer vor. Wenn ich dagegen meine Kollegen ansehe: Da gibt es welche, die agieren wie wildgewordene Kreuzzugprediger, die ihre Truppen nicht zusammenbekommen. Andere leiden noch immer darunter, daß sie nicht Professor geworden sind.

Die werden nie richtige Lehrer! Am schlimmsten finde ich die Vierundzwanzigstundenpädagogen. Da sind mir dann die Achtundsechziger - Äffchen noch lieber, auch wenn die dauernd vor dem Spiegel stehen, wenn sie nicht gerade von allen geliebt werden wollen.

Wenn ich Onkel Wolfgang von meinen Kollegen erzähle, grinst er zunächst. „Kenne ich, kenne ich alles", bemerkt er dann. Nach einer Weile folgt schließlich die Feststellung: „So etwas kann uns nicht passieren". Mit seinen achtzig Jahren ist der Onkel immer noch zufrieden mit sich - und wohl auch mit mir.

5.

Es ist zwar Mode, sich über die Achtundsechziger lustigzumachen. Trotzdem bekenne ich mich zu ihnen. Das alte Establishment, einschließlich seines sozialdemokratischen Flügels, nutzt die Gelegenheit zu später Rache. Nicht nur daß diese Leute sich als Sieger aufspielen; sie machen uns auch noch zu Sündenböcken - und erst die Jungen! Entweder sie konsumieren oder sie jammern; und natürlich ertragen sie nicht, daß wir es waren, die dem selbstgerechten „Weiter so!" das große „Halt!" zugerufen haben. Dabei wissen sie viel zu wenig, um beurteilen zu können, was wir alles an gesellschaftlicher Veränderung erreicht haben. Ihr Motto ist einfach: Genießen und schweigen! Aber wir durchschauen das - weil wir nichts vergessen haben. Darum wird auch so heftig an der öffentlichen Lüge gestrickt, wir hätten alles, besonders aber unsere eigenen Prinzipien hinter uns gelassen. Und die Sache mit der Toskana! So groß ist die Toskana gar nicht, als daß dort alle Platz finden könnten, die von unseren Herrschenden dort zwar nicht wirklich vermutet werden, die aber von eben diesen herrschenden als Toskanafraktion denunziert werden - weil sich eine eingängigere Gettoisierung nicht bewerkstelligen läßt. Daß zumindest einige von uns inzwischen nicht mehr jeden Wein saufen, der mit dem Barolo-Etikett daherkommt, wird ohnehin bei denen keinen Eindruck machen, die bei „Barolo" erst nachschlagen müssen und dann vielleicht auch noch unter „Torkana" suchen - nur weil sie einmal einen Achtundsechziger haben Barolo trinken sehen.

Was das alles mit meinem Entschluß, Lehrer zu werden, zu tun hat? Abgesehen davon, daß ich das alles einmal loswerden wollte, erklärt es auch, warum wir so sind, oder besser: warum ich so bin - und nicht anders. Lehrer geworden sind viele von uns, weil wir glaubten, - auch auf diese Weise - an der Veränderung der Gesellschaft mitwirken zu können. Daß dabei nicht mehr herausgekommen ist und die Gesellschaft gerade dabei ist, sozusagen ein historisches Stockwerk höher, die Rolle rückwärts zu proben, das ist weiß Gott nicht unsere Schuld. Propagieren wir etwa Faktenhuberei, Multiple choice und Sekundärtugenden? Haben wir die Punktestecherei auf der Oberstufe erfunden? Selbst wir lassen in den

Schulen nicht mehr Marx lesen. Lange Haare tragen ohnehin nur noch wenige von uns - und das nicht nur aus rein biologischen Gründen!

Wenn mir ein konservativer Krawattenträger aus dem Kollegium vorhält, daß ich inzwischen teuere Schuhmarken bevorzuge, dann kriegt der eins auf die Finger: Die Turnschuhe, sage ich diesem Kollegen, die überlasse ich einer Generation, die auf dem besten Wege ist, unter der Führung jener Herrschaften von der Tendenzwende versteht sich, die Karre keineswegs anzuhalten, sondern diese Karre vollends an die Wand zu fahren! Aber natürlich sind wir auch daran schuld! Im übrigen besitzen wir Achtundsechziger kapitalistische Grundbildung genug, um mitbekommen zu haben, daß in unserer herrlichen Warenwelt teuer oft billiger ist. Aber genau das neiden sie uns, und zwar die Konservativen auf der einen und die Jungen auf der anderen Seite: daß wir in bezug auf das herrschende System ganz schön den Durchblick haben - immer noch und immer wieder. Das ist aber noch lange kein Grund für ein Leben in selbstgewählter Askese. Dabei müßten unsere Gegner doch bemerkt haben, daß IKEA auch nicht mehr das ist, was es einmal war.

Natürlich gibt es auch bei uns Scheißkerle: die Trittbrettfahrer z.B.; die sind geblieben, was sie waren, eben Trittbrettfahrer. Nur daß der Zug heute ein anderer ist! Auch sind damals massenhaft Wehleider bei uns eingetreten, oder besser gesagt: eingedrungen. Und die geben sich noch immer den Anschein, zu uns zu gehören. Dabei sind es Beamte, Verwaltungsbeamte, die über die Unantastbarkeit ihres Opferstatus wachen - bis in alle Ewigkeit, wenn es nach ihnen ginge. Die haben nie begriffen, daß man für gesellschaftliche Veränderung Täter braucht. Als diese Typen Lehrer geworden sind - und damals war das ja alles ziemlich einfach, wenn man nicht gerade Berufsverbotener war - als diese Dauerleider also in die Schule gegangen sind, da war auch deshalb das Mißlingen des qualitativen Sprungs vorprogrammiert. Leider hängen die bis zur Pensionierung in unserm Bildungssystem herum, diskreditieren die ganze Bewegung, nehmen den Jungen den Platz und - last but not least - machen auch die kleinsten pädagogischen Ansätze kaputt. In den Stunden wird gelabert, Konflikte werden entweder geleugnet oder zerredet. Schlimmstenfalls wird derjenige stigmatisiert, der auf dem Austragen solcher Konflikte besteht. Das kann dann ein Schüler, aber auch gern mal ein Kollege, dann am liebsten sogar ein linker Kollege sein. Niemand traut sich im übrigen, eine These zu vertreten, die als Kränkung mißverstanden werden könnte. Sollte es aber dennoch einmal zu einer Kränkung kommen, dann hat natürlich der Gekränkte die Definitionsmacht über das, was als Kränkung zu gelten hat. Und natürlich darf auch der Herr Lehrer nicht gekränkt werden. Im Gegenteil: Geliebt werden muß er, oder besser: geliebt werden will er - und zwar von allen, rund um die Uhr und - fast - um jeden Preis. Allerdings darf man ihn auch nicht überfordern. Er ist schließlich nicht dazu da, existentielle Probleme seiner Schüler zu lösen. Das ginge wirklich zu weit! Unser Wehleider hält viel von seinem Beamtenstatus. Irgendwie damit hängt es auch wohl zusammen, daß er die Regeln der Notenstatistik peinlich genau beachtet. Schließlich will man ja in Kollegenkreisen nicht als Flippi gelten. A propos Flippi: Man ist, nach Meinung unseres Seelchens, nicht schon deshalb ein Flippi, weil man mit der Mode geht - wenn auch nur mit der Mode der Schüler. Von hinten gesehen ähnelt man dann schon mal diesen Schülern - bis auf die grauen Haare. - Genug von alledem!

Solche Typen mögen sich als Achtundsechziger ausgeben. Meine Achtundsechziger sind das nicht. Meine - die sind vor allem fachlich nicht zu schlagen und brauchen schon deshalb nicht die Stallwärme wohligen Gelabers. Die tragen Konflikte aus, wenn das auch schmerzhaft sein kann. Die müssen nicht dauernd Pirouetten drehen, nur damit der Beifall nicht aufhört. Die kriegen auch keine Mikos, nur weil das Urteil über sie gespalten ist. Die lassen die Schüler über ihren - des Lehrers - Standpunkt nicht im unklaren, ohne damit gleich Übernahmeerwartungen zu verbinden. Inzwischen haben sie sogar gelernt, daß der Gang der Weltgeschichte nur zu einem verschwindenden Teil von ihnen abhängt.

Das wiederum schließt nicht aus, daß sie ganz schön wütend werden können, wenn sie in der Zeitung lesen, daß eine Flasche La Tour - bis vor kurzem für einen sparsamen linken Lehrer noch durchaus erschwinglich - inzwischen mit einer gewissen Wahrscheinlichkeit im kapitalistischen Orkus verschwindet.

6.

Ich bin ein richtiger Gesinnungstäter! Und wenn es nicht so hochtrabend klingen würde, könnte ich von mir sagen: Ich habe eine Mission. Diese Mission läßt sich in einem einzigen Satz zusammenfassen: Ich will meinen Zeitgenossen, besonders aber dem jüngeren Teil, klarmachen, daß wir uns alle umbringen, wenn wir uns nicht ändern - und zwar schnell ändern, und auch radikal ändern. Wenn man mir jetzt entgegenhält, das sei doch so neu auch nicht, was ich da zu verkünden hätte, dann antworte ich: Nein, neu ist das zwar nicht, aber traurig ist, daß viele auf diese Botschaft mit einem mehr oder weniger verständnisvollen Kopfnicken antworten und dann zur Tagesordnung übergehen. Auf diese Art und Weise kann die Fahrt in den Abgrund ohne sonderliche Störung fortgesetzt werden. Ich habe gegen diesen Zynismus auch kein Patentrezept, sage mir aber, daß man die Botschaft eben so oft möglichst vielen Menschen präsentieren muß, bis sie endlich sich dazu entschließen, über Änderungen ihres Verhaltens nachzudenken.

Wenn ich mich nun frage, warum die genannte Mission so vollständig von mir Besitz ergriffen hat, dann fällt mir als Hauptgrund immer nur ein Erlebnis ein, das wohl zum Damaskus meines Lebens geworden ist: Tschernobyl. Ich war damals in der dreizehnten Klasse, und mein Berufsziel stand fest: Ich wollte Konzertpianist werden - und das mit dem

Segen bekannter Pianisten. Die atomare Katastrophe brachte mich völlig aus dem Gleichgewicht. In den folgenden Wochen nahm die Verwirrung nur noch zu, vor allem nachdem ich mir bewußt geworden war, welche ungeheure Verdrängung zu diesem Unfall geführt hatte. Dabei war ich doch seit Jahren ökologisch engagiert - irgendwie wenigstens! Ich wußte doch, daß in Harrisburg Jahre zuvor die Katastrophenperspektive der neuen Art schon einmal aufgeleuchtet hatte. Nun also war es geschehen, und ich fühlte mich auf eine merkwürdige Weise mitschuldig. Das Schuldgefühl war sogar stärker als die Mischung aus Wut und Enttäuschung, die sich in mir angesichts der Haltung Gorbatschows bildete. Zugleich fühlte ich mich hilflos, zumindest in den ersten Tagen. Das Gefühl der Hilflosigkeit nahm dann um so mehr ab, je mehr sich eine neue Qualität von Widerstandsaktivitäten in der Bundesrepublik abzuzeichnen schien. Mit dem Gefühl der Hilflosigkeit verschwand auch das irrationale Schuldgefühl.

Doch schon bald hatte ich ein neues Problem am Hals. Die Teilnahme an Aktivitäten der Anti-AKW-Bewegung genügte mir nämlich nicht mehr. Was hatte ich schon als Musikstudent in spe in diese Bewegung einzubringen! Innerhalb von drei Wochen reifte in mir der Entschluß, eine Berufsausbildung zu wählen, die mir bisher als der Inbegriff der Entfremdung erschienen war. Nun wollte ich tatsächlich Lehrer werden! Immerhin: Die Musik mußte ich ja nicht ganz aufgeben, wenngleich der Gedanke an die Schulfachebene mich nicht gerade freudig stimmte. Wie aber konnte ich meine neue Katastrophenerfahrung im Sinne der genannten Botschaft fächermäßig „verarbeiten"? Zunächst dachte ich an den Politikunterricht. Doch bei der Erinnerung an dieses Fach kamen mir erhebliche Zweifel. Denn das, was politische Bildung hätte werden können, war in meinem Falle zwischen den Extremen einer nervtötenden Institutionenkunde und mehr oder weniger tagespolitischem Gelaber zerrieben worden. Genügend Phantasie für eine didaktische Alternative in diesem Fach konnte ich in der Phase der Umorientierung nicht aufbringen. Ich suchte daher nach einem anderen Zweitfach und verfiel schließlich auf ein Studium, das ich dann sehr bald genossen und übrigens bis heute nicht bereut habe: Physik. Ohne große politische und ethische Debatten, so malte ich mir aus, wollte ich ein ganzes Berufsleben lang junge Menschen über die - wie mir schien - handgreiflichste Form der Bedrohung der Menschheit aufklären. Hinreichendes Wissen, daran glaubte ich fest, würde die aufklärerische Wirkung nicht verfehlen.

Ich habe Glück gehabt und bin seit 1996 als Vollzeitlehrer angestellt. Das zehnjährige „Jubiläum" der Katastrophe habe ich noch als Referendar mit den Schüler „begehen" können. Wäre ich damals noch nicht von der Richtigkeit meiner Berufswahl überzeugt gewesen, ich hätte wohl zu diesem Zeitpunkt endgültig beschlossen, das Kleid des pädagogischen Aufklärers zu tragen. Ich habe nämlich hautnah erlebt, wie zehn Jahre nach dem schrecklichen Ereignis junge Menschen nicht nur ganz offen über ihre tiefsitzenden Ängste und über die Gedankenlosigkeit der Älteren sprachen, sondern zugleich auch sehr dankbar dafür waren, daß jemand, der etwas von der Sache verstand, mit ihnen eine antikatastrophische Perspektive entwickelte.

Mir ist inzwischen klar geworden, daß ich den leichteren Weg für die beabsichtigte Aufklärungsarbeit gewählt habe. Kein pseudopluralistisches Geschwätz, wie ich es immer wieder in meinem eigenen Politikunterricht erlebt hatte, konnte mich daran hindern, unbestreitbare Daten zur Kernkraft bereitzustellen. Längst habe ich eingesehen, daß eine sich im Anschluß an die Informationen ergebende Handlungsperspektive um so eher entsteht, je zurückhaltender ich bei meiner Aufklärungsarbeit zu Werke gehe. Befürchtungen, ich könnte bei Schülern, Kollegen und Eltern als Kernkraftheini abgestempelt werden, sind offenbar unbegründet. Schließlich unterrichte ich nicht monomanisch Kernkraft. Allerdings nutze ich jede Gelegenheit im Unterricht, die Ambivalenz des sogenannten technischen Fortschritts nachzuweisen.

Außerdem bin ich nach wie vor - wie könnte das auch anders sein - Musiker, oder doch wenigstens Musiklehrer. Zwar diskutiere ich auch schon mal mit - begabten - Schülern über die Goldbergvariationen. Mehr Akzeptanz erreiche ich natürlich mit meiner historisierenden Soziologie des Schlagers. Von da zu einer vergleichenden Geschichte von Schlager und politischem Lied ist es dann nicht mehr weit. Einen Weg vom politischen Lied zum politischen Engagement finden die Schüler schon allein!

Es gibt Zeiten - das will ich weiß Gott nicht leugnen - , in denen ich von einem Leben träume, das ganz der Musik gehört. Es gibt Tage, besonders an Wochenenden, da komme ich einfach nicht vom Klavier weg. Ein bißchen traurig bin ich dann schon. Ich habe eben auf die ganz große Liebe verzichtet und mich von meiner Pflicht überzeugen lassen. Nur: Wer kann schon wissen, wie meine Musikerkarriere wirklich ausgesehen hätte! Und: Lohnt eine Karriere mit Schuldgefühlen, wenn man nur ein Leben hat?

7.

Ich gehöre zu den letzten , die noch mal Glück gehabt haben. Mit 62 habe ich mich pensionieren lassen - damals noch bei guten Konditionen. Eigentlich hätte ich schon ein paar Jahre früher aufhören sollen, denn ich konnte schon seit längerer Zeit keinen rechten Sinn mehr in meiner Lehrertätigkeit sehen.

Das mit dem Lehrerberuf hatte übrigens recht merkwürdig begonnen. Ich war nämlich mit ziemlicher Naivität in die Universität hineingestolpert. Und weil ich von einer politischen Karriere träumte, mußte es das Jurastudium sein. Aber schon bald sah ich mich in meinen Erwartungen getäuscht: Unter Rechtswissenschaft hatte ich mir was auch immer, jedenfalls etwas ganz anderes vorgestellt. Nun traute ich mir auf einmal gar nicht mehr zu, den Usancen der von mir so verehrten Juristenwelt auch nur annähernd gerechtzuwerden.

Es war kränkend, aber es mußte sein: Ich wechselte - was damals noch sehr einfach war - in die philosophische Fakultät und studierte mit viel Fleiß und Freude meine schulischen Lieblingsfächer Geschichte, Politik und Deutsch. Am liebsten wäre ich nun Geschichtsprofessor geworden. Daß man, wenn man so etwas will, bestimmte Dinge tun, dafür aber andere lassen muß, das heißt aber auch: nicht unbedingt wie ein künftiger Studienrat studieren darf, war mir damals noch nicht klar. Die Schule war zwar nicht mein erklärtes Ziel; aber wenn es denn sein mußte ... Schließlich kannte ich mich da aus. Auf jeden Fall wollte ich aber promovieren. Man konnte ja nie wissen, ob sich nicht doch noch etwas Interessanteres auftun würde. So schrieb ich denn eine ideengeschichtliche Arbeit über einen wenig bekannten Konservativen des 19. Jahrhunderts. Nach Abschluß der Dissertation wurde mir immer mehr bewußt, daß ich mir da ein ordentliches Stück Nostalgie gegönnt hatte.

Dazu muß man wissen, daß ich in einer weitgehend vormodernen gläubigen Dorfwelt aufgewachsen bin und nach dem Studienwechsel dann nichts Besseres zu tun hatte, als den anachronistischen Kinderglauben mit alteuropäischen Versatzstücken zu modernisieren. Das nahm sehr handfeste Formen an: Das Mittelalter war für mich das verlorene Paradies, das (gerade stattfindende) Zweite Vatikanische Konzil nur ein Selbstmißverständnis des Römischen Katholizismus. Im 18. Jahrhundert übernahm ich die Rolle des sentimentalen Bewunderers der mütterlichen großen Kaiserin und also auch des leidenschaftlichen Kritikers des zynischen preußischen Emporkömmlings. 1866 hätte ich, obwohl noch als - linksrheinischer - Preuße geboren, lieber die Großdeutschen als Sieger gesehen. Was schließlich die Zeitgeschichte angeht, so hätte ich nichts dagegen gehabt, wenn man die westdeutsche Demokratie mit ständestaatlichen Elementen angereichert hätte, und eine monarchische Spitze erschien mir zeitweise sogar als der Gipfel des politischen Chics.

Doch Menschen, die sich auf das Prinzip der Historisierung einlassen, leben gefährlich. Meine ganze ebenso glanzvolle wie reaktionäre Traumwelt war nämlich bald einer Belastungsprobe ausgesetzt, der sie unmöglich standhalten konnte. Die seit der Schulzeit gepflegten theologischen und kirchengeschichtlichen Interessen hatten mich nämlich auf der akademischen Ebene zu weitreichender Lektüre verleitet. Das philosophische Begleitstudium tat ein übriges. Und wie es kommen mußte: In einem nicht ganz schmerzfreien Prozeß brach das herrliche vorkritische Haus der Weltanschauung zusammen. Das, was bisher für mich Welt, meine Welt war, wurde nunmehr Museumswelt - und ich mein eigener Museumsdirektor. Das Gute daran war: In diesem Museum ließ es sich durchaus leben. War es bisher schon recht komfortabel ausgestattet, so konnte es ab jetzt im Rahmen eines anders akzentuierten Studiums um einige Pretiosen erweitert werden. Ich sammelte also weiterhin

„Konservativa": Hofmannsthal - und nicht Brecht; Metternich - und nicht Bebel; wenigstens zunächst nicht! Adam Müller - und nicht Marx; wenigstens zunächst nicht! Dann aber lief in der Philosophie etwas schief: Von Hegel war ich zu den Junghegelianern gelangt, und als in diesem Zusammenhang der Name Marx auftauchte, gab es kein Halten mehr. Bald stand die ganze Geschichte des Sozialismus auf dem Lektüreplan. Wohlgemerkt: alles vor 68!

Aus einem heimatlosen nostalgischen wurde ein nostalgischer linker Museumsdirektor. Als solcher machte ich mein erstes Staatsexamen; so promovierte ich; so überstand ich das Referendariat: Und so geriet ich faute de mieux in die Schule. Über dreißig Jahre hat meine Tarnung als linker Nostalgiker im Museum des Konservatismus funktioniert. Nein, nicht ganz! Sowohl manche Kollegen als auch ein paar klügere Schüler haben es bemerkt: Diejenigen, die mich nicht mochten, haben mir Unaufrichtigkeit vorgeworfen. Andere entdeckten bei mir eine ihnen offenbar nicht ganz unsympathische „Vielschichtigkeit" - wie sie es nannten. Wieder andere bescheinigten mir sogar Reflexionsniveau. Ein ehemaliger Schüler meinte anläßlich eines Klassentreffens, einen gewissen weltanschaulichen Charme könne man mir nicht absprechen. Geschmeichelt bat ich um Erläuterung, erhielt jedoch nur den etwas kryptischen Kommentar: „Na ja, Sie haben sich eben auf beiden Seiten umgetan."

Wie dem auch sei: Ich habe unter meinem Beruf nicht wirklich gelitten - wenigstens lange Zeit nicht. Das lag einmal an dem mit großem Aufwand erworbenen pädagogisch-didaktischen handwerklichen Können, das mir eigentlich immer die nötige Souveränität als Lehrender garantierte. Zum andern verfügte ich bis in die letzten Jahre hinein über eine immer sprudelnde Quelle alltäglicher Daseinsfreude: die mir ebenso liebe wie letztlich unerklärliche Verbindung von wehmütiger Erinnerung an ein verlorenes Paradies und stiller Hoffnung, nicht auf ein neues künftiges Paradies, wohl aber auf so etwas wie einen qualitativen Sprung in der Menschheitsgeschichte. Die stille Reserve der Hoffnung, die ich übrigens nie einem parteipolitischen Test auszusetzen wagte, hat mich in all der Zeit vor Resignation und Verzweiflung bewahrt. Bis ich dann langsam, aber mit immer weniger Gegenwehr in die große Krise geriet.

Nachdem ich über mehrere Jahrzehnte und viel zu lange die Altersdifferenz zu meinen Schülern als etwas erlebt hatte, was man als Problem immer neu fassen muß, um dann immer wieder neu nach Lösungen zu suchen, wurde mir, als ich auf mein sechzigstes Jahr zuging, relativ plötzlich bewußt, daß sich zwischen dem, was ich noch immer nicht besser als die herrschende Grundhaltung der nachwachsenden Generation bezeichnen kann, und meiner Welt- und Lebensauffassung ein Abgrund auftat, den ich nicht überspringen wollte - auch wenn ich dies gekonnt hätte!

Ich hatte zwar die These, daß in einer Gesellschaft wie der unseren alles zu Ware werden kann, seit meiner akademischen Marx-Lektüre immer als plausibel angesehen. Aber daß ich einmal selbst vom Terror der Warenwelt so elementar betroffen sein könnte, das hatte ich mir nun wirklich nicht träumen lassen.

Kurz und gut: Ich sah um mich herum, besonders aber bei meinen Schülern, nurmehr Selbstflexibilisierung, Warenästhetik, Tauschwertorientierung oder wie immer man das nennen mag.

Angesichts dieser Welt wirkte mein Horizont, an dem in schöner Eintracht der „Rosenkavalier" neben dem heiligen Bernhard von Clairvaux und die „Politik" des Aristoteles neben dem „Kommunistischen Manifest" als Fixsterne strahlen durften, wie der funktionslose Rest einer untergegangenen Galaxie.

Schlachten, die man verloren hat, soll man nicht wiederholen wollen, zumal wenn man sich nichts vorzuwerfen hat. Man soll in Ehren abtreten und das Urteil der Geschichte überlassen. Aber nun bin ich auch noch pathetisch geworden!

Holger Müller

Trotzdem lernen

Einleitung

Der vorliegende Reflexionsbericht ist wenige Wochen nach Abschluß meiner Referendarsausbildung in Hamburg, im Sommer 1998, entstanden.[1] Ich hatte schon während meines Referendariats eine Stelle in Niedersachsen gefunden und konnte ohne Sorgen um meine finanzielle Zukunft auf das Referendariat zurückblicken. Mein Umzug von Hamburg nach Niedersachsen stand noch bevor, und ich war mehr gespannt als nervös zu sehen, wie es mir in nur wenigen Wochen an einer kooperativen Gesamtschule auf dem Lande ergehen würde. Mittlerweile bin ich seit knapp einem Jahr als Lehrer in Niedersachsen tätig und fühle mich in meiner gegenwärtigen beruflichen Situation sehr wohl.

Die Reflexion habe ich in einzelnen Punkten noch einmal überarbeitet und etwas gekürzt, die Grundaussagen sind allerdings unverändert geblieben. Mir erschien es nicht sinnvoll, auf die Reflexion meiner Lernerfahrungen im Unterrichtsfach Englisch zu verzichten, weil diese unlösbar mit meinem historisch-politischen Lernen verknüpft sind. Eine Streichung dieser Passagen hätte zu einer deutlichen Akzentverschiebung in dieser Lernreflexion geführt.

Für mein eigenes Lernen und zur Analyse meines Lernens betrachte ich Klaus Holzkamps Lerntheorie als geeignetes, theoretisch fundiertes Instrumentarium. Deshalb greife ich auf seine Kategorien, die im Text kursiv gesetzt sind, zurück. Die Funktion dieses Beitrages besteht für mich in der Selbstvergewisserung meines Lernens im Referendariat. Viele Fragen waren am Ende des Referendariats für mich offen geblieben oder neu entstanden. Ich hatte das dringende Bedürfnis, die Erfahrungen, die ich im Referendariat in Hamburg sammeln konnte, zu ordnen und zu bewerten. Der generelle Eindruck, den ich von meinem Referendariat hatte, war, daß ich erfolgreich gelernt hatte. Aber dieses Lernen hatte für mich oft gegen Widerstände stattgefunden, mir und meinen Kollegen hatte sich viel Sperriges in den Weg gelegt. Wir befanden uns häufig in völlig widersprüchlichen Situationen, die Lernen oft unmöglich machten. Mein Lernen erschien mir rückblickend deshalb als ein *Trotzdem lernen*. Was also habe ich gelernt? Warum habe ich dieses oder

---

[1] Für die kritische Prüfung dieser Reflexion und für die produktive Zusammenarbeit im Referendariat und darüber hinaus möchte ich besonders meinen Freunden S. Güldenpfennig und A. Wissen danken.

jenes gelernt? Wozu habe ich es gelernt? Wie habe ich gelernt? Es sind mithin die didaktischen Grundfragen für jeden Unterricht, die ich in dieser Reflexion, auf mein eigenes Lernen bezogen, klären will.

Wie das Referendariat anfing . ...

Tagebucheintragung vom Mittwoch, 31.7.1996

„*[...] Die konkrete Perspektive des Referendariats, der markierte Anfang und das Ende, sind auch dieses Mal wichtige Faktoren für mich. Es ist mir wichtig, meinen Weg auch zu vervollständigen und zu Ende zu bringen. So hoch ich auch für mich den Wert meines Studiums veranschlage, und so sehr ich dieses gewiß nicht nur in der Perspektive des Lehrerberufes erlebt habe, so weiß ich doch auch, daß das Referendariat ein wichtiger Teil meiner Professionalisierung ist. Mein umfassendes theoretisches Wissen will ich differenziert auf die Praxis beziehen. Hierin sehe ich die grundlegende Lernmotivation für mich während der kommenden zwei Jahre. [...] Unbedingte Gattungsidentifikation und die verallgemeinerte Handlungsfähigkeit sind die hehren Richtziele meiner Lehrtätigkeit. Sie stellen auch die Ziele dar für mein eigenes Lernen als Referendar. Mit meinem Lehren will ich es Schülern ermöglichen, sich ihrer eigenen Lebensbedingungen bewußt zu werden. Das heißt, daß mein Unterricht in der Perspektive der Überwindung von Herrschaft angelegt sein soll. Die mit demokratischen Umgangsformen verbundenen Werte wie Kritik- und Diskussionsfähigkeit, Akzeptieren und Widerstand bilden dabei den Rahmen, den es auszugestalten gilt. [...] Zentral ist für mich der Begriff der Menschenwürde. Es ist mein Ziel, diese bei den Schülern zu achten. Es ist aber auch ein Anspruch, daß meine eigene Würde nicht angetastet wird.*"

Dies also war mein Programm für das Referendariat. Unmittelbar vor Beginn des Referendariats verspürte ich das dringende Bedürfnis niederzuschreiben, welches meine Ziele und meine unverrückbaren Werte sind. Ich befürchtete damals, durch die Anforderungen im Referendariat so durcheinandergewirbelt zu werden, daß ich mir meiner eigenen Ansprüche nicht mehr bewußt wäre. Ich befürchtete sogar, daß ich durch die alltägliche Praxis zu Kompromissen gezwungen werden würde, die mit meinen ursprünglichen Ansprüchen nicht mehr in Einklang zu bringen wären. Ich hegte - zugespitzt ausgedrückt - die Befürchtung, daß ich durch das Referendariat zum Durchwurschteln verleitet würde und mich kompromittieren würde. Ein solches Durchwurschteln entsprach und entspricht aber nicht meinen Vorstellungen von Professionalität. Die Funktion der damaligen Tagebucheintragung bestand für mich in der Dokumentation dessen, was vor Beginn des Referendariats, sozusagen unverfälscht, vorhanden war. Diese Befürchtungen waren, rückblickend betrachtet, unbegründet und zeugen meiner Ansicht nach eher davon, daß ich nicht wußte, was im Referendariat auf mich zukam. Und in der Tat war ich kaum informiert über Inhalte und Ziele des Referendariats. Ich wußte nur diffus, daß ich irgendwie unterrichten müßte. Doch was das konkret heißen könnte, war mir unklar, und auch meine Unterrichtspraktika während des Studiums waren mir bei der Beantwortung meiner Fragen keine große Hilfe. Ich hatte den Eindruck, nahezu kenntnislos über konkretes Schulleben und die alltäglichen Anforderungen an einen Lehrer zu sein.

In der Tagebucheintragung ist allerdings ein Satz enthalten, der angemessen ausdrückt, was zunächst meine zentrale Lernproblematik war. Ich wollte *[m]ein umfassendes theoretisches Wissen [...] differenziert auf die Praxis beziehen.* Hier ist der Dreh- und Angelpunkt für mein Verständnis von Lehrerprofessionalität. Dieser Satz spiegelt wider, wie mein Wissenserwerb in den letzten Jahren bis zum Referendariat erfolgt war. Denn die Beschäftigung mit Schule, Bildung und Erziehung lief für mich nahezu ausschließlich über die theoretische Beschäftigung mit Fragen, wie sie im universitären Kontext für mich entstanden waren. Ich hatte mich während meines Studiums nicht um regelmäßige Kontakte zu Schulen bemüht. Ich hatte nicht regelmäßig in Schulen hospitiert und eventuell umfangreichere Unterrichtserfahrungen gesammelt. Auch die beiden Schulpraktika waren zwar insgesamt anregend gewesen, aber es hatten sich für mich keine neuartigen Denkansätze oder Problemzusammenhänge ergeben, die ich im Studium mit einem anderen Blick hätte lösen wollen. Ich war also bis zum Beginn des Referendariats ein Theoretiker, der sich über die literaturgestützte, theoretische Diskussion Bildungs- und Erziehungsfragen näherte.

Einen solchen Weg der Ausbildung zum Lehrer hielt ich damals und halte ich auch heute nicht für nachteilig. Ganz im Gegenteil sehe ich darin überwiegend Chancen. Erst mit einer fundierten wissenschaftlichen Ausbildung ist man meines Erachtens in der Lage, die zu unterrichtenden Gegenstände zunächst einmal sich selber in einer Weise anzueignen, die den neuesten Erkenntnissen entspricht. Einfache Ableitungen aus diesen Erkenntnissen, die auch schülergerecht in der Schule umgesetzt werden könnten, ergeben sich daraus allerdings noch nicht.

Vor Beginn meines Referendariats sah ich anscheinend lediglich die Möglichkeit, theoretisches Wissen auf die Praxis zu beziehen. Es schien mir noch nicht in den Sinn gekommen zu sein, daß ich ebenso gut auch aus der Praxis Probleme und Rückfragen entwickeln könnte, die ich an die Theorie hätte richten können. Vor Beginn des Referendariats war es mir wahrscheinlich noch nicht klar, daß es sich bei Theorie-Praxis-Problemen um ein wechselseitiges Spannungsverhältnis handelt. Die grundlegende Erkenntnis, daß die Pädagogik eine praxisbezogene Erfahrungswissenschaft ist, deren Perspektive in der Entwicklung von Handlungsmöglichkeiten liegt, schien mir damals noch nicht in Fleisch und Blut übergegangen zu sein.

Wohl hatte ich genügend Selbstvertrauen, daß ich mit meiner bislang lediglich universitären Ausbildung in der Schule schon recht gut klarkommen würde. Aber gewisse Befürchtungen muß ich damals gehegt haben, als theoretischer Spinner wahrgenommen zu werden. So benenne ich zwar meine Richtziele für meine Lehrtätigkeit, gleichzeitig aber distanziere ich mich von ihnen durch Übertreibung wieder. „Unbedingte Gattungsidentifikation und die verallgemeinerte Handlungsfähigkeit sind die hehren Richtziele meiner Lehrtätigkeit.“ Ich spreche von hehren, also erhabenen und heiligen Richtzielen, als wenn mir diese nicht ganz geheuer wären. Und in der Tat, sie waren mir damals nicht ganz geheuer. Ich hatte mich in meinen historisch-politischen Fachdidaktikseminaren intensiv mit diesen Richtzielen auseinandergesetzt und war überzeugt, daß sie gut seien. Angesichts der fundamentalen Bedrohung menschlicher Existenz auf diesem Planeten durch Menschen selber schien es mir ein fachdidaktisches und pädagogisches Gebot zu sein, an dem Überleben der Gattung mitzuarbeiten. Oder etwas bescheidener: das Überleben der Gattung durch mein Handeln nicht noch zusätzlich zu gefährden. Aber ich befürchtete auch, mich durch solch existentielle Ziele und Kategorien vor anderen lächerlich zu machen. Ich hatte Angst, daß ich damit Außenseiterpositionen einnehmen würde, mit denen ich in der Schule nur auf Ablehnung, allenfalls ratloses Achselzucken stoßen würde.

Außerdem konnte ich mir kaum vorstellen, wie ich denn solch hochgesteckte Ziele in Unterrichtspraxis transformieren könnte. Handelte es sich bei diesen Zielen denn überhaupt um realistische Ziele, d.h. um Ziele, die sinnvolle Orientierung für die Unterrichtspraxis bieten können und auch erreichbar sind? Gab es andere Lehrer, die ähnliche Ziele hatten? Ich wußte es nicht und war auch darum etwas unsicher. Hingegen war ich mir sicher, daß mein Anspruch, die Würde anderer zu achten, wie meine eigene Würde vor Angriffen zu schützen, allgemein anerkannt sein würde.

In der Tagebucheintragung taucht ein Wort nicht auf, welches im Laufe des Referendariats für mich zu so etwas wie einem Zauberwort wurde. Es ist das kleine Wörtchen *konkret.* Ich verband zwar auch teilweise konkrete Vorstellungen mit meinen Äußerungen, aber vieles ist bei der zitierten Eintragung doch recht allgemein gehalten. Und da es so allgemein gehalten ist, ist rückblickend schwer zu entscheiden, wie sinnvoll und überzeugend meine Überlegungen damals waren. Doch, das kann ich hier schon vorwegnehmen, die Erkenntnis, daß die Überlegungen konkret werden müssen, daß Unterricht konkret werden muß und daß Theorien am Konkreten zu überprüfen sind, sehe ich als eine der wichtigsten Erkenntnisse meines Referendariats an. Der durch das Referendariat angeregte und erzwungene Perspektivwechsel hin zum Konkreten ist für mich ein entscheidender Lernerfolg meiner Ausbildung.

Studienseminar konkret - Seminare, Seminare und jede Menge Probleme am Beginn des Referendariats

„Andererseits war für mich mein eigener beruflicher Erfolg aber immer auch Legitimation meiner Wünsche nach beruflicher Selbstverwirklichung. In meiner Familie setzte ich mich gegen einen konservativen Vater durch. In meiner Schulzeit mußte ich mich gegen eine überwiegend konservative Lehrerschaft behaupten. Und auch heute noch finde ich mich in Situationen, in denen ich auf schroffe konservative Konstellationen in Hierarchien treffe und Widerstände überwinden muß, gut zurecht und mehr noch: Ich fühle mich sogar in ihnen wohl. Erst dann laufe ich zu Höchstleistungen auf. Diese Auseinandersetzungen sind für mich dann schnell mit der Bewahrung meiner Würde verknüpft."[2]

In Hamburg wurde und wird aufgrund der allgemeinen Haushaltslage auch bei und mit Hilfe der Lehrerausbildung zu sparen versucht. Das ist insofern bedeutsam, als die Zahl der Referendarsplätze auch für den Ausbildungsjahrgang, dem ich angehörte, stark kontingentiert war. Da nicht alle Bewerber unmittelbar im Anschluß an das Studium einen Platz bekommen konnten, wurden enge formale Grenzen gesetzt. Vereinfachend kann man sagen, daß nur Personen mit einem sehr guten ersten Staatsexamen Chancen hatten, einen Referendarsplatz zu bekommen. Wer also einen Platz bekommen hatte, konnte glücklich sein. Wer einen Platz bekommen hatte, wußte aber auch von Anbeginn der Ausbildung von der Mangelsituation, die an Hamburger Schulen im Hinblick auf Anstellungsmöglichkeiten bestand. Dies blieb auch mir während meiner Ausbildung immer bewußt.

Erstmals in Hamburg wurde auch der sogenannte selbständige Ausbildungsunterricht eingeführt. Dieser Begriff ruft positive Konnotationen hervor, und tatsächlich gibt es auch Positives an dieser Art der Ausbildung, wie ich weiter unten ausführen werde. Da der Hauptzweck dieser Art Ausbildung allerdings nicht eine Verbesserung der Ausbildungsqualität, sondern die Einsparung von Lehrerstellen war, lernten wir diesen Unterricht als sogenannten bedarfsdeckenden Unterricht kennen. Jeder von uns sollte im zweiten Ausbildungsjahr pro Woche neun Stunden selbständig, d.h. bedarfsdeckend unterrichten. Wir würden also an Stelle einer regulären Lehrkraft Unterricht durchzuführen haben und wären fest im Stundenplan eingesetzt. Eine Anleitung würde in diesem Unterricht nicht mehr stattfinden. Das erhoffte Einsparvolumen, das durch uns Referendare auf diese Weise erbracht wurde, sollte bei neunzig Lehrerstellen liegen. Wir wußten also auch von Anfang an,

---

[2] H. Müller, Umwege, die keine sind, in: H. W. Jung, G. von Staehr: Lernreflexionen, Erfahrungen aus Studium und Referendariat, Hamburg 1996, S. 68.

daß wir durch unsere Ausbildungstätigkeit jene Stellen einsparten, die wir doch am Ende des Referendariats zu erlangen hofften. Eine wahrlich mißliche Lage.

Bevor ich mit meinem Referendariat begonnen hatte, waren die politischen Auseinandersetzungen zu diesem Thema bereits gelaufen. Es hatte also keinen Zweck, fundamentale politische Kritik an diesen neuen Ausbildungsrichtlinien zu üben. Ich entschied mich nolens volens dafür, mit den Ausbildungsrichtlinien klarzukommen und eventuell intern im Studienseminar noch einige Erleichterungen anzustreben. Wir alle hielten, besonders da wir kaum wußten, was auf uns zukommen würde, eine Ausbildung, die im zweiten Ausbildungsjahr nur noch aus bedarfsdeckendem Unterricht bestehen sollte, für eine große Belastung. Denn in diese Zeit des selbständigen Unterrichtens sollte unsere zweite Staatsexamensprüfung fallen. Lehrproben, Unterrichtsversuch, Anfertigung der Examensarbeit und mündliche Prüfung sollten ohne Befreiung vom Unterricht erfolgen. Auch die reguläre Zahl der Hospitationen sollte nach wie vor stattfinden. Zur Beratung, wie man nicht müde wurde zu beteuern. Zur Bewertung, wie mir niemals aus dem Kopfe ging. Der klassische angeleitete Unterricht, auf den auch die Prüfungsanforderungen, die unverändert geblieben waren, abgestimmt waren, sollte demzufolge nur im ersten Ausbildungsjahr stattfinden.

Bei vielen war die Angst groß, daß damit die Aussichten auf ein sehr gutes zweites Staatsexamen geringer würden. Und ein sehr gutes zweites Staatsexamen, das war auch von Beginn an klar, wäre notwendig für eine Einstellung nach dem Referendariat. Würden wir im Vergleich zu anderen Ausbildungsjahrgängen nicht benachteiligt werden? Hätten wir jemals Chancen auf eine Einstellung, wenn unser Examen aufgrund der härteren Ausbildungsbedingungen notenmäßig schlechter ausfallen sollte? Würden wir es schaffen, ohne Unterrichtsbefreiung eine zweite Staatsexamensarbeit neben unseren regulären Verpflichtungen zu schreiben? Würden unsere Seminarleiter Rücksicht auf uns nehmen? Wo könnten wir uns im zweiten Ausbildungsjahr Hilfe holen, wenn wir mit einer Klasse nicht klarkämen? Bedeutete der bedarfsdeckende Unterricht nicht faktisch, daß unsere üblicherweise zweijährige Ausbildung auf ein Jahr reduziert würde?

Mich beschäftigten diese Fragen auch. Aber richtige Angst kam bei mir nicht auf. Irgendwie würde das alles schon klappen, und überhaupt müßte ich doch erst einmal sehen, wie ich in meinen ersten Unterrichtsstunden zurechtkommen würde. Ich hielt die ganze Angelegenheit eher für einen schlechten Witz, bei dem ich leider auch mitspielen mußte. Sowohl die Aufgeregtheit vieler Referendarskollegen als auch die Ratlosigkeit der meisten Seminarleiter fand ich grotesk. Wie? Sollten sie etwa auch keine Antworten auf unsere Fragen haben? Versuchten auch sie, im Nebel irgendwie einen Weg zu erkennen?

Ich wollte mich aber auch nicht von diesen eher einschüchternden Informationen, mit denen wir bei unserem ersten Zusammentreffen im Hauptseminar konfrontiert waren, ängstigen lassen. Ich war fest entschlossen, meine Ausbildung bestmöglich zu gestalten. Und ich hatte mir nach meinen Studienerfahrungen fest vorgenommen, daß ich mich in der Referendarsvertretung engagieren wollte. Im Studium hatte ich mich nicht an der Studentenvertretung beteiligt, wollte dieses Mal aber wieder stärker auch auf die Rahmenbedingungen meiner Ausbildung Einfluß nehmen.

Mit dem guten Vorsatz aus dem Studium und dem in den ersten Stunden unseres Hauptseminars erzeugten Problemdruck im Nacken, verständigten sich einige von uns Referendaren, für die seminarinternen Sprecherwahlen zu kandidieren. Ich für meinen Teil hatte große Lust, ein „Klassensprecher“ neben zwei weiteren und drei Stellvertretern in diesem Hauptseminar zu werden. Ich kannte kaum jemanden aus meinem 45-köpfigen Hauptseminar vom Studium, und so waren die Gespräche zur Sprecherwahl auch eine gute Gelegenheit, die anderen Referendare kennenzulernen. Aus der Wahl ging schließlich ein sechsköpfiges Sprecherteam, zu dem auch ich gehörte, hervor. Ohne zu ahnen, wie richtungsweisend diese Wahl für mein Referendariat werden sollte, freute ich mich auf die Zusammenarbeit mit meinen Sprecherkollegen. Ich war mir sicher, daß wir einige gute Sachen anstoßen könnten. Ich ahnte aber nicht, wie wichtig und bereichernd der Kontakt und später die Freundschaft zu einigen der Sprecherkollegen werden sollte. Bereits diese ersten Stunden und Tage meiner neuen Existenz lebte ich gemäß der Devise „Sei ein Täter“. Ich wollte die Dinge beeinflussen. Ich wollte eine gute Zeit erleben. Ich wollte schließlich ein guter Lehrer werden.

Ich war dermaßen auf „Täterschaft“, auf eine aktive Gestaltung meiner Ausbildung, programmiert, daß ich mich schnell unwohl fühlte angesichts der weitverbreiteten Bekundungen von Angst um mich herum. Ich wurde schnell ungeduldig mit anderen Referendaren, wenn sie Fragen hatten, die ich nicht als ebenso wichtig erachtete. Mit vielen detaillierten und mir oft unnötig erscheinenden Fragen versuchten viele Referendare herauszubekommen, was in den nächsten Wochen mit ihnen passieren würde. Und genau hier lag der springende Punkt. Durch die Angst davor, daß etwas *mit ihnen passieren würde,* begaben sie sich selber ohne Not in die Rolle von Abwartenden. Oder krasser ausgedrückt: Sie wählten bereits zu Beginn eine Opferrolle. Dabei bezogen sich viele Referendare wohl unausgesprochen auf die Frage, ob man denn vor den Klassen werde bestehen können. Angesichts der wenig praxisorientierten Lehrerausbildung, die wir bisher durchlaufen hatten, ist das wenig überraschend. Dennoch mangelte es mir oft an Geduld mit den Ängstlichen.

Meine Hauptseminarleiterin fand ich dagegen wohltuend klar und energisch. Sie ließ verbal und gestisch wenig Zweifel daran aufkommen, daß sie nicht eine Hauptseminarleiterin im Sinne einer Seminarleiterin an der Universität sei. Stattdessen sei sie unsere Vorgesetzte. Vorgesetzte! Welch ein Wort! Sie war uns vorgesetzt, sozusagen vor die Füße geworfen worden. Wir hatten sie nicht selber ausgewählt. Wir konnten sie auch nicht selber abwählen. Es gab also kein Ausweichen. Und vielen wurde wohl jetzt erst klar, daß die verantwortungslose Universitätszeit vorbei war.

Die Rechte einer Hauptseminarleiterin sind beachtlich. Sie erinnerten mich spontan an die Regalien mittelalterlicher Könige. Sie mußte informiert werden über unsere geleisteten Unterrichtsstunden. Unsere individuellen Stundenpläne mußten an sie ausgeliefert werden. Sie hatte das Recht, zweimal im Halbjahr in unseren Unterricht zu kommen. Sie war die zentrale Figur unserer Examensprüfung. Bei ihr flossen die zahlreichen Anleiterberichte zusammen. Sie schlug die Abschlußnoten vor. Sie hatte das Recht, über unsere Urlaubsanträge zu entscheiden. Sie hatte, so schien es, auch die Möglichkeit, einem das Leben zur Hölle oder recht angenehm zu machen. Sie konnte also machen, was viele Vorgesetzte machen können, sei es in staatlichen Bürokratien oder Wirtschaftsunternehmen. Sie war aber auch diejenige, die als Hauptseminarleiterin verantwortlich für die organisatorische Gestaltung unserer Ausbildung war. Angesichts der auch für sie neuen Situation des bedarfsdeckenden Unterrichts wahrlich kein einfaches Unterfangen. Sie schwor uns ein auf die Einhaltung unserer Pflichten, welche in der Umkehrung ihrer Rechte bestanden. Sie versuchte uns aber auch zu beruhigen, daß sie ihren Rücken schon stark machen werde, um uns zu schützen. Tatsächlich, diese Worte fielen. Es ging auch um Schutz.

Mir behagte die klare, schnörkellose Art meiner Vorgesetzten. Sympathisch fand ich auch ihr Genervtsein von den allzu Ängstlichen. Oft war sie aber auch ungehobelt, unfreundlich und patzig. Unbewußt versuchte ich wohl wieder, die mir vertraute Situation des identifikatorischen Lerners zu arrangieren. Meine Sympathien hatten ja auch zu Studienzeiten oft eher auf Seite schroffer und unbequemer Professoren als auf der Seite larmoyanter Studenten gelegen.

Überhaupt nicht positiv fand ich die Gestaltung dieser ersten Seminarsitzungen. Denn es zeigten sich schon hier zwei der zentralen Probleme unserer Ausbildung. Das eine betraf die inhaltliche Gestaltung der Seminare. Das andere betraf die mangelnde Transparenz der Bewertungskriterien.

Die inhaltliche Gestaltung des Hauptseminars - Lehre darf man das nicht nennen

„Seminarveranstaltungen sollen weitgehend als Vorbild pädagogischen Handelns gestaltet und reflektiert werden. Für die Seminare werden deshalb u.a. erfahrungsbezogene und handlungsorientierte Arbeitsformen vorgesehen. Die Weiterentwicklung der Seminardi-

daktik ist eine ständige Aufgabe aller Beteiligten. Sie wird kontinuierlich durch eine entsprechende Fortbildung der Seminarleiterinnen und Seminarleiter gefördert."[3]

Die Seminarleiter des Studienseminars hatten sich offenbar angesichts der neuen Ausbildungsbedingungen darauf verständigt, daß den Referendarsbedürfnissen viel Zeit eingeräumt werden sollte. Deshalb wurden wir von unserer Hauptseminarleiterin aufgefordert, Themen zu formulieren, deren Behandlung wir im Hauptseminar wünschten. Eine sogenannte Projektgruppe, die sich spontan zusammensetzte, sollte dann diese Vorschläge sammeln und einen Semesterplan erstellen.

Artig schrieben wir Vorschläge für die Seminargestaltung auf unsere Zettel. Wie zu erwarten war, wurde dadurch eine ungeheure Themenvielfalt produziert, die kaum zu ordnen war. Unterrichtspraktische Fragen, allgemeinpädagogische Themen, Einzelfragen und politische Themen - alles tauchte in einem heillosen Chaos auf. Die aus Referendaren bestehende Projektgruppe sollte hieraus nun einen Semestervorschlag schneidern. Im Nacken saß der Gruppe hierbei die Hauptseminarleiterin, die auch noch einige Themenvorschläge machte. Natürlich war die Projektgruppe mit dieser Aufgabe überfordert. Denn nach welchen Kriterien sollte sie die Seminarthemen auswählen? Wie konnte sie entscheiden, was wichtig und was unwichtig war? Woher sollte die Gruppe das Wissen und die Erfahrung nehmen, die notwendig sind, um zwischen dem in den nächsten Wochen und den erst in einem Jahr notwendigen Themen zu unterscheiden? Es kam eine Semesterplanung heraus, die zufällig und unkoordiniert war. Es war eine Farce.

Erst später begriff ich, daß mit diesem von unserer Hauptseminarleiterin gewählten Verfahren die größtmögliche Schüler- bzw. Referendarorientierung gewährleistet werden sollte. In der Schule ist dieses Verfahren unter dem Namen Metaplanverfahren ausgesprochen beliebt. Mittels Karteikartenabfrage, Ordnen und Auswählen der Karteikarten kann es damit in Gruppen gelingen, einen gemeinsamen Nenner zu finden. Dieses Verfahren erfreut sich einiger modischer Beliebtheit. Doch wird es völlig undifferenziert auch auf Bereiche angewandt, wo es nichts zu suchen hat. So auch bei der Frage nach der Semesterplanung in unserem Referendariat. Denn bei der Gestaltung eines Themenplans, bei Ausbildung, kann es nicht nur darum gehen, was die Lernenden gerne lernen wollen. Diese Lerninteressen der Referendare sind zwar wichtig, da nur die Bearbeitung subjektiv begründet erscheinender Probleme tatsächlich zur eigenen Professionalisierung beitragen kann. Entscheidend ist aber auch, welche eigene Systematik der Gegenstand hat. In unserem Falle hieß der Gegenstand „Lehren lernen". Da wir als Lernende diesen Gegenstand aber noch

---

[3] Freie und Hansestadt Hamburg, Amt für Schule: Richtlinien über Ziele, Gestaltung und Organisation der Ausbildung im Vorbereitungsdienst für die Lehrämter an Hamburger Schulen vom 24. Januar 1996.

nicht vollständig kannten, bedurften wir hier der Lehre und Anleitung. Mit anderen Worten: Um zum Lehrer ausgebildet zu werden, bedarf es einer fachlich begründeten Asymmetrie. Nur wer den Gegenstand „Lehren lernen" kennt und überblickt, kann auch sachlich angemessene Semesterpläne erstellen.

Durch das Verfahren, das in unserem Hauptseminar angewandt wurde, kam diese fachliche Asymmetrie aber nicht zum Tragen. Wir produzierten trotz bester Absichten nur mittelmäßigen „common sense". So sehr ich „common sense" im alltäglichen Miteinander auch schätze, in meiner Ausbildung fand ich ihn an dieser Stelle völlig fehl am Platze, und er widersprach meinen Ansprüchen an eine gründlich reflektierte Lehrerausbildung. Das eigentliche didaktische Dreiecksverhältnis von Lehrendem (Hauptseminarleiterin), Lernenden (Referendaren) und Gegenstand („Lehren lernen") wurde zu einem beinahe polaren Verhältnis. Auf der einen Seite standen Lehrende und Lernende, die sich vermeintlich lernerbezogen geeinigt hatten, und auf der anderen Seite der Gegenstand. Aus diesem polaren Verhältnis hob sich die Hauptseminarleiterin manchmal hervor. Selten allerdings durch ausgewiesene fachliche Kompetenz in der Seminararbeit, als vielmehr durch hierarchisch bedingte Äußerungen. Sie war unsere Vorgesetzte. Eine besondere fachliche Autorität bei der Seminargestaltung war sie nicht.

Ich vermißte sehr eine Systematik, die uns von unserer Seminarleiterin vorgegeben worden wäre. In fast jedem Universitätsseminar gibt es zu Beginn der Seminarsitzungen eine Semesterplanung seitens des Dozenten, von dem erwartet wird, das er in den Gegenstand wesentlich besser eingearbeitet ist als die Lernenden. Einen solchen vorformulierten, gut durchdachten Semesterplan habe ich im Hauptseminar nie gesehen. Dieser Semesterplan hätte dann erläutert und begründet werden müssen. Anschließend hätte gemeinsam mit der Lerngruppe überlegt werden müssen, in welcher Form ein solcher Plan Grundlage für die gemeinsame Arbeit sein könnte. Damit diese Diskussion allerdings nicht in nettem Geplauder versandet, hätte sie kategoriengeleitet erfolgen müssen.

Das unkoordinierte Vorgehen, welches ich erlebte, ärgerte mich, und ich wußte mich in meinem Ärger in Übereinstimmung mit einigen anderen Referendaren und einigen Referendarsprechern. Aber es gelang uns zu diesem frühen Zeitpunkt unserer Ausbildung eigentlich nicht, unsere Kritik begründet zu entwickeln und vorzubringen. Unser Unbehagen bezog sich mehr auf einzelne Themen. Nach der zugrundeliegenden Systematik fragten wir nicht konsequent. Wir hinterfragten auch nicht konsequent, ob der durch das Metaplanverfahren ermittelte Semesterplan in seiner Gesamtheit denn unsere Lernbedürfnisse noch angemessen berücksichtigte. Unser Unbehagen konnten wir ansatzweise formulieren. Eine Alternativposition hatten wir nicht. Diese sollte ich später durch einen Studienaufenthalt in den Niederlanden kennenlernen.

Es wäre allerdings auch fraglich gewesen, ob das Bestehen auf einer begründeten, der Sache und uns angemessenen Systematik bei der Mehrheit der Referendare auf Zustimmung gestoßen wäre. Denn für viele Referendare, so erlebte ich das, war der Hinweis auf die größeren Zusammenhänge und auf fachliche Begründung bereits eine unerträgliche Theoretisierung unserer Ausbildung. Die unmittelbaren Bedürfnisse bestanden für viele in der Beantwortung der Frage, wie sie möglichst problemlos ihre erste Unterrichtsstunde planen und durchführen konnten. Für viele bestand extrem hoher Bedarf an sehr konkreten Handlungsanweisungen für ihre nächsten Unterrichtsstunden. Dieses Bedürfnis ist verständlich und z.T. auch legitim, denn immerhin sind gescheiterte Stunden, in denen man hilflos vor der Klasse steht, schmerzhafte Erlebnisse. Dem Insistieren auf konkreten Handlungsanweisungen für den eigenen Unterricht, die dann auch unmittelbar umsetzbar sein sollten, schien jedoch ein technizistisches Grundverständnis von Lehrerausbildung und Lernen zugrundezuliegen. Dieses Insistieren auf konkreten und schnellen Lösungen ist *unmittelbarkeitsverhaftet.* Die Auseinandersetzung mit der eigenen Lehrtätigkeit bleibt flach und verfehlt den Kern dessen, was ich als wahre Professionalität des Lehrers betrachte: die Fähigkeit, reflektierend die eigene Lehrtätigkeit kontinuierlich unter vornehmlich fachdidaktischen Gesichtspunkten zu überprüfen und schrittweise zu verbessern. Durch diese *Unmittelbarkeitsverhaftetheit* kam es in vielen Fällen nicht zu der notwendigen Ausgliederung einer *Lernproblematik,* die dann schrittweise hätte behandelt werden können. Stattdessen befanden wir uns im Hauptseminar oft auf der Ebene von *Handlungsproblematiken.* Angesichts der Bedrohung durch Noten nachvollziehbar. Unserer Professionalisierung als Lehrer standen wir damit in unserer Hauptseminararbeit aber oft selber im Wege.

Ich wurde sehr schnell als zwar kompetenter, aber zu stark theoretisierender Referendar von vielen meiner Kollegen wahrgenommen. Erst langsam erkannte ich, daß ich durch meine Äußerungen und mein Verhalten Angst bei anderen Referendaren erzeugte. Ich hingegen nahm eine weitverbreitete Theoriefeindlichkeit wahr. Studium und Referendariat, so meine Kritik, wurden kraß gegenübergestellt, als wenn es keine Vermittlungsmöglichkeiten zwischen ihnen geben würde. Im Studium lerne man unnützes theoretisches „Zeug“. Im Referendariat könne man endlich in die Praxis. Ich empfand es als verheerend, daß so viele Referendare mit einer heftigen Abneigung gegen Studium und Theorie aus dem Studium hervorgegangen waren. Für viel zu wenige waren, so schien es, Theorien praxisrelevant und handlungsleitend für ihr eigenes Lehrerverständnis geworden. Sehr schnell standen sich im Hauptseminar verschiedene Gruppen mit unterschiedlichen *Lerninteressen* und Strategien zu deren Umsetzung gegenüber. Die Diskussionen im Hauptseminar blieben auch wegen dieser teilweise gegensätzlichen Interessen nervenaufreibend und wenig produktiv. Wir waren bemüht darum, uns vor unserer Hauptseminarleiterin nicht in den Rükken zu fallen. Unser Verhalten war ganz überwiegend *defensiv* geprägt, und wir verpaßten die Chance zu *expansivem Lernen* in diesen Seminarsituationen.

Die im Semesterplan festgelegten Themen wurden von Referendarsgruppen behandelt und in Form von Referaten im Hauptseminar vorgestellt. Einige Themen übernahm auch unsere Hauptseminarleiterin. Die Qualität der meisten Referate war aber recht gering, und einen Lernfortschritt konnte ich bei einer solchen Behandlung für mich äußerst selten erkennen. Manchmal schien es, als wenn sämtliche Erkenntnisse des Studiums und sämtliche Verfahren zur Aneignung von Wissen auf dem höchstmöglichen Niveau, die man im Studium hätte lernen können, vorschnell über den Haufen geworfen wurden. So war es durchaus typisch für die Referate, daß die darin verwendeten Begriffe ungenau und unreflektiert verwendet wurden. Darin drückte sich nicht nur sprachliche, sondern auch fachliche Ungenauigkeit aus.

Exemplarisch wird dies an einem Referat über *Frontalunterricht* deutlich, das im dritten Semester gehalten wurde. Die Referenten benutzten den Begriff *Frontalunterricht*, um damit mal den Lehrervortrag, dann das fragend-entwickelnde Unterrichtsgespräch, mal Lehrerorientierung im Gegensatz zu Schülerorientierung, dann eine Methode und dann wieder eine Sozialform zu bezeichnen. Wir alle hatten Werthaltungen gegenüber so etwas Diffusem wie Frontalunterricht. Bei dem Großteil überwog die Auffassung, daß Frontalunterricht etwas Schlechtes, weil vermeintlich Undemokratisches sei. Aber alle lehrten überwiegend im Frontalunterricht und hatten ein schlechtes Gewissen dabei, weil er doch vermeintlich auch noch zu kopflastig sei und sich nicht genügend an den Schülern orientiere. Fast zwangsläufig waren Rückfragen an die Referenten, spontane Äußerungen und die sich entwickelnde Diskussion von Mißverständnissen geprägt. Die Kommunikation verunglückte vollständig, weil jeder etwas anderes unter dem Begriff verstand. Auch Fragen nach dem Verständnis von Frontalunterricht, die einige Referendare und auch ich stellten, wurden von den Referenten und anderen Seminarteilnehmern überwiegend mißverstanden als unnötige Theoretisierung und kontraproduktives Verhalten. Dabei war es uns mit diesen Fragen doch darum gegangen, die Diskussion konkreter und ergiebiger zu machen. Die quälende Kommunikation wurde wohl nur deshalb nicht abgebrochen, weil wir noch halbwegs freundlich miteinander umgingen. Die Kommunikation wurde wohl auch deshalb nicht abrupt abgebrochen, weil das Ende der Seminarsitzung nahte und viele sich resignativ zurückzogen. Der mögliche Konflikt wurde ausgesessen.

Auf ein weiteres ebenfalls typisches Problem bei diesem Referat kamen wir gar nicht mehr zu sprechen: Frontalunterricht als solches ist noch überhaupt kein Thema. Es fehlten der Rahmen für die Behandlung des Themas zu diesem Zeitpunkt, die logische und den Lernern angemessene Funktionalität des Gegenstands, die inhaltliche Zuspitzung und die Problemstellung. Es wurde nicht klar, ob es bei dem Referat darum ging, wie man Frontalunterricht durchführt. Oder ging es doch eher um die Frage, ob Frontalunterricht undemokratisch sei? Fachdidaktische Gesichtspunkte wurden nahezu vollständig vernachlässigt. Auch deshalb redeten wir permanent auf verschiedenen Ebenen, ohne daß dieser Umstand von uns thematisiert worden wäre. Das Mischmasch von Meinungen und Informationen wurde von uns nicht zu trennen versucht. Es kam mithin nicht zur Reflexion, die erst relevante Erkenntnisse bei uns hätte ermöglichen können. Lernen fand vermutlich nicht statt.

Anhand dieses durchaus typischen Beispiels für die inhaltliche Gestaltung der einzelnen Seminarsitzungen wird möglicherweise nachvollziehbar, warum ich die Seminararbeit als unergiebig betrachtete. Die *Lernkultur* war *verwahrlost*. Die Seminarsitzungen wurden zu lästigen Veranstaltungen, die einen großen Teil unserer Zeit in Anspruch nahmen, aber nicht zu einem Lernzuwachs beitrugen. In den Seminarsitzungen kam es deshalb auch nicht zu neuen Erkenntnissen oder Sichtweisen, mit denen wir unsere eigene Lehrtätigkeit hätten überprüfen und verbessern können. Wir konnten aufgrund einer lediglich oberflächlichen Orientierung an unseren eigenen Lerninteressen kaum lernen. Ein reflektierter Theorie-Praxis-Bezug wurde dadurch großenteils unmöglich gemacht.

Im nachhinein verblüfft mich dic mangelnde Qualität und die fehlende Funktionalität unserer Seminararbeit im Hauptseminar. Denn es gab verstreut über die beiden Ausbildungsjahre immer wieder gute Planungspapiere und auch hilfreiche Informationsmaterialien unserer Hauptseminarleiterin. In einem von ihr formulierten Frageraster zur Analyse von beobachtetem Unterricht z.B. finden sich Fragen, die zur Optimierung der eigenen Lehrtätigkeit geeignet waren und die angemessene Prägnanz aufwiesen. Haben die Schüler etwas gelernt? Was haben die Schüler gelernt? War der didaktische Aufbau sach- und schülergerecht? War das methodische Vorgehen adäquat? War das Lehrerverhalten dem Lernprozeß förderlich? Diese Leitfragen, die durch weitere Gesichtspunkte differenziert wurden, zielen auf das, was auch ich unter Lehrerprofessionalität verstehe. Aber offenbar war es der Seminarleitung nicht überzeugend gelungen, dieselben Fragen auch für die inhaltliche Planung unserer Hauptseminararbeit fruchtbar zu machen. Auch gute Absichten und gute Überlegungen seitens der Hauptseminarleiterin führten nicht zu guter Seminararbeit. *Expansives Lernen* im Hauptseminar war kaum möglich. Es tat sich eine Kluft auf zwischen Absichten und Einsichten und konkreter Seminararbeit. Dabei hätten auch wir als Referendare an dieser Stelle ansetzen können und die eigenen Ansprüche der Hauptseminarleiterin lediglich konsequent an ihre eigene Arbeit anlegen müssen.

Zu einem großen Teil wurde eine produktive Seminararbeit durch die bestehenden Lernbedingungen, die *defensives Lernen* begünstigten, verhindert. Wir hatten ständig das Gefühl, beobachtet zu werden. Und es war nicht klar, ob der Eindruck, den unsere Hauptseminarleiterin im Seminar von uns gewann, in irgendeiner Form auch notenrelevant wurde. Es war für uns nicht transparent, wann wir bewertet und benotet wurden und wann nicht. Die Noten aber würden maßgeblich über unsere weitere berufliche Zukunft entscheiden.

Noch nie war mir so deutlich und so konkret erfahrbar geworden, daß mit Abschlußprüfungen, sei es Abitur, sei es zweites Staatsexamen, Berufs- und Lebenschancen vergeben werden. Mir saß das Bewußtsein drohender Arbeitslosigkeit als böser Kobold auf der Schulter, obwohl ich mich auch im Referendariat als erfolgreich einschätzte. Aber so vieles in diesem Referendariat war aufs engste verzahnt mit dem, was mir seit meiner Entscheidung, Geschichte und Englisch fürs Lehramt zu studieren, wichtig war. Die Welt verstehen, meine eigenen Entwicklungs- und Lerninteressen verwirklichen, als Lehrer sinnvoll gesellschaftlich arbeiten, eine erfüllte Arbeit ausüben; dies alles hatte ich in den letzten Jahren für mein eigenes Glück als äußerst wichtig betrachtet. Und das könnte jetzt alles gefährdet werden durch möglicherweise nicht sehr gute Noten? Könnte ich möglicherweise nicht als Lehrer meinen Platz in der Berufswelt finden? Ich war mittlerweile dreißig Jahre alt und hatte das Gefühl, daß es für eine andere berufliche Weichenstellung sehr spät sein könnte. Punktuell schoß mir die Frage durch den Kopf, ob ich irgendwann in der Vergangenheit eine falsche Weichenstellung vorgenommen hatte. Aber wann? Was wäre denn überhaupt falsch gewesen? Rückblickend haben diese Fragen ihre Schärfe für mich verloren. Im Referendariat fühlte ich mich aber manches Mal in meiner beruflichen Existenz bedroht.

In einem abschließenden Evaluationsgespräch der Seminarsprecher mit der Hauptseminarleiterin erzählte diese, nachdem sie sich unsere Kritik angehört hatte, von ihren eigenen Erfahrungen als Referendarin. Sie selber habe in ihrem Referendariat während der Hauptseminare nichts gesagt, sondern habe sich ruhig verhalten. Auch sie habe das Hauptseminar als Bedrohung erlebt und im übrigen den Schwerpunkt ihrer Tätigkeit als Referendarin in der Schule gesehen. Sie selber habe im Hauptseminar nichts gelernt, und möglicherweise bestimme dies immer noch ihr Bild von Hauptseminaren, obwohl sie jetzt in einer völlig anderen Rolle agiere. So sympathisch man diese ehrliche Äußerung einer Vorgesetzten finden mag, unter Professionsgesichtspunkten ist sie enttäuschend. Denn es kann sein, daß schlechte Hauptseminararbeit zu einem Teil auch durch nicht reflektierte Erfahrungen und damit nicht der Veränderung zugängliche Handlungsvorstellungen der Lehrperson mitverursacht wurden. Für mich wurde in diesem letzten längeren Gespräch aber noch einmal deutlich, daß ich zusätzlich zu den strukturellen Bedingungen bei dem Bemühen um *expansives Lernen* noch durch ganz zufällige individuelle Erfahrungen meiner Vorgesetzten behindert wurde.

Groteskes aus den Fachseminaren Englisch

Neben dem wöchentlich stattfindenden Hauptseminar fanden alternierend alle zwei Wochen die Fachseminare in Geschichte/Sozialkunde und Englisch statt. Zu meinen ersten Fachseminaren ging ich neugierig und erwartungsvoll. Denn in den Fachseminaren sollten fachdidaktische Fragen, und nicht, wie im Hauptseminar, allgemeindidaktische und allgemeinpädagogische, bearbeitet werden. In sinnvoller Weise wird damit zum einen an die Struktur unserer universitären Ausbildung angeknüpft. Zum anderen wird damit auch ein Seminarrahmen geschaffen, der es zumindest ermöglicht, schulische Probleme von verschiedenen Positionen aus zu analysieren und zu reflektieren. Ich verstand die Fachseminare als den Ort, an dem ich meine konkreten Unterrichtsentscheidungen reflektieren konnte. Von den Fachseminaren versprach ich mir konkrete Erprobung bestimmter Fachdidaktiken und die genaue Analyse didaktisch-methodischer Entscheidungen.

Im Fachseminar Englisch wurde diese Erwartung schnell enttäuscht. Es war eine groteske Veranstaltung. Mein Fachseminarleiter war ein kurz vor der Pensionierung stehender Mann, was wir allerdings zu Beginn unseres Seminars noch nicht wußten. Er stimmte, durchaus sympathisch, gleich mit ein in das Jammern über die Verschärfung der Ausbildung durch den bedarfsdeckenden Unterricht. Wir hörten dann aber wenig Substantielles über die Semesterplanung. An Empathie mangelte es nicht, aber eine fachdidaktische Anleitung fehlte nahezu vollständig. Dieser Fachseminarleiter hatte jeden eventuell einmal bestehenden Anspruch auf inhaltliche Arbeit vollends durch die Pflege guter mitmenschlicher Beziehungen zu seinen Referendaren ersetzt. Es handelte sich um eine für mich unerträgliche Pseudo-Psychologisierung meiner Ausbildung.

Mit dem wiederholten Hinweis auf zwei Methodiken des Englischunterrichts wurden unsere Lernbedürfnisse zu befriedigen versucht.[4] Und ich muß zugeben, die beiden Methodiken sind wirklich ausgezeichnet und wurden für mich wichtige Referenzwerke, die ich immer wieder zur Bearbeitung meiner Fragen heranzog. Die Methodikbücher behandeln systematisch alle jene Fragen, die man braucht, um ein guter Englischlehrer zu werden. Es gibt zudem in beiden Büchern gute Anregungen für das selbständig durchzuführende Lehrertraining. Als der Fachseminarleiter uns allerdings die Anschaffung dieser beiden Bücher empfohlen hatte, war uns nicht bewußt, daß er damit praktisch seine Seminarverpflichtung erfüllt zu haben meinte.

---

[4] H. Heuer, F. Klippel: Englischmethodik. Problemfelder, Unterrichtswirklichkeiten, Handlungsempfehlungen, Berlin 1987; E. Werlich, Praktische Methodik des Fremdsprachenunterrichts mit authentischen Texten, Berlin 1989.

Es wurde schnell der Schlendrian gepflegt - und zwar nicht von den Referendaren, sondern vom Fachseminarleiter. Zunächst einmal wurde unsere Verpflichtung, dreistündige Fachseminarsitzungen zu besuchen, vom Fachseminarleiter faktisch auf meistens zwei Stunden reduziert. Man kommt ein wenig zu spät, dann legt man eine verlängerte Raucherpause ein, muß nach der Pause erst einmal alle mit Kaffee versorgen und beendet die Seminarsitzung dann nach weiteren 45 Minuten. Es war schluffiges Pädagogentum wie aus dem Bilderbuch. Die wildesten satirischen Übertreibungen und das dumpfeste Stammtischpalaver über faule Pädagogen schienen direkt aus der Wirklichkeit genommen worden zu sein. Und zwar aus *meiner* Wirklichkeit.

Uns war diese zeitliche Verkürzung unseres Fachseminars zunächst gar nicht so unlieb, weil wir jede freie Stunde für die individuelle Unterrichtsvorbereitung benötigten. Besonders die ersten Monate des Referendariats, in denen alle neuen Anforderungen zunächst einmal auf mich einstürzten, ich aber noch nicht wußte, wie ich sie erfüllen konnte, waren anstrengend. Sie waren weniger wegen der tatsächlich bestehenden Arbeitsverpflichtung anstrengend, sondern eher wegen der Neuartigkeit der zu lösenden Probleme. Eine, und sei es auch zeitliche, Entlastung war mir angenehm.

Doch es dauerte nur einige wenige Seminarsitzungen, bis alle Seminarteilnehmer fanden, daß wir nun doch mal etwas lernen sollten. Dieser Wunsch, etwas zu lernen, muß nicht unbedingt aus einer *expansiven Lernhaltung* geboren sein. Auch hier dürften *defensive Begründungen* eine Rolle gespielt haben. Wir befürchteten konkret, daß wir in diesem Fachseminar eingelullt würden, aber in der Bewertung durch diesen Fachseminarleiter dann die Quittung präsentiert bekommen würden. Wir befürchteten, schlechte Noten zu bekommen. Daneben gab es aber auch *expansive Begründungen.* Denn wir wollten lernen, wie man denn englische Vokabeln sinnvoll einführt. Wir interessierten uns für Fragen der Literaturdidaktik und für die Frage, wie man Grammatikbeherrschung am besten vermittelt.

Wir versuchten deshalb beharrlich, auf die Behandlung unserer Fragen hinzuwirken. Dies versuchten wir auf kooperative Weise zu erreichen, schlugen selber vor, Referate halten zu wollen, nur damit unser Fachseminarleiter nicht seine Vorträge hielt, die aus Aneinanderreihungen von Banalitäten bestanden. Unser Bemühen half wenig, und immer wieder gestaltete der Fachseminarleiter die Sitzungen nach seinen Vorstellungen (zu spät kommen, zu früh gehen). In den Sitzungen wurde von ihm dann ein Aufsatz herumgegeben, auch mal die Lehrpläne und ein Stundenentwurf einer Referendarin von 1984. Die Besprechung dieser Materialien bestand dann in dem lauten Vorlesen der Texte durch den Seminarleiter, wobei er kunstvoll durch Betonungen einzelner Passagen deutlich zu machen versuchte, wo die wichtigen Stellen seien. Das war's. Mehr ist tatsächlich nicht passiert. Die wiederholt von uns gewünschte Möglichkeit, in seinem Unterricht zu hospitieren, vereitelte er mit dem stereotypen Satz: „Ach lassen Sie mal, dafür bin ich schon zu alt.“

Diesem Eigenurteil schlossen wir uns schließlich an. Ich war dann eigentlich erleichtert, als er nach einem Semester ankündigte, daß er am Ende unseres zweiten Semesters pensioniert werden würde. Vielleicht würde der zweite Seminarleiter ja besser werden. Die im zweiten Semester stattfindenden Veranstaltungen wurden durch den ausgedehnten Bummelstreik unseres Fachseminarleiters noch kürzer, noch langweiliger und noch grotesker.

Ich schwankte in meiner Haltung dieser Situation gegenüber zwischen wirklicher Belustigung, maßlosem Entsetzen über die mir gebotene Niveaulosigkeit und einer guten Portion Zorn. Ich wurde zunehmend wütend über diese Form der Ressourcenvergeudung. An erster Stelle wurden meine Ressourcen vergeudet, denn ich war lernbereit, ich verbrachte, gemessen an der fachlichen Ausbeute, immer noch viel zu viel Zeit in dem Fachseminar. Ich fühlte mich massiv an einer guten Ausbildung gehindert und in meinen Berufschancen bedroht (Examensnote). Ich war auch wütend angesichts der Vergeudung von Steuermitteln. Unser Fachseminarleiter war ein gutdotierter Mann, der in der Schule nur noch mit halber Stelle unterrichten mußte und die andere Hälfte seiner Arbeitsverpflichtung in der Referendarsausbildung auf ein Fünftel zurechtkürzte. Meine eigenen Berufschancen waren durch die eingeengte Haushaltslage wesentlich verringert worden. Würde ich jemals in Hamburg eine Stelle bekommen? Und wenn ich eine bekommen würde, dann nur zu schlechten Vertragsbedingungen. Ich war also wütend, daß mir dort in personam jemand gegenübersaß, der recht gut im Schulsystem leben konnte, während ich Opfer von Sparmaßnahmen werden könnte.

Leider wurde die Seminarsituation auch nicht besser, als wir mit einem schon bestehenden Fachseminar zusammengelegt wurden. Der für mich neue Seminarleiter legte ein unglaubliches Arbeitspensum vor. Von ihm angefertigte Sitzungsprotokolle füllten engbedruckt etliche Seiten. Es gab Planungspapiere zuhauf, Absichtserklärungen, Erläuterungen usw. Was dort stand, hatte Hand und Fuß, und ich hatte das erste Mal im Fachseminar Englisch das Gefühl, daß ich etwas lernen könnte. Nur leider hatte der Fachseminarleiter große Probleme, seine eigenen Ansprüche auch zu erfüllen. So brachen viele gute Aufsätze von ihm einfach irgendwo ab, weil er keine Zeit mehr zur Fertigstellung gehabt hatte. Dies war nicht die Ausnahme, sondern eigentlich der Normalfall. Hinzu kamen menschliche und psychische Probleme, die es ihm erschwerten, verläßliche Aussagen zu machen. In dieser Hinsicht war das Fachseminar eine Katastrophe, und wir befürchteten, diesmal aufgrund eines sehr wechselhaften Menschen, mit schlechten Noten abzuschneiden. Der Fachseminarleiter wurde nach nur wenigen Monaten ernsthaft krank und konnte den Seminarbetrieb nicht mehr fortsetzen. Ich bekam daraufhin den dritten Fachseminarleiter, dem die undankbare Aufgabe zufiel, aus einem zeitlich und organisatorisch völlig zerrupften Fachseminar noch eine brauchbare Veranstaltung zu machen. Ihm fiel auch sofort die Aufgabe zu, die Lehrproben und sonstigen Prüfungen abzunehmen. Über Nacht hatte ich es mit einem Seminarleiter zu tun, der nicht wußte, wie schlecht meine bisherige Seminararbeit gewesen war, dessen Bewertungskriterien ich nicht kannte und der mich kaum kannte. Es war für mich ein einziger Blindflug. Ich hatte nach zwei Referendarsjahren den Eindruck, daß ich im Fachseminar Englisch kaum etwas gelernt hatte.

Fachseminar Geschichte/Sozialkunde

„Durch die Arbeit im Fachseminar und die Beratungsgespräche im Rahmen von Hospitationen sollen die ReferendarInnen im Auf- und Ausbau von Planungs-, Handlungs- und Reflexionskompetenz für den von Historikern und Sozialkundlern in den unterschiedlichen Fächern zu erteilenden Unterricht wirkungsvoll angeleitet und befähigt werden. Im Verlauf der hier initiierten Auseinandersetzungen mit fachdidaktischen Konzeptionen, fachspezifischen Methoden und unterrichtlichen Handlungsalternativen sollen sie ihre individuelle Rolle und Position als FachlehrerInnen ausbilden. Hierzu gehört insbesondere auch die Befähigung zu einer selbstkritischen Reflexion des eigenen Planungs- und Handlungsrepertoires sowie der erreichten Planungs- und Handlungskompetenz."[5]

In meinem Studium waren die Seminare der historisch-politischen Fachdidaktik für mich zu Schlüsselereignissen geworden. Die in diesen Seminaren geforderte Auseinandersetzung mit fachdidaktischen Konzeptionen war für mich zu einem Wendepunkt meiner universitären Ausbildung geworden. Ich hatte das sehr beharrliche Einfordern einer fachdidaktischen Position durch meine Fachdidaktikprofessoren als zwar anstrengend und manchmal auch angstauslösend empfunden, aber sehr viel in diesen Seminaren gelernt. In diesen Seminaren hatte ich mich mit dem Was? Warum? Wozu? Und wie? des historisch-politischen Unterrichts auseinandergesetzt. Ich hatte gelernt, daß für jede fachdidaktische Planung auf den Ebenen Lernbedingungen, Lernziele, Lerngegenstand und -inhalte, Lernverfahren und Lernkontrolle begründete Entscheidungen zu treffen waren. Von meinen Fachdidaktikprofessoren hatte ich die Position übernommen, daß unter Bedingungen von „Endzeit" (Günther Anders), d.h. der irreversiblen globalen Bedrohung der Gattung Mensch, die Frage des Lernens existentielle Bedeutung hat. Wird es uns gelingen, friedlich miteinander zu leben? Wird es uns gelingen, Herrschaft zu überwinden, weil diese den Frieden gefährdet? Wird es uns gelingen, lernend „unbedingte Gattungsidentifikation" als Voraussetzung für die Schaffung von Frieden und damit der Ermöglichung des Fortbestandes der Menschheit zu

[5] Rahmenplan des Fachseminars Geschichte/Sozialkunde für die Unterrichtsfächer Geschichte, Sozialkunde, Politik, Gemeinschaftskunde und Ethik des Studienseminars Hamburg.

erlangen? Von der Dringlichkeit dieser Fragen war und bin ich überzeugt. Ja, ich bin nach meinem Referendariat in noch stärkerem Maße von dieser Dringlichkeit überzeugt. Und anders als noch unmittelbar vor Beginn meines Referendariats muß ich mich nicht mehr durch hyperbolisch-ironische Wendungen („hehre Ziele“) von solchen Aussagen distanzieren.

Mittels der Lerntheorie Klaus Holzkamps und seiner kategorial geleiteten Analyse von schulischen Lehr-Lernbedingungen war ich mir sicher, die Wirklichkeit schulischen Lernens angemessen verstehen zu können. Die grundlegende Unterscheidung von *defensivem und expansivem Lernen* hielt ich für geeignet, um auf dieser Grundlage meine Lehrtätigkeit zu reflektieren. Die Einsicht in die Kohärenz und Richtigkeit dieser Unterscheidung führte bei mir allerdings auch vor Eintritt ins Referendariat nicht zu der Überzeugung, daß man erst einmal die Noten abschaffen müsse, um *expansives Lernen* zu ermöglichen. Die radikale Abschaffung der bestehenden Lehr-Lernbedingungen in staatlichen Institutionen wäre unhistorisch, weil sie die Prozeßhaftigkeit der gegenwärtigen Verhältnisse verkennen würde. Ein solcher radikaler Impuls wäre auch unpolitisch, weil auf dieser Grundlage nicht die handelnde Veränderung der Institutionen ermöglicht würde. Ein solcher radikaler Impuls wäre auch unter den Bedingungen des Referendariats glatter Selbstmord gewesen und hätte nicht meiner Professionalisierung als Lehrer genützt.

Aber die Richtung meiner Überlegungen war mir vor Eintritt ins Referendariat theoretisch klargeworden. Ich wollte jene Gegenstände in den Lehrplänen ausfindig machen, die ich für geeignet hielt, um *verallgemeinerte Handlungsfähigkeit* und „unbedingte Gattungsidentifikation“ anzubahnen. Ich wollte die Gegenstände gemäß der im Studium gelernten Kategorienraster sachlich analysieren und dann in die den Schülern angemessenen Lernverfahren transformieren. Das war vor Eintritt meines Referendariats lediglich abstrakte Erkenntnis, und die knappen Ausführungen hören sich auch jetzt noch kolossal, für manchen wohl abstoßend abstrakt an. Ich verbinde damit inzwischen aber einen sehr konkreten Sinn. So habe ich zum Beispiel Wege gefunden, wie Schüler zu Subjekten ihres Lernens werden können. Wenn sie dies auch nicht dauerhaft werden und auch ich ihre Subjekthaftigkeit teilweise verhindert habe, so weiß ich dennoch, daß Subjekthaftigkeit immer wieder gelingen kann.

Die Subjekthaftigkeit des Lernens, die ich Schülern ermöglichen wollte, wurde aber auch angestrebtes Ziel für mein eigenes Lernen im Referendariat. Auch weil meine Sinne theoretisch geschärft waren und ich, wie ich fand, die richtigen Fragen stellen konnte, reagierte ich sehr sensibel auf alle jene Bedingungen, die mein eigenes subjekthaftes Lernen gefährdeten.

Meine Erwartungen an das historisch-sozialkundliche Fachseminar waren wohl auch aufgrund meiner fachdidaktisch bereits erzielten Erkenntnisse sehr hoch. Möglicherweise waren sie auch zu hoch und anspruchsvoll für die Fachdidaktikseminare und für viele meiner Referendarskollegen. Auf alle Fälle wurden diese Erwartungen nicht erfüllt. Ich bin mir auch heute noch nicht sicher, ob meine Erwartungen unrealistisch waren. Doch bestärkten mich nicht zuletzt die selbstformulierten Ziele der Fachseminarleiter Geschichte/Sozialkunde, wie sie in dem oben zitierten Rahmenplan niedergeschrieben sind, in der Richtigkeit meiner Ansprüche. Erst jetzt, nach Abschluß meines Referendariats, fällt mir auf, daß die Zielformulierungen im Rahmenplan zwangsläufig einen hohen Allgemeinheitsgrad aufweisen. Was jeweils unter „Auseinandersetzungen mit fachdidaktischen Konzeptionen, fachspezifischen Methoden und unterrichtlichen Handlungsalternativen" verstanden werden kann, bedarf der Diskussion und Verständigung. Im Rahmen des Fachseminars schien hiermit nur eine Auseinandersetzung auf sehr niedrigem intellektuellen Niveau gemeint gewesen zu sein.

Vielleicht hätte ich mir die konkreten Konsequenzen einiger weiter unten in dem Rahmenplan auftauchender Formulierungen deutlicher bewußt machen müssen. Dort heißt es unter anderem:

„*Die Fachseminararbeit muß die differierenden Ausbildungsbedürfnisse, die sich aus den Prämissen ergeben, angemessen berücksichtigen. Teilnehmerorientierung und -zentrierung sowie kollegiale Kooperation sind leitende Gesichtspunkte bei der äußeren und inhaltlichen Organisation der Seminararbeit.*

Dabei muß gesehen werden, daß das breite Anforderungsfeld der verschiedenen Schulfächer einzelne ReferendarInnen den Praxisschock besonders stark empfinden läßt. Oftmals stellen sie in den ersten Monaten des Referendariats fest, daß ihre thematisch eng begrenzte Sachkompetenz zur Erfüllung der unterrichtlichen Anforderungen kaum oder nicht ausreicht. Bereits die der Didaktisierung und methodischen Durchdringung vorangehende Einarbeitung in vom Studienfach her fremde Stoffgebiete fordert von ihnen einen unverhältnismäßig hohen Einsatz. Diese Situation produziert Ängste und führt zu Rollenunsicherheit, die nur überwunden werden können, wenn sie in der Seminargruppe und in Gesprächen mit dem Seminarleiter thematisiert werden, wenn die Seminarorganisation auch Raum bietet für die unterrichtlichen Schwierigkeiten und individuellen Probleme der Teilnehmer.

Bei dem Versuch, die psychische Balance der ReferendarInnen zu stärken, kommt dem Beratungsgespräch eine große Bedeutung zu [...]."

Dies ist eine psychologisierende, nicht aber fachdidaktische Argumentation. Im Referendariat habe ich erfahren, daß es tatsächlich vielen Referendaren schwer fällt, die „psychische Balance" zu halten. Wahrscheinlich ist die als ständig empfundene Beobachtung eine arge nervliche Strapazierung. Permanent ist man mit teils wohlwollender, teils zersetzender

Kritik konfrontiert, und es bedarf oft einigen Kraftaufwandes, diese Kritik einzuordnen. Es ist vermutlich schwierig, ein ungebrochenes Selbstwertgefühl zu bewahren, wenn die Kritik gezielt oder zufällig die persönlichsten Punkte berührt. Vermutlich trägt auch der ständige Problemdruck mit zu der psychischen Belastung bei. Es kommt bei vielen wohl auch die nagende Frage hinzu, ob man denn individuell versage, obwohl auch strukturelle Bedingungen mit zu fehlerhaftem Verhalten führen. Ich war zu keiner Zeit meines Referendariats in einem Zustand, den ich als psychisch destabilisiert bezeichnen würde. Zwar verunsicherten auch mich manche Auseinandersetzungen, aber die betrachtete ich eigentlich als nicht zu vermeidende Verunsicherungen in der Ausbildung zu einem Beruf, der die ganze Person erfordert. Außerdem gab es sinnvolle und wohltuende Hilfsangebote von Seminarleitern, Anleitern, Referendarskollegen und Freunden.

Da auch ein „Praxisschock“ am Beginn meines Referendariats nicht eingetreten war, konnte ich die langsame Professionalisierung angstfrei erleben. Für mich traten *Lernproblematiken* auf, die lernend überwunden werden konnten. Durch mein theoretisches didaktisch-methodisches Wissen fühlte ich mich sicher, daß ich diese *Lernproblematiken* produktiv bearbeiten konnte. Deshalb fand ich die erste Begegnung im Rahmen des Fachseminars mit meiner Fachseminarleiterin zwar sehr angenehm, wunderte mich aber über soviel fürsorgliche und auch sorgenvolle Freundlichkeit. Mir selber dürstete nicht nach dieser freundlichen Fürsorge.

Der Start ins Fachseminar Geschichte/Sozialkunde war angenehm, und hier schien ein Ort zu sein, an dem ich eine inhaltlich gute Seminararbeit erleben konnte. Denn in einer unserer ersten Sitzungen beschäftigten wir uns mit den Fragen, was ein guter Geschichtslehrer und was guter Geschichtsunterricht sei. Bei der Beantwortung dieser Fragen und der anschließenden Diskussion befand ich mich in meinem Element. Ein guter Geschichtslehrer hat einen möglichst *tiefen Gegenstandsaufschluß*. Ein guter Geschichtslehrer kann den Resultaten der Geschichte ihre Prozeßhaftigkeit wiedergeben. Ein guter Geschichtslehrer hält Anschluß an die fachwissenschaftliche und die fachdidaktische Diskussion. Ein guter Geschichtslehrer thematisiert die Widersprüche und Kontroversen in der Geschichte. Ein guter Geschichtslehrer hat Spaß an der Beschäftigung mit Geschichte. Die Kriterien für guten Geschichtsunterricht waren analog zu bilden. Diese Aussagen sprudelten aus mir fast gebetsmühlenhaft hervor, denn mit diesen Fragen hatte ich mich in der Universität jahrelang auseinandergesetzt.

Meiner Fachseminarleiterin ist das sehr abstrakt vorgekommen. Das war es ja auch zu einem gewissen Grade, denn ich hatte ja noch nicht erproben können, wie ich die diesen Thesen zugrundeliegenden Einsichten unterrichtspraktisch umsetzen könnte. Bereits zu diesem frühen Zeitpunkt muß ich auch viele meiner Referendarskollegen verängstigt haben, ohne es zu ahnen. Ich spürte nur eine merkwürdige Abwehrhaltung einiger Seminarteilnehmer, die sich vermutlich dagegen richtete, daß ich vermeintlich einen viel zu hohen und viel zu intellektuellen Anspruch hatte. Aber die Auseinandersetzung wurde nicht richtig pointiert, es gelang uns nicht, die richtigen Argumente auszutauschen und uns so unserer Standpunkte zu vergewissern.

Lediglich bei drei anderen Teilnehmern stießen meine Äußerungen explizit auf Zustimmung. Mit zwei von ihnen war ich zusammen im Seminarsprecherteam, und es deutete sich bereits der Beginn von Freundschaften zu ihnen an. Die andere Kollegin, die mir zustimmte, erkannte in meinen Äußerungen die Positionen meiner Fachdidaktikprofessoren, bei denen auch sie studiert hatte. Sie hatte ähnliche Ansprüche an sich selber. Mit diesen drei Kollegen ergaben sich in den nächsten zwei Jahren intensive Arbeitsbeziehungen. Wir planten Unterrichtseinheiten zusammen. Wir hospitierten uns gegenseitig, bereiteten Hospitationen und Lehrproben gemeinsam vor und diskutierten über unsere Examensarbeiten. Es war die Zusammenarbeit mit diesen Kollegen, die für mich zur Voraussetzung für *expansives Lernen* im Referendariat wurde. Ähnlich wie im Studium, in dem ich auch in einer über viele Semester bestehenden Arbeitsgruppe *expansiv* gelernt hatte, befand ich mich auch jetzt wieder in solch einer Gruppe.

Ich lernte in der Diskussion im Fachseminar von meiner Fachseminarleiterin in diesen ersten Sitzungen aber auch etwas Entscheidendes für mein Lehrerdasein. Es war die Einsicht, daß guter Unterricht konkret werden muß. Geschichte muß konkret werden. Hinter Statistiken müssen konkrete Situationen erkennbar werden. Hinter Herrschaftsbeziehungen müssen konkrete Verhältnisse zwischen Menschen sichtbar werden. Es geht um konkretes Geschehen.

Diese Forderung nach Konkretion erschien mir sofort einleuchtend. Sie stand ja auch für mich nicht im Gegensatz zu den abstrakten Formulierungen, die ich bis dahin gewählt hatte, sondern ergänzte diese. Das Wechseln zwischen Abstraktion und Konkretion war für mich analog zu dem von Theorie und Praxis. Ich denke, daß dieser beharrlich vorgebrachte Impuls meiner Fachseminarleiterin wesentlich mit dazu beigetragen hat, daß ich meine noch unmittelbar vor dem Referendariat formulierte *Lernproblematik* leicht modifizierte. Noch am Tage vor dem Referendariat hatte ich lediglich Theorie differenziert auf die Praxis anwenden wollen. Jetzt war für mich aus der Einbahnstraße eine Straße mit wechselseitigem Verkehr geworden. Theorie und Praxis stehen in einem notwendigen Spannungsverhältnis zueinander und bedingen sich gegenseitig. Fragen und Erkenntnisse auf der einen Ebene können und müssen auf die andere bezogen werden und wieder umgekehrt. Ein unendlicher Prozeß! Meine neue *Lernproblematik* lautete jetzt: Wie kann die Praxis durch die Theorie kritisch beleuchtet werden, wie kann die Theorie durch die Praxis verändert werden? Hinzu kam eine weitere *Lernproblematik*: Wie kann ich auf der Grundlage eines reflektierten Theorie-Praxis-Bezuges konkreten Unterricht gestalten?

Dieser von mir als immens empfundene Lernfortschritt, die freundliche Fachseminarleiterin, die offensichtlich den richtigen Ansatz für guten Unterricht hatte, und die verstärkte Zusammenarbeit mit den genannten Referendaren beflügelten mich. Ich freute mich auf die Fachseminarsitzungen. *Expansivem Lernen* in diesem Fachseminar - diesem einen wenigstens! - schien nichts im Wege zu stehen. Aber auch hier gelang es uns in der Seminararbeit nicht, an die für mich verheißungsvollen ersten Sitzungen anzuknüpfen.

Denn der Austausch über aktuelle Problemlagen an den Schulen nahm immer größeren Raum ein. Wir begannen Sitzung für Sitzung mit der Frage: Was gibt es Neues? Wo drückt Sie der Schuh? Und der Schuh drückte bei vielen ganz enorm. Es gab viele lange Beschreibungen von all den Problemen, mit denen meine Referendarkollegen in der Schule konfrontiert waren. Viele der Problemschilderungen wurden in einem, wie ich es empfand, wehleidigen und schicksalsergebenen Ton vorgetragen. Mal wurde Lehrerschelte betrieben. („Mein Anleiter kann nicht unterrichten. Mein Anleiter kümmert sich nicht um mich. Ich finde keine Anleiter, die wollen alle nicht.") Mal wurde das Übel bei den Schülern gesehen. („Die Klasse ist völlig schrecklich. Die wollen gar nicht lernen.") Und ich neigte immer mehr dazu insgeheim und mit einigen Kollegen, die ähnlich empfanden, Referendarschelte zu betreiben. („Was sind die unpraktisch! Was sind die ängstlich! Was sind die umständlich!")

Ich empfand es als zunehmend unerträglich, daß von Fachseminarsitzung zu Fachseminarsitzung auf diese zunächst ganz individuellen Probleme derartig umfangreich eingegangen wurde. Dabei ist gegen ein solches Prinzip in der Lehrerausbildung gar nichts einzuwenden, wenn es gelingt, diese individuellen Probleme als Fall für die weitergehende Reflexion zu nutzen. Ja, ein solches Prinzip ist sogar geeignet, um die zunächst individuellen *Lernproblematiken* aufzuspüren und dann zu bearbeiten. Deshalb war nicht der Umstand, daß Probleme geäußert wurden, unerträglich, sondern der Umstand, daß damit im Fachseminar nicht produktiv umgegangen wurde. Es stand nicht die inhaltliche Klärung von Problemen im Vordergrund, schien es, sondern die Pflege der sozialen Beziehung, der Kommunikation. Dadurch aber wurde der Kern dessen verfehlt, was das Fachseminar hätte leisten können.

Ein produktiver Umgang mit individuellen Problemen wäre meiner Ansicht nach gewesen, sich diese genauer, auch über mehrere Fachseminarsitzungen hinweg anzugucken. Die These lautet: Äußerungen über schreckliche Klassen liegen nicht irgendwelche globalen Mißstände zugrunde, die oft einem weitverbreiteten Kulturpessimismus entspringen. Einer als schrecklich empfundenen Situation in einer Klasse liegen ganz konkrete unterrichtspraktische Handlungen zugrunde, die auch die Analyse der konkreten Unterrichtspraxis erfordern. Konkrete Entscheidungen im Planungsprozeß zu der Einschätzung von Lernbedingungen und den daraus gezogenen Konsequenzen, didaktische Entscheidungen zu der

Auswahl des Lerngegenstandes und seiner Analyse, didaktisch-methodische Entscheidungen zur Materialauswahl und schließlich die methodischen Entscheidungen zur Aufbereitung des Lernprozesses, der den Schülern vermutlich angemessen ist, führen zu als allgemein empfundenen Problemlagen. Das gute Prinzip meiner Fachseminarleiterin, daß Unterricht für Schüler konkret werden müsse, hätte nur auf unsere Lernsituation als Referendare angewendet werden müssen. Dann hätte allgemeines Palaver über Probleme wieder in konkrete Entscheidungssituationen zurückverwandelt werden können. Allgemeines Unwohlsein hätte wieder zurückgeführt werden können auf konkrete Handlungen. Konkrete Handlungen hätte man dann in kleinen Schritten verändern können. Bei allgemeinen, diffusen Einschätzungen gelingt dies nicht, kann dieses gar nicht gelingen.

Zu dieser Analyse bedarf es zunächst einmal eines gemeinsamen Materials, auf dessen Grundlage sich alle Teilnehmer des Fachseminars ein Bild der problemhaltigen Situation machen können. Dieses können erst einmal die Planungsunterlagen der Referendare sein. Bereits auf dieser Ebene hätten sich mögliche Schwachpunkte, die mit zu dem Problem führten, erkennen lassen. Der Nutzen des Fachseminars hätte darin bestanden, daß vermutlich divergierende Fehleranalysen von den einzelnen Referendaren und der Fachseminarleiterin erhoben worden wären. Aber welch eine wunderbare Gelegenheit, um sich zunächst einmal über die verschiedenen Kriterien für eine gute Stundenplanung bewußt zu werden und darüber am konkreten Fall zu diskutieren! Welch eine wunderbare Gelegenheit auch, um einzelnen Referendaren deutlich zu machen, daß es für die Unterrichtsplanung nicht die Patentrezepte gibt, mithilfe derer man jede Unterrichtssituation meistern kann! Mich persönlich würde eine solche Diskussion entlasten, weil sie in dem zunächst als individuell empfundenen Versagen ein verallgemeinerbares Problem erkennbar machen würde.

Noch stärker hätte ins Detail gegangen werden können, indem man exemplarisch an einer Stundenmitschrift oder/und Videodokumentation eines Referendars versucht hätte, eine Unterrichtsanalyse durchzuführen. Denn dann wäre nicht nur die traditionell in der historisch-politischen Fachdidaktik sehr starke Planungsseite, sondern auch die des Unterrichts und damit der Wirkung dieser Planung in den Blick genommen worden. Noch besser wäre sicherlich die zusätzliche kriteriengeleitete Gruppenhospitation. Bei einem solchen Verfahren wird immer beides deutlich werden: Schwächen und Stärken einer Stunde. Hier hätten Ansatzpunkte für einen veränderten Unterrichtsverlauf aufgespürt werden können. Und auch hier hätte man sich grundlegender Kriterien zur Unterrichtsbeobachtung und zum produktiven Gespräch über Beobachtetes bewußt werden und diese reflektieren können.

Es mag eingewendet werden, daß eine solche genaue Prüfung von Unterrichtshandlungen eines Referendars, der in einem permanenten Prüfungszusammenhang steht, unrealistisch ist. Es mag eingewendet werden, daß ein solches Vorgehen noch viel stärkere Ängste auslöst als ohnehin schon bestehen. Diese Einwände sind stichhaltig und berechtigt. Doch könnte auch mit solchen Einwänden im Rahmen von Lehrerausbildung produktiv umgegangen werden. Zunächst einmal hätte sich jemand freiwillig - ohne Druck der Seminarleitung und ohne Gruppenzwang durch die Referendarskollegen - zu einem solchen Verfahren bereit erklären müssen. Es hätten dann gewisse, den Schutz des anderen sichernde Spielregeln verbindlich vereinbart werden müssen. Zunächst hätte sich der Unterrichtende zu seinen Entscheidungen und zum Verlauf der Stunde äußern müssen. Die Beobachtenden müssen bei ihren Überlegungen an konkreten Stellen im Unterrichtsverlauf ansetzen, an denen ihrer Meinung nach Alternativen möglich gewesen wären. Immer muß davon ausgegangen werden, was positiv an der beobachteten Stunde war. Das schon Erreichte und nicht das noch Fehlende muß Ausgangspunkt aller Überlegungen und Alternativvorschläge sein. Ich bin mir sicher, daß sich bei einem solchen Rahmen und Vorgehen allmählich ein distanzierteres Verhältnis zur selbst erteilten Stunde einstellen und die Gruppenhospitation nicht zu einem niederschmetternden Horrorerlebnis wird.

Es mag nun eingewandt werden, daß sich ein solcher idealer Verlauf unter den konkreten Bedingungen des Referendariats immer noch nicht machen lasse. Besonders für Referendare und Seminarleiter, die durch den bedarfsdeckenden Unterricht in ihrer Terminplanung stark eingeschränkt seien, sei ein solches Verfahren, besonders eine Gruppenhospitation, nicht mehr zu machen. Ich halte zwar nicht viel davon, bereits an dieser Stelle mit Sachzwängen zu argumentieren, die meines Erachtens keine sind. Aber selbst wenn die Teilnehmenden überwiegend der Ansicht sind, daß diese Sachzwänge nicht beiseite geschafft werden können, so gibt es noch eine weitere Möglichkeit für eine exemplarische Unterrichtsanalyse, die zur Problembewältigung im eigenen Unterrichtsalltag führen kann. Man kann exemplarisch das vorgeschlagene Vorgehen auf der Grundlage von Videos und Dokumentationen von Stunden gänzlich fremder Personen durchführen. Vielleicht ist dies im Rahmen von Referendarsausbildung mit der permanenten Bedrohung durch Noten auch die dem Lernen förderlichste Materialgrundlage. Entsprechende Materialien liegen heute vor. Bei der Analyse und dem Gespräch über solche Stunden wären die meisten lernbehindernden Bedingungen beseitigt worden.

Ein solches Vorgehen hätte ich im Fachseminar sehr begrüßt, weil ich dies für den richtigen Weg zu meiner Professionalisierung als Lehrer betrachte. Dabei spielt es für mich auch keine Rolle, von welchen Problemen ausgegangen wird, weil irgend etwas mich immer auch betroffen hätte. Ich bin mir sicher, daß ein solches Vorgehen sehr nachhaltig zum Nachdenken auch über den eigenen Unterricht geführt hätte. Ich bin mir auch sicher, daß ein solches Vorgehen insgesamt angstabbauend ist. Es hätten sich jedoch in den wenigsten Fällen konkrete Handlungsanweisungen für den eigenen Unterricht ergeben. Dem Wunsch hiernach liegt m.E. ja aber auch ein technizistisches Grundverständnis von Lehrerausbildung zugrunde, das ich für falsch halte. Das beschriebene Vorgehen wäre für mich eine ideale Umsetzung der Reflexion über Unterricht gewesen. Theorie und Praxis wären wechselseitig aufeinander bezogen worden. Von der konkreten Situation wird abstrahiert und dann re-konkretisiert. Ein unendlicher Prozeß! Aber ein lernfördernder Prozeß!

All dies geschah nicht in meinen Fachseminar Geschichte/Sozialkunde. Ich gebe auch zu, daß ich ein solches Vorgehen nicht vorgeschlagen habe. Denn dieses Vorgehen habe ich erst nach Abschluß meines Referendariats durch die individuelle Lektüre von politikdidaktischen Unterrichtsanalysen kennengelernt. Aber auch wenn ich mich als *Subjekt meines Lernprozesses* begriffen habe, so konnte ich nur auf meinem jeweils bis dahin erreichten Kenntnisstand auf die angemessene Unterstützung für die Bearbeitung meiner *Lernproblematiken* hinwirken. An diesem Punkt hätte ich der professionellen Anleitung bedurft. An dieser Stelle wäre es m.E. Aufgabe der Seminarleitung gewesen, auf produktive Weise die Bedingungen für einen *expansiven Lernprozeß* zu gestalten. Dies ist aber nicht erfolgt bzw. nicht gelungen. So wurde neben dem Hauptseminar und dem Fachseminar Englisch auch das Fachseminar Geschichte/Sozialkunde nicht zum Ort meines Lernens.

Ich möchte diese Kritik und meine Alternativvorschläge nicht als „Lehrerschelte" an meinen Seminarleitern verstanden wissen, sondern als Anmerkungen zu einem möglicherweise in starkem Maße durch strukturelle Bedingungen verursachten Scheitern von Lernen in den Ausbildungsseminaren. Da ich aber nur ansatzweise über die Entstehungsgeschichte dieser Strukturen informiert bin, kann ich mich nur vorläufig und tastend zu den problematischen Erscheinungen dieser Strukturen äußern. Mir mißfiel an meinem Fachseminar Geschichte/Sozialkunde wie auch an meinen anderen Seminaren, daß nicht an universitäres Niveau angeknüpft wurde. Das Diskussionsniveau war oft, wie ich empfand, empörend gering. Es fiel auch auf, daß die verwendete fachdidaktische Literatur, wenn denn überhaupt welche verwendet wurde, veraltet war. Es schien so zu sein, daß die neueren Entwicklungen der Fachdidaktik von unseren Seminarleitern nicht rezipiert worden waren. Insgesamt schien der Kontakt zu Lehrenden an der Universität abgerissen zu sein. Es schien auch so zu sein, daß neuere Formen der Seminardidaktik in der Lehrerausbildung meinen Seminarleitern nicht bekannt waren und deshalb auch nicht erprobt werden konnten. Die Seminarformen erschienen mir fossiliert und wenig adäquat auf meine *Lernbedürfnisse* zugeschnitten zu sein. Im Laufe ihrer Geschichte hat die Seminarausbildung irgendwie - aber über dieses *irgendwie* in der Geschichte bin ich kaum informiert - am Hamburger Studienseminar der Abteilung Gymnasien/Gesamtschule den Anschluß an die Fachdiskussion und an die legitimen Ausbildungsinteressen der Referendare verloren.

Hoffnungsstreif am Horizont oder geschickt vermarktetes Happening? Lehrertraining am Studienseminar

„[...] Der Erziehungsauftrag von Schule gewinnt eine neue Dimension: Lehrer müssen immer häufiger auf konflikthafte Situationen im Unterricht, im Kollegium und der Elternschaft reagieren. Sie müssen die ihnen anvertrauten Kinder und Jugendlichen nicht nur pädagogisch fördern, sondern immer mehr psychosozial stützen. Das fordert ihre personale und soziale Kompetenz im besonderen Maße heraus. In der aktuellen Ausbildungssituation sind die Referendare im Studienseminar und in der Schule einer Vielzahl von Anforderungen und divergierenden Rollenerwartungen ausgesetzt. Hier bietet das Lehrertraining [LT] Hilfen zur Selbst-, Beziehungs- und Systemklärung an, um das Repertoire der Bewältigungsmethoden zu erweitern. [...] Gerade wegen der oben benannten besonderen Systembedingung der Ausbildung hat das Lehrertraining hier einen fruchtbaren Ort - ermöglicht es doch den bewertungsfreien Spielraum, der nötig ist, um wirklich Lernprozesse an sich erfahren zu können. [...] Über der LT-Arbeit steht das übergeordnete Ziel, die sozialen und personalen Bewältigungskompetenzen der Lehrerpersönlichkeit im pädagogischen Feld zu fördern. Es handelt sich hier um einen anderen Reflexions- und Verstehenszusammenhang als der Vermittlung von sachkompetenten Inhalten in den Haupt- und Fachseminaren. Es handelt sich hier um gezieltes Kompetenztraining."[6]

Was war die Bestürzung zu Beginn meines Referendariats groß, als ich von den Konsequenzen des neu eingeführten bedarfsdeckenden Unterrichts erfuhr! Man wurde nicht müde, uns zu beteuern, welch erhöhte Belastung auf uns durch den bedarfsdeckenden Unterricht zukomme. Bis dahin bestehende Unterrichtsbefreiungen für zusätzliche pädagogische Blockseminare werde es nicht mehr geben. Auch Sozial- bzw. Wirtschaftspraktikum seien abgeschafft. Die Unterrichtsbefreiung von vier Wochen für die Anfertigung der Examensarbeit sei ersatzlos gestrichen worden. Der bedarfsdeckende Unterricht habe Vorrang vor unseren Prüfungsverpflichtungen und auch in der Examenszeit verläßlich durchgeführt zu werden. Und da die Referendare planmäßig erst im zweiten Ausbildungsjahr, in das auch die Prüfung fällt, ihr Stundensoll von insgesamt achtzehn Lehrerwochenstunden abarbeiten sollten, hieß das konkret, daß in den letzten beiden Semestern planmäßig überhaupt kein angeleiteter Unterricht, sondern nur noch bedarfsdeckender Unterricht stattfinden sollte.

---

[6] M. Affelt, Das Lehrertraining, Ziele und erste Erfahrungen bei der Einführung, in: Hamburg macht Schule. Zeitschrift der Behörde für Schule, Jugend und Berufsbildung in Zusammenarbeit mit dem Pädagogische Beiträge Verlag, H. 3, Juli 1998, S. 20f.

Alle waren sich unsicher, wie in dieser Zeit überhaupt noch Hilfe angeboten werden könnte.

Aber Studienseminar und Schulbehörde hatten auch darauf eine Antwort. Da unsere Belastung höher als sonst sein würde, würden wir zusätzliche Hilfsangebote in Form von zusätzlichen Seminaren bekommen. Neben Haupt- und Fachseminaren sollten wir erstmals in den Genuß von 80 Stunden Wahlpflichtseminaren und 80 Stunden Lehrertrainingsseminaren kommen. War das Hohn? Sollten wir, die wir zusätzlich *be*lastet waren, durch zusätzliche Seminar*be*lastung *ent*lastet werden?

Aber unsere offiziellen Ausbilder und die zuständigen Behördenvertreter versuchten uns zu überzeugen, daß hier von ihrer Seite kein Denkfehler, sondern wohlkalkulierte Planungsarbeit im Sinne der Referendare stattgefunden hätte. Denn nominal wurde die Hauptseminarverpflichtung stundenmäßig verkürzt und das dadurch eingesparte Stundenvolumen den neuen Seminaren zugeschlagen. Durch unsere Vorgänger erfuhren wir allerdings, daß unsere Haupt- und Fachseminarzeiten auch nicht kürzer seien als während ihrer Ausbildung ohne bedarfsdeckenden Unterricht und ohne zusätzliche Seminare. Die Auflösung dieses vermeintlichen Widerspruches war denkbar simpel und führte nun wieder zu Reaktionen seitens der Referendare, die zwischen Bestürzung und absurder Belustigung schwankten: Denn faktisch hatten die Seminarleiter einen Teil der Seminarzeit immer der individuellen Beratung vorbehalten, die nicht mit der gesamten Seminargruppe veranstaltet wurde. Dies war durch die bis dahin bestehende Ausbildungsordnung abgedeckt und ausdrücklich erwünscht. Es handelte sich also nicht um einen pseudo-pädagogisch verbrämten Schlendrian. Nominal war tatsächlich die Gesamtstundenzahl beim alten geblieben, nur faktisch eben nicht. Ich fühlte mich wie jemand, der gut fünfhundert Jahre nach Kopernikus und Kolumbus wieder glauben sollte, daß die Erde eine Scheibe und keine Kugel sei.

Ein weiteres Problem war dagegen von offizieller Seite im vorhinein nicht bedacht oder heruntergespielt worden, wie manche Verantwortliche später auch bereitwillig zugaben. Zwei zusätzliche Seminarformen, die nicht an die schon bestehenden einfach angehängt werden können, erfordern zusätzlichen organisatorischen Aufwand seitens der Referendare. Hinzu kamen teilweise erhebliche Fahrtzeiten zu den dezentralen Veranstaltungsorten. Aber selbst wenn man nur eine halbe Stunde zusätzliche Fahrtzeit zum Veranstaltungsort hatte, wirkte sich diese oft als der letzte Tropfen aus, der das Faß mit Referendarsverpflichtungen zum Überlaufen brachte. Hierbei ist noch nicht einmal in die Überlegungen einbezogen worden, daß man ja auch einer gewissen Zeit und Ruhe bedarf, um sich auf andere Seminare einzulassen, um offen zu sein für die dort möglichen Lernprozesse.

Konkret lief dieses zusätzliche Seminarangebot zu unserer Unterstützung im übrigen darauf hinaus, daß ich - wie viele andere auch - im zweiten und dritten Ausbildungssemester oft regelmäßig vier Nachmittage die Woche mit Seminarverpflichtungen belastet war.

Es wurde schwierig, den eigenen Unterricht noch in angemessener Ruhe und Gründlichkeit vorbereiten zu können. Hier war für viele von uns die Belastungsgrenze überschritten worden.

Diese konkreten Lernbedingungen waren für viele wenig förderlich, um sich unvoreingenommen dem neuen Lehrertraining zuzuwenden. Hinzu kam noch ein für den Erfolg der Lehrertrainingsseminare zweiter ungünstiger, aber unbedingt notwendiger Umstand: Die Lehrertrainingsseminare fanden im bewertungsfreien Raum statt, und dies ist grundsätzlich positiv. Wir alle hatten im zweiten Semester bereits die teilweise zermürbende Dauerbeobachtung, die auf für uns nicht transparente Weise notenrelevant und damit wichtig für unsere berufliche Zukunft war, ausreichend kennengelernt. Die Lehrertrainingsseminare hatten deshalb unbewußt für viele wohl auch eine Ventilfunktion. Die meisten Referendare hatten zwar auch erhebliche Kritik an ihren Hauptseminar- und Fachseminarleitern, trauten sich aber meistens nicht, aufgrund der permanenten Bedrohungssituation durch Noten, diese Kritik ihnen gegenüber auch zu äußern. In den Lehrertrainingsseminaren fiel diese Bedrohungssituation aufgrund des bewertungsfreien Raumes aber weitgehend weg. An der Arbeit der Lehrertrainer konnte man, plötzlich befreit vom Notendruck, ungehemmt Kritik üben. Hier konnte man zusätzlich zu oft berechtigter Kritik erst einmal seinen ganzen Frust mit Seminarleitern stellvertretend durchleben bzw. an den Lehrertrainern auch jene Kritik ablassen, für die sie sich nicht zu rechtfertigten hatten. Dieser Umstand wurde von den für das Lehrertraining Verantwortlichen zu dem wichtigsten Punkt ihrer Kritik an den Referendaren. Es kam zu einer umfangreichen Referendarschelte durch diese Verantwortlichen. Sie selber immunisierten sich mit diesem Begründungsmuster nahezu vollständig gegen die von uns vorgebrachte *inhaltliche* Kritik am neuen Lehrertraining. Ich will die Möglichkeit dieser Ventilfunktion nicht für alle Referendare ausschließen. Für mich selber kann ich sagen, daß ich die Lehrertrainingsseminare nicht als Ventil betrachtet und gestaltet habe.

Die Erfahrungen in meinem Lehrertraining waren verheerend. Es wurde geleitet von einem Beratungslehrer einer Hamburger Gesamtschule und einer Psychologin, die soeben ihr Studium der Psychologie an der Hamburger Universität abgeschlossen hatte. Beide waren nicht informiert über unsere Ausbildungsinhalte und -bedingungen. Die Psychologin hatte zudem noch nie als Lehrerin gearbeitet, kannte also auch die berufsspezifischen Anforderungen nicht aus eigener Erfahrung. Gleich zu Beginn der Veranstaltung kam es zu grotesken Szenen. Wir wurden mit Kaffee und Keksen begrüßt. Bei mir gingen Warnleuchten an: Vorsicht, hier wird die Beziehungsebene gepflegt. Geschieht dies auf Kosten der Inhalte, wie ich es schon in meinen anderen Seminaren erlebt hatte? Im Hintergrund lief leise Musik, die wahrscheinlich für eine gute Atmosphäre sorgen sollte. Es war wie im Kaufhaus. Mutig begrüßte uns der Beratungslehrer. Er sagte in etwa: „Nun, ihr seid ja alle bald in einer Situation, in der ihr alleine vor der Klasse steht und das erste Mal unterrichtet.“ Wir blickten uns fragend an. Hatte er sich versprochen? Oder wußte er nicht, daß wir bereits seit einem halben Jahr angeleitet unterrichtet hatten und etliche von uns bereits bedarfsdeckend, d.h. alleine vor der Klasse, arbeiteten? Er wußte nicht. Die Psychologin wußte auch nicht.

Aber sei's drum. Wir wurden in einer der nächsten Sitzungen aufgefordert, ein Bild zu malen. „Stellt euch dabei vor, wie euer erster Schultag war. Euer erster Schultag als Schüler wohlgemerkt!“ Wahrscheinlich sollte es bei dieser Übung, an der wir uns wachsmalstiftverschmiert kooperativ, wenn auch ein wenig skeptisch beteiligten, um den im Konzept des Lehrertrainings angekündigten Teil „Umgang mit sich selbst - Pädagogisches Selbstkonzept u.v.m.“ gehen. Doch nach einem Universitätsstudium, das zu ca. einem Drittel aus einem Pädagogikstudium bestand, nach einem halben Jahr Referendariat, mußte nicht noch einmal bei der Frage angesetzt werden, warum wir Lehrer werden wollten. Der Beantwortung dieser Frage sollten aber unsere Malereien dienen. Ich kürze die weiteren Ausführungen über den Fortgang dieses Seminarteils mit dem Hinweis ab, daß auch von dieser konkreten, vermutlich als handlungs- und erfahrungsorientiert eingeschätzten Situation keine unserer bisherigen Ausbildung angemessene Reflexion unseres pädagogischen Selbstkonzepts ausging. Wir waren in diesem Seminar mit völlig niveaulosen und infantilisierenden Aufgaben und Seminarformen konfrontiert. Die psychologisierende Seminarform förderte nicht, sondern behinderte geradezu die fachliche Ausbildung.

Wir fühlten uns in diesem Seminar völlig unterfordert. Das Seminar verfehlte den Kern unserer Lernbedürfnisse. Uns und vielen anderen Gruppen waren Lehrertrainer vorgesetzt worden, die nicht genügend bzw. der Sache angemessen qualifiziert waren. Wie wir im Laufe der Auseinandersetzungen zwischen Seminarsprechern und Ausbildern erfuhren, war es den Organisatoren des Lehrertrainings nicht gelungen, die Haupt- und Fachseminarleiter in nennenswertem Umfang mit als Lehrertrainer arbeiten zu lassen. Die internen Konflikte und Widerstände im Studienseminar hatten nicht überwunden werden können. Wegen des nahenden Beginns der Lehrertrainingsveranstaltungen und des Mangels an Lehrertrainern griff man wohl auch auf jene zurück, die Interesse an Lehrertraining bekundeten, und bestand nicht energisch genug auf der Einhaltung gewisser Standards und Qualifikationen. Die vermeintlich innovative Reform der Lehrerausbildung am Studienseminar wurde behindert von internen Widersprüchen und eklatanten Mängeln. Die Kosten dieser Reform mußten die Referendare tragen.

Wir waren als Teilnehmer bemüht, die vor uns liegende Zeit zusammen mit den Seminarleitern produktiv zu nutzen, artikulierten unsere Lernbedürfnisse, machten Seminar- und Verfahrensvorschläge, vereinbarten von allen Seiten akzeptierte Themenschwerpunkte für die nächsten Sitzungen, die dann von den Seminarleitern regelmäßig nicht eingehalten wurden. Unser Bemühen war trotz der schlechten Rahmenbedingungen darauf gerichtet, die Zeit sinnvoll zu nutzen. Wir hatten auch erkannt, daß Lehrertraining, unter dem wir allerdings fachdidaktisch zu reflektierendes micro-teaching verstanden, ein notwendiger und guter Bestandteil unserer Referendarsausbildung sein könnte. Die Defizite, die ich, wie oben beschrieben, in meinen Seminaren verspürt hatte, hatten auch meine Referendarskollegen in ähnlicher Form verspürt. Wir hatten uns inzwischen zu einer festen, konstruktiv arbeitenden Gruppe entwickelt und wollten *Subjekte* unserer Ausbildung sein. Hierfür war das Lehrertraining nicht der geeignete Rahmen.

Auf der Ebene der Seminarsprecher tauschten wir uns mit den Sprechern der anderen Hauptseminare über das Lehrertraining aus. Wir stellten fest, daß die von uns gemachten Erfahrungen keineswegs individuelle waren, sondern in ähnlicher Form in ca. drei Viertel der Lehrertrainingsseminare gemacht worden waren. Die achtzig Stunden Lehrertraining wurden zu einer zusätzlichen Belastung, die für uns nicht sinnvoll und nicht erkennbar zu unserer Professionalisierung beitrugen. In vielfältigen Gesprächen im Hauptseminar, im Referendarsausschuß und mit den Verantwortlichen im Studienseminar gelang es uns, unsere Kritik, abstrahiert von möglicherweise besonders krasser Inkompetenz vieler Lehrertrainer, zu präzisieren. Dabei muß betont werden, daß auch unter den Referendaren keine Einigkeit bestand, an welcher Stelle die Kritik zu bündeln sei. Wir konnten uns kaum auf konkrete, für alle verbindliche Forderungen einigen. Es wurde von vielen auch die völlig illusorische vollständige Abschaffung der Lehrertrainingsseminare gefordert. Das Sprecherteam, in dem ich mich befand, konnte sich diesen Forderungen nicht anschließen. Es war offensichtlich, daß die jahrelangen Planungen zum Lehrertraining nicht durch die Abschaffung dieser Seminarform für nutzlos erklärt werden sollte. Es wurde uns auch entgegengehalten, daß Referendare vorheriger Jahrgänge an der Abstimmung über das vorliegende Konzept beteiligt gewesen seien. In welcher Form sie beteiligt waren, inwiefern sich ihre Lernbedürfnisse im Konzept niederschlugen, welches ihre Lernbedürfnisse überhaupt waren und welche Kompromisse eingegangen worden waren, weiß ich nicht. Aber auch mithilfe des Hinweises auf jene frühere Referendarsbeteiligung immunisierten sich die Verantwortlichen gegen unsere Kritik und Verbesserungsvorschläge. Außerdem wurde bereits in anderen Bundesländern mit dem vermeintlich zukunftweisenden Lehrertraining in Hamburg geworben. Es schien sich also auch um ein Prestigeobjekt gehandelt zu haben, an dem wichtige Funktionsträger im Studienseminar und in der Behörde festhalten wollten. Zudem hatten die Verantwortlichen ja auch gute Argumente, denen auch unser Sprecherteam zustimmte, für das Lehrertraining.

Unsere Grundhaltung war grundsätzlich pragmatisch. Unsere Verbesserungsvorschläge richteten sich auf einen teilweisen Erlaß der Seminarverpflichtung. Diesem Vorschlag wurde allerdings von den Verantwortlichen nicht zugestimmt, da auf keine Stunde verzichtet werden könne. Unsere wichtigsten Vorschläge machten wir allerdings im Rahmen der inhaltlichen Gestaltung des Lehrertrainings. Wir wollten Lehrertraining, aber wir wollten ein anderes. Nach teilweise heftigen und langwierigen Auseinandersetzungen mit den Verantwortlichen in der Behörde, in deren Rahmen mehrere studienseminarumfassende öffentliche Veranstaltungen mit den Verantwortlichen durchgeführt worden waren, wurden für die nachfolgenden Jahrgänge teilweise inhaltliche Verbesserungen zugesagt. Die Lehrertrainerwahl sollte freier gestaltet werden. Die Lehrertrainer mit ihren spezifischen Seminarangeboten sollten sich vorher den Referendaren vorstellen, damit stärker und zielgerichteter den eigenen Bedürfnissen entsprechend gewählt werden könne. Diese Zusage begrüßte unser Sprecherteam ausdrücklich. Weitergehende Zusagen seitens der Behörde wurden aber nicht gemacht, weil, wie man uns sagte, erst umfassend evaluiert werden müsse, welche Erfahrungen mit dem Lehrertraining gemacht worden seien. Das klingt plausibel, und auch wir hatten Interesse an einer guten Evaluation. Die Erfahrungen, die wir mit dieser Evaluation dann aber machten, waren ausgesprochen negativ. Denn artig füllten wir unsere Evaluationsbögen aus und warteten gespannt auf die Veröffentlichung der Auswertung, die gegen Ende unserer Ausbildung vorgelegt werden sollte.

Doch zu dieser Veröffentlichung ist es bis heute nicht gekommen. Die Evaluation liegt der Leitung des Studienseminars zwar vor, wird aber nicht veröffentlicht. Es liegt die Vermutung nahe, daß die Ergebnisse keineswegs so positiv waren, wie man sich das von offizieller Seite wünschte. Auch wegen der Erfahrungen mit Evaluation in diesem konkreten Fall bin ich skeptisch, ob man am Studienseminar tatsächlich eine ehrliche und redliche Evaluation will, die dann auch unliebsame Ergebnisse zeitigen kann.

Für mein verheerendes Lehrertrainingsseminar handelte unsere Gruppe allerdings einen Kompromiß aus, mit dem wir lange Zeit gut leben konnten. Von der verantwortlichen Behördenvertreterin erhielten wir die Genehmigung, die weiteren zwanzig Stunden unseres Lehrertrainingsseminars autonom zu gestalten. Zwanzig weitere Stunden wurden ausnahmsweise, wie man beteuerte, all jenen Referendaren erlassen, die ihr Soll von achtzig Stunden Wahlpflichtseminar bereits absolviert hatten. Wir wollten ein Alternativkonzept für das Lehrertraining in dieser Gruppe ausarbeiten. Die erste Auflage war, daß wir vierzig Stunden zu arbeiten hätten, was allerdings nicht kontrolliert werden sollte. Die zweite Auflage war, daß wir am Ende dieses Prozesses ein schriftlich ausgearbeitetes Konzept der Behördenvertreterin und dem Leiter der Lehrertrainingsseminare vorzulegen hatten. Wir freuten uns über diesen Teilerfolg, wenn er auch nur auf unsere Gruppe beschränkt war. Engagiert entwickelten wir unser Konzept. Wir versuchten, das unserer Ansicht nach von den Zielen und Formen her verfehlte Lehrertrainingsseminar von dem Kopf auf die Füße zu stellen. Ausgangspunkt unserer Überlegungen waren unsere *Lernbedürfnisse* als Referendare. Für mich war die Lerntheorie Klaus Holzkamps der unverzichtbare Subtext meiner Überlegungen. Das bestehende Konzept hielten wir für unbrauchbar, weil es nur recht allgemein und überhaupt nicht ausreichend auf unsere Ausbildungssituation zugeschnitten war. Unsere Ausbildungssituation war für uns wesentlich durch den permanenten Widerspruch von Beratung und Bewertung gekennzeichnet. Sie war für uns gekennzeichnet durch das Fehlen wirklich gründlicher Unterrichtsbeobachtung und -analyse außerhalb des Bewertungszusammenhanges. Deshalb reformulierten wir das Lehrertraining als eine fachlich angeleitete Reflexion konkreten Unterrichts, die dem Anspruch nach zwar in den Hauptseminaren geleistet werden sollte, dort aber nicht geleistet wurde. Die oben zitierten Ziele des Lehrertrainings lehnten wir als nicht funktional für unsere Ausbildung ab.

Dieser Prozeß der Konzeptplanung trug wesentlich zu der Konkretisierung unserer Alternativvorschläge bei, und es war uns tatsächlich gelungen, ein fertiges Konzept vorzulegen. Als wir dieses allerdings bei den Zuständigen abliefern wollten, wollten die es nicht mehr haben. Die Verantwortliche in der Behörde hatte mittlerweile eine andere Funktion übernommen, und ihr Nachfolger war nicht interessiert. Die Zuständigen im Studienseminar zeigten kein Interesse mehr. Die von uns vorgebrachte inhaltliche Kritik wurde nicht zur Kenntnis genommen. Dies zeigt sich auch in dem Artikel, aus dem oben schon zitiert worden war. Dort wird zu den Schwierigkeiten aus Sicht der Referendare lediglich folgendes gesagt:

„Die Einführung des LT [Lehrertrainings, H. M.] fiel zusammen mit der Einführung des selbständigen Ausbildungsunterrichts und von zusätzlichen Wahlpflichtseminaren im Studienseminar. Alle Ausbildungsteile sind zeitlich ungenügend miteinander vernetzt. Die drei Abteilungen des Studienseminars sind jede für sich organisiert - das erschwert abteilungsübergreifende Organisation. Die Hauptseminare laufen zumeist in der alten Struktur ohne zeitliche Verkürzung. In der Summe führt dies zu einer deutlich höheren zeitlichen Belastung der ReferendarInnen."

Das war's. Unsere inhaltliche Kritik wird nicht mit einer Silbe erwähnt. Die Verantwortlichen haben sich völlig gegen Kritik immunisiert.

Die Länge meiner Ausführungen steht in keinem Verhältnis zu dem Beitrag, den das Lehrertraining zu meiner Ausbildung geleistet hat. Die Länge entspricht aber dem, was ich in der Auseinandersetzung über das Lehrertraining persönlich für mich, mein politisches Engagement und meine Kenntnisse über Behördenstrukturen gelernt habe. Die Länge entspricht auch der Bedeutung in dem gemeinsamen Lernprozeß, den ich und die anderen Gruppenmitglieder im Hinblick auf die Subjekthaftigkeit *unseres Lernens* machten. Wir hatten uns als solidarische *Bündnispartner* kennengelernt und zusammen gearbeitet. Und dies war ein überaus beglückender und auch lustvoller Prozeß! Wir hatten erfahren, wie wir Einfluß auf unsere Lernbedingungen erhalten können, auch wenn der Widerstand groß war. Wir hatten uns ein Alternativmodell für unser Referendariat erarbeitet. Dabei waren wir nicht in illusionäre, dogmatische Opposition verfallen, sondern hatten pragmatisch handelnd Verbesserungen erreicht.

Es erfüllte mich einige Wochen nach Beendigung des Referendariats mit einem gewissen Stolz, als ich erfuhr, daß die achtzig Stunden des Lehrertrainingsseminars auf vierzig Stunden für den aktuellen Jahrgang reduziert worden sind. Damit ist zwar nicht unsere inhaltliche Kritik erfüllt worden, aber offensichtlich haben wir glaubhaft machen können, daß hier eine zeitliche und psychische Belastungsgrenze überschritten worden war. Dieser Prozeß der Auseinandersetzungen trug auch wesentlich zu einer Vertiefung der sich entwickelnden Freundschaften zu manchen Referendarskollegen bei. Als Sprecherteam hatten wir unschätzbare politische Erfahrungen gemacht. Wir hatten konkret auch drei der wichtigen Herrschaftstechniken von staatlichen Bürokratien kennengelernt: erstens die Leugnung von Realitäten und Kritik bis hin zur Nichtveröffentlichung von Umfrageergebnissen, zweitens die Besänftigung besonders aktiver Gruppen durch teilweises Entgegenkommen, drittens das Verwirrspiel mit Zuständigkeiten. Ich hatte in meinem Leben erlebt, was ich durch meine Zeitungslektüre von anderen Zusammenhängen bereits kannte. Politik und die Realität des Handelns staatlicher Bürokratien waren für mich konkrete Erfahrung geworden.

Dies alles war nicht im Rahmen meiner Ausbildung von den Verantwortlichen anvisiert worden. Dies alles wurde teilweise erst gegen die Verantwortlichen mein Lernerfolg. Dies alles mußte gegen Widerstände durchgesetzt werden. Es war ein *Trotzdem lernen.*

Eine vorläufige Zwischenbilanz

Bislang habe ich nur meine Erfahrungen mit dem Lernen in der Seminararbeit des Studienseminars behandelt. Das ist allerdings nur *ein* Teil der Lehrerausbildung im Referendariat, und, wie viele meiner Referendarskollegen behaupteten, ein nur geringer und unwichtiger Anteil. Weitverbreitet war die Auffassung, daß das wirkliche Lernen doch ohnehin nur in der Praxis stattfinden könne. Die Seminararbeit wurde von vielen nur ertragen, erduldet, erlitten. Viele jammerten über die Niveaulosigkeiten und die Irrelevanz der Themen, beließen es aber bei dem Jammern.

Mir war die viele Zeit, die ich in den Seminaren verbringen mußte, zu schade für solche Opferhaltungen. Es gab, wie ich oben beschrieben habe, trotz aller Kritik ja auch punktuell Lernfortschritte. Der Fairneß halber muß ich ergänzen, daß uns auf zwei längeren Hauptseminarfahrten, auf einer Fachseminarfahrt und in zwei etwas längeren Einheiten über Berufsorientierung und die Gesamtschule die systematischere Auseinandersetzung mit wichtigen Inhalten unserer Ausbildung gelungen ist. Diese Einheiten habe ich aber nur als Inselchen inmitten eines trostlosen Meeres empfunden.

Die Seminararbeit knüpfte nicht an unsere universitäre Vorbildung an. Wir wurden in der Seminararbeit infantilisiert. Manche ergaben sich bereitwillig der Infantilisierung und ergingen sich in kindlichem Trotz. Wir lernten unter Bedingungen, die massiv *defensive Lernhaltungen* förderten. Die Seminararbeit in allen Seminaren war zufällig und unkoordiniert. Ein klares Curriculum habe ich am Studienseminar nicht erkennen können. Die Auseinandersetzung mit Inhalten war oft auf ausgesprochen niedrigem Niveau, sowohl von Seiten der Seminarleiter als auch der Referendare. Und ich war recht ernüchtert über diese Defizite. Dank der überwiegend *expansiv* lernenden Referendargruppe von ca. acht Referendaren, darunter vielen Seminarsprechern, wurden die Seminare dennoch zu wichtigen Orten für mich. Hier hatten wir Gelegenheit für die Koordination und für den Gedankenaustausch vor und nach den Seminarsitzungen. Unsere pragmatische Grundhaltung, trotz aller Behinderungen Ansätze für die Verbesserung unserer Lehrveranstaltungen aufzuspüren und weiterzuentwickeln, war für mich beglückend. Wir fühlten uns wohl bei dem Versuch, Täter zu sein. Wir waren oft auch Täter bzw. Subjekte unserer Ausbildung und konnten die Lernbedingungen mit beeinflussen. Das waren überaus ermutigende, befreiende und stärkende Erlebnisse.

Die Tätigkeit als Seminarsprecher in einem gut funktionierenden Team war teilweise der größte Kraftquell in meiner Ausbildung. In unseren anfangs sehr regelmäßigen hauptseminarinternen Sprechertreffen versuchten wir, uns ein Bild von den Vorgängen und Ausbildungsbedingungen im Studienseminar zu machen. Das tat ich aus der festen Überzeugung, daß ich nur bei einem angemessenen Verständnis der Lernbedingungen, und das sind ganz wesentlich auch die institutionellen Rahmenbedingungen, gestaltend auf meine eigene Ausbildung Einfluß ausüben und meine legitimen Lerninteressen verfolgen konnte.

Ich setzte hier in Zusammenarbeit mit dem Sprecherteam für mich in praktische Realität um, was ich an der Universität gelernt hatte. In meinen beiden universitären Seminaren zur Fachdidaktik des historisch-politischen Unterrichts hatte ich gelernt, auf welchen Ebenen die Lernbedingungen zu analysieren sind. Das fängt an bei der Analyse der globalen und epochalen Bedingungen. Das geht weiter über die Gesellschaftsformation. Das führt hin zu den Institutionen des Lernens und dort genauer um Ziele, Inhalte und Verfahren. Das führt schließlich bis zu den personalen Beziehungen in Lehr-Lernzusammenhängen. Dieses gestufte Analyseraster, das ich mir theoretisch angeeignet hatte, erwies sich auch in der konkreten Praxis meines Lernens und meiner Sprechertätigkeit als ausgesprochen hilfreich und angemessen. Ich hatte das Gefühl, die konkreten Bedingungen meines Lernens zu verstehen. Diese konkreten Bedingungen waren ganz wesentlich geprägt durch das Spannungsverhältnis von pädagogischen Ansprüchen und konkreter Herrschaftsausübung.

Im ersten Jahr meiner Ausbildung wurde ich in einem Aufbaugymnasium im Hamburger Zentrum, in St. Georg, eingesetzt. Die Begrüßung an der Schule war freundlich und positiv. Anders als noch während meiner Schulpraktika, während derer ich mich manches Mal etwas fehl am Platze und auch verloren gefühlt hatte, war man hier auf meine und die Ankunft eines Kollegen vorbereitet. Die ersten Schritte in einem Schulgebäude, in dem ich viel Zeit verbringen würde, waren angenehm und leicht. Die Schulleitung und das Kollegium machten einen netten Eindruck. Ich atmete erleichtert durch. Positiv war auch, daß ich Ansprechpartnern und potentiellen Anleitern vorgestellt wurde. Bei dieser Gelegenheit lernte ich auch meine Fachseminarleiterin für Geschichte/Sozialkunde kennen, die ebenfalls an dieser Schule unterrichtete. Auch dieser Zufall erwies sich für den Verlauf meines Referendariats als glücklich. Und wenn ich auch, wie oben beschrieben, mit der inhaltlichen Gestaltung des Fachseminars Geschichte/Sozialkunde insgesamt nicht zufrieden war, so schätzte ich sehr die vielfältigen Möglichkeiten zum Gespräch mit dieser Fachseminarleiterin. Es waren besonders auch diese Gespräche, die lernfördernd für mich wurden.

Das Schulgebäude machte insgesamt aber einen eher langweiligen Eindruck. Die Flure waren schmucklos. Es waren kaum Schülerarbeiten ausgestellt. Die Klassenräume sahen ähnlich derangiert aus wie an so vielen Hamburger Schulen. Es gab keine gute Lehrerbibliothek. Mir fiel besonders auf, daß die Lehrerschaft insgesamt recht defensiv die Schule zu entschuldigen versuchte. Man liege zwar in einem Problemstadtteil, das sei wahr, mit Drogen und Prostitution und Armut, aber hier an der Schule würde man davon nichts merken. Die Lehrer schienen sich nur allzuoft gegen Vorbehalte, Vorurteile und Ängste schützen zu müssen.

In Hamburg gibt es nur noch wenige Aufbaugymnasien, die seit der Einführung der Gesamtschule kaum noch ins schulpolitische Bild passen. Sie waren einmal gegründet worden, um die Durchlässigkeit zwischen Realschule und Gymnasium zu erhöhen. Daraus resultiert an dieser Schule regelmäßig eine hohe Zahl von ehemaligen Realschülern, die im Normalfalle die zehnte Klasse in speziellen Eingangsklassen wiederholen, um dann in die Oberstufe einzutreten. Die Schule ist besonders in der Mittelstufe recht klein. Zum Zeitpunkt meiner Ausbildung war sie in vielen Jahrgangsstufen einzügig mit kleinen Klassen von nur ca. 15 Schülern. Es waren traumhafte Klassengrößen! Eine Beobachtungsstufe gab es nicht. Die Schule wurde zu einem überwiegenden Teil von ausländischen Kindern und Jugendlichen besucht, die in den angrenzenden Stadtteilen wohnten. Die Internationalität der Schülerschaft konnte man schon auf den Fluren erkennen, die mir von den Schülern her angenehm bunt erschienen. Insgesamt hatte ich einen positiven ersten Eindruck von dieser

Schule. Auch im Rückblick ist dieser Eindruck geblieben. Er ist jetzt zu einem differenzierteren, aber immer noch positiven Urteil geworden.

Die umfangreichen und noch wenig zielstrebigen Hospitationen der ersten beiden Wochen waren aufschluß- und lehrreich für mich. Ich begegnete vielen Schülern, saß aber meistens nur hinten im Klassenraum, schrieb mit, lächelte manchen Schülern zu. Manche kamen vorsichtig und neugierig heran, fragten, was ich denn alles im Unterricht mitschriebe. Für sie war es schwer vorstellbar, daß man soviel über und im Unterricht notieren kann. Weitgehend ließen mich die Schüler aber links liegen. Das fand ich ganz positiv, weil ich ja noch kaum über ein Handlungsrepertoire für den Umgang mit ihnen verfügte. Ich hatte das Gefühl, Zeit zum Ankommen an dieser Schule zu haben. Schüler, besonders die Schüler der Mittelstufe, waren fremde Wesen für mich. Natürlich kannte ich Jugendliche aus meinem Familien- und Bekanntenkreis. Natürlich hatte ich sie auch in den Schulpraktika unterrichtet, aber die Erinnerung war schwach. Ansonsten aber hatte ich in den vergangenen Jahren meines Lebens kaum Berührungspunkte mit ihnen. Die anfängliche Verunsicherung, ob ich denn ihre Sprache sprechen würde, legte sich allerdings schnell. Insgesamt fiel es mir leicht, mich auf das Schulleben und auf die Schüler einzulassen. Ja, ich fand sogar, je mehr ich hospitierte, spannend zu sehen, wie Schüler denken, wie sie sich verhalten. Ich wurde neugierig darauf, was sie interessiert, wozu sie keine Lust haben, wie sie sich untereinander verhalten.

Ich hatte in diesen ersten Tagen an der Schule Feuer gefangen. Das konkrete Leben in der Schule interessierte mich. Ich hatte dabei zwar oft meine eigenen Vorstellungen im Kopf, bildete mir auf der Grundlage der Erkenntnisse aus meinem Studium Urteile über guten und schlechten Unterricht. Aber eigentlich stellte ich meine universitären Ansprüche erst einmal zurück. Das war nicht die Kapitulation vor dem Durchwurschteln im Lehreralltag. Das war auch keine plötzlich auftauchende allergische Reaktion gegen das Hochtheoretische an meinem Studium. Nein, es war die Einsicht, daß es mir schlichtweg an Erfahrungen im Schulalltag fehlte. Wie sollte ich mir denn ein kritisch-distanziertes Urteil erlauben, wenn ich noch nicht einmal mehrere Facetten der Schulwirklichkeit kennengelernt hatte? Das wäre vorschnell und unredlich gewesen. Das hätte ich als gestandener Lehrer, dem diese Urteile zu Ohren gekommen wären, auch als dümmlich-anmaßend empfunden.

In dieser grundsätzlich offenen Lernhaltung zu Beginn meines Referendariats und in der Zurückhaltung im Urteil sehe ich wichtige Eigenschaften, die mit zu einem als produktiv und kooperativ empfundenen Verhältnis zu anderen Lehrern, zu meinen Anleitern und zu den Schülern beitrugen. Vielleicht hat man mir mein Glück auch angemerkt. Ich hatte mich bewußt für das Referendariat entschieden, nachdem ich viele Jahre zuvor allerdings eher eine wissenschaftliche Laufbahn, zunächst mit der Promotion, angestrebt hatte. Der vorläufige Abschied von dem Gedanken, eine Dissertation zu schreiben, war mir zwar auch schwer gefallen, doch gab es keine konkrete Möglichkeit, diesen Wunsch am Ende meines Studiums Realität werden zu lassen. Aber, das verspürte ich in diesen ersten Tagen ganz deutlich, der Entschluß, ins Referendariat zu gehen, war genau der richtige für mich.

In jenen ersten Schultagen vollzog sich zügig ein nachhaltiger Perspektivwechsel. Ich war nicht mehr der Student, der sich fachwissenschaftlich und fachdidaktisch mit Gegenständen beschäftigte. Ich geriet in die Rolle des Pädagogen, der es mit wirklichen Menschen zu tun hat. Für mich neue Lernproblematiken entstanden in dieser Zeit. Welche Sprache muß ich als Pädagoge sprechen, um die Schüler zu erreichen? Inwieweit kann ich pädagogisch wirken? An welchen Stellen bin ich im staatlichen Schulsystem Agent einer Bürokratie, die Selektion nach Leistung fordert? Wie kann ich das Spannungsverhältnis, oder schärfer: den teilweise bestehenden krassen Widerspruch von staatlichem und pädagogischem Auftrag konkret gestalten? Welches Handlungsrepertoire muß ich erwerben, um pädagogisch sinnvoll zu agieren? Wie kann ich fachliche Asymmetrie und auch institutionell bedingte Asymmetrie im Sinne der Schüler fruchtbar machen? Wie vermittle ich zwischen meinen theoretisch erworbenen Einsichten und den konkreten Anforderungen in der Schule und den konkreten Bedürfnissen von Schülern? Kennzeichnend bei all diesen Fragen ist, daß sie sich auf die Lehrerrolle beziehen. Ich hatte nur wenige Fragen im Hinblick auf die Schüler. Ich beobachtete nicht, welcher Art die Unterrichtsäußerungen von Schülern waren. Mir gelang es auch in der Rolle des Hospitierenden nicht, dem Unterrichtsgespräch zu folgen. Ich hörte nicht wirklich auf das, was die Schüler sagten. Hierin sehe ich ein deutliches Defizit, das mir allerdings damals nicht einmal als Problem bewußt wurde.

Die Mühelosigkeit, mir der die oben genannten *Lernproblematiken* entstanden, bestärkt mich auch rückblickend in der Auffassung, daß die zweiphasige Lehrerausbildung überwiegend positiv für mich war. Ich hatte sicheres und umfangreiches Wissen aus meinem Studium. Auch daraus bezog ich einen Teil meiner Rollensicherheit. Ich halte es für vollkommen ausreichend, erst nach einem Universitätsstudium, den Blick für das pädagogisch Machbare im konkreten Schulalltag zu entwickeln, weil, wie gesagt, diese Entwicklung sich schnell vollzog. Sicherlich hätte dies auch im Studium durch entsprechende längere Praktika und eine angeleitete Selbstreflexion früher angebahnt werden können. Aber ich empfand nicht als Manko, daß das bei mir vorher nicht passiert war.

Ich bekam auch viel schlechten Unterricht zu sehen. Aber produktiver war es für mich, statt mich über diesen schlechten Unterricht zu entsetzen, mir von mir als gut eingeschätzte Lehrer als Anleiter zu wählen. Mein besonderes Interesse galt zunächst jenen Lehrern, die ganz offensichtlich über gutes Handwerkszeug verfügten, auch wenn ich ihre didaktisch-methodischen Konzepte nicht immer erkennen konnte. Diese Techniken wollte ich erlernen: Wie fertigt man ein sauberes Tafelbild an? Welche Materialien muß ich den Schülern bieten? Wie muß ich Arbeitsaufträge formulieren? Wie kann ich Schülerleistungen bewerten? Wo muß ich korrigierend, wo ermahnend, wo lobend, wo gar nicht eingreifen? In dieser Phase geriet ich an eine Anleiterin im Fach Geschichte, der ich eine sehr gezielte Anleitung verdanke. Wir stimmten nicht in allen Fragen überein. Aber ich fühlte mich trotzdem nicht gegängelt von ihr. Im Umgang mit mir war sie ebenso gut pädagogisch wie im Umgang mit den Schülern. Einem *expansiven Lernen* stand in der Zusammenarbeit mit ihr nichts im Wege.

Am Beispiel meiner Anleiterin im Fach Geschichte wird mir auch noch einmal deutlich, wie wichtig Asymmetrie in Lehr-Lernverhältnissen ist. Sie wußte mehr als ich, und das schränkte mich nicht ein, sondern ermöglichte erst zielstrebiges Lernen. Es wird mir auch deutlich, daß meine Verhältnisse zu Anleitern dann für mich angenehm und positiv waren, wenn ich inhaltlich von ihnen profitieren konnte. Die so häufige Verbrüderung durch vorschnelles Duzen in Lehrerkollegien verstellt für mich hingegen oft erst einmal den Blick auf die Frage, ob denn auch inhaltlich etwas zu lernen ist. Wenn man sich sympathisch ist, fällt es oft schwerer, inhaltlich wieder auf Distanz zu gehen.

Entsprechend gestaltete ich auch mein Lehr-Lernverhältnis zu den Schülern. Ich wollte zwar akzeptiert und gemocht werden. Doch wollte ich nie der Freund der Schüler sein. Auch das wäre für mich eine Camouflierung unserer tatsächlichen Rollen gewesen. Ich persönlich halte es für redlicher und den Schülern angemessener, von ihnen als Lehrer und nicht als Freund angesprochen zu werden. Das *Sie* zum Lehrer ist für mich ehrlicher als das *Du.* Alles andere betrachte ich, von besonderen Ausnahmen abgesehen, als eine Verschleierung der tatsächlichen institutionellen Bedingungen. Und die bestehen auch aus Macht- und Herrschaftsverhältnissen. Immerhin entscheide ich unmittelbar oder mittelbar durch meine Noten mit über die Berufs- und Lebenschancen von Schülern. Wohl auch wegen dieser von mir gewünschten Distanz, die ich trotz aller Sympathie und trotz allen pädagogischen Bemühens nicht symbiotisch überwinden wollte, kam ich während meines gesamten Referendariats nicht ernsthaft in jenes nur schädliche Spiel um Komplicenschaft. Stehen Schüler und Referendar auf der einen, der anleitende Lehrer auf der anderen Seite? Oder ist es umgekehrt? Jene Fragen liefen glücklicherweise bei mir und den mich anleitenden Lehrern ins Leere. Das Thema Komplicenschaft wurde niemals zum Problem.

Wie man es richtig macht

Bei der schon erwähnten Anleiterin ging ich in einer siebten Klasse im Fach Geschichte in die Anleitung. Sie selber hatte die neu zusammengesetzte Klasse erst wenige Stunden unterrichtet und mußte selber erst einen Umgang mit ihr erlernen. Der Anfang meiner Anleitung bei ihr erfolgte auch etwas chaotisch, es mußte mit Terminen jongliert werden, sie mußte im Blick behalten, daß ihre neue Klasse in die richtige Richtung ging. Von daher erforderte ihre Bereitschaft, mich, einen Anfänger, in dieser Klasse unterrichten zu lassen, auch eine gehörige Portion Mut und Vertrauen in das Gelingen meiner und ihrer Bemühungen. Für mich kam zusätzlich verunsichernd hinzu, daß ich in der siebten Klasse lehrplanmäßig Themen aus dem deutschen Mittelalter unterrichten mußte. Dieses war allerdings ein Gegenstand, den ich selber kaum kannte. Mein Schwerpunkt im Geschichtsstudium hatte auf neuerer amerikanischer Geschichte und Geschichtstheorie und -philosophie gelegen. Poststrukturalismus, Dekonstruktion und die „linguistische Wende" der Geschichtswissenschaft waren meine Arbeitsschwerpunkte gewesen. Und jetzt sollte ich konkreten Unterricht über konkrete Ereignisse und Personen, über konkrete Abhängigkeitsverhältnisse und mittelalterliche Herrschaft planen und durchführen. Wie um alles in der Welt macht man das bloß? Außerdem gab es ein problematisches Sozialgefüge und Beziehungsgeflecht in dieser Klasse, das ein zielstrebiges inhaltsbezogenes Lernen und Lehren erschwerte. Pädagogische und disziplinarische Fragen und Probleme trafen in all ihrer Unüberschaubarkeit und Komplexität zusammen. Ein, gemessen an meinen fachlichen, didaktischen, methodischen und pädagogischen Kompetenzen, schwer verdaulicher Brocken.

Diese Ausgangssituation erschien mir am Anfang überkomplex. Ich dachte, daß dieses typische Anfängerprobleme seien. Das sind sie aber nur zum Teil, wie ich später bei neuen Klassen, die ich unterrichtete, und auch bei gestandenen Lehrern, die auf neue Klassen treffen, sehen konnte. Diese komplexen Probleme sind zu einem großen Teil völlig alltägliche Anforderungen an jeden Lehrer. Auch nach zwei Jahren Referendariat muß man sich in immer neue Themen einarbeiten, von denen man im Studium oder in der Schule noch nie etwas erfahren hatte. Manchmal bestand der einzige Vorsprung, den ich vor den Schülern hatte, in meinem umfangreichen theoretischen Geschichtswissen, in der Fähigkeit, mir strukturiert und zielgerichtet neue Gegenstände zügig zu erarbeiten, und in meiner Methodenkompetenz. Das allerdings ist ein entscheidender Vorsprung! Im Laufe des Referendariats kam dann noch eine zunehmende didaktische Kompetenz hinzu. Das Problem, wie ich denn den Schülern etwas über das bäuerliche Leben im deutschen Mittelalter beibringen könnte, war immens. Ich selber hatte ja noch keinen ausreichend *tiefen Gegenstandsaufschluß* hierzu.

Die konkreten Hilfen meiner Anleiterin bestanden am Anfang darin, mir die entsprechenden Schulbücher für die Mittelstufe zu geben und mich auf wissenschaftliche Literatur aufmerksam zu machen, die ich unmittelbar für meinen eigenen Kenntniserwerb und den Unterricht benutzen konnte. Meine Anleiterin betonte besonders die methodischen Fertigkeiten, die die Schüler erlernen mußten. „Sinnentnehmendes" Lesen, gezielte Informationsentnahme, tabellarische Gegenüberstellung, genauer sprachlicher Ausdruck waren hier zu üben. Ich lernte, wie mühsam der Erwerb dieser Fertigkeiten für Schüler ist. Ohne diese Fertigkeiten ist ein gehaltvoller historisch-politischer Unterricht aber kaum zu machen. Für meine Unterrichtsplanung der ersten Stunden griff ich aber auch auf das zurück, was ich in meinen universitären Seminaren zur Fachdidaktik des historisch-politischen Unterrichts gelernt hatte. Ich setzte mich also hin und schrieb für mich selber umfangreiche Texte, didaktisch-methodische Analysen. Ich fertigte seitenlange Lernbedingungsanalysen an, holte dabei sogar bis zur Epochenproblematik aus. Welche Bedingungen finden Schüler unter Bedingungen der „Endzeit" vor? Wie wirkt sich die kommerzialisierte Warenwelt auch auf ihr schulisches Lernen und mein Handeln aus? Das war sehr weit ausgeholt, aber für die Gewinnung von Klarheit überaus produktiv für mich. Dermaßen weit wurden meine Überlegungen bei der Planung folgender Unterrichtseinheiten dann allerdings nicht mehr. Sie waren nicht überflüssig geworden, doch mußten sie nicht jedesmal wieder neu konkretisiert zu werden. Hier verfügte ich über einen sicheren Wissensbestand. Unmittelbar verwendbar wurden aber Beschreibungen dazu, wie sich Schüler in der Klasse konkret verhielten. Wo lagen lernfördernde und lernbehindernde Bedingungen vor? Dann machte ich mich daran, den Lerngegenstand, soweit ich ihn bis dahin kannte, zu analysieren und Lerninhalte festzulegen. An dieser Stelle, der eigentlichen didaktischen Analyse, lag die Krux für Gelingen und Mißlingen des Unterrichts, und sie fiel mir überaus schwer, weil ich noch nicht zielstrebig zu planen verstand. Die schriftliche Fixierung der Lehr-Lernziele dagegen war wieder einfach. Und dann haperte es bei der Planung schon wieder bei der Ermittlung der geeigneten Lernverfahren. Wie sollte ich denn wissen, an welchen Stellen bei Schülern Verständnisprobleme auftauchen können und wie man sie dort durch das geeignete Material und die angemessene Aufgabenstellung zum Lernen befähigen könnte? Doch an dieser Stelle half mir meine Anleiterin wieder durch gezielte Impulse und gezielt ausgesuchtes Material. Sehr hilfreich war aber auch bei dieser schwierigen methodischen Frage eine Grunderkenntnis aus meinen historisch-politischen Fachseminaren und aus der Beschäftigung mit Klaus Holzkamps Lerntheorie. Es galt, problemhaltige Situationen ausfindig zu machen. Was genau sollte die *Lernproblematik* sein, die die Schüler lernend lösen sollten?

Vielfältige Gespräche mit meiner Anleiterin und ellenlange Textproduktion zu Hause trugen langsam zur Beantwortung auch dieser schwierigen didaktisch-methodischen Fragen bei. Die Beantwortung gelang nie vollkommen. Immer gab es etwas zu kritisieren. In dieser Zeit erfolgte auch der Impuls in meinem Fachseminar Geschichte/Sozialkunde, daß Geschichte konkret für die Schüler werden müsse, damit sie Spaß an der Sache gewinnen und lernen können. Ich hatte den Eindruck, grundsätzlich in die richtige Richtung zu gehen. Mein Lehrerverhalten wurde von den Schülern überwiegend wohl als klar und eindeutig empfunden. Es bestand kein Grund zur Panik. Das war sehr beruhigend und auch ermutigend, und so konnte ich mich gelassener auf die detaillierte Unterrichtskritik meiner Anleiterin einlassen. Sie beobachtete im Unterricht sehr genau und konnte mir genau zeigen, an welcher Stelle meine Arbeitsaufträge unklar waren. Sie zeigte mir, wo meine Tafelbilder zu optimieren waren. Sie korrigierte mich auch, wenn ich sachlich Falsches von mir gegeben hatte. Sie tat das, wenn ich mich recht erinnere, auch in der Klasse vor den Schülern. Aber das war nicht schlimm, weil es nicht meine Autorität untergrub und mich auch vor der Klasse nicht verunsicherte. Es entsprach ja der Realität: Ich wußte vieles einfach nicht über das bäuerliche Leben im Mittelalter.

Ich entwarf die erste Klassenarbeit, die meine Anleiterin dann deutlich, aber produktiv kritisierte. Ich korrigierte und bewertete diese Klassenarbeit dann nach ihren Vorgaben. Und auch hier griff sie, nachdem ich fertig war, korrigierend wieder ein. Eigentlich war nie alles völlig richtig. Aber diese detaillierte Anleitung, die viel Zeit in Anspruch nahm, förderte mein Lernen ungemein. Es war manchmal nicht angenehm, derartig genau Rückmeldung zu bekommen. Aber wie sonst hätte ich lernen sollen? Das auch menschlich Angenehme an dieser detaillierten Anleitung war, daß nicht allgemein über irgendwelche Stimmungen und Sympathien zwischen Klasse und mir gefaselt wurde, wie ich das teilweise in anderen Anleitungssituationen erlebte. Das ermöglicht kein Lernen, sondern nur Unwohlsein oder gute Stimmung, je nachdem. Über Stimmungen reden bleibt notwendigerweise diffus, wenn es auch erst einmal entlastend sein kann. Über Gegenstände und Arbeitsaufträge reden verhilft zur Klarheit, was zunächst anstrengend sein kann, aber schon mittelfristig dazu beiträgt, besser zu unterrichten.

Natürlich kam ich theoretisch vorgebildet in die Schule. Natürlich analysierte und bewertete ich Unterricht auch auf Grundlage dieses theoretischen Wissens. Und natürlich pickte ich mir bei meinen konkreten Erfahrungen, die für mich individuell bedeutsam waren, jene heraus, die mehr oder weniger zu dieser theoretischen Vorbildung paßten. Gänzlich Fremdes kann man nicht lernen. Es bleibt einfach beziehungsloses Rauschen. Überspitzt gesagt, lernt man nur, was man kennt. So ließe sich eine Grunderfahrung aus meinem Referendariat für mein eigenes Lernen formulieren. Sicherlich ist dies keine großartige Erkenntnis und fordert in dieser verfälschenden Kürze auch zu Widerspruch heraus. Hier erlebte ich aber bei meinem eigenen Lernprozeß einen Umstand, der auch in der pädagogischen und didaktisch-methodischen Literatur immer wieder im Hinblick auf Schüler konstatiert bzw. gefordert wird. Man muß die Schüler da abholen, wo sie sind. Man muß Pädagogik vom Kinde aus betreiben. Man kann nur schrittweise den Horizont von Kindern und Jugendlichen erweitern, nicht aber durch den großen Sprung. Für mich als Referendar hieß das: Ich mußte bei meinen eigenen Vorkenntnissen und Erfahrungen ansetzen. Ich mußte selber Fehler machen, um mein Lehren zu verbessern. Ich mußte selber Schritt für Schritt machen. Meine Anleiterin unterstützte mich bei diesem Zeit beanspruchenden Prozeß durch ihre Kritik zielstrebig und professionell. Durch diese Kritik habe ich wichtige Fragen und Kategorien für meine nun überwiegend individuell stattfindende Selbstreflexion als Lehrer gelernt.

Schon bei dem nächsten Kurs, einem Leistungskurs Geschichte in der 12. Jahrgangsstufe, den ich von einer anderen Anleiterin übernahm, profitierte ich von den in der siebten Klasse gemachten Erfahrungen. Dieses Mal handelte es sich um eine Unterrichtseinheit zur „Attischen Demokratie", und auch von diesem Gegenstand wußte ich nur wenig. Dieses Mal konnte ich sehr viel zielstrebiger meine Planungsarbeit aufnehmen. Zunächst eignete ich mir über die fachwissenschaftliche Lektüre den Gegenstand an. Dann suchte ich nach didaktisch-methodisch aufbereiteten Unterrichtseinheiten und überprüfte, inwieweit ich sie nutzen konnte. Bei dieser Literatur holte ich mir auch viele konkrete Anregungen. Andere Anregungen für das methodische Vorgehen wie z.B. den Einsatz von Wandzeitungen und Visualisierungen hatte ich durch Hospitationen bei meinen Referendarskollegen, Anleitern und auch in den ansonsten kritisch beurteilten Haupt- und Fachseminaren erhalten. Dann machte ich mir Gedanken über die konkreten Lernbedingungen vor Ort und die Lernziele. Die Konstruktion eines angemessenen Lernverfahrens fiel mir dann schon relativ leicht. Abschließend legte ich einen strukturierten Arbeitsplan für die gesamte Einheit vor. Diesen letzten Schritt hatte ich bei meiner Mittelaltereinheit nicht mehr getan, und es war ein teilweise wenig zielgerichtetes Hüpfen von Stunde zu Stunde entstanden. Das war aber überaus anstrengend und nervenaufreibend für mich und wegen der mangelnden Klarheit und Zielstrebigkeit für das Lernen der Schüler notwendigerweise wenig produktiv.

Meine bereits erworbene didaktisch-methodische Kompetenz entlastete mich. Ich hatte den Eindruck, daß *es* funktionierte und war beeindruckt, wie explosionsartig mein eigenes Lernen trotz aller zähen Einzelschritte letztendlich doch vorangekommen war. Diese Sicherheit bei der Kenntnis des Gegenstands und seiner didaktisch-methodischen Aufbereitung entlastete mich für eine genauere Beobachtung meines Lehrerverhaltens. Das war nicht eine tief in meine Persönlichkeit eindringende Angelegenheit, sondern ein teilweise distanziertes Vorgehen. Und dadurch war es auch keine Reflexion oder von außen an mich herangetragene Kritik, die mir Schaden hätte zufügen oder mir Leiden hätte verursachen können. Wie kann ich meine Stimme modulieren, um gezielter auf Schüler zu reagieren? Lobe ich angemessen? Kritisiere ich angemessen? Wo halte ich mich im Raum auf? Passen meine Mimik und Gestik zu dem, was ich sage? Lächle ich situationsangemessen oder maskenhaft? Es waren viele kleine Fragen, zu denen es viele kleine Antworten gab. Es gab viele kleine Lernaufgaben und viele kleine Handlungen, die ich vornehmen konnte. Und das ist tatsächlich Technik, die man zu einem großen Teil lernen kann. *Irgendwie* die eigene Persönlichkeit zu verändern ist viel zu diffus, ist schädlich und für die eigene Rollensicherheit mörderisch. Wenn man keinen konkreten Ansatzpunkt für die Verbesserung der eigenen Unterrichtstätigkeit, des eigenen Lehrerverhaltens, der pädagogischen Tätigkeit findet, muß das Referendariat tatsächlich zur Tortur werden. Vielen meiner Kollegen schien es so zu gehen. Viele andere, mit denen ich auch intensiv zusammenarbeitete, machten aber ähnlich produktive und beglückende Erfahrungen wie ich.

Dieses einmal erreichte Niveau konnte ich aber nicht immer halten, wie ich im Geschichtsunterricht in der siebten Klasse, die ich zum Halbjahreswechsel wieder übernommen hatte, bald merkte. Ich war dieses Mal in der Klasse bedarfsdeckend eingesetzt. Meine Anleiterin hatte die Klasse abgegeben, auch weil sie, wie sie mir später sagte, zu der Klasse keinen für sie befriedigenden Bezug herstellen konnte. Der Hauptgrund lag aber in dem Stundenpensum, das sich bei verschiedenen Lehrern an der Schule geändert hatte. Dadurch war für mich die Möglichkeit entstanden, bereits in meinem zweiten Semester vier der achtzehn Stunden von meinem Soll an bedarfsdeckendem Unterricht abzuarbeiten. Dieses war eine gute Gelegenheit, weil ich dadurch in die Lage versetzt wurde, im dritten und vierten Semester, in dem die Prüfung stattfinden würde, neben dem bedarfsdeckenden auch noch angeleiteten Unterricht zu nehmen, ohne mein Stundenpensum dadurch unrealistisch zu erhöhen. Zusätzlich zu der siebten Klasse unterrichtete ich in meinem zweiten Semester eine neunte Klasse in Geschichte, die ich vorher noch nicht kannte. In dieser neunten Klasse führte ich meinen Unterrichtsversuch durch und werde im Zusammenhang mit der Reflexion meiner Examensarbeit über die dort gemachten Erfahrungen berichten.

Die bedarfsdeckend zu unterrichtenden Stunden waren für mich nicht nur unter Prüfungsgesichtspunkten bedeutsam. Ich fühlte mich inzwischen sicher, den Fachunterricht auch alleine bestreiten zu können. Die von mir durchgeführte Unterrichtseinheit zur „Attischen Demokratie" hatte mir dies gezeigt. Wenn ich auch durch die detaillierte und genaue Anleitung durch meine erste Anleiterin gelernt hatte, so brannte ich jetzt darauf, ohne Netz und doppelten Boden zu unterrichten. Ich brannte darauf, ein richtiger Lehrer in dieser Klasse zu sein. Für die Schüler bedeutete dies, daß sie mich in zwei unterschiedlichen Rollen kennenlernten: einmal als Referendar, der ja noch gar kein richtiger Lehrer ist, dann als richtiger Lehrer, dem aber noch der Geruch des Lernenden und Unfertigen anhaftet.

Dieser Rollenwechsel führte gleich am Anfang zu einigen Unsicherheiten auf beiden Seiten. Insgesamt gewöhnten sich aber sowohl die Klasse als auch ich schnell, innerhalb der ersten Stunden, an die neue Situation. Im Hinblick auf mein Lernen im Referendariat ist mir bedeutsam geworden, daß ich im bedarfsdeckenden Unterricht die Möglichkeit zur vollen Entwicklung meiner Lehrerrolle hatte. Den Unterricht planen und durchführen, Noten geben, den Kontakt zu den anderen in der Klasse Unterrichtenden, besonders zu der Klassenlehrerin, halten - eben die ganze Verantwortung für meinen Fachunterricht übernehmen. Dies war kein Probehandeln mehr. Dies war reales Handeln. Ich fühlte mich aufgewertet. Den ständigen Problemdruck empfand ich als meinem Lernprozeß förderlich.

Auch im nachhinein denke ich, daß der bedarfsdeckende Unterricht ganz wesentlich zu meiner Professionalisierung beigetragen hat. Dadurch, daß ich - unbeobachtet durch Anleiter oder Seminarleiter - in dieser Klasse agieren konnte, traute ich mich noch stärker als vorher, meinen eigenen Stil zu finden und weiterzuentwickeln. Insgesamt erlebte ich den bedarfsdeckenden Unterricht als eine sehr gute Möglichkeit, um spontaner zu reagieren. Mein Verhaltensrepertoire in der Klasse wurde größer. Dadurch wurde es aber nicht unbedingt besser.

Das merkte ich besonders deutlich an meiner inhaltlichen Unterrichtsplanung. Hier rutschte ich immer wieder von dem zuvor erreichten Niveau ab. Ich fand nicht zielstrebig die richtigen Materialien, an denen die Schüler sich *expansiv* den Gegenstand hätten erschließen können. Auch lieferte ich in dieser Klasse oft genug Stückwerk, d.h. das Springen von Stunde zu Stunde, ab. Auch bei einer neuen Unterrichtseinheit zur Kolonisation der Welt seit dem 15. Jahrhundert durch die Europäer gelang es mir nach meinem eigenen Empfinden nicht, den Schülern Lernen zu ermöglichen. Die Komplexität des Unterrichtsgeschehens war für mich nicht eindeutig zu analysieren. Immer noch fiel es mir sehr schwer, den Schülern wirklich zuzuhören. Mir gelang noch nicht in ausreichendem Maße, mich selber distanziert zu beobachten - was aber immer eine paradoxe und im Prinzip nicht lösbare Rollenaufteilung ist; diese Rollenaufteilung kann nur mehr oder weniger gut funktionieren. Man bleibt immer auf das Gespräch und die Beobachtungen von Außenstehenden angewiesen.

Ich wußte oft nicht, ob die Disziplinprobleme in der Klasse an meiner Unterrichtsplanung, an den Materialien und ihrer didaktischen Aufbereitung, an meiner doch noch besonderen Rolle als Junglehrer oder an der sozialen Eigendynamik in der Klasse lagen. Ich suchte das Gespräch zu Kollegen und zu der Klassenlehrerin. Das half mir, die Disziplinprobleme als allgemeinpädagogisches Problem in dieser Klasse zu begreifen. Ich war kein Einzelfall. Hier waren also pädagogische Maßnahmen gefragt, über die ich aber entweder noch nicht verfügte oder die nur im Zusammenspiel mit den anderen Lehrern in dieser Klasse fruchtbar gewesen wären. Mich entlastete diese Einsicht emotional, der Kontakt zu einzelnen Schülern war ja auch immer wieder angenehm. Aber insgesamt war ich schon froh, wenn die Schüler konzentriert fünf bis zehn Minuten in der Stunde arbeiteten.

Im nachhinein fällt mir aber recht deutlich auf, daß ich mir in dieser Situation keine detaillierte Rückmeldung für meine didaktisch-methodischen Entscheidungen holte. Und ich denke, ohne daß ich dies heute noch genauer analysieren könnte, weil ich meine diesbezüglichen Planungsunterlagen nicht mehr habe, daß hier wahrscheinlich einiges im argen lag. Ich weiß, daß ich mich selber aus freien Stücken nicht noch einmal hinsetzte, um meine didaktisch-methodische Planung zu überprüfen. Die richtigen Fragen wären gewesen: Habe ich mir den Gegenstand, Kolonisation der Welt durch die Europäer, soweit selber angeeignet, daß ich über einen ausreichend *tiefen Gegenstandsaufschluß* verfügte? Diese Frage muß ich heute mit nein beantworten. Hatte ich den komplexen Gegenstand soweit und so sinnvoll didaktisch reduziert, daß die Schüler ihn bearbeiten konnten? Auch dies ist mir nicht gelungen. Hatte ich ausreichende Klarheit über die Fachlernziele? Auch die hatte ich wahrscheinlich nicht. Waren die Lernverfahren den Schülern angemessen? Auch hier Fehlanzeige. Was sagten die Schüler eigentlich? Ich konnte es kaum benennen und damit auch nicht analysieren. Ich bin mir heute sicher, daß selbst bei auch ansonsten noch bestehenden Problemen in der Klasse mein Unterricht um einiges besser hätte sein können, wenn ich diese didaktisch-methodische Selbstkritik intensiver vorgenommen hätte. Ich hatte mich zu schnell auf die pädagogische Ebene bei der Bearbeitung der Probleme in der Klasse gestürzt. An dieser Stelle wäre nochmaliger sanfter Druck in Richtung auf eine fachdidaktische Reflexion meiner Unterrichtstätigkeit durch meine ehemalige Anleiterin, durch meine Fachseminarleiterin oder Referendarskollegen wahrscheinlich förderlicher für mein Lernen gewesen.

Diese Erfahrung halte ich nicht für außergewöhnlich. Sie war auch nicht ernüchternd für mich. Sie zeigt mir im nachhinein aber, daß das eigene Lernen nicht unbedingt besser und *expansiver* wird, wenn es dem Lernenden selber überlassen bleibt. Hier wäre Lehre, die keine Gängelung ist, für meinen Lernprozeß notwendig und förderlich gewesen. Selbst von der einmaligen oder auch wiederholt erarbeiteten Erkenntnis, wie guter Unterricht geplant und durchgeführt werden kann, hin zu gesicherter, dauerhaft beherrschter Unterrichtspraxis war es oft ein weiter Weg. Diese Erfahrung eröffnete mir zum ersten Mal auch konkret die Einsicht, daß die Professionalisierung als Lehrer nicht in einem einmal erreichten Können besteht, das dann nur noch ständig wiederholt werden müßte. Die Professionalisierung als Lehrer besteht in dem permanenten Prozeß der fachdidaktischen, allgemeindidaktischen und pädagogischen Selbstreflexion. Fortschritte und Rückschritte gehören zum Wesen der Arbeit eines Lehrers.

Wo das Lernen zunächst ins Stocken geriet

In meinem zweiten Unterrichtsfach, Englisch, machte ich nicht ähnlich produktive Erfahrungen wie bei dem Unterrichtsfach Geschichte, obwohl ich sehr viel mehr Englisch- als Geschichtsunterricht erteilte. Der weniger produktive Lernprozeß lag sowohl an meiner Anleitersituation als auch an meinen eingeschränkteren didaktisch-methodischen Kenntnissen zur Fachdidaktik des Englischunterrichts. Das lag zentral an einem selbstorganisierten Lernweg, der mich in die Sackgasse führte. Aus dieser Sackgasse schaffte ich erst durch einen für mich überraschenden *Lernsprung* wieder den Weg zu produktiverem Lernen.

Meine Anleitung im Englischunterricht empfand ich als unprofessionell. Das Verhältnis zu meiner ersten Anleiterin war zwar angenehm und von viel Wohlwollen und auch gegenseitiger Achtung geprägt. Es gab auch vieles von dieser Anleiterin zu lernen. Insgesamt aber traf ich in dieser Ausbildungssituation nicht den Kern von gutem Unterricht. Die Anleiterin hatte ein gutes, teilweise sehr gutes Verhältnis zu den Schülern, von dem auch ich profitierte. Sie war eine bei den Schülern vor allem wegen ihres aufrichtigen menschlichen Interesses an der Person der Schüler geschätzte Lehrerin. Das beeindruckte mich, und diesen Teil der menschlichen Hinwendung zu den Schülern lernte ich von ihr. Ich lernte von ihr, daß man es zeitlich und emotional schaffen kann, individuellen Kontakt zu Schülern über viele Jahre hinweg zu entwickeln und durchzuhalten. Das war ermutigend.

Ich erhielt allerdings keine detaillierte inhaltliche Kritik meiner Unterrichtstätigkeit von ihr. Die Aussagen zu meinem Unterricht waren meist recht allgemeiner Natur und bezogen sich fast ausschließlich auf die Sozial- und Gefühlsebene, nicht aber auf die Inhaltsebene. „Das hat ja recht gut geklappt. Die Schüler mögen Sie. Das war nett." Natürlich bestärkten mich solche globalen Aussagen in meinem Lehrerverhalten. Aber didaktisch-methodisch war mein Lernen recht zufällig und punktuell. Ich konnte nach den meist sehr kurzen Nachbesprechungen nicht sagen, wo es konkrete Fehlentscheidungen meinerseits im Hinblick auf Inhalt und methodische Umsetzung gegeben hatte.

Eine solche Situation ist im angeleiteten Unterricht oft normal. Meist entscheidet nicht die besondere Befähigung der Anleiter in didaktisch-methodischer und pädagogischer Hinsicht darüber, ob sie Anleiter werden. Meist sind es Zufälle, auf die man als Referendar keinen Einfluß hat oder die man noch nicht einmal als solche Zufälle erkennt. Es schlägt sich hier in der Anleitersituation nieder, daß nicht jeder, der Lehrer ist, auch tatsächlich ein professioneller Lehrer ist. Außerdem ist die Wahl eines Anleiters durch einen Referendar am Anfang meistens wie die Suche eines blinden Huhns, welches auch irgendwann einmal ein Korn findet. Damit ist nicht gesichert, daß das Korn auch schmeckt und verdaut werden kann. Als Referendar mußte ich mir erst bewußt werden darüber, wie ein guter Anleiter im Fach Englisch auszusehen hat. Erst dann konnte ich auch gezielter auf die Suche nach einem solchen gehen.

Meine konkrete Anleitersituation war aber nur ein Faktor für ein Stocken in meinem Lernprozeß, und es ist nicht einmal der wichtigste. Viel wichtiger war, daß ich auch durch mein Fachseminar Englisch keine korrigierenden Impulse erhielt. Dieses Fachseminar war, wie oben beschrieben, viel zu niveau- und anspruchslos, als daß ich in irgendeiner Weise davon hätte profitieren können. Auch der Fachseminarleiter konnte oder wollte mir in den Hospitationen nicht zeigen, an welcher Stelle meine Unterrichtsgestaltung nicht gut war. Seine Äußerungen waren ähnlich allgemein wie die meiner Anleiterin. „Ja, das haben Sie ja ganz schön hinbekommen. Na, Sie haben aber Schwung und können die Schüler mitreißen. Schön, schön." Solche Äußerungen kamen selbst nach Hospitationen, die ich selber als schlecht einschätzte. Die Sicht des beobachtenden bzw. des beurteilenden Seminarleiters und meine Sicht, die des Handelnden, stimmten nicht überein. Ich war zwar froh, daß ich unter dem Prüfungsgesichtspunkt - und Hospitationen sind immer in erster Linie Prüfungen und erst dann, wenn überhaupt, Beratungssituationen - bestanden und einen guten Eindruck hinterlassen hatte. Aber die Bemerkungen auch des Fachseminarleiters setzten einfach keinen produktiven Lernprozeß in Gang. In diesem Fachseminar fehlte mir auch ein intensiver Arbeits- und Reflexionszusammenhang mit meinen Referendarskollegen, wie ich ihn in meinen anderen Seminaren hatte.

Den entscheidenden Faktor für das Stocken meines Lernprozesses sehe ich aber in meiner nicht ausreichenden Kenntnis fachdidaktischer Positionen im Fach Englisch. Dieses Defizit war bereits in meinem Studium und nicht erst im Referendariat entstanden. In meinen Fachdidaktikseminaren Englisch an der Universität hatte ich nicht die wichtigsten didaktisch-methodischen Konzepte kennengelernt. Ich war nicht gezwungen gewesen, meinen eigenen didaktisch-methodischen Standpunkt zu finden und zu entwickeln. Die Fachdidaktikseminare empfand ich als beziehungsloses Stückwerk. Punktuell gab es zwar gute Ideen, es fehlte aber an einer überzeugenden Systematik. Im nachhinein denke ich nicht, daß dies lediglich an der mangelnden Qualität der Lehre an der Universität in diesen Seminaren lag. Denn es gibt ja eine fachdidaktische Systematik im Fach Englisch. Ich denke heute, daß meine eigenen Lernschwerpunkte während meines Studiums entscheidend dafür waren, daß ich mir keine entwickelte fachdidaktische Position für den Englischunterricht erarbeitet hatte. Meine Arbeitsschwerpunkte hatten auf anderem Gebiet, überwiegend auf dem der Geschichts- und Gesellschaftswissenschaften, gelegen.

Denn während meines Studiums hatte ich lange Zeit an dem Fach Englisch, also auch an der Fachwissenschaft, kein *expansiv* begründetes Lerninteresse. Auch das fachwissenschaftliche Studium war mir, verglichen mit meinem Geschichtsstudium, flach erschienen. Ein *expansives* Lerninteresse in der Fachwissenschaft entwickelte sich erst ca. zur Mitte meines Studiums. Doch dann galt mein Lerninteresse der Frage, wie ich die in meinen drei Fachbereichen erworbenen Theorien, Marxismus und Holzkamps Lerntheorie in Pädagogik und Fachdidaktik, Luhmanns Systemtheorie in Englisch und Poststrukturalismus à la Foucault in Geschichte, aufeinander beziehen konnte. Ich hatte von da an hochtheoretisch studiert, was mich voranbrachte. Auch im nachhinein sehe ich hierin nicht einen Irrweg, sondern ganz im Gegenteil einen geglückten Lernweg. Er war für mich individuell begründet und bedeutsam. Im nachhinein sehe ich angesichts meiner Erfahrungen mit einem ins Stocken geratenen Lernprozeß als Lehrender im Unterrichtsfach Englisch hierin nicht vorauszusehende Zufälle, die sich erst später auswirkten. Kontingenz eben.

Hilfreich wurden in dieser Situation die oben erwähnten Methodiken des Englischunterrichts, die ich mal systematisch durcharbeitete, mal punktuell zur Klärung aktueller Fragen heranzog. Ich stieß mehr oder weniger zufällig bei meinem Stöbern in der Fachliteratur auch auf eine Fachdidaktik aus dem englischsprachigen Raum zu handlungsorientiertem Literaturunterricht.[7] Dieses Buch bedeutete für mich den Durchbruch. Diese Konzeption war ausgesprochen pragmatisch, wie ich es an so vielen amerikanischen und britischen Publikationen während meines Studienaufenthaltes in den USA bereits schätzen gelernt hatte. Sie war gut begründet, sie war unmittelbar im Schulbereich anwendbar. Sie war genau der richtige Impuls für meinen Englischunterricht. Die zusätzliche nochmalige Lektüre der Lehrpläne für das Unterrichtsfach Englisch verdeutlichte mir dann den Knoten, an dem ich nicht weitergekommen war: Ich hatte ein völlig gegenstandsfremdes fachdidaktisches Modell an meinen Englischunterricht angelegt. Das konnte überhaupt nicht funktionieren!

In Ermangelung einer entwickelten fachdidaktischen Position im Fach Englisch hatte ich meine historisch-politische Fachdidaktik immer und immer wieder auf Englisch angewandt. Nun gibt es allgemeindidaktische Grundsätze in dieser historisch-politischen Fachdidaktik, die auch für Englisch relevant und angemessen sind. Insgesamt verfehlte ich damit aber den eigentlichen Gegenstand, nämlich den Englischunterricht. Ich verfehlte auch die eigentlichen Ziele des Englischunterrichts. Und die, das erkannte ich erst jetzt, bestanden zu allererst in der Vermittlung der Sprachbeherrschung in der Fremdsprache Englisch, in der Vermittlung von Landeskunde, und erst dann in Zielen, wie sie auch für meinen historisch-politischen Unterricht wichtig waren. Dies war eine eigentlich banale Einsicht, aber für die Korrektur meines Lernprozesses die entscheidende.

Diese Einsicht durchzuckte mich wie ein Geistesblitz. Ich hätte mir vor den Kopf schlagen können, daß ich das nicht früher gesehen hatte. Denn es war ja eigentlich recht einfach. Aber erst ein Lernweg, der zwar einen gewissen *Gegenstandsaufschluß* ermöglichte, dann aber ins Stocken geriet, dann das unbewußte und bewußte Sich-Distanzieren von dem bisher für mich vorherrschenden Lernprinzip, der Wechsel von *affinitiven* und *definitiven Lernphasen*, führten zur Auffindung eines neuen *Lernprinzips*. Dieses war dem Gegenstand, Unterrichten im Fach Englisch, angemessener und ermöglichte erst einen *tieferen Gegenstandsaufschluß*. Es war ein richtiger *Lernsprung*.

Von diesem *Lernsprung* an erlebte ich meinen Lernprozeß als überwiegend *expansiv*. Ich suchte mir an meiner ersten Ausbildungsschule einen Anleiter und auch an meiner zweiten Schule, einem Gymnasium am Hamburger Stadtrand, eine Anleiterin, die meinen Englischunterricht einer guten inhaltlichen Kritik unterzogen. Ich sah mich zunehmend

[7] J. Collie, S. Slater: Literature in the Language Classroom. A resource book of ideas and acitivities, Cambridge 1987.

besser in der Lage, Unterrichtseinheiten im Fach Englisch sinnvoll didaktisch-methodisch zu planen und durchzuführen. Ich erarbeitete mir ein Repertoire an Unterrichtseinheiten und an Handlungsmöglichkeiten sowohl für die überwiegend lehrbuchgestützte Arbeit in der Mittelstufe als auch für selbst zu strukturierende Einheiten im Literaturunterricht. Dank meiner Anleiter und der oben schon erwähnten englischsprachigen Didaktik stieg mein Interesse an handlungsorientiertem Unterricht.

Die recht allgemeinen bzw. allgemeindidaktischen Positionen, die ich bis dahin kannte, hatten mich bislang nicht überzeugt. Mir erschien die Kluft zwischen allgemeindidaktischen Begründungen für den Handlungsunterricht und der konkreten Unterrichtspraxis, die in den angeführten Modellen sichtbar wurde, als zu groß. Besonders störte mich, daß zu schnell der Bogen vom Handlungsunterricht zu den Vorzügen eines solchen Unterrichts für die Demokratie geschlagen wurde. Dieser Bogen wird oft nicht argumentativ mit Inhalten gefüllt, sondern einfach postuliert. Das gleiche störte mich auch an der vielfältigen Literatur zu offenem Unterricht, mit der wir uns in unserer Arbeitsgruppe, die ich oben schon mehrmals erwähnt habe, beschäftigten. Mir fehlten bei diesen allgemeindidaktischen Modellen einfach die Inhalte. Besonders der Frage, was die Schüler denn nun tatsächlich inhaltlich gelernt haben, wird meines Erachtens viel zu oft ausgewichen. Statt dessen werden blumige, aber leider mehr dem Wunschdenken entspringende Aussagen über die Vorzüge handlungsorientierten Unterrichts gemacht.

In meinem weiteren Englischunterricht entwickelte ich mich zu einem Lehrer, für den Handlungsorientierung mit Inhalt gefüllt ist. Die hierbei gemachten Lernfortschritte waren beglückend. Wie auch im Fach Geschichte gab es immer wieder Rückschläge, verunglückte Stunden, ratloses Herumstochern, wo denn nun der Fehler bei der Unterrichtsplanung und -durchführung liege. Aber insgesamt war es ein Lernprozeß, der wesentlich zu meiner Professionalisierung als Lehrer beitrug. Auf Grundlage dieser Erfahrungen stieg dann auch mein Interesse, meinen historisch-politischen Unterricht handlungsorientiert zu gestalten. Handlungsorientierung bedeutet für mich jetzt die Schaffung problemhaltiger Situationen, die die Schüler lernend und handelnd bewältigen. Wichtig ist die Unterscheidung zwischen Probehandeln, simulativem Handeln, symbolischem und realem Handeln, wie sie Heinz Klippert[8] vorschlägt. Einerseits habe ich damit einen erweiterten Handlungsbegriff. Andererseits liegt für mich die Zweckmäßigkeit der Handlungsorientierung in konkreten Situationen in der positiven Beantwortung der Frage: Was sollen und können die Schüler inhaltlich dabei lernen? Die Reflexion mit den Schülerinnen zu der im Unterricht

---

[8] H. Klippert, Handlungsorientierter Politikunterricht. Anregungen für ein verändertes Lehr-Lernverständnis, in: Bundeszentrale für politische Bildung (Hrsg.), Methoden in der politischen Bildung - Handlungsorientierung, Schriftenreihe Bd. 304, Bonn 1991, S. 75-93.

vollzogenen Handlung ist entscheidend. Erst in der Reflexion entscheidet sich oft, ob und was Schüler gelernt haben. Die korrekte handlungsorientierte Reformulierung des pragmatischen „learning by doing" lautet deshalb „learning by thinking about what we are doing". Bloßer Aktivismus, der einseitig auf erwünschte soziale und emotionale Effekte setzt, ist mir ein Graus.

Unterrichtsversuch und Examensarbeit im Spannungsfeld zwischen expansiver Lernproblematik und bedrohender Prüfungssituation

„Die Konzeption des Unterrichtsentwurfes hängt eng zusammen mit den spezifischen Lernbedingungen in dieser 9. Klasse und mit meinen unterrichtlichen und schulischen Erfahrungen als Referendar. Der Unterrichtsversuch ist deswegen beides: ein auf diese Lerngruppe zugeschnittener Versuch, Lernprozesse der Schüler(innen) zu optimieren, und der Versuch, meine bisher erworbenen Fertigkeiten und Kenntnisse als Lehrender anzuwenden und weiterzuentwickeln. Nachdem ich eine Unterrichtseinheit zur Revolution von 1848/49 durchgeführt und reflektiert hatte, sah ich die Möglichkeit, mir wichtige, weitergehende Ziele meiner Lehrtätigkeit in konkreten Schritten zu realisieren. Zwei Richtziele bilden den Bezugspunkt meiner gesamten Lehrtätigkeit: 1. Die Lernenden sollen Handlungsfähigkeit erlangen. 2. Die Lernenden sollen das Lernen lernen. Diese anspruchsvollen und hochgesteckten Ziele können aber nicht in jeder Stunde, in jeder Situation und sofort in vollem Umfange mit den Schüler(inne)n erreicht werden. Der Weg zur Erreichung dieser Ziele ist lang und erstreckt sich über die Schulzeit hinaus. Im schulischen Rahmen müssen meiner Ansicht nach aber konkrete Schritte hin zu diesen Zielen gemacht werden. Meine These ist, daß der Projektunterricht optimale Möglichkeiten auch unter den gegenwärtigen institutionellen Bedingungen bietet, weitgehende Selbständigkeit der Schüler(innen), Handlungsfähigkeit und Lernfähigkeit zu ermöglichen. Aber auch der Projektunterricht ist, wie ich zeigen werde, keine Universalmethode, mit der alle Lehr-Lernprobleme gelöst werden können."[9]

Die hier geschriebenen Sätze aus der Einleitung zu meiner Examensarbeit sind wahr, und sie sind unwahr. Erst nach dem Ende meines Referendariats und der damit verbundenen permanenten *Bedrohungssituation* durch Noten gelingt mir nach Gesprächen mit Außen-

[9] H. Müller, Wie ermögliche ich projektunerfahrenen Schüler(inne)n einer 9. Klasse (Gym) die selbständige Bearbeitung einer historischen Fragestellung? Unterrichtseinheit: Das deutsche Kaiserreich in der Schule. Examensarbeit im Rahmen der Prüfung zum 2. Staatsexamen in Hamburg 1998, S. 1.

stehenden ein grundsätzlich kritischerer Blick auf meine Arbeit. Das Paradoxe ist, daß die Arbeit mit „sehr gut" bewertet worden ist und ich sie trotzdem nicht mehr für eine sehr gute Arbeit halte. Zwar ist mir vieles in dieser Arbeit gelungen, und Unterrichtsversuch und Examensarbeit sind wichtige Etappen im Rahmen meiner Professionalisierung als Lehrer. Trotzdem habe ich den Kern einer fachdidaktischen Arbeit verfehlt und hätte deswegen eigentlich eine sehr viel schlechtere Note bekommen müssen. Meine Arbeit bleibt trotz der Themenformulierung eine allgemeindidaktische, ja eher noch eine allgemeinpädagogische und entspricht damit eigentlich nicht den Bewertungskriterien der Fachseminarleiter. Wie kann es zu diesem Auseinanderklaffen von Prüfersicht und der des ehemaligem Prüflings kommen?

Meinen Unterrichtsversuch führte ich in meinem zweiten Ausbildungssemester durch. Dies war durch den bedarfsdeckenden Unterricht und das dadurch entstandene Chaos möglich geworden, weil Prüfungsteile, selbst die Lehrproben, bis ins zweite Semester vorgezogen werden konnten. Ich unterrichtete diese Klasse bedarfsdeckend, was riskant war, weil mir dadurch für die Arbeit eine kontinuierliche und detaillierte Reflexion durch einen Außenstehenden, die Anleiterin, nicht zur Verfügung stand. Ich war fast vollständig auf mich alleine und auf die Hilfe meiner Referendarskollegen zurückgeworfen. Die Bedingungen für den Unterrichtsversuch in dieser Klasse waren allerdings auch günstig, weil der bisherige Unterricht überwiegend produktiv verlaufen war. Die Schüler schienen zu verstehen, wie meine Arbeitsaufträge zu verstehen waren. Sie schienen Kenntnisse über die Revolution von 1848/49 und anschauliche Vorstellungen zu Begriffen wie Nation, Liberalismus und Demokratie erworben zu haben. Zudem war die Klasse mit nur vierzehn Schülern sehr klein und damit eine intensive Betreuung und Kenntnis der individuellen Lernprozesse der Schüler für mich möglich. Es gab einen sehr produktiven Lern- und Arbeitszusammenhang. Dies sahen auch Fach- und Hauptseminarleiterin so, die mich überhaupt erst anregten, hier meinen Unterrichtsversuch durchzuführen. Diese strategisch gedachte Intervention besonders meiner Fachseminarleiterin war zweckmäßig und trug im Ergebnis mit dazu bei, daß ich mir selber eine wenig streßhafte Prüfungszeit gestalten konnte.

Unterrichtsversuch und Examensarbeit zu diesem frühen Zeitpunkt waren auch meinem eigenen Lernprozeß angemessen. Viele der oben getroffenen Aussagen zu Handlungsorientierung, offenem Unterricht und meinen eigenen didaktisch-methodischen Kenntnissen und Fertigkeiten habe ich erst durch meine Examensarbeit für mich entwickeln können. Die Arbeit ist deswegen eine wichtige Etappe in der Klärung meines Selbstverständnisses als Lehrer. Der Prozeß des Schreibens trug wesentlich zu einem gesteigerten Bewußtsein über meine didaktisch-methodische Konzeption im historisch-politischen Unterricht bei. Auch allgemeindidaktisch und pädagogisch trugen die Erkenntnisse in meiner Examensarbeit, die ich in den Sommerferien zwischen zweitem und drittem Semester angefertigt hatte, zu einer größeren Zielstrebigkeit meiner Ausbildung bei. Es ist das hier beschriebene Ineinandergreifen von Bedingungen, die einerseits *defensives* und andererseits auch *expansives Lernen* fördern, die zu dem Auseinanderklaffen von Prüfersicht und meiner Sicht führten. Hier liegen die Gründe für eine fachdidaktisch eigentlich verfehlte Arbeit.

Die Examensarbeit ist eine immense *Bedrohungssituation*. Die Note für diese Arbeit geht zu einem Viertel mit in die Endnote ein. Und mir ging ja nie aus dem Kopf, daß ich ein *sehr gut* als Endnote brauchte, um die Chance auf eine Anstellung als Lehrer zu wahren. Diese Note war dabei noch nicht einmal der Garant für eine solche Anstellung. Welch ein Druck!

Der Unterrichtsversuch lief nach meinem eigenen Ermessen, nach Einschätzung der Schüler, der Fachseminarleiterin und der Hauptseminarleiterin sehr gut. Ich verfügte über genügend didaktisch-methodische Kompetenz und pädagogisches Fingerspitzengefühl, um guten Projektunterricht zu gestalten. Besonders einige methodische Kniffe beeindruckten die Außenstehenden und waren für den Lernprozeß der Schüler auch funktional. Der Einsatz von Fragebögen, die die Schüler ausfüllen mußten, hatte nicht nur dokumentarische Bedeutung für mich, sondern diente auch der Erzeugung von *Lernproblematiken* für die Schüler. Eine von mir angefertigte Ausstellung zum Einstieg war funktional und unter ästhetischen Gesichtspunkten gelungen. Der methodische Handapparat, den ich für die Schüler angefertigt hatte, war lernfördernd und wurde von den Schülern auch produktiv genutzt. Ein im Rahmen des Projekts durchgeführter Museumsbesuch war funktional, die Anleitung der Schüler zur Selbstreflexion gelungen. Auch der zeitliche und organisatorische Rahmen konnte eingehalten werden. Ich hatte in der Arbeit nicht gelogen und über ausgedachte, aber nie erteilte Stunden geschrieben, wie manche Referendare als die gängige Praxis bei der Anfertigung von Examensarbeiten unterstellen. Ich war stolz nach der Durchführung des Unterrichtsversuches. Und die Schüler waren es auch, was mir überaus wichtig war.

Damit sind die Stärken des Unterrichtsversuches und auch der Examensarbeit genannt, weil ich diese dort flüssig darzustellen verstand. Und diese Stärken sind auch in gewisser Weise Rechtfertigung für die erteilte Examensnote, weil sie zu der methodischen Problemstellung meiner Arbeit passen. Aber auf der Grundlage meiner didaktisch-methodischen Konzeption und gemessen an den auch von mir in der Arbeit angeführten Kriterien für guten Projektunterricht, gibt es eine entscheidende Auslassung: Ich argumentiere nicht gegenstandsbezogen! Eine gründliche didaktische Analyse des Gegenstands fehlt. Ich analysiere nicht dessen Struktur. Ich kläre nicht ausreichend das Warum. Ich kläre auch nicht ausreichend das Wozu dieses Gegenstandes. Ich formuliere kaum gegenstandsbezogene Lehr-Lernziele und habe rückblickend in meinem Unterrichtsversuch auch zu wenig Klarheit in Bezug auf diese Fachziele. Zwangsläufig unterziehe ich auch das von den Schülern angefertigte Projektbuch, in dem sie ihre Arbeitsergebnisse präsentieren, keiner detaillierten gegenstandsbezogenen Kritik. Ich weise nicht an ihren Texten nach, was sie tatsächlich inhaltlich gelernt haben, an welchen Stellen sie sich den Gegenstand fehlerhaft angeeignet haben oder an welchen Stellen das inhaltlich Erreichte vage und unsicher bleibt.

Auch meine Fachseminarleiterin hatte diese Auslassung bemerkt und vermerkte sie in ihrem Gutachten. Sie stellte diesen Kritikpunkt angesichts der anderen Stärken meiner Arbeit allerdings zurück. Im nachhinein wundert mich die Zurückstellung der Kritik meiner Fachseminarleiterin, weil das, auch an ihren eigenen Kriterien gemessen, die mir vorher bekannt waren, ein Widerspruch bleibt. Ich kann mir diesen Widerspruch so erklären, daß weniger die schriftliche Arbeit, sondern vielmehr mein durchgeführter Unterricht den Ausschlag für die Examensnote gegeben hat. Und der hatte ein positives Bild erzeugt. Ich werde im nachhinein den Zweifel nicht los, daß ich meine Prüfer in gewisser Weise auch durch meinen Umgang mit den Schülern und durch einige effektvolle methodische Kniffe unbewußt „eingelullt" habe. Inwiefern sich auch positiv auswirkte, daß besagte Fachseminarleiterin nach meinem Wechsel zu einer anderen Schule die von mir unterrichtete Klasse übernahm, vermag ich nicht zu sagen. Mir war zuerst sehr unangenehm, daß sie meine Nachfolge antrat, weil ich befürchtete, daß möglicherweise Schwächen meines Unterrichts mit Verzögerung deutlich werden würden. Es verhielt sich aber völlig anders. Sie sah, daß die Schüler umfangreiche Methodenbeherrschung und Methodenkenntnis besaßen, die meine Fachseminarleiterin ganz offensichtlich auf den von mir erteilten Unterricht zurückführte. Möglicherweise sind meine eigenen, retrospektiv angelegten Bewertungskriterien meiner Arbeit überzogen. Möglicherweise hatte ich im Hinblick auf die Note aber auch einfach eine ganze Portion Glück.

Ich benenne in meiner Einleitung zu der Examensarbeit meine Richtziele: „1. Die Lernenden sollen Handlungsfähigkeit erlangen. 2. Die Lernenden sollen das Lernen lernen." Diese Richtzielbestimmungen weisen eine Diskrepanz zu den von mir oben genannten Richtzielen, „unbedingte Gattungsidentifikation" und *verallgemeinerte Handlungsfähigkeit*, auf. Dies bedarf der Erklärung. Welche meiner Aussagen stimmt denn nun? Sie stimmen beide, sind aber nur aus der Situation und dem Zeitpunkt der Verschriftlichung heraus zu verstehen.

Zum Zeitpunkt der Durchführung meines Unterrichtsversuches war die „unbedingte Gattungsidentifikation" keine explizite Richtzielbestimmung meiner Unterrichtstätigkeit mehr. Ich kümmerte mich nicht mehr um die Transformierung dieses Richtziels in Unterrichtspraxis. Da ist mir tatsächlich ein wichtiger Teil meiner an der Universität erworbenen didaktisch-methodischen Position abhandengekommen, ohne daß mir dieses zum damaligen Zeitpunkt bewußt geworden wäre. Deshalb konnte ich auch nicht sagen, wie ich denn die Beschäftigung mit sozialen und politischen Problemen im Kontext des deutschen Kaiserreiches in Richtung auf die „Gattungsproblematik" verlängern konnte. Hier sehe ich für meine weitere Tätigkeit als Lehrer noch Handlungs- und Lernbedarf. Denn auf diese Frage habe ich noch immer keine schlüssigen Antworten, die unterrichtsrelevant geworden wären und an konkreten Unterrichtshandlungen auch nachgewiesen werden könnten.

Bei meiner Examensarbeit befürchtete ich zudem, durch allzu expliziten Bezug auf meine fachdidaktische Position, auf Günther Anders, Klaus Holzkamp, Horst W. Jung und Gerda von Staehr, mich nolens volens ins Abseits zu stellen. Ich befürchtete, daß der Schein der dogmatischen Einseitigkeit, der radikalen Infragestellung schulischer Praxis und einer zu große Distanz zu den Erfordernissen schulischer Praxis auf meine Arbeit fallen und eine schlechte Note provozieren würde. Solche Befürchtungen galten besonders für den nur vorsichtigen Bezug auf Klaus Holzkamps Lerntheorie, die in Unkenntnis ihrer Erkenntnismöglichkeiten, oft in Unkenntnis dieser neuesten lerntheoretischen Position Holzkamps überhaupt, als zu abstrakt, zu radikal, wahrscheinlich auch als „zu marxistisch" betrachtet wird. Unter Prüfungsbedingungen wollte ich situationsklug handeln. Der Qualität der Arbeit hat dies nicht genützt.

Erst jetzt, den Bedingungen, die in Richtung *defensives Lernen* drängen, entkommen, werden mir diese Zusammenhänge klarer. Erst im Rahmen dieser Reflexion gelingt es mir, uneingeschränkt durch institutionelle Bedingungen, wieder gründlicher selbstkritisch zu werden. Der Erfahrungs- und Reflexionsbericht hat seine Funktion damit für mich persönlich erfüllt. Er ist ein Stück Selbstaufklärung geworden.

Hospitationen und Lehrproben durch die Vorgesetzten contra selbstorganisierte Reflexionszusammenhänge im bewertungsfreien Raum

„Über das Lesen von Prüfungsstundenentwürfen
Wie lesen die PrüferInnen (also die Seminarleiter, Schulräte, Regierungsschuldirektoren usw.) die Prüfungsstundenentwürfe, die ihnen mit reitendem Boten und heißen Wünschen zwei Tage, vielleicht auch nur einen Tag vor der Prüfungsstunde ins Haus gebracht worden sind? Wir halten einen ***Desillusionierungsversuch*** *für dringend geboten:*

[...]

These 10.1:
Die Verschriftlichung der Unterrichtsplanung dient dazu, Klarheit über die eigenen Absichten und über die der Planung zugrunde gelegten Voraussetzungen des Unterrichts zu schaffen.

[...]

*In **einem** Punkt sollten Sie den Stellenwert des Entwurfs aber auf keinen Fall unterschätzen:*

These 10.2:

Der schriftliche Unterrichtsentwurf der StudentInnen bzw. ReferendarInnen ist ein Kontrollinstrument in der Hand der Ausbilder."[10]

Den in diesem Zitat zusammengefügten Aussagen ist nur noch eine kleine Ergänzung hinzuzufügen: Die Aussagen behalten ihre Richtigkeit und Relevanz auch für jede Hospitation durch Fach- bzw. Hauptseminarleiter. In weniger günstigen Anleitungssituationen in der Schule möglicherweise auch für jeden Besuch bzw. für die Anwesenheit eines Anleiters. Die Aussagen in diesem Zitat decken sich völlig mit meinen Erfahrungen.

Der Widerspruch von Beratung und Bewertung war der zentrale Widerspruch auch in meinem Referendariat. Den haben wir auch trotz unserer engagierten Referendarsgruppe nicht auflösen können. Wir haben ihn manchmal abmildern oder zu unseren Gunsten verschieben können. Aber wir haben grundsätzlich nichts daran geändert. Das löste bei mir aber keine wutschnaubende Empörung aus. Die käme mir sogar naiv vor. Denn dieser Widerspruch war mir ja schon vor Eintritt ins Referendariat bekannt und ist auch sonst kein großes Geheimnis. Ich selber setze Schüler ja auch ständig in diesen Widerspruch und habe bis heute noch keine befriedigende Lösung für mich gefunden, wie ich das in einer staatlichen, institutionalisierten Schule vermeiden könnte. Als empörend habe ich diesen Widerspruch nicht empfunden, oft genug aber als entwürdigend. Ich kam mir mittlerweile, mit dreißig Jahren, einfach auch zu alt und erwachsen vor, als daß ich dieses Spiel ohne Gefühle von Entwürdigung hätte mitspielen können. Ich halte es für situationsklug, bereits die erste Hospitation als Prüfung zu betrachten, und bin damit auch erfolgreich gewesen. Trotz des überbordenden Prüfungscharakters gab's dennoch manchmal was zu lernen. Aber das sind kaum tröstende Abfallprodukte dieses Arrangements.

Die schriftliche Anfertigung von Stundenentwürfen war eine außerordentlich lernfördernde Beschäftigung, die ich gerne gemacht habe. Dadurch verschaffte ich mir tatsächlich Klarheit. Ich habe eine Technik gelernt, dies zeitökonomisch und inhaltlich befriedigend zu tun. Da ich Erkenntnisse für mich selber aus diesen schriftlichen Entwürfen gewonnen habe, konnte ich auch nicht der weitverbreiteten Kritik an der vermeintlich unsinnigen Forderung nach vermeintlich theoretisch abgehobenen Stundenentwürfen, das ins Gejammer überzugehen drohte, zustimmen. Wenn man die Funktionalität der Entwürfe für die eigene Professionalisierung nicht erkennen kann, muß *irgendwo* etwas schief laufen. Die zum

---

[10] W. Jank, H. Meyer: Didaktische Modelle, Frankfurt/M. 1991, S. 386 u. 388. [Hervorhebungen stammen von den Verfassern.]

defensiven Lernen drängenden Bedingungen alleine reichen als Erklärung nicht aus, wohl aber als apologetische Rhetorik.

Mehr gibt es zu diesem Punkt von meiner Seite aus nicht zu sagen. Der notwendige Rest kann etwas detaillierter bei Jank und Meyer an der angegebenen Stelle nachgelesen werden. Man muß die treffende Analyse nur beherzigen und die Ratschläge ernstnehmen. Dennoch bleibt ein gigantisches Dilemma bestehen: Wie soll man sich denn fachdidaktischen Beistand, der gegenstandsbezogen, produktiv und unbedrohlich ist, von besser Wissenden holen? Im Rahmen von Hospitationen (= Prüfungen) scheiden die Seminarleiter fast aus. Das ist fatal, weil sie oft über Sachverstand verfügen. Ihr fachdidaktischer Beistand müßte deshalb meines Erachtens stärker in den Ausbildungs*seminaren* zum Tragen kommen. Und ein für mich brauchbarer Weg könnte die oben skizzierte exemplarische Unterrichtsanalyse sein. Zu solchen Analysen kam es während meines Referendariats in den Seminaren aber nicht. Der andere Weg, sich kritischen Beistand zu holen, besteht in gegenseitigen Reflexionszusammenhängen mit gleichgesinnten Referendaren.

Eine solche Gruppe von ca. acht Personen hatte ich glücklicherweise gefunden. D.h. diese intensiv arbeitende Gruppe hatten wir nach und nach entwickelt. Es handelte sich um die schon erwähnten Seminarsprecher und noch einige wenige andere. Besonders zu einem Kollegen entwickelten sich intensive Arbeitsbeziehungen, so daß wir auch auf eigenen Wunsch gemeinsam an unsere nächste Ausbildungsschule versetzt wurden. Dabei wurden wir unterstützt von der Hauptseminarleiterin, die auch die anfangs von ihr initiierte Reflexionszeit, an der sie nicht teilnahm und die wir autonom gestalteten, trotz sich widersprechender Intentionen, die sie und wir hatten, nicht wieder zurücknahm. Ihr Interesse war gewesen, uns einen Raum zu geben, in dem wir uns aussprechen konnten. Sie erwartete allerdings quasi als Gegenleistung, vielleicht auch zur Kontrolle, daß aus diesen Gesprächen Impulse für die Hauptseminarzeit mit ihrer Anwesenheit erwuchsen. Das geschah nicht. Das verweigerten wir sogar, weil es unserem Interesse widersprach. Wir wollten einen durch die Vorgesetzte unbeobachteten und ungefährdeten Raum haben und waren nicht bereit, implizit doch wieder eine Kontrolle zu ermöglichen, indem wir ihr von unseren Reflexionen berichteten. Entweder hatte sie unser legitimes Interesse als wichtiger als ihr eigenes erkannt. Oder sie wollte es an diesem Punkt nicht zu langen und für sie vom Ausgang her unsicheren Auseinandersetzungen kommen lassen. Wir behielten also auch einen Teil der Zeit im Hauptseminar für unsere autonome Reflexion. Ich werte dies zum einen als positives Beispiel für die Qualitäten meiner Hauptseminarleiterin, die sie trotz der schlechten Seminargestaltung m.E. hatte. Zum anderen war mir dies ein ermutigender Beleg dafür, daß wir auch ungünstige Lernbedingungen dann verändern konnten, wenn wir solidarisch handelnde *Bündnispartner* mit begründeten, *verallgemeinerbaren* Positionen waren.

Die Referendare dieser Gruppe hospitierten sich häufig. Oft waren die bevorstehenden Hospitationen oder Lehrproben der Anlaß. Auch in den Hospitationen und den folgenden Nachbesprechungen konnten wir viel lernen, vor allem welches die Kriterien der Prüfer für guten Unterricht waren. Wir gewannen erst durch die Teilnahme an diesen Nachbesprechungen mehr Klarheit über die an uns angelegten Prüfungskriterien. Dies war in der Seminararbeit nicht geschehen. Teils regelmäßig, teils punktuell waren wir Beobachter in dem Unterricht unserer Kollegen. Dadurch lernte ich nicht nur viele neue methodische Kniffe. Dadurch lernte ich nicht nur viel über meine Kollegen. Dadurch entstanden für mich außerdem auch viele Fragen, die ich an meinen eigenen Unterricht anlegte. Wirke ich auch so wie diese Kollegin, wenn ich böse bin? Gehe ich auch so sicher mit Tafel und Overheadprojektor um wie jener Kollege? Was kann ich von meinen Kollegen lernen? Am meisten lernte ich, lernten wir, allerdings durch die gemeinsamen Nachbesprechungen. Die waren zum Teil mehrere Stunden lang und oft schonungsloser als das, was wir von unseren Seminarleitern in ähnlichen Situationen zu hören bekamen. Aber die detaillierte Kritik konnte ich mir von Gleichrangigen besser anhören und sie auch besser annehmen als von Vorgesetzten. Die Kritik durch meine Referendarskollegen konnte zwar auch unangenehm sein, ich empfand sie aber nicht als zersetzend. Wir konnten zusammen *expansiv* lernen.

Gerade unter den Bedingungen des bedarfsdeckenden Unterrichts halte ich diese selbstorganisierten Reflexionszusammenhänge für unverzichtbar. Viel zu groß ist die Gefahr, daß die blinden Flecken bei der individuellen Reflexion größer und größer werden, wenn sie denn überhaupt immer stattfindet. Viel zu groß ist auch die Gefahr der Isolierung und des Untergehens in Problemen. Diese Schaffung von Öffentlichkeit durch andere Referendare ist unbedingt erforderlich, damit man im bedarfsdeckenden Unterricht nicht das *Durchwurschteln* zur gängigen Bewältigungsstrategie des eigenen Unterrichtens macht. In der Ermöglichung solcher Zusammenhänge durch die Vorgesetzten sehe ich deshalb auch die dringende Aufgabe für eine Reform der Referendarsausbildung am Hamburger Studienseminar. Es gibt hierfür positive Ansätze, sie müssen aber konsequent, teilweise auch gegen Widerstand ausgebaut werden.

In unseren gemeinsamen Reflexionen entwickelte sich eine neue *Lernproblematik* für uns: Wie reflektiert man denn überhaupt Unterricht? In unserer Gruppe erkannten wir schnell, daß es nicht ausreicht, „gemeinsam abzukotzen", wie das eine Referendarin, stellvertretend auch für andere, nannte und sich wünschte. Das hielten wir für unproduktives Jammern und für einen das Lernen verhindernden Weg. Uns wurde deutlich, daß wir über gewisse Reflexionstechniken verfügen müssen, um auch tatsächlich zu den Kernproblemen im Unterricht zu kommen. Für mich waren Reflexionstechniken wichtig, die ich in meinen universitären Seminaren zur Fachdidaktik des historisch-politischen Unterrichts kennengelernt hatte. D.h. es handelte sich um fachdidaktische Kritik. Diese fachdidaktische Kritik gelang teilweise sogar in gänzlich anderen Fächern, weil wir unser Schülermaterial gegenseitig anhand der Frage überprüfen konnten, ob die Schüler die erwünschten Lernprozesse denn überhaupt auf der Grundlage des Materials vollziehen könnten. Fachdidaktische Kritik funktioniert aber notwendigerweise am besten in dem dazu gehörenden Fach. Auch Holzkamps Kategorie der *Lernproblematik* reichte oft als Reflexionsinstrument aus, weil hier häufig schon das Problem einer Stunde lag, d.h. es war gar nicht klar, was die Schüler denn überhaupt lernend bewältigen sollten. Auch ein detaillierter Fragenkatalog des Studienseminars, der an die Anleiter gerichtet war und ihnen die Anfertigung aussagekräftiger Berichte ermöglichen sollte, half uns weiter. Dort waren vielfältige Fragen aufgeführt, die unserer Bewertung durch Beobachter und Vorgesetzte dienten, die aber außerhalb des Bewertungszusammenhanges von uns erst richtig und produktiv genutzt werden konnten. Dennoch reichte uns die Vermittlung von Reflexionstechniken am Hamburger Studienseminar bei weitem nicht aus. Wir erlebten die Reflexion, die wir von Vorgesetzten zu sehen bekamen, oft als unsystematisch und deshalb wenig förderlich. Für etliche aus unserer Gruppe wurde deshalb eine Studienfahrt in die Niederlande unter der Überschrift „Verantwortung und Autonomie im holländischen Bildungssystem", zu der einige von uns sich angemeldet hatten, lernfördernd. Sie wurde für viele von uns zum Durchbruch, weil wir erst nach dieser Fahrt gegen Ende unseres zweiten Semesters eine dezidierte Kritikposition einnehmen konnten und sogar Verbesserungsmöglichkeiten aufzeigen konnten. Die oben schon besprochenen Auseinandersetzungen zum Lehrertraining konnten wir nur deshalb mit einer zielgerichteten Perspektive verfolgen, weil wir das holländische Bildungssystem kennengelernt hatten. Und hier war besonders die Kenntnis von der Referendarsausbildung am Lehrerausbildungsinstitut in Utrecht entscheidend.

Denn im Kern besagter Lehrerausbildung steht die Anleitung zur weitgehend selbständigen Selbstreflexion in autonomen Referendarsgruppen. Die Referendare dort müssen in festen Dreier- bis Vierergruppen zusammenarbeiten, nach einigen Monaten müssen sie die Gruppen wechseln. Sie müssen sich gegenseitig hospitieren und tun dies ohne die Beobachtung durch ihre Ausbilder. In ihren Ausbildungsseminaren lernen die Referendare in Utrecht verschiedene Kategorienraster zur Unterrichtsbeobachtung und -reflexion. Die Verwendung dieser Techniken ist ihnen in Grenzen freigestellt, aber die Anwendung gezielter Techniken ist obligatorisch. Die Referendare sind verpflichtet, ein Logbuch, eine Art öffentliches Tagebuch, über ihre Unterrichts- und Lernerfahrungen zu führen, das von anderen Referendaren gelesen wird, nicht aber von den Ausbildern. Von dem Ausbildungsinstitut werden regelmäßig Fragebögen an die Referendare ausgehändigt, die diese individuell bearbeiten müssen. Genau dieselben Fragebögen müssen aber auch an die unterrichteten Schüler ausgehändigt und von diesen bearbeitet werden. Die Antworten zu diesen Fragebögen werden dann im Ausbildungsinstitut ausgewertet und die Auswertungsergebnisse den Referendaren in Form guter Visualisierungen wieder ausgehändigt. Bei diesem Verfahren geht es darum herauszufinden, inwieweit die Sicht der Schüler auf den Unterricht und den Lehrer einerseits und die Sicht des Referendars auf den Unterricht und sich selber andererseits zur Deckung gelangen. Ziel ist die möglichst weitgehende Übereinstimmung. Regelmäßig müssen die Referendare kriteriengeleitete Reflexionen schreiben, die sie zur Bewertung an ihre Ausbilder abgeben. Diese Reflexionen werden dann die Grundlage für die daran anschließenden Auswertungsgespräche zwischen Ausbildern und Referendaren. Wesentlich sind für die Bewertung damit auch die selbstgesteckten Ziele der Referendare, die allerdings ein gewisses Niveau nicht unterschreiten dürfen. Die am Ende ermittelte Selbsteinschätzung der Referendare fließt dann sogar zu einem Drittel in ihren Abschlußbericht ein, den sie an Stelle einer Note, wie es in Hamburg der Fall ist, ausgehändigt bekommen. Dieser Abschlußbericht ist das erteilte Lehrerexamen. Mit diesem Abschlußbericht bewerben sich die Referendare dann als Lehrer auf offene Stellen direkt bei den jeweiligen Schulen.

Diejenigen von uns, die dieses Ausbildungsmodell kennengelernt hatten, waren beeindruckt. Mir führte diese Ausbildung drastisch vor Augen, wie eklatant die Mängel und lernbehindernden Bedingungen in der hiesigen Ausbildung sind. Es war zum Heulen! Unsere holländischen Erfahrungen bedeuteten für unsere Reflexionsgruppe den Durchbruch hin zu zunehmend gelingender gemeinsamer Reflexion. Und wir waren nicht gewillt, uns auch nur ein Fitzelchen dieses Instrumentariums und des dafür notwendigen Freiraumes wieder aus der Hand nehmen zu lassen. In den damit entstandenen Reflexionszusammenhängen sehe ich einen wesentlichen Grund für mein als erfolgreich und produktiv eingeschätztes Referendariat. Wir hatten gewisse Schritte autonom gehen können. Aber wir bedurften unbedingt der fachlichen Asymmetrie, um besser lernen zu können. Diese produktive fachliche Asymmetrie wurde uns an einem Tag in Utrecht geboten, kaum aber in den zwei Jahren in Hamburg.

Meine Beurteilung der am Studienseminar geleisteten Arbeit, besonders der Seminare und der zum *defensiven Lernen* drängenden Lernbedingungen fällt kritisch aus. Teilweise ist sie ausgesprochen negativ. Es gibt allerdings auch positive Ansätze. *Trotzdem lernen* bedeutet für mich hingegen nicht, daß ich nicht in der ein oder anderen Form auch manches Wissenswertes von meinen Ausbildern am Studienseminar und in der Schule mitnehmen konnte. Nur die Ausbeute, gemessen daran, was auch unter den jetzigen Bedingungen möglich und notwendig wäre, ist mir teilweise zu dürftig gewesen. Dies trifft im besonderen auch auf die Anleitung zur kategorial angeleiteten, kriteriengestützten Selbstreflexion zu.

In der grundlegenden Struktur von Hauptseminar und Fachseminar sehe ich nicht das Problem. Diese halte ich, ganz im Gegensatz, auf der Grundlage meiner Erfahrungen für gut geeignet für die Lehrerausbildung. Deshalb sollten die vielfältigen Reformbemühungen auch nicht an einer durchgreifenden Änderung dieser Struktur, bestehend aus Haupt- und Fachseminaren, ansetzen. Sie müssen ansetzen an der inhaltlichen Gestaltung der schon bestehenden Seminare. Der Kern der Arbeit sollte in der Vermittlung von fachdidaktisch gestütztem Reflexionsvermögen bestehen. Für mich gibt es auch jetzt am Studienseminar schon einzelne Ansätze und einzelne Personen, die sich um ebensolche Anleitung zur Selbstreflexion bemühen. Diese ersten Bemühungen gilt es zu unterstützen und weiterzuentwickeln.

Das war in Ansätzen auch in meinem Hauptseminar wie beschrieben möglich. In mindestens einem anderen Hauptseminar der Abteilung Grundschulen ist es in Anlehnung an das Utrechter Modell sogar zur Schaffung von Reflexionsgruppen gekommen, deren Arbeit einen größeren, festen Bestandteil der Hauptseminararbeit bildet. Hier sehe ich, auch auf der Grundlage dieses Reflexionsberichts, die Chance, Bündnispartner bei Referendaren, Seminarleitern, möglicherweise auch bei den Funktionsträgern im Studienseminar und in der Behörde zu finden.

Dieses ist für mich nicht der Versuch einer nachträglichen Harmonisierung. Denn auch weiterhin wird es unterschiedliche Interessen von Ausbildern und Auszubildenden geben. Aber: Es gibt auch unterschiedliche Interessen innerhalb der Gruppe der Ausbilder und innerhalb der Gruppe der Auszubildenden. Die von vielen Referendaren als solche gesehene Dichotomie von Seminarleitern und Referendaren ist keineswegs immer so stark, wie sich das solche Referendare vorstellen oder gar wünschen. Auch die Dichotomie zwischen alten und jungen Ausbildern und Lehrern in den Schulen ist keineswegs so stark, wie das viele immer wieder behaupten. Alter Lehrer heißt nicht automatisch schlechter, verbrauchter Lehrer. Da habe ich ganz andere Erfahrungen in der Schule gemacht. Junger Lehrer, sprich Referendar, ist auch nicht automatisch der bessere Lehrer, weil unverbraucht und motiviert. Dafür habe ich zu viele Referendare kennengelernt, die ich schon jetzt als lernunwillig und larmoyant erlebt habe. Da für mich also keine starke Dichotomie zwischen alten, sprich schlechten, Seminarleitern und jungen, sprich guten, Referendaren besteht, können die ausbildungsspezifischen Probleme auch nicht „biologisch" gelöst werden. Es wird mit der Lehrerausbildung in Hamburg nicht besser werden, nur weil viele ältere Seminarleiter in den nächsten Jahren pensioniert werden. Die Lehrerausbildung kann nur besser werden, wenn es gelingt, *expansives Lernen* zu ermöglichen.

Wer jetzt die Anleitung durch Seminarleiter und Anleiter in den Schulen ausspielt gegen lediglich autonome Selbstreflexion und Selbstausbildung der Referendare, kann dies sicherlich tun. Er kann dies aber nicht unter Berufung auf meine Lernreflexion tun. Auch könnte man die Lehrerausbildung am Hamburger Studienseminar als insgesamt erfolgreich bezeichnen. Für mich ist das trotz meiner individuellen und manchmal eben auch positiven

Erfahrungen eine kühne Behauptung. Auch diese Behauptung kann nicht unter Berufung auf meine Lernreflexion verteidigt werden.

„Wir halten einen Desillusionierungsversuch für dringend geboten." So schreiben Meyer und Jank im Hinblick auf Lehrproben. Der gleiche Desillusionierungsversuch ist im Hinblick auf jeglichen reformerischen Impetus angebracht: Das Studienseminar ist eine extrem vermachtete Institution. Die Schulbehörde ist eine extrem vermachtete Institution. Noch so gute pädagogische Vorschläge laufen immer Gefahr, von den Gegnern in der Debatte, von politischen Gegnern, vereinnahmt, umgewendet, den eigenen Absichten gemäß verunstaltet zu werden. Noch so gute Absichten und Vorschläge werden scheitern, wenn es nicht gelingt, sie auch in dem Macht- und Herrschaftsgefüge abzusichern.

Konsolidierung meiner Lehrertätigkeit - meine zweite Ausbildungsschule

An meine zweite Ausbildungsschule ging ich mit dem Bewußtsein, schon einige Schritte hin zu einem guten Lehrer gemacht zu haben. Ich verfügte schon über begrenzte Erfahrungen als Lehrer. Besonders die Erfahrungen, die ich in meinem bedarfsdeckenden Unterricht im Halbjahr zuvor gemacht hatte, stärkten mein Selbstbewußtsein. Es war mir gelungen, eigenständig den Unterricht durchzuführen. Es gab keine Katastrophen, nur bessere und schlechtere Stunden. Meinen Unterrichtsversuch und meine Examensarbeit hatte ich bereits in der Tasche. Ich fühlte mich sicher und frei für meine weitere Professionalisierung. Zusammen mit dem oben schon erwähnten Kollegen begann ich mein zweites Ausbildungsjahr auf unseren eigenen Wunsch an einem Hamburger Gymnasium am Hamburger Stadtrand. Durch die Aussicht auf die dadurch mögliche engere Kooperation, als sie ohnehin zwischen uns schon bestand, fühlten wir uns zusätzlich gestärkt. Dadurch haben wir vermutlich Angst erzeugt.

Wir erzeugten wahrscheinlich Angst bei Vorgesetzten. Wir erzeugten Angst bei manchen Lehrerkollegen, denen wir sehr anspruchsvoll zu sein schienen. Und diese hohen Ansprüche werden von vielen fast automatisch gleichgesetzt mit einer Geringschätzung ihrer eigenen Arbeit. Wir erzeugten auch Angst bei unseren Referendarskollegen, die sich von dieser Selbstsicherheit an den Rand gedrängt fühlten. Es kann sein, daß wir durch unsere überwiegend *expansive* Lernhaltung und durch unser überwiegend aktives Bemühen um Veränderungen unserer Lernbedingungen die Neigung zum *defensiven* Lernen bei einigen Referendarskollegen verstärkt haben. Für diejenigen, die sich - wie es schien und meist unausgesprochen - als Opfer feindlicher Bedingungen wahrnahmen, stellten wir vermutlich eine weitere Bedrohung dar. So wurde uns mal offen vorgeworfen, zu hohe Ansprüche zu haben. Uns wurde auch vorgeworfen, zu gut zu sein und dadurch die Chancen der anderen auf gute Noten und auf erfolgreiches Lernen zunichtezumachen. Mal wurden wir in für uns als peinlich empfundener Weise „gelobt“. Dieses „Lob“ war uns überwiegend peinlich, weil die „Lobenden“ sich dadurch selber erniedrigten, wie wir es empfanden. Diese Erniedrigung fanden wir unnötig und unproduktiv. Sie verstärkte unserer Ansicht nach eher noch die beobachtete Opferhaltung, als daß sie half, diese zu überwinden. Dabei begriffen der Kollege und ich uns nicht als überheblich. Wir hatten, so war unsere auch von anderen bestätigte Eigenwahrnehmung, uns nicht kleiner zu machen, als wir waren. Wir konnten doch schon etwas. Wir nahmen uns wahr als Täter unserer Ausbildung. Und wahrscheinlich lag hier für viele, die sich eher als Opfer begriffen, bereits der Affront.

Ich denke, daß unser Selbstbewußtsein zum großen Teil aus unseren Erfahrungen bei der auch von uns erreichten Veränderung unserer Lernbedingungen stammte. Zum großen Teil stammte es aber auch von unseren Erfahrungen im bedarfsdeckenden Unterricht. Dieses Selbstbewußtsein ist sicherlich auch biographisch bedingt und nicht nur durch unsere Lernerfahrungen im Referendariat entstanden. Ein solches Selbstbewußtsein erzeugt aber Probleme in Institutionen, die selbst erwachsene Menschen von dreißig Jahren infantilisieren. Man wird schnell belächelt. „Den Zahn werden wir ihm schon ziehen.“, scheint mancher zu denken. Auf alle Fälle dachte ich, daß die anderen so denken. Nur, ein rationales Gespräch über solche Auffassungen, über eventuell bestehende Ängste in solch einer Situation ist schwierig. Es ist mir so gut wie nie gelungen. Es ist einmal in der Auseinandersetzung mit einem Referendarskollegen auch ausgesprochen aufreibend und alles in allem zerstörerisch gewesen. Eine Freundschaft, die sich anzubahnen schien, ist damit abrupt beendet worden. Durch den Mangel an rationaler Klärung wurde aus diesem Zusammenhang von Selbstbewußtsein auf der einen Seite und Angst auf der anderen Seite für mich ein diffuser Wirrwarr.

An meiner neuen Schule gab es schon vor Beginn des Schuljahres aufgrund eines komplexen Faktorenbündels Auseinandersetzungen zwischen der Schulleitung und mir. Möglicherweise haben die oben angesprochenen, mir nebulösen Zusammenhänge von Selbstbewußtsein und Angst eine Rolle gespielt. In dieser Situation, in der ich meine legitimen Ausbildungsinteressen gefährdet sah, wurde ich professionell von meiner Hauptseminarleiterin unterstützt. Ich erfuhr dabei, daß ich mich auf ihre professionelle Konfliktaustragung verlassen konnte. Sie wurde zu einer echten, verantwortungsbewußten Ausbilderin, die sich auf meiner Seite für meine legitimen Ausbildungsinteressen einsetzte. Ich profitierte von ihrer Durchsetzungsfähigkeit auch gegenüber anderen mächtigen Akteuren, die Einfluß auf meine Ausbildung hatten. Ich wurde mir allerdings auch der prekären Situation bewußt, in der ich mich als Referendar befand.

Als Referendar sitzt man im Konfliktfall oft zwischen den Stühlen. Einerseits sitzen die weisungsbefugten Vorgesetzten des Referendars im Studienseminar. Andererseits ist man hauptsächlich in einer Institution, der jeweiligen Ausbildungsschule, tätig, die andere Weisungsstrukturen aufweist. Durch den bedarfsdeckenden Unterricht ist die Möglichkeit von Konflikten zwischen diesen beiden Institutionen meines Erachtens gestiegen. Denn die Schulleitungen müssen jetzt ein sehr viel stärkeres Interesse an der Verfügbarkeit der Referendare und an der Verfügungsgewalt über sie haben als noch vor der Einführung des bedarfsdeckenden Unterrichts. Ich bin mir nicht sicher, inwieweit das bei der Einführung der neuen Ausbildungsordnung, nach der ich ausgebildet wurde, berücksichtigt worden war. Die ausgesprochen vagen Bestimmungen, bei denen es sich meistens um Kann-Bestimmungen handelt, stimmen mich da skeptisch.

In dem konkreten Konfliktfall mußte ich erfahren, daß die Ausbildung des Referendars *nach Möglichkeit* kooperativ zwischen Schule und Studienseminar organisiert werden soll. *Nach Möglichkeit* sind Absprachen zu treffen. *Nach Möglichkeit* sollte der Referendar in beiden Fächern gleichmäßig eingesetzt werden. *Nach Möglichkeit* dies, *nach Möglichkeit* das. Der Konfliktfall scheint dabei in der Ausbildungsordnung nicht vorgesehen zu sein. Die konkreten Rechte des Referendars an der Schule sind begrenzt. Sie sind zu schwammig formuliert, als daß damit reibungslos auch die legitimen Interessen des Referendars gewahrt bleiben können. Meinen Einstieg in mein zweites Ausbildungsjahr empfand ich aufgrund dieses Konfliktfalls als unglücklich. Es gelang allerdings allen Beteiligten, einen modus vivendi zu finden. Gegen Ende meiner Ausbildung wurde daraus von seiten der Schulleitung eindeutige Unterstützung meiner Interessen. Es war ein alles in allem glücklicher und auch produktiver Ausgang. Ganz nebenbei lernte ich bei diesem Konflikt noch einmal, mich in dem Macht- und Herrschaftsgefüge situationsklug, wie ich nachträglich hoffe, zu bewegen.

Das Unterrichten in meinen drei bedarfsdeckend zu unterrichtenden Klassen in der Mittelstufe und im angeleiteten Unterricht in der Oberstufe machte mir großen Spaß. Mein Kollege, der eine Parallelklasse ebenfalls in Geschichte unterrichtete, und ich entwickelten gemeinsam Unterrichtseinheiten. Wir überprüften, wie sie unter unterschiedlichen Lernbedingungen durchgeführt werden können. Diese vergleichende Beobachtung war sehr lernfördernd. Es gelang uns auf diese Weise, den teilweise unterschiedlich eintretenden Erfolg unserer Bemühungen stärker auf bestimmte Faktoren zurückführen zu können. Mal waren wir uns sicher, daß es an dem unterschiedlichen Sozialgefüge in den Klassen lag. Mal sahen wir Lehrerverhalten als ausschlaggebend an. Mal erkannten wir aber auch didaktisch-methodische Planungsfehler. Es war ein für uns optimales Lernarrangement.

Diese Vergleichsperspektive fehlte mir in einer zehnten Klasse, die ich in Geschichte unterrichtete. Insgesamt waren die Lernbedingungen in der Klasse für die Schüler denkbar schlecht. Über viele Jahre hinweg schienen die Lehrer und Schüler kein geeignetes Vorgehen gegen die extreme *Verwahrlosung von Lernkultur* in dieser Klasse gefunden zu haben.

Eine genaue Analyse würde an dieser Stelle zu weit führen. Im Hinblick auf meinen Lernprozeß war aber bedeutsam, daß auch ich mich teilweise ohnmächtig fühlte gegenüber diesen Bedingungen. Ich war nicht informiert worden über diese Bedingungen, die im übrigen nur für den Neueinsteiger ein Geheimnis waren. Und so bestand ein Großteil meiner Unterrichtsreflexion lange Zeit darin, überhaupt etwas Konkretes über die Vorgeschichte dieser Klasse herauszubekommen. Das war notwendig, und das war zeitintensiv. Das machte mir dennoch oft Spaß, weil ich mich durch eine schwierige Situation zu Suchbewegungen und zur Entwicklung adäquater Lösungen aufgefordert fühlte. Rückblickend betrachtet, war ich in dieser Klasse aber überfordert und auf verlorenem Posten, obwohl es an sympathischer Unterstützung nicht fehlte. Nur half auch diese nicht weiter.

Nach mehreren Monaten Unterricht in dieser Klasse hatte ich den Eindruck, daß die anfänglich noch passable Situation während meines Unterrichts immer unerträglicher wurde. Ich ging von da an ständig mit der Befürchtung in die Klasse, daß mir der Unterricht vollständig entgleiten könnte. Lernen fand für die Schüler in meinem Unterricht über mehrere Monate hinweg so gut wie gar nicht statt, wie ich empfand. Ich suchte mir zwar Hilfe bei meinem Referendarskollegen, wendete auch einige der in Utrecht gelernten Reflexionstechniken an. Irgendwann suchte ich auch das Gespräch zu meiner Hauptseminarleiterin, die mich darin bestärkte, meine Kräfte sinnvoll einzusetzen und nicht das Unmögliche zu versuchen. Das war pragmatisch und hilfreich.

Eines tat ich allerdings nicht, und damit wiederholte ich einen Fehler, den ich auch zuvor schon in der bedarfsdeckend unterrichteten siebten Klasse an meiner ersten Schule gemacht hatte. Ich unterzog meine Unterrichtsplanung nicht einer detaillierten didaktisch-methodischen Kritik. Ich hatte zu sehr eher allgemeinpädagogisch reflektiert und hatte dementsprechend nur allgemeinpädagogische Maßnahmen, die überwiegend wirkungslos blieben, finden können. Die Krux lag aber bei den Unterrichtsproblemen, die ich in dieser Klasse hatte, auch in meiner didaktisch-methodischen Planung.

Erst nachdem ich die Klasse nach Abschluß meiner Ausbildung verlassen hatte, wurde mir klar, daß die Schüler den Gegenstand, „Die Bundesrepublik Deutschland - von der Teilung bis zur Wiedervereinigung“, so wie ich ihn didaktisch-methodisch aufbereitet hatte, gar nicht lernend bearbeiten konnten. Die Struktur des Gegenstandes hatte ich selber nicht ausreichend analysiert. Ich hatte das Was, Warum, Wozu und Wie nicht schlüssig auf allen Ebenen reflektiert und in eine überzeugende Planung überführt. Hier habe ich nicht ausreichend fachdidaktisch reflektiert. Ich hätte wahrscheinlich selbst dann nicht sämtliche Unterrichtsprobleme in dieser Klasse lösen können. Ich hätte gelegentlich aber Situationen schaffen können, in denen die Schüler hätten lernen können.

Diese fachdidaktische Reflexion hätte ich wahrscheinlich von meiner Fachseminarleiterin erhalten können. Nur habe ich sie nicht in meinen Unterricht eingeladen, habe mit ihr auch nicht meine Planungsunterlagen besprochen. Ich wollte den guten Eindruck, den sie von mir hatte, nicht durch diese eine Klasse relativieren. Wieder waren es die zum *defensiven Lernen* drängenden Bedingungen, die es mir undenkbar erscheinen ließen, mir fachdidaktischen Beistand dort zu holen, wo ich ihn möglicherweise hätte bekommen können.

In der hier angesprochenen Situation sehe ich eine Gefahr des bedarfsdeckenden Unterrichts. In diesem konkreten Fall hat er bei mir zu Überlegungen geführt, die zwar nicht völlig verkehrt waren, die aber auch nicht den Kern des Problems trafen. Hier hätte ich wieder einer gezielten Anleitung bedurft. Hier wäre für mein *expansives Lernen* sanfter Druck, ohne den Notendruck allerdings, sinnvoll und notwendig gewesen. In dem hier beschriebenen Fall habe ich mich irgendwann nur noch durchgewurschtelt. Zu meiner Professionalisierung trug das nicht bei. Und die Schüler waren durch mich Bedingungen ausgesetzt, die ich als unwürdig betrachtete. Wahrlich kein angenehmes Gefühl.

In meinen anderen Klassen machte ich hingegen gänzlich andere Erfahrungen, und dadurch wurde für mich die Situation in der soeben beschriebenen Klasse auch erträglicher. Ich konnte mein Handlungsrepertoire erweitern. Ich konnte die Klassen sogar ein ganzes Schuljahr leiten. Auch in meinem angeleiteten Unterricht lernte ich durch eine exzellente Anleiterin vieles dazu. Ich war ein gut integrierter Kollege im Kollegium geworden. Insgesamt betrachte ich deshalb mein zweites Ausbildungsjahr als Konsolidierungs- und Ausbauphase. Die entscheidenden Weichen für mein Lernen waren bereits in meinem ersten Ausbildungsjahr gestellt worden. Ich mußte zwar auch noch jetzt Korrekturen vornehmen, aber die ganz großen Aha-Erlebnisse blieben überwiegend aus. Einen *Lernsprung* kann ich für mein zweites Jahr nicht rekonstruieren.

Lernen über das Referendariat hinaus

Es waren auch die während und nach meinem Referendariat mit Didaktikprofessoren geführten Gespräche, die mein Lernen im Referendariat begünstigten. Durch diese Gespräche hatte ich zusätzliche Möglichkeiten zur distanzierenden Reflexion, manchmal kam es einfach zur anekdotischen Schilderung meiner Erfahrungen. Der Außenstandpunkt, mit dem ich dadurch konfrontiert war, trug wesentlich auch zu einer heilsamen Distanzierung von den gemachten Erfahrungen und vielen als unmittelbar erlebten Vorkommnissen bei. Dadurch gelangte ich punktuell auch oft zu einer Außensicht auf mein Referendariat, die mich manches besser verstehen und einordnen ließ. Viele der hier getroffenen Aussagen wären für mich ohne diese Gespräche wahrscheinlich nicht in dieser Form zu machen gewesen.

Nach dem Ende des Referendariats setzte ich dieses Gespräch ohne konkretes Gegenüber über intensives Studium fachdidaktischer Literatur fort. Ich war unbelastet in den verlängerten Sommerferien, die ich genießen konnte. Ich war unbelastet in beruflicher Hinsicht, weil ich eine sichere Stelle gefunden hatte und lediglich den Umzug aufs Land noch organisieren mußte. Ich hatte ausreichend Muße, konnte mit meinem Freund in einen sehr entspannenden Urlaub fahren. Dadurch waren ideale Bedingungen dafür geschaffen, daß ich noch einmal in Ruhe über einige Fragen Klarheit gewinnen konnte.

Ich beschäftigte mich mit fachdidaktischer Literatur und diversen Lernreflexionen. Mittlerweile hatte ich Kontakt zu einem Fachdidaktiker des politischen und sozialkundlichen Unterrichts und war auf der Suche nach einem geeigneten Dissertationsthema im Bereich der historisch-politischen Fachdidaktik. Die oben beschriebene exemplarische Unterrichtsanalyse, die ich als einen produktiven Weg für mein Lernen einschätze, lernte ich in diesen Wochen über das Studium der Fachliteratur kennen. Auch die Erkenntnis, daß ich manchmal versäumt hatte, genauer fachdidaktisch zu reflektieren und dadurch nicht so optimal wie eigentlich möglich zu meiner Professionalisierung als Lehrender beigetragen hatte, ist durch diese Lektürearbeit entstanden. Statt dessen, so wurde mir jetzt noch einmal bewußt, hatte ich bei zwei Klassen, in denen ich Unterrichtsprobleme hatte, einer siebten und einer zehnten Klasse, die pädagogische Reflexion in den Mittelpunkt gerückt.

Diese Erkenntnis konnte deshalb gelingen, weil ich den zum *defensiven Lernen* drängenden Lernbedingungen entkommen war. Ich stehe jetzt auf der anderen Seite, ohne Noten, ohne Druck. Zusammenfassend konnte ich noch einmal auf meine Ausbildung zurückblicken, und erst dadurch waren diese Einsichten und diese Selbsteinschätzung möglich. Die Reflexion führte in diesem Fall also zur wiederholten Bewußtwerdung des grundlegenden Prinzips meiner Lehrtätigkeit. Lernen findet gegenstandsbezogen statt. Deshalb muß jede gute Lehre bei der hinreichenden Analyse der Gegenstände und der Unterrichtskommunikation ansetzen. Erst dann ist auch die hinreichende Schülerorientierung möglich.

Die hier schriftlich vorgenommene Reflexion meiner Lernerfahrungen als Referendar betrachte ich als einen Diskussionsprozeß. Zunächst ist es ein Diskussionsprozeß mit mir selber, den ich durch kategoriale Anleitung für mich selber etwas verläßlicher und aufschlußreicher gestalten wollte. Es ist auch ein Diskussionsprozeß mit den konkreten oder potentiellen Lesern dieser Reflexion. Erst das Bemühen um die richtige schriftliche Formulierung hat mit zu meinem Prozeß der vorläufigen Selbstklärung beigetragen. Es ist wie bei den Stundenentwürfen für Hospitationen, die auch zu größerer Klarheit der Planung beitragen können. Es gibt allerdings den feinen, aber wichtigen Unterschied, daß ich diese Selbstklärung nicht mehr unter Kontrollgesichtspunkten an einen institutionell Mächtigeren abliefern muß. Das setzt befreiende Leichtigkeit beim Denken in Gang.

So lang diese Reflexion - zu meiner eigenen Überraschung - geworden ist, so liegt ihr doch eine „didaktische Reduktion“ zugrunde. In dieser Reflexion ging es um die Klärung der Fragen: Was habe ich gelernt? Wie habe ich gelernt? Warum habe ich dies oder jenes gelernt? Dadurch ist viel Persönliches aus meinem Privatleben, was für meine *personale Situiertheit* in diesen zwei Jahren auch wichtig, wenn nicht teilweise wichtiger, war, nicht benannt worden. Meine Beziehungen zu Familie, Freundinnen, Freunden und zu meinem Freund haben sich ja auch stellenweise weiterentwickelt. Manchmal gab es durch den Rat mir nahestehender Menschen, die mit dem Referendariat nichts zu tun hatten, gute Impulse für mein Lernen im Referendariat. Auch meine Bewerbungen für außerschulische Tätigkeiten haben mich in vielen Punkten vorangebracht, manchmal auch verunsichert, aber insgesamt in meiner Lernhaltung bestätigt. Doch im Rahmen dieser Lernreflexion wäre mir das Schreiben über diese Zusammenhänge unnötig intim geworden.

Der Vergleich mit einer vor zwei Jahren geschriebenen ersten Lernreflexion drängt sich mir auf. Damals hatte ich gerade mit dem Referendariat begonnen und rekonstruierte meinen Berufs- und Studienweg bis zum Abschluß des Studiums. Auch damals schrieb ich die Reflexion unter Bezug auf Holzkamps Lerntheorie und verwendete seine Kategorien. Aber der Gegenstand der damaligen Reflexion und der Ort der Rekonstruktion und Rekonstruktionsperspektive waren andere. Der dadurch entstandene Bericht zeichnet sich für mich heute durch relative Oberflächlichkeit aus. Nicht, daß die Aussagen nicht zuträfen. Aber ich unterziehe kaum eine Situation der detaillierten und differenzierten Analyse. Vieles wird nur sehr kurz angerissen. Es gibt kaum eine intensive Auseinandersetzung mit ausgewählten, gar exemplarischen Situationen und Lernereignissen.

Ich habe mich bemüht, typische Probleme und Lernbedingungen meines Lernens noch einmal genau zu rekonstruieren und zu reflektieren. Rückblickend schlägt sich in dieser intensiveren Auseinandersetzung mit einzelnen Szenen etwas nieder, was ich erst im Referendariat gelernt habe. Es ist die Einsicht, daß es besser ist, wenig Material intensiv zu bearbeiten als viel Material oberflächlich.

Konsequenzen für meinen weiteren Berufsweg

Ich hatte aus meinem Referendariat noch so viele ungelöste *Lernproblematiken* übrigbehalten, daß ich ausreichend motiviert war, diese ohne Druck in den vergangenen freien Wochen zu bearbeiten. Mir reicht das erreichte Niveau meiner Lehrertätigkeit noch nicht. Ich will jetzt zunächst noch Gelegenheit haben, ein guter Lehrer zu werden. Die vor Beginn meines Referendariats vielleicht noch in meinem Hinterkopf versteckte Vorstellung, daß man mit dem Ende des Referendariats fertiger Lehrer ist, habe ich inzwischen explizit beiseitegelegt. Der Einschnitt am Ende des Referendariats kommt mir angesichts dieses voraussichtlich langen Lernens gar nicht mehr so drastisch vor.

Für meine weitere Berufstätigkeit als Lehrer habe ich noch nicht ausreichend geklärt, wie ich das Richtziel „unbedingte Gattungsidentifikation" in konkrete Unterrichtspraxis transformieren kann. Hier liegt noch ein weites Feld vor mir. Mein zweites Richtziel, die *verallgemeinerte Handlungsfähigkeit,* konnte ich hingegen für meine Unterrichtspraxis relevant machen. Die in meiner Examensarbeit angelegte Problematik gilt es für mich in Zukunft, sowohl in der Schule als auch durch Forschungsarbeiten, weiter zu untersuchen. Ich möchte die Schwerpunkte der aktuellen Schulreformdiskussion - Projekt, offener Unterricht, Freiarbeit usw. - aus fachdidaktischer Perspektive auf ihre Brauchbarkeit hin untersuchen und sie dort rekonkretisieren und reformulieren, wo sie an den Gegenständen des historisch-politischen Unterrichts vorbeizugehen drohen. Wesentlich ist für mich hierbei die Hinwendung zu empirischer Fachunterrichtsforschung.

Ein weiteres Interesse gilt der Frage, wie die Sicht der Beobachtenden und der im Unterricht Handelnden so miteinander verglichen werden kann, daß sie zu einer Qualitätssteigerung in der Praxis führen. Es geht mithin um die Frage, wie die Selbst- und Fremdreflexion der Lehrenden und Lernenden optimiert werden kann. Hier sind sowohl fachdidaktische als auch pädagogische Fragen zu klären. Hier geht es aber auch um die Entwicklung guter Konzepte, die gegenwärtig in der Lehrerausbildung stärker als bisher fruchtbar gemacht werden müßten.

Zentrales Anliegen meiner fachdidaktischen Bemühungen ist es, das Verhältnis von didaktischer Theorie und schulischer Praxis produktiver zu gestalten. Dem entspricht auf der organisatorischen Ebene der gegenwärtigen Lehrerausbildung das Verhältnis von Studium einerseits und Referendariat und Lehrertätigkeit andererseits. Ich selber habe das Spannungsverhältnis von Studium und Referendariat als fruchtbar erfahren. Es gibt aber erhebliche Vermittlungsschwierigkeiten zwischen diesen beiden Phasen der Lehrerausbildung. Das Klagen vieler Referendare und Lehrer über die häufig anzutreffende Praxisferne der an der Universität vermittelten Theorie entspringt nicht nur einer vermeintlich unproduktiven Lernmotivation. Es entspringt auch den real bestehenden Schwierigkeiten bei der Transformation theoretisch erworbener Kenntnisse in Unterrichtpraxis. Hier liegt noch ein weites Betätigungsfeld, um einerseits die Praxiserfahrungen fruchtbar für die Theorieentwicklung zu machen und andererseits die Theorie fruchtbarer für die Praxis zu vermitteln.

Nochmals ist für mich durch diese Lernreflexion das Interesse an den biographischen Erfahrungen anderer Menschen bestärkt worden. Ich bin mir sicher, daß auch dieses kriteriengeleitete Gespräch über eigene Erfahrungen als Lerner und Lehrer zu einer Qualitätssteigerung in der Praxis beitragen kann. Die Erfahrungen der vorangegangenen Lehrergenerationen werden dafür noch nicht systematisch genutzt. In der Ermittlung der Erfahrungen dieser Generation sehe ich deshalb ein spannendes Betätigungsfeld. Dahinter steckt für mich weniger ein antiquarisches als ein kritisches Interesse: Das Ziel bleibt die Verbesserung der schulischen Praxis.

Didaktik

Horst W. Jung; Gerda von Staehr
"Endzeit" und historisch-utopisches Lernen
Didaktische Grundlagen
"Endzeit" (G. Anders) ist die letzte Epoche. In ihr besitzt die Menschheit die Fähigkeit, sich selbst abzuschaffen – aber nicht die Fähigkeit, diese Fähigkeit abzuschaffen. Damit "Endzeit" nicht in "Zeitenende" mündet, müssen die zentralen Problempotentiale der Epoche erkannt werden. Dazu ist epochenadäquates gesellschaftliches Lernen vonnöten. Dieses ist nur als Einheit von historischem und utopischem Lernen möglich. Historisches Lernen heißt: Rekonstruktion von Vergangenheit. Utopisches Lernen heißt: Konstruktion von Zukunft.
Bd. 1, 2., unv. Aufl. 1995, 190 S., 19,80 DM, br., ISBN 3-89473-920-7

Hans-Joachim von Olberg (Hrsg.)
Porträts und Quellen zur Didaktikgeschichte
Ein Studienbuch von und für Lehrerstudenten
Bd. 2, Frühjahr 2000, 208 S., 29,80 DM, br., ISBN 3-8258-2024-6

Horst W. Jung
Katastrophische Lernereignisse
In der Hoffnung, daß die Menschen aus Katastrophen lernen, werden mit Auschwitz, Hiroshima und Tschernobyl drei katastrophische Ereignisse des "Jahrhunderts der Katastrophe" (Agnes Heller) als Lernereignisse präsentiert.
Im Mittelpunkt der ersten Erörterung steht das Verhältnis von Ereignis und Lernen unter den besonderen Perspektiven der Vermeidung von katastrophischer Wiederholung und des Bezugs von katastrophischem Ereignis und epochaler Struktur (1. Kapitel). Ein Lernmodell soll differenzierteren Zugang zu den Lernpotentialen der Katastrophen ermöglichen (2. Kapitel). Der Nachtrag aus dem Jahre 1979 hat vornehmlich das an ein katastrophisches Ereignis anschließende Pseudolernen zum Gegenstand (3. Kapitel).
Wollte man die Zielsetzung des Büchleins mit einem Schlagwort erfassen, müßte es wohl "epochenadäquate Katastrophenprävention" lauten.
Bd. 3, 1996, 96 S., 16,80 DM, br., ISBN 3-8258-2764-x

Horst W. Jung; Gerda von Staehr (Hrsg.)
Lernreflexionen
Erfahrungen aus Studium und Referendariat
Die abgedruckten Lernreflexionen – eine im Anschluß an ein Magisterexamen, drei nach bestandenem ersten Lehrerexamen und zwei nach Abschluß des Referendariats – stammen sämtlich von Personen, die einen Teil ihrer Examina bei uns abgelegt haben und die uns in der einen oder anderen Weise zu ihren akademischen Lehrern zählen. Gemeinsam ist den Verfassern auch eine – unterschiedlich intensive und unterschiedlich gewendete – Beziehung zur Kritischen Psychologie. Da, wie gesagt, die Anregung zu dieser Reflexion von uns ausging, kann nicht erwartet werden, daß es sich bei dem Unternehmen um die Wirkung eines kritisch-psychologischen "Pfingstereignisses" handelt, bei dem der "heilige Geist" einer bestimmten wissenschaftlichen Position, ohne weiteres Zutun von (Lehr-) Personen, auf die für die Erleuchtung der Selbstreflexion bereiten "Gläubigen" herniedergestiegen ist. Nein: Wir haben die Reflexionsarbeit angeregt und arrangiert. Ja, wir haben sogar, in unterschiedlicher Weise, entweder kaum oder mehr oder weniger, auf die Reflexionsarbeit eingewirkt. Wer daher der Auffassung ist, wir hätten uns – methodisch – "die Hände schmutzig gemacht", dem wollen wir nicht widersprechen. Wir glaubten aber den methodischen Purismus opfern zu müssen – um der Möglichkeiten der Akteure willen. Wer also "klinisch reine" Selbstreflexion zu dem hier gewählten Gegenstandsbereich sucht, dem wünschen wir bei seiner Suche nach entsprechenden Publikationen viel Erfolg! Der Leser wird nach alledem nicht mehr erwarten: – daß er hier verallgemeinerbare Ergebnisse im Sinne von Umfrageresultaten empirisch-analytischer Forschung vorfindet, – daß in den Lernreflexionen der Anspruch erhoben wird, gültige Aussagen über Studium un Referendariat zu treffen, denen jedermann zustimmen kann, – daß sich im Anschluß an die selbstreflexiven Rekonstruktionen umstandslos mehr oder weniger originelle Hypothesen zur instrumentellen, "kontrollwissenschaftlichen" Weiterverwendung entwickeln lassen. – daß schließlich, in völliger Verkennung kritisch-psychologischer Selbstansprüche, die Herausgeber sich zu über "der Sache" stehenden Interpreten, Kommentatoren oder Beurteilern aufschwingen.
Bd. 4, 1997, 264 S., 29,80 DM, br., ISBN 3-8258-3400-x

Hans-Christian Florek
Leistungsbegriff und pädagogische Praxis
Der "pädagogische" Begriff der Leistung ist ein Kern des Berufswissens der Lehrerinnen und Lehrer aller Schulformen. Das Buch nimmt die gegenwärtige Diskussion über Leistungsforderungen in der Schule auf und stellt sich der Herausforderung, Leistungsmerkmale praxisbezogen neu zu bestimmen. Sie werden als "Orientierungen"für die Gestaltung des Unterrichts, als "Kriterien" der Leistungsbeurteilung und als "Zielvorstellungen" für

die Leistungserziehung ausgelegt. Ein neuartiges Verfahren ermöglicht die kompetente Beurteilung und Bewertung konkreter Schülerarbeiten. In einem größeren Sinnzusammenhang aber wird die Bedeutung des Leistungsgedankens für eine professionelle Berufsausübung begrenzt.
Bd. 5, 1999, 128 S., 24,80 DM, br., ISBN 3-8258-4315-7

Texte zur Theorie und Geschichte der Bildung

herausgegeben von Dr. Friedhelm Brüggen (Westfälische Wilhelms-Universität Münster) und Dr. Karl-Franz Göstemeyer (Humboldt Universität Berlin)

Reinhard Golz; Wolfgang Mayrhofer (Hrsg.)
Luther und Melanchthon im Bildungsdenken Mittel- und Osteuropas
Die Beiträge des vorliegenden Bandes behandeln Einflüsse der Reformatoren und der Reformation insgesamt auf zeitgenössische und nachfolgende geistig-kulturelle und speziell pädagogische Entwicklungen in ausgewählten Ländern Mittel- und Osteuropas. Hinterfragt und problematisiert wird, auf welchem Weg sich pädagogische Ideen der Reformation international ausgebreitet haben und welche Personen dabei eine Rolle spielten. Es wird untersucht, was aus protestantischen Bildungseinrichtungen, Stiftungen usw. heute geworden ist und ob Traditionslinien bis in die Gründerzeit zurückreichen oder vielleicht in den letzten Jahren wiederbelebt worden sind. Zudem geht es um Aspekte der Luther- und Melanchthon-Rezeption in der internationalen pädagogischen Historiographie. Eingebettet sind die Beiträge der 30 Autoren aus Lettland, Litauen, Polen, Tschechien, Rußland, Ungarn und der BRD in die Diskussion über das Verhältnis von Tradition und Innovation in Zeiten gesellschaftlicher Transformationen.
Bd. 8, 1997, 392 S., 49,80 DM, br., ISBN 3-8258-3280-5

Günter Dresselhaus
Das deutsche Bildungswesen zwischen Tradition und Fortschritt – Analyse eines Sonderwegs
Das deutsche Bildungswesen ist wieder ins Gespräch gekommen. Im Zuge intensiver und umfangreicher europäischer Harmonisierungsbestrebungen gerät es insbesondere durch seine weitgehende Beibehaltung des tradierten gegliederten Schulsystems unter wachsenden Veränderungsdruck. Durch eine Überbetonung der Geschichtlichkeit entsteht die Gefahr, Traditionen ungeprüft fortzuführen, mithin den status quo zu idealisieren. So gesehen sind Reformen unverzichtbar. Gleichwohl müssen diese harmonisch in das bestehende System integriert werden, wenn sie auf Dauer Bestand haben sollen. Von dieser Problematik deutscher Schulreform handelt das vorliegende Buch, indem es nach einer eingehenden Analyse der Ausgangslage deutscher Schulpolitik nach 1945 einen sozial- und kulturhistorischen Erklärungsversuch für die besondere Entwicklung deutscher Bildungspolitik liefert. Dabei wird die geopolitische Lage Deutschlands als ein wichtiger Ursprung des deutschen Sonderwegs in Kultur und Politik gesehen.
Nicht zuletzt wird der Blick auf mögliche unerwünschte Folgen gerichtet, die im Zuge einer europäischen Angleichung bzw. Harmonisierung von Bildungssystemen durch eine vorschnelle und radikale, d.h. kulturhistorische Rahmenbedingungen vernachlässigende Umsetzung von Reformplanungen sehr leicht entstehen können.
Bd. 9, 1997, 512 S., 69,80 DM, br., ISBN 3-8258-3356-9

Reinhard Golz; Wolfgang Mayrhofer (ed.)
Luther and Melanchthon in the Educational Thought of Central and Eastern Europe
The contributions in this volume deal with influences of Reformators and of the Reformation as a whole on the contemporary and following intellectual-cultural and especially pedagogical developments in selected countries in Central and Eastern Europe. The issues of which way pedagogical ideas of the Reformation spread internationally are questioned and problematised, and the people who played a role in this process are addressed. It also investigates which Protestant educational institutions, foundations, etc. exist today, and whether lines of tradition go back to the origins, or were re-animated in the last years. Additionally, it deals with aspects of the reception of Luther and Melanchthon in international pedagogical historiography. The contributions of the **30 authors from Latvia, Lithuania, Poland, the Czech Republic, Russia, Hungary, and Germany** are connected to the discussion of the relationship of tradition and innovation in times of social upheaval.
Bd. 10, 1998, 232 S., 48,80 DM, br., ISBN 3-8258-3490-5

Bernd Weber
Zwischen Gemütsbildung und Mündigkeit 1690 bis 1990
300 Jahre Annette von Droste-Hülshoff-Gymnasium Münster
'Das Buch ist weit mehr als eine institutionell eng begrenzte Schulgeschichte aus Anlaß einer

LIT Verlag Münster – Hamburg – London
Bestellungen über:
Grevener Str. 179 48159 Münster
Tel.: 0251 – 23 50 91 – Fax: 0251 – 23 19 72
e-Mail: lit@lit-verlag.de – http://www.lit-verlag.de
Preise: unverbindliche Preisempfehlung

Jahrhundertfeier. Die Untersuchung faßt vielmehr die Geschichte dieser Bildungsanstalt im weiten Kontext sozial- und bildungsgeschichtlicher Zusammenhänge auf (..). So entsteht ein facettenreiches Bild, das sowohl lokalgeschichtlich wie auch – als Exempel – nationalgeschichtlich die Geschichte der Annette-Schule als einen Schnittpunkt von pädagogischen und bildungspolitischen Initiativen deutlich werden läßt (..).
Die Quellen des Schularchivs, des Bistums-, Stadt- und Staatsarchivs geben der Untersuchung ihr Fundament: Zeitzeugen wurden für die jüngere Vergangenheit befragt. Die Bildungsgeschichte des Bistums, Preußens und des Reichs sowie der Forschungsstand sind dem Verfasser gegenwärtig. So entstand eine Monographie, die weit über das lokalgeschichtliche Interesse hinaus als eine Bereicherung der historischen Bildungsforschung gelten muß.'

Prof. Dr. K.-E. Jeismann, in: Historische Zeitschrift (HZ, Bd. 257) 1993

Bd. 11, 1998, 440 S., 49,80 DM, br., ISBN 3-8258-3866-8

Dietmar Engfer

Werteerziehung im öffentlichen Schulwesen?

Zwischen Ideologie und Desorientierung

Einfluß zu nehmen auf die Entwicklung von jungen Menschen, ihnen dadurch einen *wert*vollen Auftakt in die Freiheit der Selbstverantwortung zu ermöglichen, das ist sicher unbestritten das Ziel einer Erziehung in Elternhaus und Schule. Der Weg dazu wird immer häufiger mit dem schillernden Begriff der Werteerziehung beschrieben, der jedoch über Festreden, Richtlinien und Lehrpläne hinaus bald in den Erziehungsnebel der Praxis eines öffentlichen Schulwesens führt. Demgegenüber untersucht der Verfasser drei erfolgreiche inhomogene Schulerziehungskonzepte, die in die Lebensentwürfe ihrer Schülerinnen und Schüler eingingen. Dazu zählt die auf die marxistisch-leninistische Weltanschauung gegründete öffentliche Schule der DDR, die mit dem Untergang ihres ideologischen Staates ins Dunkel der Geschichte gestellt wurde, ohne ihre wertebezogene Erziehung vorurteilslos zu beleuchten. Ebenso blieb bisher der Erziehungserfolg der weltweiten anthroposophisch fundierten Waldorfschulbewegung zwischen pädagogischer Bewunderung und ständigem Indoktrinationsverdacht ungeklärt. Auch die auf christlicher Basis stehenden Schulen werden in einer pluralistischen Gesellschaft, die im Kruzifix nicht mehr ihre Grundlage symbolisiert sieht und im Religionsunterricht ein Relikt ausmacht, zunehmend kritisiert. Das hier vorgetragene wissenschaftliche Plädoyer gilt einer weltanschaulich pluralen Edukation, die nicht länger die Erziehungskongruenz der öffentlichen Schulen zum Ziel hat, für die aber dennoch ein kulturbezogener Konsens im unaufgebbaren gesellschaftlichen Dissens grundlegend ist.

Bd. 12, 1999, 432 S., 69,80 DM, br., ISBN 3-8258-4157-x

Wolfgang Eichler

Der Stein des Sisyphos

Studien zur Allgemeinen Pädagogik in der DDR

Die Arbeit untersucht die Ansätze zu einer neuen Grundlegung der Erziehungswissenschaft in der SBZ, die Suche der DDR-Pädagogik nach einer eigenen Identität in Systematisierungsversuchen der 50er Jahre, die Anfänge zur Herausbildung wissenschaftlicher Schulen im pädagogischen Grundlagenbereich während der 60er Jahre und die Bemühungen um die komplexe Entwicklung der Allgemeinen Pädagogik als Wissenschaftsdisziplin in den 70er und 80er Jahren. Dabei werden die Versuche zur Entwicklung theoretischer Konzepte sowohl durch prominente Erziehungswissenschaftler der SBZ und DDR wie Max Gustav Lange, Werner Dorst, Hans Herbert Becker, Franz Hofmann und Gerhart Neuner als auch weniger bekannte Bestrebungen an verschiedenen Einrichtungen, u.a. an der Akademie der Pädagogischen Wissenschaften, dargestellt. Es wird gezeigt; wie diese Arbeiten trotz Berufung auf den Marxismus und Verpflichtung auf die politische und erzieherische Praxis in der DDR immer wieder eingeschränkt, behindert, abgebrochen oder aufgegeben wurden, wie beachtenswerte Anfänge dem theoriegeschichtlichen Selbstverständnis verlorengingen. Zugleich wird sichtbar, wie stets erneut versucht wurde, dem dringenden Bedürfnis nach grundlagentheoretischer Selbstverständigung zu entsprechen, den Anspruch auf die wissenschaftliche Bearbeitung der Erziehungswirklichkeit in ihrer Gesamtheit und gesellschaftlichen Vermittlung geltend zu machen und Allgemeine Pädagogik als Grundlagendisziplin des pädagogischen Wissenschaftsgebietes zu etablieren.
Dabei wurde ein Lernprozeß konstituiert, der zwar mühsam und nicht hinreichend konsequent und effektiv, sich an gesellschafts- und persönlichkeitstheoretische Grundprobleme heranarbeitete und so etwas wie eine "Pluralität der Konzepte" (Cloer) hervorbrachte. Die Entwicklung der DDR-Pädagogik wird so mit ihrem eigenen Anspruch und mit den ihr immanenten Kriterien konfrontiert. Zugleich wird dem Betrachter von außen ein differenzierterer Einblick in die Wissenschaftslandschaft der DDR-Pädagogik ermöglicht.

Bd. 13, Frühjahr 2000, 470 S., 69,80 DM, br., ISBN 3-8258-4413-7

Stefan Meißner
Vom Schulstreit zum Marchtaler Plan
Die Wurzeln eines Erziehungs- und Bildungsplans in der südwestdeutschen Kirchen-, Gesellschafts- und Schulgeschichte der Jahre 1945 – 1967
Bd. 14, Frühjahr 2000, 232 S., 49,80 DM, br., ISBN 3-8258-4524-9

Ilse Bürmann; Monika Fiegert; Petra Korte (Hrsg.)
Pädagogik der Aufklärung
Zu den Ambivalenzen einer Epoche. Mit Beiträgen von Ernst Cloer, Monika Fiegert, Alfred Langewand, Jürgen Oelkers, Horst G. Pöhlmann und Jürgen Ruhloff
Bd. 15, Frühjahr 2000, 128 S., 29,80 DM, br., ISBN 3-8258-4548-6

Pädagogische Beiträge zur sozialen und kulturellen Entwicklung

herausgegeben von Prof. Dr. Renate Girmes (Universität Magdeburg), Prof. Dr. Winfried Baudisch (Universität Magdeburg) und Prof. Dr. Arnulf Bojanowski (FH Merseburg)

Winfried Baudisch (Hrsg.)
Brennpunkte sozialer und beruflicher Rehabilitation
Kolloquium vom 8. 10. 1996 an der Otto-von-Guericke-Universität Magdeburg
Die Reihe “Pädagogische Beiträge zur sozialen und kulturellen Entwicklung” soll in relativer thematischer Breite wesentliche Fragen und Probleme der Sozialisation und Kulturation unter den aktuellen Bedingungen aufgreifen. So wird sie unter anderem schultheoretisch-curriculare Bereiche ebenso präsentieren wie ausgewählte Felder sozialpädagogischer und rehabilitationswissenschaftlicher Arbeit. Mit dem ersten Band sind Aspekte der sozialen und beruflichen Rehabilitation ins Zentrum der Betrachtung gerückt.
Hilfe zur Selbsthilfe, Überwindung isolierender Lebensbedingungen, Erhalt und Verbesserung von Möglichkeiten einer beruflichen Ausbildung und Integration für Menschen mit Behinderungen sowie die bewußte Veränderung von institutionellen Angeboten der Rehabilitation hin zu Orten möglichst selbstbestimmter Gestaltung von Zielen und Wegen können als Brennpunkte dieses Geschehens herausgehoben werden, zumal sie durch veränderte Sozial- und Arbeitsmarktpolitik in ihrer Realisierung durchaus gefährdet sind. Die Beiträge dieses Bandes versuchen, nicht nur die aktuellen Problemlagen zu beschreiben sondern veränderte Gestaltungsspielräume zu erschließen. Dabei kommt sowohl die wissenschaftliche Betrachtungsweise rehabilitativer und sozialpädagogischer Gegenstände zum Tragen als auch die Sicht auf die Prozesse aus der Position der praktischen und arbeitsmarktpolitischen Verantwortung. In einer Reihe von Aufsätzen besteht ein deutlicher Bezug zu den rehabilitativen und bildungspolitischen Arbeitsbedingungen im Bundesland Sachsen-Anhalt. Das ist aus dem empirischen Bezug auf diese Region und dem Bemühen um ihre weitere Entwicklung erklärt. Dennoch wird sich die Schriftenreihe nicht auf eine landesspezifische Reflexion von sozialer und kultureller Entwicklung beschränken.
Bd. 1, 1997, 256 S., 49,80 DM, br., ISBN 3-8258-3006-3

Renate Girmes (Hrsg.)
Modernisierungsdruck als Bildungschance?
Zu diesem Buch: Es gibt zahlreiche gesellschaftliche Veränderungen, die ein Überdenken und Neuorganisieren bestehender sozialer und pädagogischer Strukturen und Einrichtungen erforderlich machen: Die Schulen verändern ihr Gesicht, der Unterricht such neue Formen, die ökologische Frage hat sich in der Bildungsarbeit verschiedener Institutionen an Gewicht gewonnen, gesellschaftliche Veränderungen schaffen Modernisierungsverlierer, provozieren Lebenskrisen und machen neue Orientierungs- und Aktionsformen erforderlich. Die Beiträge dieses Buches widmen sich der Gestaltung von Bildungsprozessen in den genannten Bereichen und zeigen auf verschiedene Weise, daß Bildung dann zur Chance wird, wenn man Offenheit und Aufgeschlossenheit für Neues als Voraussetzung jeden Sich-Bildens den anderen und sich selbst zugestehen und auch instituionell einräumen kann. Themen: Bildungschancen sehen lernen und nutzen wollen
Schulen als Bildungschance gestalten – Probleme und Wege
Unterricht neu denken? Chancen und Risiken einer zeitgerechten Methodik und Didaktik
Ökologischer Modernisierungsdruck als Ausgangspunkt verneutzten Denkens und Arbeitens
Gesellschaftlich-ökonomischer Modernisierungsdruck als Anlaß für die Individualisierung von Lernangeboten und Lernformen
Bd. 2, 1997, 280 S., 39,80 DM, br., ISBN 3-8258-3159-0

LIT Verlag Münster – Hamburg – London
Bestellungen über:
Grevener Str. 179 48159 Münster
Tel.: 0251 – 23 50 91 – Fax: 0251 – 23 19 72
e-Mail: lit@lit-verlag.de – http://www.lit-verlag.de
Preise: unverbindliche Preisempfehlung

Winfried Baudisch; Thomas Claus;
Karin Haug (Hrsg.)

Wege aus der Isolation – zur Praxis der Enthospitalisierung

Die Schriftenreihe geht von einem weiten Verständnis kultureller und sozialer Entwicklung aus und findet unter anderem in der Betrachtung rehabilitationswissenschaftlicher Problemfelder einen ihrer Schwerpunkte.
Im vorliegenden Band stehen Fragen der Enthospitalisierung im Mittelpunkt, wobei dieser eher pragmatische Begriff den Anspruch auf grundlegende Veränderungen der Lebenssituation von LangzeitbewohnerInnen ehemaliger Landeskrankenhäuser für Psychiatrie umschreibt. Nach der politischen Wende 1989/90 wurde in den neuen Bundesländern sehr schnell und auf drastische Weise die defizitäre Situation in stationären Einrichtungen der Psychiatrie deutlich. Auch für Sachsen-Anhalt stellte sich die Aufgabe, LangzeitbewohnerInnen mit psychischen oder geistigen Behinderungen neue Lebensräume zu eröffnen und Chancen der aktiven Lebensgestaltung zu ermöglichen.
Die Initialphase des Enthospitalisierungsprozesses wurde wissenschaftlich begleitet. Die Mehrzahl der Beiträge ist aus diesem Evaluationsprozeß hervorgegangen. Bei der Drucklegung wurde das Ziel verfolgt, den Zusammenhang zwischen heilpädagogischer Theorie und praktischer Sozialpolitik herauszuarbeiten, Erkenntnisse aus bisherigen Enthospitalisierungsbemühungen anderer Länder zu bilanzieren, vor allem aber die Lebenssituationen und die potentiellen Kompetenzen der BewohnerInnen zu erhellen. Auf diesen repräsentativen Erhebungen basieren Vorschläge für die Führung der Prozesse, aber auch die Beschreibung erster Auswirkungen von neuen Lebensbedingungen unter gruppendynamischen Aspekten.

Bd. 3, 1999, 352 S., 39,80 DM, br., ISBN 3-8258-3829-3

Pädagogik und Zeitgeschehen

Erziehungswissenschaftliche Beiträge
herausgegeben von Prof. Dr. Kurt-Ingo Flessau
(Universität Dortmund)

Peter Ferrari-Demski

Zur Entwicklung der achtklassigen allgemeinbildenden Einheitsschule in der SBZ bzw. in der DDR in den Jahren 1945 bis etwa 1951/52

Peter Ferrari-Demski nimmt, bildlich gesprochen, pädagogik-geschichtliches Neuland unter den Pflug, indem er die Schulentwicklung in der SBZ bzw. DDR in den Jahren 1944/45 bis 1952 bearbeitet. Wer Sinn für Zeitgeschichte, Politik und Pädagogik, zumal für ihre wechselseitigen Bezüge und Verflechtungen hat, wird in diesem gut geschriebenen Buch vieles Neues finden, viel Anregendes, ja Anrührendes. Vielleicht gar wird er entdecken: Die politischen Wege, Verfahren und Finten der Machtbesessenen und der Usurpatoren, gerade in ihrer Auseinandersetzung mit denen, die der Sache, der Pädagogik, verpflichtet waren, sind oft weit spannender als eine gute Kriminalgeschichte. *Prof. Dr. Kurt-Ingo Flessau*

Bd. 2, 1999, 184 S., 49,80 DM, br., ISBN 3-8258-4042-5

Historisch-vergleichende Studien zum internationalen Bildungsdialog

herausgegeben von
Prof. Dr. Reinhard Golz (Universität Magdeburg)
und Prof. Dr. Rudolf W. Keck
(Universität Hildesheim)

Rudolf W. Keck (Hrsg.)

Didaktik im Zeichen der Ost-West-Annäherung

Zur Didaktik im Kontext (post-)moderner Pädagogik und Konzeptionen zur Humanisierung der Bildung

Der Band unternimmt eine Bestandsaufnahme der Didaktik nach der Diskussion des Paradigmenwechsels zwischen Moderne und Postmoderne in der gegenwärtigen Erziehungswissenschaft. Nach dem gesellschaftlichen Umbruch in den ost- und mittelosteuropäischen Ländern erweist sich dabei eine starke Annäherung des Ostens an die westeuropäische Diskussion, im Osten unter dem Vorzeichen einer "Humanisierung der Bildung", im Westen unter Überschriften wie "Offener Unterricht" und Selbstorganisation des Lernens, in beiden Lagern im Zusammenhang mit einer Renaissance der Reformpädagogik. Auf dem Internationalen Symposion an der Universität Hildesheim wurden die Positionen ausgetauscht, Maßstäbe definiert und Beispiele aus der Schulpraxis diskutiert. Perspektiven erweisen sich für Ost und West in einer Neuvermessung der Bildungslandschaft unter dem Gesichtspunkt ihrer weiteren Demokratisierung und Autonomisierung. Mit diesem Band eröffnet die neue Schriftenreihe die Diskussion um die Annäherung zwischen Ost und West aus historisch-vergleichender Sicht.

Bd. 1, 1999, 296 S., 49,80 DM, br., ISBN 3-8258-4054-9

LIT Verlag Münster – Hamburg – London
Bestellungen über:
Grevener Str. 179 48159 Münster
Tel.: 0251 – 23 50 91 – Fax: 0251 – 23 19 72
e-Mail: lit@lit-verlag.de – http://www.lit-verlag.de
Preise: unverbindliche Preisempfehlung